眉山地域文化概论

胡雁　王宗楚 ◎ 编著

华中科技大学出版社
http://www.hustp.com
中国·武汉

图书在版编目(CIP)数据

眉山地域文化概论/胡雁,王宗楚编著.—武汉:华中科技大学出版社,2022.7(2025.1重印)
ISBN 978-7-5680-7868-9

Ⅰ.①眉… Ⅱ.①胡… ②王… Ⅲ.①地方文化-概论-眉山 Ⅳ.①G127.713

中国版本图书馆CIP数据核字(2022)第134392号

眉山地域文化概论
Mei Shan Diyu Wenhua Gailun

胡　雁　王宗楚　编著

策划编辑：曾　光
责任编辑：狄宝珠
封面设计：孢　子
责任监印：徐　露
出版发行：华中科技大学出版社(中国·武汉)　　电话：(027)81321913
　　　　　武汉市东湖新技术开发区华工科技园　　邮编：430223
录　　排：武汉创易图文工作室
印　　刷：武汉邮科印务有限公司
开　　本：787mm×1092mm　1/16
印　　张：15.5
字　　数：397千字
版　　次：2025年1月第1版第3次印刷
定　　价：45.00元

本书若有印装质量问题,请向出版社营销中心调换
全国免费服务热线：400-6679-118　　竭诚为您服务
版权所有　侵权必究

序言
Preface

中国传统文化是中华民族长期生活实践中的历史积淀,内容博大精深,源远流长,熔铸了中华民族文化的根基和血脉,它与时代特征有机融合形成了具有中国特色的民族精神。当代大学生是国家的未来和民族的希望,学习、传承、弘扬优秀传统文化,将对自身的思想行为产生重要影响。一是可以丰富其精神修养,规范思想品德。中华民族的勤劳智慧创造了举世瞩目的华夏文明,灿烂的历史和文化锻造出独特的民族精神。任岁月流逝,千载不凋,其价值取向、思维方式、道德规范、精神气质,成为中华民族生存和发展的巨大精神力量。二是可以培养其家国情怀。学习和传承优秀传统文化,强化家国认同,进而衍生民族认同和国家认同,增强统一、和谐、凝聚的内在力量。三是可以树立向上的人生态度。"腹有诗书气自华",通过优秀传统文化、诗书及杰出人物的熏陶,帮助其修身,培养"为天下立功""为万世开太平"的圣贤品格,倡导积极向上,砥砺奋进,自强不息的奋斗精神和注重气节、操守的崇高思想,强调忧国忧民、爱国爱家,对社会的高度责任感,培育群体意识和人际关系,以及修己安人的思想。四是可以塑造礼仪道德修养。中华民族自古就是礼仪之邦,传统礼仪是中华传统文化的重要组成部分,尽管在历史进程中不断发生变化,但其始终对民族生活产生着深刻影响。历史上的"古训""家教""学规"都存在大量的待人接物、衣食住行的礼仪规范。学习和传承文明的社交礼仪,对于培养学生讲礼貌、守规矩、塑形象、树文明,提升文化素养具有十分重要的现实意义。

四川工商学院创建于府河源头,根植于岷江河畔,千载诗书浸润校园,"三苏"基因根植工商。这是四川工商学院区别于其他大学的一大优势,人无我有,得天独厚。传承和弘扬这种属地文化,对提升师生的人文道德素养,塑造师生的书香心灵气息,立德树人与以文化人,打造学校办学特色具有重要现实意义。四川工商学院自 2016 年全面推进转型改革以来,高度重视校园文化育人,实施"五位一体""三苏"文化育人工程,通过打造"三苏"文化校园、建设"三苏"文化馆、深化"三苏"文化研究、开展"三苏"品牌活动、塑造"三苏"院系文化,全力打造书香气息浓郁的"三苏"文化校园,培育德才兼优的应用型人才。学校把文化育人工程贯穿于人才培养全过程,从新生进校到毕业实习,分阶段组织"三苏"文化节、"三苏"诗词大赛、"三苏"主题文艺展演、"三苏"书画比赛和"三苏"课堂教学等,形成"三苏"系列品牌活动。在培育健康向上、丰富润泽的校园文化,引导师生接受优秀传统文化的熏陶,提升师生的人文道德素养,塑造师生的书香气质等方面取得明显成效,让娱乐身心、陶冶性情、潜移品性、培养情操,贯穿到学生的大学生涯,使"三苏"文化浸润每个学生的心灵,推动教风、学风、校风"三风"建设。

"三苏"文化在中国传统文化史上具有重要独特地位。朱德元帅曾经称赞道:"一门三父子,全是大文豪"。"三苏"父子坚持"苟非吾之所有,虽一毫而莫取"的清廉理念;做人以正,临事以正,以"明德守正"为操守;洁身自好,潜心为正义事业而奋争。苏轼根治西湖,造就了苏堤春晓和三潭印月;苏辙为官为民,不做太平官,不改初始心,极端负责,敢于担当,是父子三人"奋厉当世"精神的真实写照。学而为先,皆习于兵,以民为本;实事求是,德法之治,为政清廉;竭力为民办实事,造福天下民众,抒发了父子三人"治国理政"的人文情怀。对国家、民族的大爱始终如一。传承家风,读书用世,人格魅力,仰之弥高,钻之弥坚,忠孝仁爱,高山流水,绝世知音,父子三人的"家国情怀"尽显其中。其诗书作品气势豪放,婉约清新,述说历史人文、理政方略、哲思禅理。"三苏"父子以其文化精品激励后人"情飞扬、志高昂、人灵秀"。"一点浩然气,千里快哉风",每一个苦难,都是一次玉成;每一次遭诋,都是一次砥砺;从儒、释、道文化中,找到了心灵的平静,也悟出了"快乐旷达"的人生基调。传承"三苏"文化,蕴养工商校园,对今日之师生具有多方面的教益、借鉴和启迪。

为了配合教育学院特色课程而编著《眉山地域文化概论》,既是四川工商学院特色课程建设的顶层设计与总体要求,也是教育学院自身建设的具体需求。此教材围绕课程建设的总体目标,即"融汇地方特色文化,打造突出地方文化的特色课程,从而以文化人,以文育人"。教材介绍了眉山的核心文化——"三苏"文化以及相关的苏洵与族谱文化、苏氏蜀学文化、雕版印刷与藏书文化,还介绍了与眉山地域文化相关联的孝文化、青神竹编文化、丹棱大雅文化、非物质文化遗产等地方性文化,力图为大家呈现一个绚丽多姿的眉山文化面貌,以让身在眉山,身在四川的工商学子,在了解"三苏"文化、眉山地域文化以及与此相关的巴蜀文化的同时,找准文化基因,确立文化自信,树立正确的世界观、人生观和价值观。

本教材由胡雁副校长及王宗楚编著,校长助理、教育学院院长高恩胜教授担任编委会主任,组织对眉山地域文化及相关文化素有研究并成果颇丰的专家教授和老师们组成编写团队,各位参编人员各尽所长,勤力同心,在2020年校本讲义的基础上进一步修改完善,最终形成了本教材,为下一步的教学工作奠定了坚实的基础。

在此,我谨向各位专家教授、老师们的辛勤付出致以深深的谢意,同时也为本教材取得的成果表示祝贺!

相信本教材的出版和课堂教学的推进,一定对四川工商学院"五位一体"的"三苏"文化教学及活动产生深刻影响,推进校园文化建设,达到以文育人、以文化人的目的。

夏明忠

2022年6月

前言
Preface

  眉山是三苏故里,是一座历史悠久的城市,享有"孕气蓄秀当此地,郁然千载诗书城"的美誉。她是享誉中外的历史文化名城,有着深厚的文化历史底蕴。四川工商学院有别于其他大学的一大地理优势,即在于此。所谓人无我有,得天独厚,发扬光大这种属地文化,对提升师生的人文道德素养,塑造师生的书香心灵气息,立德树人与以文化人,打造学校办学特色,具有重要现实意义。本教材的编写,一方面是为深入了解、探究眉山这座城市,传承发扬优秀的传统文化;另一方面是为积极响应四川工商学院办学特色,以及打造教育学院汉语言文学专业自身特色。

  本书的撰写,主要是配合教育学院特色课程"眉山地域文化概论"的开设而展开的,围绕课程建设的总体目标,即"融汇地方特色文化,打造突出地方文化的特色课程,从而以文化人,以文育人"。教材近40万字,介绍了眉山的核心文化——三苏文化以及相关的苏洵与族谱文化、苏氏蜀学文化、雕版印刷与藏书文化,还介绍了与眉山地域文化相关联的孝文化、青神竹编文化、丹棱大雅文化、非物质文化遗产等地方性文化,力图为大家呈现一个绚丽多姿的眉山文化面貌,以让身在眉山、身在四川的工商学子,在了解三苏文化、眉山地域文化以及与此相关的巴蜀文化的同时,找准文化基因,确立文化自信。

  本教材的编纂策划由来已久。这里有着四川工商学院特色课程建设的总体设计与总体要求,也有着教育学院自身建设的具体需求。本教材由四川工商学院副校长胡雁及王宗楚编著,校长助理、教育学院院长高恩胜教授担任编委会主任,由对眉山地域文化及相关文化素有研究并成果颇丰的教授专家及专任教师组成编写团队,在2020年校本讲义的基础上进一步修改完善,最终形成了本教材,为下一步的教学工作奠定了坚实的基础。

  教材编写过程中,胡雁从选题策划、总体构想、课程设计、团队构成等方面提出指导性意见,主持了本教材的编写工作。教材编写过程中,针对选题落实、编辑体例、篇章内容、学术体系建立、教材与学校三苏文化建设总体设计的关联等方面,多次主持编委会会议,反复审定,最终形成本书的总体风貌。其他参加编写的人员及完成的章节如下:王宗楚编写绪论、第五章彭祖及养生文化、第九章青神竹编文化、第十一章眉山文化的走向,此外,他还参与了统筹、协调等工作;周铁山编写第一章三苏文化、第二章苏洵与族谱文化、第三章三苏文化与苏氏蜀学,同时参与了选题策划等工作;杨毅编写第七章丹棱大雅文化;李玉兰编写第四章雕版印刷与藏书文化;王轶群编写第六章李密及孝文化;李薇婷编写第八章仁寿"二冯"艺术;陈荷编写第十章眉山部分非物质文化遗产。

在此,本教材编者对各位教授专家的辛勤付出致以深深的谢意。

本教材编写过程中还采纳和引用了诸多学者发表在各类媒体上的学术成果,在此一并致谢。

本教材的编写组水平有限,书中难免存在疏漏与错讹,敬请广大读者不吝赐教。

编 者

2022 年 6 月

目录
Contents

绪论 /1

第一章 三苏文化 /12
　第一节 三苏文化的精神内涵 /12
　第二节 三苏在中国文化史上的地位 /24

第二章 苏洵与族谱文化 /33
　第一节 族谱的文化意义及作用 /33
　第二节 族谱文化源流 /36
　第三节 苏洵在族谱文化中的贡献与地位 /42

第三章 三苏文化与苏氏蜀学 /48
　第一节 蜀学 /48
　第二节 苏氏蜀学的诞生与发展 /51
　第三节 苏氏蜀学的学术渊源、特色及影响 /55

第四章 雕版印刷与藏书文化 /65
　第一节 雕版印刷的产生 /65
　第二节 宋代眉州雕版印刷的兴盛 /74
　第三节 眉州藏书文化 /83

第五章 彭祖及养生文化 /92
　第一节 彭祖 /92
　第二节 长寿之乡 /102

第六章 李密及孝文化 /105
　第一节 李密生平 /105
　第二节 李密故里 /107
　第三节 李密与孝文化 /109

第七章 丹棱大雅文化 /121
　第一节 观丹棱之美,登大雅之堂 /121
　第二节 千古杜诗书大雅之魂 /126
　第三节 唐宋文坛三人行 /136
　第四节 毁明末战火,惜碑碣无存 /143
　第五节 精神命脉浸润大雅文化 /146

第八章　仁寿"二冯"艺术　/151
  第一节　"二冯"艺术生平　/151
  第二节　"二冯"艺术风格形成脉络　/154
  第三节　"二冯"艺术的价值及其影响　/165

第九章　青神竹编文化　/174
  第一节　竹与竹文化　/174
  第二节　青神竹编　/182
  第三节　竹编文化的青神　/193

第十章　眉山部分非物质文化遗产　/203
  第一节　眉山传统技艺　/203
  第二节　眉山节气风俗　/216
  第三节　眉山地方习俗　/225

第十一章　眉山文化的走向　/228

参考文献　/236

绪论

一、眉山现状简介

眉山,古称眉州,位于四川盆地西南边缘,"介岷、峨之间,为江山秀气所聚",因峨眉山而得名。眉山,享有"孕奇蓄秀当此地,郁然千载诗书城"之美誉,是省级历史文化名城,有着深厚的历史文化底蕴。

眉山建置于南齐建武三年(496年),历史上曾为郡、州、专区治所。1997年5月30日,由乐山市划出眉山县、仁寿县、彭山县、洪雅县、丹棱县、青神县,建立眉山地区。2000年6月10日,经国务院批准,撤销眉山地区,设立地级眉山市,同年12月19日正式挂牌。眉山市辖一区五县(东坡区、仁寿县、彭山县、洪雅县、丹棱县、青神县),2014年10月20日,彭山撤县建区。至2019年,眉山市辖二区四县(东坡区、彭山区、仁寿县、洪雅县、丹棱县、青神县),眉山市人民政府驻东坡区。眉山市是四川省最年轻的地级市,是国家级天府新区、成都经济区和大峨眉国际旅游区的重要组成部分。

眉山市辖区面积7140平方千米,全市常住人口2955219人。全市共有62个镇、5个乡、13个街道、313个居民委员会(社区)、1050个行政村。

眉山,是宋代大文豪苏洵、苏轼、苏辙三父子(史称"三苏")的故乡,自然人文旅游资源丰富,境内三苏文化、长寿文化、道教文化、佛教文化、竹文化等源远流长。

眉山市传统美食特产、工艺品众多,东坡肘子、东坡鱼、东坡松花蛋、芝麻糕、青神的工艺竹编和仁寿的火凤凰陶瓷工艺品等享誉巴蜀,名扬海外。

二、历史沿革

(一)行政区划的历史沿革

眉山建政,始于南齐建武三年(496年),在犍为郡武阳县南境建齐通左郡。南梁普通时期(520—527年),齐通左郡改称齐通郡,建齐通县郡,县治同在一城。

太清二年(548年)设置青州,辖齐通郡,州治齐通县城。

西魏废帝二年(553年)改青州为眉州,辖齐通、青城两郡,州治齐通县城。

北周明帝二年(558年)撤销齐通郡,新置安乐县,治所当今东坡镇,仍属眉州。建德元年(572年)眉州改青州。大城元年(579年)青州改嘉州。

隋开皇三年(583年)废郡存州。大业二年(606年)复改嘉州为眉州,州治迁通义县城(今东坡镇)。后撤州建眉山郡,郡治龙游,即今乐山市市中区。

唐武德元年(618年)眉山郡改为嘉州。次年,从嘉州分置眉州,辖通义、丹棱、洪雅、南安

(今夹江)和青神5县,属剑南道,州治通义县城。天宝元年(742)撤销眉州,改置通义郡。乾元元年(758年)撤销通义郡,恢复眉州,属剑南道西川。

宋太平兴国元年(976年)通义县改称眉山县隶属西川路眉州。州领眉山、彭山、丹棱、青神4县。

元至元十四年(1277年)眉州属嘉定路。二十年撤销眉山县,由州治理,同时丹棱县并入眉州。

明洪武九年(1376年),眉州降为眉县,归嘉定州管辖。次年,彭山、丹棱并入眉县,青神并入嘉州。十三年眉县复升为眉州,直隶属四川布政使司,眉山县仍由州治理,领3县:丹棱、彭山、青神。

民国2年撤销眉州恢复眉山县,属上川南道。次年,改属建昌道。17至18年撤销道制。24年置四川省第四行政督察区,专员公署设眉山县城,辖眉山、彭山、丹棱、青神、夹江、洪雅、大邑、邛崃、蒲江和名山10县。

中华人民共和国成立后,1950年1月设眉山专区,专员公署设眉山县城,属川西行政公署,辖10县,同中华人民共和国成立前的第四行政督察区辖县,以后大邑划出,新津划入。1953年3月5日撤销眉山专区,眉山县划归乐山专区管辖。1959年彭山、青神与眉山合为1县,称眉山县,1962年11月两县恢复县制。1968年眉山县属乐山地区,1985年属省辖乐山市(乐山地区改建)。

1997年8月建眉山地区,眉山县改辖于眉山地区。

2000年12月撤地建市,原眉山县改为东坡区。

(二)历史溯源

眉山是一座古老的城市,从南齐建武三年,即公元496年开始,历史上曾为郡、州、专区治所多年。西魏废帝二年,因接近峨眉山而改青州为眉州,从此,州、专所、县名皆与"眉"有关。宋太平兴国元年,眉州治所所在地的通义县改为眉山县,所以苏辙诗中有"眉州眉山共一城"之说。

现在的眉山城,是五代时期眉州太守山行章,集中眉山、彭山、青神、丹棱、南安(今四川省夹江县)五县财力而筑成。(北宋)淳化年间,青神县茶农王小波、李顺起义,领兵攻打眉州,半年未攻下。眉山城又被称为卧牛城,城墙周围,遍植芙蓉,所以又叫芙蓉城。到了明代,城墙因多年未维修,多处倒塌。明成化十七年(1481年),知州许仁用红砂石重砌城墙,墙高二丈一尺,总长十里三分;新筑四座城门,东门叫临江门,南门叫霁雪门,西门叫跨醴门,北门叫登云门。明正德年间,知州张日善对城墙进行了补修。明末,张献忠的部队打进眉山,使城墙毁坏严重。清康熙二十四年(1685年),奉朝廷命令,修葺城墙。但因四川省归入大清版图不久,人力物力财力不足,只能对城墙略加维修。又过百年,城墙坍塌殆尽,只有城墙基础依稀可辨。嘉庆三年(1798年),知州涂长发主持重修了眉州城城墙,还为此写了一篇《重修眉州城垣记》,城墙全部采用坚固的红砂条石砌成,基宽二丈二尺,顶宽一丈二尺,附用三合土夯实;四道城门,都有内外城厢,各留有火马道一丈多;每门置营房,拨兵壮守卫,并负责开闭城门;城门上设谯楼,"崇墉耸峙,蔚为壮观"。咸丰以后,城墙又经多次维修。民国6年(1917年),滇军围攻眉山,打了十多天,西南城楼被巨炮轰裂,损及城垣和炮台。事情平息后,眉山县知事王铭新召集绅士募集筹款,鸠工修筑,并增修城墙蝶堵,花去大洋1800余元。

以后,眉山基本无战事,城墙、城门更无人维护,加之城市不断扩建,损及城墙。1950年以后,眉山进入和平建设时期,城墙和城门已经完成了它们的历史使命,不断被拆除,石料移作它用。目前,只剩下嘉庆三年所修城墙约 500 米,属断壁残垣。

改革开放之初,眉山城幅员约 3 平方千米。20 世纪 90 年代,开始了城市房屋改造,并拓宽城市面积。1997 年,眉山地区建立,城市建设和改造进入了一个飞速发展的阶段。现在的眉山城,已经发展到 25 平方千米,逐步步入了中等的现代化城市。

三、历史文化名人

(一)"诗书城"的由来

1024 年,苏轼的伯父苏涣考中了北宋眉州第一个进士,眉州百姓几乎倾巢而出,长途跋涉至剑门关迎接这位旷世英才。苏涣成功出仕,带动了无数眉州才子外出求仕。1037 年 1 月 8 日,三苏文化的代表人物苏轼出生于此。苏洵、苏轼、苏辙三位巨星的出现,是中华文化发展史上的奇迹,也是历史发展的必然。两宋时期,眉山的文化空前发达,居于历朝鼎盛时期,经当朝文试,考中 886 名进士,占了成都府路(10 多个州)进士总数(1942 人)的近一半,史称"八百进士",成为中国历史上著名的"进士之乡"。加上眉山市现辖的仁寿县(古称陵州)考上的 100 多名,共有进士 1000 多名,堪称"人文第一州"。宋代仁宗皇帝夸赞"天下好学之士多在眉州"。苏轼进士及第之后在《谢范舍人书》中说:"且蜀之郡数十,轼不敢远引其他,盖通义蜀之小州,而眉山又其一县,去岁举于礼部者,凡四五十人,而执事与梅公亲执权衡而较之,得者十有三人焉"。由此可见,自宋以来,科举兴盛,眉山的文化空前繁荣,文化沉淀之深,厚积薄发之态势,一次国考不到五十人中竟有十三人得中,可见一斑。整个两宋,眉州的进士群体呈现出向上趋势、巅峰状态和一流个体的显著特征。著名大诗人陆游曾到眉山,游东环湖、登披风榭,见当地乡村竹院门庭无数"耕读世家",城际乡里私塾书院鳞次栉比,佛庙道堂蔚为壮观,民风民俗厚道高尚,到苏轼老宅拜祭时,遂写有《眉州披风榭拜东坡先生遗像》:

蜿蜒回顾山有情,平铺十里江无声。
孕奇蓄秀当此地,郁然千载诗书城。

在钦佩"三苏",尤其是敬重苏轼的同时,陆游诗中还高度赞扬这座"诗书城"源远流长、德配天地、道冠古今的眉山文化。

(二)历史文化名人

历史上的眉山,地灵人杰,英贤辈出,人民"皆聪明才智,务本而力作",其中最为出名的就是三苏父子。

苏洵(1009—1066 年),字明允,号老泉,北宋眉州眉山县(今眉山市东坡区)人。与其子苏轼、苏辙合称"三苏",在中国文学史上,父子三人均名列"唐宋八大家"。苏洵主张"文贵自然",要"有为而作""言必中当世之过",应像"谷可以疗饥,药可以治病"那样解决问题;修史应"遇事而记,不择善恶,祥其曲折",使后世能吸取经验教训,存善去恶。所以,苏洵的文章结构严谨、说理周详、博辩宏伟,气势磅礴,《六国论》是他的代表作之一。同时,他的文章还有语言质朴、简劲、凝练的特点,《木假山记》《名二子说》就是典型。苏洵一生著述很多,现存的有《易传》10 卷、《孟子评》1 卷、《谥法》3 卷、《礼书》100 卷、《太玄论》1 卷、《嘉祐集》30 卷、《老泉集》1 卷、《老泉诗钞》1 卷、《老泉文钞》3 卷、《苏氏族谱》1 卷等。此外,还有明清以来后人辑选评注的《苏洵文集》《苏洵文粹》《苏洵文盛》《苏洵文汇》《苏洵文定》《苏洵文范》《苏洵文苑》《苏洵文则》《苏洵文谈》《苏洵文醇》《苏洵遗文》《苏洵策论》等。

苏轼(1037—1101年),字子瞻,又字和仲,号东坡,谥号"文忠",北宋眉州眉山县(今眉山市东坡区苏祠街道办下西街社区)人。自幼好学,少年时"奋厉有当世志",由其母程夫人亲自授读。苏轼一生宦海沉浮,历经坎坷,也多才多艺,所作文章纵横恣肆,雄视百代,与父亲苏洵、弟苏辙同列于"唐宋八大家";所作诗歌清新雄健,与黄庭坚并称"苏黄";所作的词挥洒刚劲,境界廓大,与后来的辛弃疾并称"苏辛",影响词坛数百年;他的书法端庄凝重,笔力遒劲,继颜真卿之后,与黄庭坚、米芾、蔡襄并称"宋四家"而居其首;他创作的画融入诗书,意境高远,被推为"文人画"的创始者。此外,苏轼还精通园林艺术、金石鉴赏、医道佛学、服饰烹调,有《苏(轼)沈(括)良方》一书及"东坡肉"菜品传世。苏轼的著作有《东坡集》40卷、《后集》20卷、《奏议》15卷、《内制》10卷、《外制》3卷、《和陶集》4卷、《应诏集》10卷、《易传》9卷、《论语说》5卷、《志林》5卷、《东坡书传》13卷、《地理指掌图》1卷、《东坡广成子解》1卷、《东坡养生集》12卷、《杂书琴事》1卷、《物类相感志》1卷、《格物粗谈》2卷、《杂纂二续》1卷、《酒经》1卷、《东坡手绎》3卷、《仇池笔记》2卷、《渔樵闲话》1卷、《东坡外集》86卷等。此外,后人辑、评、选、注大量苏轼诗文版本、历代传刻,流传中外。

苏辙(1039—1112年),字子由,又字同叔,晚号颖滨遗老,谥号"文定",北宋眉州眉山县(今眉山市东坡区苏祠街道办下西街社区)人。文学史上与父亲苏洵、兄苏轼同列"唐宋八大家"。苏辙少年时受父兄培养和熏陶,发奋学习,博通经史。苏辙对诗、文、词、赋无不通晓,尤其以散文见长。《上枢密韩太尉书》《为兄轼下狱上书》《黄州快哉亭记》等,情文并茂,脍炙人口。苏轼曾评论他的文章说:"子由之文实胜朴,而世俗不知,乃以为不如。其人深,不愿人知之,其文如其为人,汪洋淡泊,有一唱三叹之声,而其秀杰之气,终不可没。"苏辙传世的著作有《栾城集》50卷、《后集》24卷、《三集》10卷、《应诏集》10卷、《易说》3篇、《洪范解要》、《苏辙诗解》20卷、《春秋集传》12卷、《论语拾遗》1卷、《孟子解》1卷、《古史》60卷、《龙川志略》6卷、《均阳杂著》1卷、《游仙梦记》1卷、《策论》10卷。

除三苏父子辉耀古今,在"唐宋八大家"中占有三席之位外,还孕育了千年长河中一大批优秀眉山儿女,书剑报国,经世济民,向世人传递着眉山精神。眉山也因他们而声名远扬、享誉中外。

他们是"寿星之祖"商代大夫彭祖,道教宗师张道陵,天下第一孝子、西晋文学家《陈情表》作者李密,"埋轮"张纲,忠直刚毅、不畏权贵的杨淮,经事能治之才杨洪,蜀汉武将张翼,唐朝国师悟达,万卷书楼主孙降衷,唐代诗僧可朋,五代词人、政治家孙光宪,宋代直臣田锡,宋代著名学者、思想家龙昌期,直言敢谏的朱台符,北宋农民起义领袖王小波、李顺,清官良吏、桥梁专家陈希亮,淡泊笃厚、举贤敢谏的孙抃,宋代著名诗人、诗论家韩驹,"部吏之最"任谅,刚正不阿任伯雨,杨素与丹棱大雅堂,理财高手程之邵,《东都事略》的撰写者王称,刚正不阿的王当,"小东坡"唐庚,抗金英雄孙昭远,白鹤翁苏符,谏官唐文若,被宋人誉为"水晶灯笼"的孙道夫,民族英雄、著名宰相何栗,南宋"谪仙之才"李壁,李焘和他的历史巨著《续资治通鉴长编》,御批"难得人才"李埴,"扪膝居士"喻汝砺,抗金名将"千古一人"虞允文,守节不屈、志昭日月的家铉翁,为政以德、治学从严的虞集,"万岁阁老"万安,为国忠贞的兵部尚书余子俊,明朝监察御史张鹏,明代潼关副宪杨仲琼,明朝皇家御医陈梗卿,明朝按察副使刘江,明代《洪雅县志》编撰者张可述,翰林余承勋,著名的文学家、诗人彭端淑,清代名书法家张柱,清朝皇师曾璧光,清正廉洁的游宦王文员,弃官从教的博学名士刘鸿典,文字改革的先驱者龚吉孚,四川新学创始人周翔,老同盟会员张治祥,清代著名教育家李昶元,川剧作家黄吉安,清末最早利用太阳能的科学家萧开泰,勤政、爱民、重教、清廉的毛澂,清末保路同志军的洪雅县知事毛昌然,热血义士赵直和,矿业专家梁津,和平老人邵从恩,军阀唐式遵,起义将领潘文华,现代名中医李镜堂,彭山历史上的首任校长鄢孝鸿,民国法学家郑可经,爱国抗日名将董宋珩,革命斗士曾聿修,嘉乐纸的创制人王怀仲,优秀革命活动家任开国,"梁山兄弟"王少云,顺庆起义将领杜伯乾,火绘画师胡碧祥,眉山留苏学生第一人李秉中,民盟老会员黄应乾,党的优秀干部于华,眉山早期共产党人宁澈澄,开明乡贡、人民公仆王澂熙,地质大师黄汲清,"左联"作家王志之,国务院原副秘书长曾一凡,公义暴动的领导者洪文渊,坚贞不屈的革命者帅昌时,革命先烈郭祝霖,著名书画家、美术教育家冯建吴,眉州现代教育奠基人夏光普,巾帼英雄毛慈影,国防科技专家曼丘,牙科专家黄天启,十二桥烈士黄子万,马克思主义经济学家彭迪先,"东方梵高""画坛怪杰""长安画派"创始人石鲁,抗大学员徐嘉扬,人民画家杜重划,中国逻辑学的创始人权树威……

不计其数的优秀眉山儿女前赴后继,为家乡书写历史荣光,以上只是选取了较为著名的简单描述。是什么样的眉山孕育了如此多的历史名人?接下来简单介绍眉山的文物古迹以及地方文化。

四、文物古迹

眉山,古称眉州。夏属禹贡梁州,春秋为蚕丛领地。自南齐建武三年(496年)建制以来,已有1500余年历史。早在新石器时代,就有古人类在此活动。岷江、青衣江贯穿全境,两岸已发现多处新石器遗址和古文化遗址。境内有思蒙河、醴泉河、沙溪河、安溪河、炳林河等大小支流300多条。一河一景,景景相衔。东部仁寿县境内的龙泉山脉,西部东坡区境内的总岗山脉,构筑成两道绿色屏障,二脉相承,造就了蟆颐、中岩、二峨、瓦屋、玉屏、八面团宝等名山大川,岳松鸟鸣传幽,山岚古刹览胜。锦绣江山的滋润、陶冶,自古以来英才辈出、人文荟萃,文章魁首三苏、"千古一人"虞允文、忠臣张纲、孝子李密、正直谏官田锡、修史专家李焘、农民起义领袖王小波、李顺等享誉古今的名流巨擘多达千余人,由此留下的古建筑、古墓葬、古祠堂、古书楼以及其他古遗址共有100余处。如今在眉山市辖区内,幸存清代以前的寺庙、书楼、宅第、戏台等古建筑和佛窟、宝塔、牌楼、水井等古构筑物总计上万处,一处一个风格,一处一个故事。每处古建筑,无论群体组织、形体态势、平面布置、立面形式,还是结构方式、空间组织、装饰色彩,都具有各自独特的艺术形象,生动反映了那个时代的社会生活、精神面貌和生产力水平,是研究古代文化的珍贵实物。其中的三苏祠、文昌宫、虞允文墓、彭祖庙、大雅堂、中岩寺等名胜更蜚声国内外。截至目前,全市有全国重点文物保护单位13处,四川省文物保护单位44处,眉山市文物保护单位139处;国家森林公园一处;建成国家A级旅游景区6个,其中三苏祠创建为4A级旅游景区,老峨山创建为国家3A级旅游景区。全市有5个博物馆、6个文物保护管理所,收藏文物共18 000余件,其中一级文物12件,二级文物50件,三级文物647件,这些珍贵的文物是眉山历史的见证,是眉山人民智慧的结晶。

(一)全国重点文物保护单位

截至目前,眉山市共有全国重点文物保护单位13处,其中,2001年6月25日公布的第五批"国保"1处(江口崖墓),2006年5月25日公布的第六批"国保"5处(三苏祠、眉山报恩寺、双堡牌坊、瑞峰崖墓群、牛角寨石窟,此外,公布江溇崖墓归入江口崖墓),2013年5月3日正式对外公布的第七批"国保"7处(丹棱白塔、仁寿甘泉寺、丹棱郑山-刘嘴摩崖造像、仁寿能仁寺摩崖造像、青神中岩寺摩崖造像、仁寿冒水村摩崖造像、洪雅曾家园)。

江口崖墓,位于眉山市彭山区凤鸣镇东北的省级历史文化名镇江口。在长10千米、宽2千米的区域内,存有崖墓4580多座,是四川汉代崖墓分布的重点地区之一。它独具特色的墓葬形制和丰富的随葬品,是研究东汉时期社会经济、文化艺术、宗教信仰、风俗民情等不可缺少的实物资料,更是我国和世界文明史上具有代表性的文化遗产,具有较高的历史价值、科学价值和独具特色的文化艺术价值。1980年7月,江口崖墓被四川省人民政府公布为省级重点文物保护单位;2001年6月,被国务院公布为全国重点文物保护单位。

三苏祠,位于眉山市中心城区,是北宋时期(960—1127年)著名文学家苏洵、苏轼、苏辙父子的故居。元代改宅为祠,明末毁于兵火。清康熙四年(1665年)在原址的基础上按明代规模重建。现占地面积56 800平方米,建筑面积11 500平方米,主要建筑为清康熙年间所建,是一组典型的完整的四川清代古建筑群。1984年4月成立"眉山三苏博物馆",2001年7月升格为市级博物馆。三苏祠馆藏文物5188件,是三苏研究、陈列展览的珍贵资料。

眉山报恩寺,位于东坡区永寿镇高丰村北。始建于唐代,现存建筑为元泰定四年(1327年)重建,仅存大殿。

双堡牌坊,位于仁寿县双堡乡牌坊村,建于清光绪年间。两坊为仁寿县目前仅存的贞节坊,既是研究儒家礼教的重要史料,又是建筑雕刻艺术的宝贵遗存。

瑞峰崖墓群,位于青神县瑞峰镇黄桷村、罗坝村南,为东汉崖墓。经文物普查、复查,早年暴露29座,毁损17座。按已暴露的墓室和垮塌的平均密度计算,尚存200座以上。经考古发掘已出土众多汉代珍贵文物,具有丰富的考古研究价值。

牛角寨石窟,又称高家大佛,位于仁寿县文宫镇鹰头村。共有101龛,刻有佛、道教造像1519尊。寨之东侧崖壁依山镌造佛像一尊,俗称高家大佛,高15.85米,宽11米,系唐代作品。

丹棱白塔,位于丹棱县丹棱镇西。白塔为隋唐时代正方四角攒尖十四层密檐式砖砌建筑,高27.5米,造型雄伟,结构独特。

青神中岩寺摩崖造像,位于青神县城南9千米处岷江东岸的中岩。共48龛2492尊,以唐代造像居多。千佛岩上绝壁处,有卧佛龛,至今保存完好。在下寺摩崖经幢上,有"咸通元年"(860年)题刻。其中造于中唐的《行像图》与上寺的石刻和尚塔等建筑,皆雕刻珍品。

仁寿甘泉寺,位于仁寿县城东南方40多千米的禾加镇楠林村八组。这里地处荣威山脉末端,属丘陵地区。楠林在禾加镇西南方,由原来玉堂村与楠林村合并而来,据说,村里过去曾有大片楠木林,因而得名。楠木林早已不在,但在甘泉寺前,却有一片翠绿的楠竹林。据《仁寿县志》记载:"甘泉寺在治东,明初刹也。佛殿自盾以上皆叠木而成,无一牝牡榫"。据寺内留存的清乾隆五十三年(1788年)《募叩修路碑名记》载:"邑之甘泉寺自明宣德建修以来",可知甘泉寺始建于明宣德九年(1434年),距今已有580多年的历史。

洪雅曾家园,位于四川省眉山市洪雅县柳江古镇北面,始建于清朝年间的民居建筑,是洪雅县至今唯一保存较为完好的家族庄园。从上空看曾家大院,是一个繁体的"寿"字。据考证,曾家大院由曾氏后裔曾艺澄于1927—1937年历经10年建成,坐西向东,原占地11 621平方米,总建筑面积5402平方米,为"四院三戏台"布局,有四个四合院,三个戏台,院中有观景台、八字龙门、小姐楼、书房、石牌坊,还有牡丹园、荔枝园和休闲亭,足见院主人昔日的豪华气派,也体现了中国古代劳动人民的聪明才智和艺术创造力。

仁寿冒水村摩崖造像,位于四川省眉山市仁寿县虞丞乡冒水村三组,这里地处浅丘,四面环山,又叫大佛沟。冒水村摩崖造像镌刻在一块大石包上,因地处大佛沟,又叫大佛沟摩崖造像,有造像6龛共22尊,另有碑记一通,题记一处三则,大部分完整。据仁寿县文物管理所考证,这些造像镌凿于宋淳熙十一年(1184年)至清宣统二年(1910年)。民国版《仁寿县志》载,昆迦寺有两个石刻大佛。

(二)四川省重点文物保护单位

重瞳观,位于东坡区崇礼镇北。自唐、宋、明、清一直为眉山胜境,其"蟆颐晚照"为古眉州著名八景之一,三苏、陆游以及明清文人雅士、眉州知府都有题咏,现仅存大殿和山门。大殿为明成化十七年(1481年)重建,占地面积258平方米。山门为清代所建,面阔7间14米,进深4间6米,建筑面积84平方米。

奎星阁,位于仁寿县城东凤山上。始建于清乾隆初年,现存建筑为清同治二年(1863年)重修,占地196平方米,基宽14米,由须弥座、阁身、宝顶三部分组成,通高29米,为四重檐领八面体攒尖式木结构建筑。1989年12月维修复原。

顺河崖墓,位于眉山市彭山区凤鸣镇东北。崖墓形制多样,在长3千米、宽4千米的地带内,至今存有崖墓218座,为四川汉代崖墓分布的重点地区之一。

梓潼宫,原址在眉山市彭山区观音镇梓潼村,正殿建筑面积225平方米,1986年落架迁至江口镇"一九五一"汉崖墓处的江口崖墓博物馆内维修复原作文物陈列室。已有明、清先后重修。1951年除正殿外,其余划归民用。

江口石龙,位于眉山市彭山区江口镇石龙村东,凿造于原宋伏虎寺(今不存)山门之外,长期被泥沙掩埋。1984年彭山县文管所清理出石龙全身,系高浮雕,长17米,身径0.7米,栩栩如生。

松柏之铭碑及摩崖造像,位于丹棱县丹棱镇龙鹄村的龙鹄山腰。松柏之铭碑立于唐代天宝九年(750年),高2.2米,宽1.54米,至今保存完整。碑文的八分体书法是盛唐、中唐之交的一种典型的隶书。摩崖造像分布在龙鹄山腰,为唐代开元年间营建,现存89龛(窟),大小人物雕像780尊,以道教造像龛为主。2002年并入龙鹄山松柏之铭碑及摩崖造像的郑山摩崖造像位于丹棱县双桥镇黄金村,分布在品字形的三座大石包上,共有大小石窟佛像61龛,造像1000余尊。

苟王寨造像,位于洪雅县将军乡拳石村,距县城20千米。该寨始建于南宋初,为避金兵入侵而建。今存造像系明代在天然石窟长廊崖壁上所建,石窟长廊总长2000余米。

五、地方文化

眉山,物华天宝,钟灵毓秀,被誉为千古文化之邦。这里古来便"释耒而笔砚者十室而九",有"天下好学之士皆出眉州"的美誉。自唐以来,今辖区出进士1300余人。而"一家三父子,都是大文豪"的三苏,更以其博大精深的三苏文化流传后世。眉山市文化底蕴深厚,民族民间文化十分丰富,眉山人传承三苏文化,融会彭祖的长寿文化、张纲和李密的忠孝文化、大雅文化等,还有众多被列入非物质文化遗产名录的,如青神竹编、丹棱唢呐、洪雅台会,这些共同演绎出与人们生活休戚与共的独具地方文化特色的表现形式。眉山民风民俗,受眉山特有文化的浸润、滋养、教化而古朴、淳厚。崇尚真、善、美,厉行勤、节、俭,倡导学、举、仕,看重济、助、帮等美德,都体现在生产建设和社会生活的行为方式中。这些民风民俗,是眉山人精神世界的缩影,核心价值取向的证明,优秀传统文化传承的记录。

(一)三苏文化

三苏文化是一个整体概念,主要指苏洵、苏轼、苏辙父子三人的成就和影响,但更确切地指苏门一脉与眉山士人共同创造的地域特色文化。仅就眉山苏氏而言,则前有苏涣(苏轼的伯父,北宋眉山的第一个进士)、苏洵开"苏学"之先,又有苏轼、苏辙立"蜀学"于后,逐步形成了集儒、释、道哲学于一身,融中华优秀文化于一炉的"三苏文化",至今还鲜活地存在于眉山这片土地,浸润着千万人的心灵。"三苏"矢志不渝、心忧天下的家国情怀,坚持真理、不计得失的入世理念,旷达洒脱、愈挫弥坚的人生态度,生死与共、风雨同舟的责任担当,父严母慈、兄谦弟恭的家风家教,相濡以沫、携手并进的亲情友情,历尽漂泊、叶落归根的乡恋乡愁,及至"旧书不厌百回读"的治学之道,"腹有诗书气自华"的舒朗风神,"非吾所有,一毫莫取"的洁身自好,"功废于贪,行成于廉"的警示洪钟,无一不在中华文化史上立下一个又一个坐标,谱写一曲又一曲华章。

(二)苏洵与族谱文化

当代家谱的编修方法源自宋朝,而这种修谱方法的创始人正是欧阳修与苏洵。宋代理学的兴起,官府不再开设谱局,苏洵忧心如焚云:"盖自唐衰,家谱废绝,士大夫不讲,而世人不载"。为了继承修谱的传统,欧阳修(1007—1072年)在主持编纂国史《新唐书》的过程中,也以"大宗之法"编修皇族家谱《宗室世系》上溯数可达八代、十代甚至百代。正是主持编纂国史的经历,使得欧阳修十分重视家谱,他在修订《新唐书》后,当然也发现了《宰相世系》中有关自己的远祖世系并不清楚,于是他只能以其已知的五世祖为始祖,并用"小宗之法"编修了自己的家谱。他采用史书的体例和图的方式,将本家族的迁徙、婚嫁、官封、名谥等编成一部新型家谱。不久,家族显赫的苏洵也始修并编成《苏氏族谱》。二人在修谱的体例上都使用"小宗之法",即以五世祖作为家族始祖。因此,一般家谱都只从其可知之祖写起,只采用"小宗之法"。欧、苏体例的创新,重在图表的创新。这使家谱的质量大大提高,形式也有创新。百姓仿效欧苏谱例,开始采用"小宗之法"编写家谱。作为宋代的宗族典籍,家谱编修已经扩散到广大平民族群,谱牒编修形成一个高潮。这一文化现象,体现在眉山及三苏家族发展的历史,也体现在眉山特有的文化及精神谱系中。

(三)三苏文化与苏氏蜀学

宋代文化学术史上产生的新儒学"宋学",宋学的新学、理学、蜀学三大学派的形成与发展,对宋代及后世文化思想产生了巨大影响。苏氏蜀学是由三苏父子创立的儒学派别,它与荆公新学、二程洛学相对立,是北宋中期儒、佛、道三教融合的时代潮流的产物,是当时具有重要影响的学术派别。然而,长期以来,由于三苏在文学领域里的巨大成就掩盖了其在经学领域里的贡献,加之传统学界的学术偏见,致使在中国学术思想史上未给三苏以应有的地位。直至近年,此种情况才有所改善。实际上,三苏作为经学家也毫不逊色,其经学著述亦颇丰。从这些成果中可以看出,三苏父子共同为蜀学的创立和发展做出了重要贡献。如果说苏洵是苏氏蜀学的开山祖师,那么苏轼、苏辙则是苏氏蜀学的集大成者。三苏父子是以儒为宗,通过融通三教、兼采诸子来创立蜀学体系的。苏轼在给苏辙的祝寿诗中写道:"君少与我师皇坟,旁资老聃释迦文。"一语道破苏氏蜀学的学术渊源是以儒为宗、兼容释道。苏氏蜀学是当时具有重要影响的学术派别,是三苏文化的重要组成部分,对代文化影响极大。

(四)雕版印刷与藏书文化

雕版印刷是我国古代伟大的发明,是在版料上雕刻文字图画,刷墨铺纸以印刷的技术。汉字的成熟,笔、墨、纸的发明,雕刻技术和转印技术的提高,社会文化事业的发展,为雕版印刷术的发明奠定了基础。宋代是中国雕版印刷史上的黄金时代。眉山在唐中后期和五代时期迁入了大量的北方移民,带来了"读书致仕"的传统,读书、刻书、藏书在眉山蔚然成风。两宋时期,眉山逐渐发展成全国三大雕版印刷中心之一,并涌现出大量的藏书之家,享誉天下。

(五)彭祖及长寿文化

彭山历史悠久,是中国寿星彭祖的故里,享有"中国长寿之乡"的美誉。史载寿命达880岁(相当于今天的130多岁)的彭祖,流寓彭山,卒后葬于彭祖山。彭祖创造并流传下来的以行气导引术、医学炼丹术、膳食滋补术和养生房中术为核心的彭祖长寿养生文化,内涵丰富,自成体系,独一无二,被视为中华民族的瑰宝、东方养生智慧,一直为人们所推崇。它既是中华传统文化的有机组成部分,也是世界各国人民共同的宝贵遗产。彭祖山是彭山长寿养生文化的发源地,至今完好保存有彭祖祠、彭祖墓、彭祖炼丹洞等历史遗迹。建有展示彭祖长寿四大秘诀的养生殿、采气场。彭祖山集自然风光、名胜古迹、长寿文化、宗教文化于一体,是人们旅游观光、朝山拜佛、探寻古迹、引导采气的最佳境地。彭山县自1991年起,每隔5年,均在农历"九九重阳节"举办"彭祖寿星节"。彭祖长寿文化已被列为全省重点发展的文化之一。现已建成大型长寿养生乐园——中国长寿城,融观光、教育、科研、疗养、娱乐、艺术等活动于一体。

(六)李密及孝文化

李密(224—287年),字令伯,晋代犍为郡武阳县(今四川省眉山市彭山区)人。李密祖父李光,曾任朱提郡(郡治为今云南昭通)太守。眉山市彭山区自古被誉为"忠孝之邦","孝"指的就是李密。李密故里在眉山市彭山区保胜乡龙安村龙门寺,大雄宝殿右侧的山崖上刻着"李密故里"四个大字和一个巨大的"孝"字,在这200多米长的天然绝壁上,镌刻着历代文人墨客颂扬李密孝笃的诗句、辞章和他的《陈情表》,还有再现李密生平和他孝顺祖母的浮雕组图,展现了中国孝文化的博大精深。李密在《陈情表》中自述身世之不幸和目前的困难,以典雅清丽的笔调,倾泻出凄恻悲怆的感情,委婉地流露出先尽孝、后尽忠的想法,是我国孝文化中的名篇。提倡忠孝是历代统治者稳固政权,安定社会秩序的重要手段。忠孝两者并行不悖,相辅相成,人们自小接受孝的教育,善事尊长,长大以后,移孝于忠,建功立业,是所谓"求忠臣必于孝子之门",即孝子忠臣。晋武帝强调"孝",提出"以孝治天下"的国策,一方面是巩固和强化已经确立的门阀制度,另一方面以标榜孝行为武器来控制士大夫。李密的"先尽孝,后尽忠"的孝行,符合晋武帝的主张,正可树一典范。如今,"孝风"普吹李密故里,彭山老人长寿的现状正是忠孝文化魅力的最好体现。

(七)丹棱大雅文化

大雅文化,是以眉山丹棱县大雅堂博物馆为主、成都杜甫草堂大雅堂为辅综合提炼而成,集黄书墨宝,荟萃杜诗碑林,后毁于明末战火,碑碣无存,然而世代相传,遐迩闻名。21世纪以来,为了顺民众崇仰大雅文化的呼声,广集民智,做出了纪念性重建大雅堂的决定,经过多年修建终于面向社会开放。大雅堂始建于北宋元符三年(1100年),距今916年,系北宋丹棱名士杨素为实现黄庭坚弘扬诗圣杜甫的现实主义诗风而建。堂内珍藏黄庭坚手书杜甫两川夔峡诗诗碑 300 余方,历时 3 年建成。黄庭坚欣然题名"大雅堂",并作《刻杜子美巴蜀诗序》和《大雅堂记》叙其事。为此,大雅堂被后人称为"诗书合璧"的人文遗韵名噪华夏,成语"难登大雅之堂"典出于此。大雅文化是兴国之魂,其精髓在于雅。《诗经》云:"雅者,正也。"从孔子、屈原、杜甫到当下,雅代表的始终是关注民生,心系天下的人文情怀,体现的是忧国忧民的浩然正气。因此,大雅就是象征最为正统的华夏之声。在当下,弘扬大雅文化就是弘扬中华文化的正能量,就是弘扬华夏正声。"有容乃大、和美为雅、刚毅自强、奋勇争先"是新时代大雅文化的核心理念。丹棱大雅堂的重建,复兴丹棱悠久、灿烂的历史文化,使唐宋诗书文化与当代和谐文化有机地融为一体,鼓励今人学习先贤,扬千年大雅文风。

(八)仁寿"二冯"艺术

仁寿"二冯",是出身于仁寿的一宗同门兄弟:冯建吴、石鲁。冯建吴(1910—1989 年),当代书画家,擅国画、书法、篆刻,是 20 世纪川渝地区中国画的奠基者、传播人,是百年来川渝地区少有的艺术大师,一生桃李满天下,影响深远。石鲁(1919—1982 年),原名冯亚珩,因崇拜清初大画家石涛和现代革命家、文学家鲁迅而改名"石鲁",擅长人物、山水、花鸟,开创了"长安画派",被称为"东方梵高""画坛怪杰"。因二兄弟拥有相同的家庭背景、社会关系、家学教育;在艺术创作的道路上又相互影响相互促进,冯建吴是石鲁的绘画启蒙老师,而石鲁是冯建吴艺术变法的关键影响者;且同在艺术方面成就突出,影响深远,故合称"二冯"。

冯建吴的一生坎坷艰辛,但他致力于探索创作和美术教育的脚步从没有停止过,他为中国美术教育事业做出了巨大的贡献。石鲁虽没有在艺术院校任教,但他对培养艺术人才,倾注了不少心血,长安画派代表人物如崔振宽、王子武、王宝生、王西京、徐义生、侯声凯等均得到过石鲁的倾心教授。两位艺术大家为中国的艺术视野发展做出了突出贡献,是艺术界的骄傲,更是仁寿人民的骄傲,目前当地正在深入挖掘其文化内涵,传承和弘扬"二冯"精神,进一步挖掘、整合仁寿文化资源,推进仁寿文旅大发展、大繁荣。

(九)青神竹编艺术

青神竹编历史悠久。青神是蜀王蚕丛故里,先民们在 2500 多年前的春秋战国时期就食竹笋、住竹房,用竹狩猎,用竹编篓筑堰提水灌溉农田,编织蚕具等生产、生活用具。随着时代的发展,青神竹编艺术在继承传统的基础上取得了飞速发展,由一般的工艺品发展为当今堪称世界一绝的艺术奇葩。《中国百帝图》《清明上河图》《隐形观音》等多幅竹编艺术品斩获国内国际多项大奖,声振中华,享誉世界。2000 年 5 月,青神县被文化部命名为"中国竹编艺术之乡"。眉山青神竹编与丝绸、蜀绣并称"蜀中三宝",是大陆国家地理标志保护产品,2008 年被列入大陆国家级非物质文化遗产名录。青神还获得了"国际竹艺城""国际竹藤组织培训基地"等称号;竹编工艺列入了中国国家级非物质文化遗产保护名录;"青神竹编"列为中国国家地理标志保护产品。2018 年 5 月 21 日,入选第一批国家传统工艺振兴目录。竹产业已成为眉山的传统优势产业和四川省五大特色产业之一。

(十)唢呐艺术

丹棱唢呐始于宋代,历经千年。唢呐乐舞吸取巴蜀文化中采茶戏"灯腔"和"茶腔"音乐的特色,加入极富四川风情的打击乐器,再配上手持笙、箫等乐器和身着艳丽服饰的歌舞者的伴唱舞蹈,歌、舞、乐交相辉映,浑然一体。自清代雍正以来,唢呐与逐渐形成的地方剧种川剧中的锣鼓、胡琴配合演奏,成为一种独特的民间艺术。唢呐在丹棱县具有广泛的群众基础,有"唢呐之县"的美称,1991年成立了唢呐协会。为了培养唢呐艺术后备人才,不断培育唢呐吹奏新苗,丹棱县还开设了唢呐艺术学校。2002年,丹棱县被文化部命名为"中国民间唢呐艺术之乡"。

(十一)洪雅台会

洪雅台会源远流长,誉满巴蜀。其前身是清代初期流传下来的"城隍会",每年农历五月二十七日举行。台会是集戏剧表演、音乐舞蹈于一体的造型艺术,传统造型以纸扎兼彩绘为主,多为戏剧人物故事表演场景,表现形式有平台和高桩。清代初期,洪雅各镇都有庙会,在庙会期间(即农历五月二十七日左右)都要举办台会,一台会即一出戏剧场景。现在的"洪雅台会"表现形式不断推陈出新,纸扎艺术也注入了现代色彩,向机械化、电气化、造型奇特、精致新颖方面发展,集声、光、形、色、动于一体,汇文学、戏剧、音乐、绘画、剪纸、雕塑、舞蹈、建筑、电子技术于一台,形成精彩纷呈令人赏心悦目的综合艺术品。同时,运用大卡车等现代交通运输工具承载巡展,增强了台会的灵活性、广泛性和流动性。洪雅台会被誉为"艺苑奇葩",被邀参加多次艺术节,享誉艺坛,被观众称为"百看不厌"的艺术精品。1990年,四川省人民政府批准建立"洪雅民俗台会博物馆"。洪雅县政府对台会进行保护、引导、弘扬和发展的同时,创办了以民间台会为主要载体的洪雅生态文化节,成为洪雅政治、经济、文化对外发展的重要平台。

眉山文化底蕴深厚,还有不胜枚举的地方文化,如仁寿抬工号子、青神捻条画、洪雅复兴耍锣鼓等传统技艺,韵味盎然,让人叹为观止;丹棱"说席"习俗、彭山刘氏宗亲祭祀等婚丧嫁娶习俗,底蕴厚重,承载着眉山人民的乡音、乡情。这些在时间长河中传承下来的瑰宝,将眉山地域文化彰显得淋漓尽致。

本书接下来的章节,将会对以上这些文化再进行详细的介绍。三苏文化是眉山地域文化的核心内容,而"苏洵与族谱文化""三苏文化与苏氏蜀学"及"雕版印刷与藏书文化"均与"三苏文化"紧密关联,都是三苏文化衍生出的文化,故安排在前面几章。其他文化如长寿文化、孝文化等与三苏文化共同组成眉山绚丽多彩的地域文化。

思考与练习

1. 眉山古代历史上的名人,你还知道哪些?说说他们的故事。
2. 眉山的名胜古迹、旅游胜地,你还知道哪些?选取你最喜欢的简单介绍。
3. 在众多地方文化中,哪一种文化是主流?说说你对这种文化的理解,以及它对你的影响。
4. 你还知道哪些眉山地方文化?说说你对这种文化的理解,简单介绍给大家。
5. 简要概括眉山地域文化的特点。

第一章 三苏文化

所谓"三苏文化",概言之是三苏(苏洵、苏轼、苏辙)父子继承前辈的传统又加之对社会、人生与世界的清醒认识而形成的文化认知体系,既是关于历史的、文学的,也是关于哲学的、人生的系统的价值观。

三苏文化是中国优秀传统文化的重要组成部分。

第一节 三苏文化的精神内涵

眉山——是三苏故里,是享誉中外的历史文化名城。而由三苏父子及眉山人民共同创立并弘扬的人文精神,在中国文化史上具有独特的地位。"三苏"矢志不渝、心忧天下的家国情怀,坚持真理、不计得失的入世理念,旷达洒脱、愈挫弥坚的人生态度,生死与共、风雨同舟的责任担当,父严母慈、兄谦弟恭的家风家教,相濡以沫、携手并进的亲情友情,历尽漂泊、叶落归根的乡恋乡愁,及至"旧书不厌百回读"的治学之道,"腹有诗书气自华"的舒朗风神,"非吾所有,一毫莫取"的洁身自好,"功废于贪,行成于廉"的警示洪钟,以及轻徭薄赋、开启民智、伦理规范等价值导向,构成了三苏文化的独特魅力和精神内涵。

三苏文化的魅力与内涵,不仅表现在他们的作品中,同时也表现在他们的行动中,表现在他们的生活里,成了可知可感的生动的人生指南。

一、矢志不渝、心忧天下的家国情怀

家国情怀,其实就是古人提倡的"修身齐家治国平天下"的情怀。

家国情怀是中国优秀传统文化的基本内涵之一。所谓的"家国情怀",是主体对共同体的一种认同,并促使其发展的思想和理念。其基本内涵包括家国同构、共同体意识和仁爱之情;其实现路径强调个人修身、重视亲情、心怀天下;既与行孝尽忠、民族精神、爱国主义、乡土观念、天下为公等传统文化有重要联系,又是对这些传统文化的超越。"家国情怀"在增强民族凝聚力、建设幸福家庭、提高公民意识等方面都有重要的时代价值。

家国情怀,与其说是心灵感触,毋宁说是生命自觉和家教传承。无论是《礼记》里修身齐家治国平天下的人文理想,还是《岳阳楼记》中"先天下之忧而忧,后天下之乐而乐"的大任担当,抑或是陆游"家祭无忘告乃翁"的忠诚执着,家国情怀从来都不只是摄人心魄的文学书写,更近乎你我内心之中的精神归属。那种与国家民族休戚与共的壮怀,那种以百姓之心为心、以天下为己任的使命感,就来自那个叫作"家"的人生开始的地方。

《孟子》有言:"天下之本在国,国之本在家,家之本在身。"家是国的基础,国是家的延伸,在中国人的精神谱系里,国家与家庭、社会与个人,都是密不可分的整体。"国家好,民族好,大家才会好","小家"同"大国"同声相应、同气相求、同命相依。正因为感念个人前途与国家命运的同频共振,所以我们主动融家庭情感与爱国情感为一体,从孝亲敬老、兴家乐业的义务走向济世救民、匡扶天下的担当。家国情怀宛若川流不息的江河,流淌着民族的精神道统,滋润着每个人的精神家园。

所谓的"家国情怀",其概念是多层次的。第一,家国情怀起源于士大夫的人文信仰和人文精神,是古代知识分子阶级优越性的自我标榜,具有狭隘性。第二,家国情怀在形成过程中,与儒家思想的三纲五常、宗族伦理、个体意识是密不可分的,是经历了战争失败、骨肉分离、国破家亡之后伤痛思维的沉淀。第三,家国情怀是近代特殊社会历史的思想产物,士大夫的人文精神不断下移,是士大夫精神在整个民族遭受苦难之后的重构,千锤百炼,浴火重生。近代的"家国情怀"带有很强的积极、正面意义。第四,家国情怀具有时代性,随着时间的推移,这种超越民族、意识形态的优秀文化传统在社会建设、国家统一、展现民族凝聚力方面都开始发挥作用。那么,我们当前所说的家国情怀就应该是,作为个体的人在中国传统文化影响下,对价值共同体持有的一种高度认同,并促使认知共同体朝着积极、正面、良性的方向发展的一种思想和理念。

三苏以其大量的诗词文赋及社会实践践行着"修身齐家治国平天下"的政治理想,以"达则兼济天下,穷则独善其身"的旷达人生,展现着中国文人的家国情怀。三苏文化是一笔不可多得的精神财富。

二、坚持真理、不计得失的入世理念

历来论者普遍认为,三苏都属"济世之才"。尽管苏洵一生仅为九品小官,但他的治世之才却极受推崇,欧阳修甚至直接上书皇帝极力推荐,对苏洵的《权书》等政论文章更是赞赏有加,在欧阳修的推广下形成士人争相传阅的一时风尚。而苏轼苏辙兄弟更是当时社会政治生活的参与者与建设者,在理论上同时也在实践层面,践行着他们的政治主张,成为那个时代治国理政的杰出人物,对后世产生极大的影响。

苏洵一生科举不第,嘉祐元年(1056年)欧阳修向朝廷推荐了苏洵,并将苏洵的多篇文章推荐给宋仁宗皇帝。嘉祐三年仁宗召苏洵到舍人院,同年十月苏洵上书仁宗,以病为由未参加考核,倒是给仁宗提出了十条施政建议。这是苏洵唯一一次给皇帝上书,集中了他一生的政治主张。虽然不被当时的大多数士人所认可,但很多观点在今天看来,依然是很有说服力的。

第一,做事要重视采用新的理念,用利益引导人们。"利之所在,天下趋之",为了防止引起只讲"仁义"的士人的反弹,他提出"古之圣人,执其大利之权,以奔走天下,意有所向,则天下争先为之"。古代的圣人也是这样用利益带领人们的。但是关键的一点,要注意方式、方法。苏洵指出,当时的宋仁宗"增秩拜官,动以千计",动不动就给很多人加官晋爵,但结果并不好,"其人皆以为己所自致",这些人都以为这是自己努力得来的,并不觉得是皇帝的赏赐。同时,由于考核方式的固定,只看官吏有没有"可称之功"。于是所有的官吏都"生事以为己功",搞点事情出来作为自己的功劳。之前没有提用"利益"引导人们,是因为天下初定,要与民休息。但太平久了,官吏就开始怠惰了,应该用功名来激发他们的心思,让他们明白踊跃做事才能获得高官厚禄。

第二，反对任子之法。任子之法在北宋很普遍，就是上一辈的"爵禄"下一代可以继承。除了继承，还有如果对一个人的封赏到了一定程度不能再加了，但还觉得赏得不够，怎么办呢？那就把剩下的部分赏给他的家人。这种制度，苏洵认为是"最无谓者"，因为这些人没受过良好的教育，获得官位又太容易，"以不学之人，而居不甚惜之官。其视民如草芥也固宜"。

第三，对官员的考核方法，"考绩之法"要科学。苏洵认为，对所有的大小官员都考核是不现实的，官员太多，"不可以胜考"。苏洵提出，只考核最高长官，而最高长官负责自己部下的奖惩。一来各部门最高负责人数量少，可以认真对每个人进行考核而不会发生错误，二来位置尊贵，可以起到上行下效的效果。一旦部门最高负责人考核好了，自然会治理好部下。

第四，要注意高级官吏与下级官吏的关系。在中国历史上，很多下级官吏是由高级官吏征辟、荐举的，因此高级官吏都把下级官吏视为自己的属下，随意调配使用，态度就像对待奴仆。但苏洵认为，到了北宋已经是"皆受天子之爵，皆食天子之禄，不知其何以臣之也"。大家的爵位都是皇帝封给的，俸禄都是天子给的，凭什么下级官吏要被高级官吏视为臣仆呢？

第五，针对北宋武力薄弱的问题，苏洵提出"复武举"，就是重新开始招武举人。因为这类人才需要提前训练、准备充分，以备不时之需。"天下有急，不求其素所不用之人，使天下不能幸其仓卒，而取其禄位"。就是天下出现危急情况的时候，不能用从来没用过的人，不能让其他人趁机获得权位。否则他们就知道朝廷的意图了，苏洵认为"为天下者，必有所不可窥"。以前也有过武举，但都是"市井之粗材"，通过策试中举的，也只是"记录章句"，都是"区区无用之学"。录取的人又很多，待遇自然都很差，所以都是一些"贪污无行之徒"才会参加，真正的豪杰之士"耻不忍就"。所以朝廷要重视实实在在的人才，要录取精英来培养。

第六，提出"法不足以制天下"，只有法度是不能治理好天下的。目前朝廷中的高官都是"奉法供职无过而已"，不求有功但求无过，为什么？因为"陛下待之于绳墨之内也"，就是只会用法度约束他们。比如根据法度这些高官不能互相往来，用来防止他们互相"致其私意"，就是以权谋私。但苏洵认为，禁止他们互相往来，倒是妨碍了他们高效做事，他们真要以权谋私，不明着互相往来也能做到。因此应该信任自己任命的官员，他们自然不忍心辜负信任。真遇到偶然出现的以权谋私者，那就严惩，让他们知道朝廷的立场。

第七，不要轻易以"名器"许人。苏洵认为，读书人科举考试及第之后，应当根据每个人的做事能力来确定他们的官位。但目前是一旦及第，"天下望为卿相"，似乎一定会做高官，而实际上的确不到十年，就能做到高位。结果"五尺童子，斐然皆有意于公卿，得之则不知愧，不得则怨"。人们都觉得公卿之位很容易做到，得不到还会抱怨，对这个高位很不尊重。因此，除非"有大功与出群之才"，否则不能"轻得其高位"。

第八，外交官吏选拔和使用问题。"敌国相观……相观于人而已"。敌国看朝廷，主要是看朝廷出使的人。由于当时大家都觉得出使很不好做，"以奉使为艰危"，所以大家都轮着做，还有小吏跟着随时记录说的每一句话，这样即使有好口才也不敢发挥，在敌国看来，使臣都很软弱，于是很容易被敌人轻视。因此应当是"奉使宜有常人，唯其可者，而不必均"。就是要有专门的外交人员，有能力就上，没必要大家轮着来。

第九，赦免制度要慎行。"有可赦之人而无可赦之时"，就是赦免制度要根据人来定，而不能根据时间定。古人的"八议"等制度都是根据人的身份来赦免的，没有根据时间赦免的。但北宋郊祭之后，都会"照例"进行赦免。这样到了要举行郊祭的这一年，"盗贼公行，罪人满狱"，因为大家知道要赦免了，都肆无忌惮了。更别提每次祭祀都要赏赐，"一经大礼，费以万亿"，而这些费用又都是向民众征收的。于是苏洵建议皇帝，应当公开宣布因为有奸人趁祭祀的赦免为非作歹，因此要废除郊祭赦免的制度。

第十，去宦官。对于仁宗一朝出现"事垂立而辄废，功未成而旋去"的原因，苏洵认为是"小人之根未去也"，这里的小人指的就是宦官。苏洵认为，虽然皇帝觉得宦官只是侍候皇帝玩乐的人，但实际上他们是最接近皇帝的人，朝中大臣都会有所顾忌。天下的小人则通过贿赂宦官影响贤人们的政策施行，因此要远离宦官。同时苏洵听说皇帝有疏离宦官的打算，进一步提出"夫君子之去小人，惟能尽去，乃无后患"，必须彻底疏远才可以，否则从东汉宦官为祸的历史来看，宦官被攻击后反扑，对国家的危害更大。

苏洵的十条建议代表了他的政治主张，基本都切中了当时北宋政治的弊端，如果能被采纳施行，对整个国家的政治、军事情况未必不能有所改善。可惜，当时欣赏苏洵的也不过欧阳修等寥寥几人，北宋最终还是亡于这些苏洵很早就提出过的弊害。

苏轼自幼就"奋厉有当世志"，经过长期的学习、观察、思考，他在思想上形成了一套较为完整全面的安邦治国理念。苏轼与其弟苏辙进京赴考时，在各种考试中较为全面地阐述了自己安邦治国的主张。宋仁宗在读了苏轼兄弟的文章后，十分兴奋地说："朕今日为子孙得两宰相矣！"由此不难看出，尽管苏轼一生未当过宰相，我们无法确定苏轼是否真有宰相的才能，但他的确有一整套辅助皇帝安邦治国的理念。

苏轼的治国之道中最基本最重要的理念是他的民本思想。苏轼自幼饱受儒家入世思想的影响，儒家治国安邦的学说深深烙在其心脑之上。儒家经典之一的《书·五子之歌》中就明确提出"民惟邦本"的主张，而《孟子·尽心下》也响亮地提出了"王者以民为天"的施政思想。苏轼在《上初即位论治道二首》中的《刑政》篇里就明确提出了民为国之本的治国理念，在《策别训兵旅二》中也明确地说："民者，天下之本。"苏轼深深懂得国家的最高统治者君与民的关系是舟与水的关系，"水可载舟，亦可覆舟。"所以他在《御试制科策一道》中就大胆地提出："夫天下者，非君有也，天下使君主之耳。"国家不是君王私有的，君王只是主持天下的事罢了。而要把天下的事主持好，首先就要把民这个国家之本的事处理好，要固好民这个国本，一切从民出发，一切为民着想。国本固好了，民安则国安，民富则国强，所以治国的首要在于治民。

"敦教化"是苏轼重要的治国安民的理念之一。敦，就是重视；教化，就是教育感化。苏轼主张以仁义礼信教育感化人民，从而使国家安定和谐。他在《进策·策别安万民一》中就提出了"敦教化"的主张，他说："民不知信，则不可久居于安；民不知义，则不可同处于危。平居则欺其吏，而有急则叛其君。"古代圣人的天下之所以牢固，其根本原因就在于"天下之民可与为善，而不可与为恶也。"民知仁义礼信，"则天下不可以敌，甲兵不可以威，利禄不可以诱，可杀可辱、可饥可寒而不可与叛"。这就是"三代之所以享国长久而不拔也"的根本原因。

苏轼还在《礼以养人为本论》中指出："夫礼之大意，存乎明天下之分，严君臣、笃父子、形孝弟而显仁义也。"他主张以礼来教育人，这是治理国家的根本，因为礼能使君臣各守其职分，父爱子，子孝父，兄爱弟，弟敬兄，使得仁义得以发扬光大。

苏轼这种"敦教化"的思想教育理念，还反映在《眉州远景楼记》中，他说："吾州之俗，有近古者三：其士大夫贵经术而重氏族，其民尊吏而畏法，其农夫合耦以相助。盖有三代、汉、唐之遗风，而他郡之所莫及也。"在这里，苏轼将自己家乡之所以能让"他郡之所莫及"的原因归为有"三代、汉、唐之遗风"，表明了以礼义教化民众的重要性。苏轼这种重视以仁义礼信来教育感化百姓的思想理念是很值得借鉴的。

嘉祐二年(1057年)，苏辙与苏轼一起参加科举考试，并同时登进士第，这年苏辙才19岁。他是唐宋八大家中登进士第最年轻的一个。

之后，苏辙又参加朝廷的制科考试。朝廷对苏辙很重视，因当时苏辙生病，朝廷为此还推迟了考试的日期。苏辙的《御试制科策》，对仁宗提出尖锐的批评："陛下择吏不精，百姓受害于下，无所告诉，则是陛下未得以生结民也；陛下赋敛繁重，百姓日以贫困，衣不盖体，是陛下未得以财结民也。吏之不仁，尚可以为吏之过；赋敛之不仁谁当任其咎？"甚至指责仁宗沉溺于声色之乐。对这篇文章，朝廷官员有两种对立的意见，最终仁宗皇帝发表了这样的看法："吾以直言求士，士以直言告我，今而黜之，天下其谓我何！"将苏辙录取了。

显然，仁宗对苏辙是很宽厚的，这也给苏辙留下很深的印象，苏辙一直对仁宗很感激。熙宁二年(1069年)，苏辙在《上神宗皇帝书》中说："昔仁宗亲策直言之士，臣以不识忌讳得罪于有司，仁宗哀其狂愚，力排群议，使臣得不遂弃于世。臣之感激，思有以报，为日久矣。"直到晚年，苏辙也仍然对此记忆犹新，他在《遗老斋记》说："予幼从事于诗书，凡世人之所能，茫然不知也。年二十有三，朝廷方求直言，有以予应诏者。予采道路之言，论宫掖之秘，自谓必以此获罪，而有司果以为不逊。上独不许曰：'吾以直言求士，士以直言告我，今而黜之，天下其谓我何？'宰相不得已，置之下第。"

仁宗录取苏轼、苏辙二人之后，高兴地说："朕今日为子孙得两宰相矣！"仁宗所说，不为无因，苏轼与苏辙都有政治才能，特别是苏辙，更具有政治智慧。

苏辙在政治上有很独到的见解。如他写《臣事》，将重臣与权臣区别开来：

"臣闻天下有权臣，有重臣，二者其迹相近而难明。天下之人知恶夫权臣之为，而世之重臣亦遂不容于其间。夫权臣者，天下不可一日而有；而重臣者，天下不可一日而无也。天下徒见其外，而不察其中，见其皆侵天子之权，而不察其所为之不类，是以举皆嫉之而无所喜。此亦已太过也。今夫权臣之所为者，重臣之所切齿，而重臣之所取者，权臣之所不顾也。

将为权臣耶，必将内悦其君之心，委曲听顺而无所违戾，外窃其生杀予夺之柄，黜陟天下，以见己之权，而没其君之威惠。内能使其君欢爱悦怿，无所不顺，而安为之上；外能使其公卿大夫百官庶吏无所不归命，而争为之腹心。上爱下顺，合而为一，然后权臣之势遂成而不可拔。

至于重臣则不然。君有所为不可而必争；争之不能，而其事有所必不可听，则专行而不顾。待其成败之迹著，则上之心将释然而自解。其在朝廷之中，天子为之踧然而有所畏，士大夫不敢安肆怠惰于其侧。"

这一看法很重要。古代社会政治中，君王需要大臣帮助自己治理国家，但又害怕大臣分享自己的权力，对大臣非常警惕乃至猜忌，但是没有大臣做依靠，不能充分发挥有才华的大臣的作用，国家是不可能治理好的。苏辙将重臣与权臣加以区别，认为君王需要信任重臣，充分发挥他们的作用，这是很重要的见解，后人对此也有很高的评价。如明代李梦阳说："人主把重臣看作权臣，所以畏重臣而不用。此作分剖权臣如彼，重臣如此，议论精明，笔力柔缓，人主见之，真足耸心动听。"(见《古文渊鉴》卷五十一)茅坤甚至说："古人尝云，文至韩昌黎、诗至杜子美，今能事毕矣。予独以为人臣建言感悟君上如子由重臣一议，则千古绝调也。"(见《唐宋八大家文钞》卷一百五十七)

苏辙的政治眼光从他对王安石变法的分析中也可以看出。王安石变法之初，曾就青苗法征求苏辙的意见，苏辙说："以钱贷民，使出息二分，本以援救民之困，非为利也。然出纳之际，吏缘为奸，虽重法不可禁；钱入民手，虽良民不免非理之费；及其纳钱，虽富家不免违限。如此，则鞭箠必用,自此恐州县事不胜繁矣。"

苏辙在《自齐州回论时事书》对"青苗法"有更具体的分析,他说道:"臣今谨采众议,人所共知,灼然可见者,画一开坐如后:一、议者皆谓富民假贷贫民,坐收倍称之息,(议青苗甚确)是以富者日富,贫者日贫。今官散青苗,取息二分,收揽人并兼之权,而济贫民缓急之求。贷不异于民间,而息不至于倍称。公私皆利,莫便于此。然公家之贷,其实与私贷不同。私家虽取利或多,然人情相通,别无条法。今岁不足而取偿于来岁,米粟不给而继之以刍藁,鸡豚狗彘,皆可以还债也。无岁月之期,无给纳之费,出入闾里,不废农作,欲取即取,愿还即还。非如公家,动有违碍。故虽或取息过倍,而民恬不知。今官贷青苗,责以见钱。催随二税,邻里相保,结状请钱。一家不至,九家坐待。奔赴城市,糜费百端。一有逋窜,均及同保。贫富相迨,要以皆毙而后已。朝廷虽多设法度,以救其失,而其实无益也。"

苏辙的分析非常透彻,"公家之贷,其实与私贷不同",看出了问题的关键。"公家之贷",是强迫让人家接受贷款,当然也是动用政府的力量强行催还,这就可能造成严重的社会问题。后来,青苗法确实造成了很严重的社会问题。王安石当初对苏辙的看法也是重视的。只是他发现有人在这方面得到成功,就匆忙下令推广。当初,王安石若是多听听苏辙的意见,慎重一些,变法产生的问题或许不会那么严重。

王安石变法期间加强了盐禁,严禁私人煮盐贩盐。他也曾与苏辙讨论了这个问题。苏辙说:"利之所在,欲绝私贩,恐理难也。"王安石认为私盐未绝是"法不峻"造成的,苏辙认为"今私盐法至死,非不峻也;而终不可止,将何法以加之?"王安石说:"一村百家俱贩私盐,而败者止一二……若二十家至三十家败,则不敢贩矣!"苏辙回答道:"如此诚不贩矣,但恐二三十家坐盐而败,则起为他变矣!"

从这里可以看到,苏辙虽然年轻,在政治上却比王安石更老练,看问题看得更深刻,考虑更为周全。

三、旷达洒脱、愈挫弥坚的人生态度

人生十有八九不如意。其实,活着就是一种心态,当你心无旁骛,看淡人生苦痛,淡泊名利,心态积极而平衡,有所求而有所不求,有所为而有所不为,不用刻意掩饰自己,不用势利逢迎他人,不用做伪君子,做一个真真正正的自我。如此这般,人生就算失意,也会无所谓得与失,坦坦荡荡,真真切切,平平静静,快快乐乐。人生如意的人毕竟是少数。大作为、大成就必经大挫折、大磨难,百炼才能成好钢,炉火烧到一定火候才能变成纯青。

风平浪静,波涛汹涌;细水长流,大起大落是自然规律。空前绝后,盛极而衰,是说当前人把事情做到极致后人则没有机会了,发展走到顶峰必然随之衰落下滑……高处不胜寒,即便能够幸运地成为少数可以攀登到顶峰的如意人其中的寂寞和苦难又是多少常人能理解的呢?英雄无用武之地,人生本来就有缺憾,顾此失彼,有所长必有所短。面面俱到、事事周全圆满是不可能的。

遵循自然起伏变化规律,合拍自然生存节奏,顺遂相遇的缘分而安乐,你才能寻求到属于自己的幸福快乐。人生不如意十有八九,看破不如看开。如果缺少那份容纳海阔天空的胸怀、世事洞察的聪慧,看得越清也越痛苦。

面对起伏的世事,应持何种态度?在这一点上,苏轼给了我们答案。

苏轼可以说是一个诗、词、文、书、画皆独步天下的文化巨匠。但他的一生,宦海沉浮,屡遭

贬谪，忧患频仍，坎坷多舛。他的人生态度，深受儒家思想的影响。"乌台诗案"是他人生道路上的一个重要转折点。在此之前，苏轼秉持的是儒家"修身齐家治国平天下"的人生态度。不过之后哪怕一再贬谪，他还是尊主泽民，忘躯为之。而横遭贬谪的苏轼，能在人生逆旅、仕宦险境中，做到任天而动、随缘自适、超然物外，又源于他受到佛道思想的影响，汲取了其中的积极因素。正如刘大杰在《中国文学发展史》中认为，苏轼复杂思想的构成因素除了"儒家的底子"，还有"庄子的哲学，陶渊明的诗理，佛家的解脱"。

苏轼一生经历了三次重大的政治打击，先贬黄州，再贬惠州，卒贬儋州。在不断遭贬被黜中，苏轼没有被悲伤和痛苦压倒，而是及时调适心境，排解悲苦，以一种随缘自适、旷达超脱的态度对待自身的处境，这与他在中晚年时深受佛道思想影响，汲取佛道思想中的精神养料是分不开的。

乐观旷达的人生态度是苏轼人生观的最终表现形式。他的《定风波》就很好地说明了这一点。"莫听穿林打叶声，何妨吟啸且徐行。竹杖芒鞋轻胜马，谁怕，一蓑烟雨任平生。料峭春风吹酒醒，微冷，山头斜照却相迎。回首向来萧瑟处，归去，也无风雨也无晴。"行路中遇到雨，其他人都狼狈不堪，苏轼独不改乎其度，反而觉得雨中竹杖芒鞋，吟啸徐行，别有其趣。这是借眼前经历抒写胸臆，而笔致轻松诙谐，表现了苏东坡一贯豪放通达的人生态度。词中的风雨其实可以看作人生道路上的坎坷挫折，每个人的路都不是一帆风顺的。遇到坎坷时，要有坚定的信念，风雨总会过去，总有雨过天晴的时候。要有诗中"谁怕？"的精神，不要害怕困难，要有"一蓑烟雨任平生"的坦荡和轻视困难的态度。要有"也无风雨也无晴"的胸襟。也无风雨也无晴，是既不怕雨，也不喜晴，心境恬淡。在生活中，有时要随遇而安，很多事顺其自然，不为外物所动，不为忧患所扰，对于困难泰然处之，心胸豁达。

苏轼很早就受到了佛道思想的濡染。苏轼母亲程氏信奉佛教，父亲苏洵曾游嵩山、庐山诸寺与诸长老交往，苏轼皆有耳闻。少年时的苏轼就喜爱读《庄子》，感叹"今见是书，得吾心矣"。所以在经历了"梦绕云山心似鹿，魂惊汤火命如鸡"（《狱中遗子由》）的"乌台诗案"后，罪贬黄州的苏轼觉得自己的生命犹如爬在旋转磨盘上的蝼蚁，又如旋风中的羽毛。他开始深思人生的意义，精神上渐趋佛道思想。"自余杜门不出，闲居未免看书，惟佛经以遣日，不复近笔砚矣。"（《与章子厚书》）苏轼开始精研佛学，遍交僧人道士。他摒弃了佛道的虚无、愚妄，吸取了道家崇尚自然、安时处顺的态度，佛家的超越尘世欲求、求得空明心境的精神，形成了随缘自适、旷达超脱的人生态度，不为祸福得丧所牵绊，不为苦乐生死所烦扰，从容自若，圆融通达。

遭贬的苏轼，善于在自然山水中寻求寄托，获得超越。他善于用审美的眼光观照自然，所以即使贬所黄州"僻陋多雨，气象昏昏"（《与章子厚书》），还是有"长江绕郭知鱼美，好竹连山觉笋香"（《初到黄州》）的诗句；在惠州，也有"岭南万户皆春色"（《十月二日初到惠州》）"罗浮山下四时春"（《食荔枝》）的佳句。

他常常以与各色人等闲谈为乐，以至于"鸡犬识东坡"；他常常以"闲人"自居，说："江山风月，本无常主，闲者便是主人"（《临皋闲题》），"何夜无月，何处无竹柏，但少闲人如吾两人耳"（《记承天寺夜游》），在山水的审美中，苏轼获得了超脱。"白头萧散满霜风，小阁藤床寄病容。为报先生春睡美，道人轻打五更钟。"（《纵笔》）在"流离僵仆"的贬谪生涯中，佛老思想成为他处逆为顺、安以自适的一种精神武器。所以无论贬到何处，苏轼都能安时处顺，安土忘怀，求田问舍，把贬所当作亲切温暖的故乡。"试问岭南应不好？却道此心安处是吾乡。"（《定风波》）饱尝人世苦难，终于在垂暮之年从南方归来，他却说"九死南荒吾不恨，兹游奇绝冠平生"（《六月二十日夜渡海》),完全超脱了世俗的生死苦乐观念,这显然是受庄子的齐死生、齐得丧的相对主义人生哲学的影响。

李泽厚认为,苏轼在"佛学禅宗中,勉强寻得一些安慰和解脱",追求的是"一种退避社会、厌弃世间的人生理想和生活态度。"其实,人生梦幻泡影的虚幻性并没有妨碍苏轼去打量和审视内心世界,更没有使他颓唐、消极、避世,反而在这"世事一场大梦,人生几度新凉"的破灭感中找到了豁然开朗的旷达。既然人生如同梦幻,那么,面对人生境遇的变迁、外在环境的变化,更应该坦然从容。

辩证地看待自己所处的逆境,采用变通的态度排解理想与现实的矛盾,从困厄中解脱出来。就像他在《题西林壁》中悟解的那样:

横看成岭侧成峰,远近高低各不同。
不识庐山真面目,只缘身在此山中。

同一件事情,当你采用不同的角度,不同的态度去看待它,会得到不同的结论,当你跳出自己的处境,从高远处观照,就会发现:逆境可以使人一蹶不振,也可以使人更加坚强。孟子不是说过:"故天将降大任于斯人也,必先苦其心志,劳其筋骨,饿其体肤,空乏其身,行拂乱其所为,所以动心忍性,曾益其所不能。"遇到一点挫折怎么能逃避呢?

在面对人生诸多不如意的时候,有人戏称:自是人间多坎坷,想想人家苏东坡。虽为戏言,但颇有理。

四、生死与共、风雨同舟的责任担当

我们常说,亲情爱情友情是人类最美好的感情。它是艰难困苦中父亲的一声长叹,是远离家乡时母亲的一颗泪滴,是海角天涯间兄弟的一句问候,是暗淡银河边夫妻的一次对望,是灵魂最柔软处的一次触摸,是从心底里浮出的最灿烂的微笑。在三苏的人生际遇里,我们看到了这属于整个人类的美好瞬间。

苏轼和苏辙堪称中国古代最好的一对兄弟,他们一生是"同学加兄弟""同事加兄弟""战友加兄弟""文友加兄弟"。始终如一,死而不已,亘古不移。

苏轼任密州(今山东诸城)太守次年的中秋之夜,皓月当空,想起自己去年向朝廷要求调任密州,本意就为离弟弟任职的济南近一些,但这年中秋节还是不能和分别七年的弟弟团聚,不禁感慨万千,当晚他畅饮达旦,对明月频频举杯,口中念着子由的名字,醉意朦胧中写下"但愿人长久,千里共婵娟"的千古佳句。这是迄今为止公认的最好的一首中秋词。

当年两人在家读书时,苏轼不仅是弟弟的同学,而且还是老师,他曾写诗说:"我少知子由,天资和且清。岂独为吾弟,要是贤友生",苏辙对哥哥的尊敬更是由衷,说苏轼"抚我则兄,诲我则师"。

嘉祐五年(1060年)二月,苏家父子三人回到京都,兄弟俩被任命为河南某两县主簿,但他们对这管理文书的九品官都不感兴趣,正好遇上第二年制科考试,便辞不赴任,准备应试。"制科"是皇帝为选拔非常人才而特设的一种考试,终两宋三百多年,开制科二十二次,录选者才四十一人,所以其荣耀又加倍于进士及第。为了专心备考,兄弟俩移居城郊的怀远驿中。一天晚上,风雨交加,他们读到唐朝诗人韦应物"宁知风雨夜,复此对床眠"名句,不禁心有所感,回想两人,在故乡、在京城,形影不离,同窗共读,度过多少美好岁月,以后势必各自游宦千里,像今晚风雨之夕,对话夜床情景将多么令人珍惜。于是双双约定,日后功成名就,一定及早退隐,纵情山水,共叙手足之情。后来漫长岁月中,他们一直念念不忘这个风雨之夜的握手盟约,无数次在互相赠答的诗篇中提起这个旧梦。

次年,苏轼赴任陕西,苏辙送行数十里,兄弟俩第一次握手而别,此后,除因父亲病故,兄弟俩护送父亲灵柩回四川,一起守制两年多外,一生大部分时间各奔东西,分多聚少。

宋神宗朝,起用王安石实行"变法",而以司马光为首的大儒们极力反对,苏轼兄弟一起站在司马光的阵营。而铁心变法的神宗不惜打压一大批儒家大臣,即使连他十分欣赏的苏轼也在所不惜。此后的"乌台诗案"铸成苏轼最灰暗的人生。苏辙马上上书皇帝,要求免去自己所有官职,只为赎回哥哥一条性命。朝廷倒是挺痛快地满足他的要求,把苏辙从河南商丘通判一职贬为筠州祭酒。

最动人的是苏轼狱中写给弟弟的绝命诗:"是处青山可埋骨,他时夜雨独伤神。与君世世为兄弟,又结来世未了因。"凄楚缠绵,感天动地,令人不忍卒读。

五、父严母慈、兄谦弟恭的家风家教

读书,对于古代士子来说无疑是改变命运的最佳途径。但是总有一个问题没有解决好,那就是为什么读书,读什么书,然后是怎么读书。皓首穷经然而一无所获的并不在少数。

苏氏一门的读书故事,多少会对我们当代学子掌握读书方法、明确读书目标有一些启发。

(一)苏洵:为什么读书和读什么书?

说起读书,人们似乎总以大器晚成的苏洵来激励后人,苏洵一时间成了少年不学、浪子回头的典型,这话说起来有点儿不好听,好像苏洵是一个不读书不学习的浪荡公子。其实,这很有可能是一个误解,最起码应该说是一个误读。最早说苏洵少不读书的是他自己,他在《上欧阳内翰第一书》里感谢欧阳修的赏识,于是很谦逊地说自己没有什么才华,反倒得到了文坛领袖的夸奖,回想起来有点惭愧,他说:"洵少年不学,生二十五年,始知读书,从士君子游。"其实这只是谦辞。在给欧阳修的这封信里,他纵论天下文章,滔滔不绝,字字珠玑,岂是没有一点书底子的一般文人所能为? 不料这句话被欧阳修看到后,好像发现了大器晚成的典型,站在领袖的高度予以褒奖,他在为苏洵写墓志铭的时候,也沿袭了这个说法:"君少独不喜学,年已壮,犹不知书","年二十七,始大发愤,谢其素所往来少年,闭户读书为文辞。"一不小心把苏洵始读书的年龄又推后了两年,变成了"二十七"。欧阳修的这个说法流毒甚广,相传南宋王应麟所编的《三字经》在谈到古人勤学读书的时候采纳了这个说法:"苏老泉,二十七,始发愤,读书籍。彼既老,犹悔迟。尔小生,宜早思。"

其实这一说法与事实有着相当的差距。公元1009年,苏洵出生于眉州(今四川眉山市)。苏家不仅家风优良,还有着很浓厚的读书氛围。苏洵的父亲苏序非常重视儿孙辈的学习,他说:"吾欲子孙读书,不愿富。"于是倾其钱财,购置了大量书籍置于书房。从小就生活在一个"门前万竿竹,堂上四库书"的环境中。不读书,根本不可能。

比较可信的事实是,苏洵不像两位哥哥一样那么"爱读书"。在少年苏洵的心目中有一个读什么书和为什么读书的问题。起初,他为了科考读书甚多,但是在数次科考中都惨败而归。这时他才发现,原来读的书都是些无用之书。屡试屡败的苏洵终于接受了自己的"考渣"现实,决定不再把时间浪费在为考试读书上。他一把火烧掉十年中为应试所作的数百篇文章,继续埋头苦学。只是,从此他不再是考生苏洵,他要为自己读书、为解决问题写作,让自己成为一个

真正的学者、思想家和文章家。

苏洵潜心研读先贤经典,考证古今政治成败,从先贤的经历中汲取思想精华。一开始他只读不写,一直到各种思想层层累积,各种情感在胸中激荡。五六年后,他终于能够在下笔时思接古今,纵横驰骋;终于能够在针砭时弊时心游万仞,畅快淋漓。直到此时,他被考试所累的天赋和才华才迸发得淋漓尽致。

胸怀大志的苏洵始终抱有"学而优则仕"的期待。嘉祐初年(1056年),苏洵带两个儿子进京赶考。二子充分展示了考霸风范——一考即中。翰林学士欧阳修读了苏洵的文章,大赞其文颇有荀子之风。三苏的文章在士大夫中间争相传阅,天下文人纷纷仿效其文风,王公贵胄排队请求相见。曾巩描述当时的情景为"莫不人知其名,家有其书"。

这个苏洵不读书的误解,其实是没有读懂欧阳修的那句话:"年二十七,始大发愤",注意到那个"大"字了吗?大发愤,那是用了大工夫的,才会有后来"下笔顷刻千言。其纵横上下,出入驰骋,必造于深微而后止"的大结果。是说苏洵到了二十七岁时,更为勤奋,更为努力,更会读书了。

(二)苏轼、苏辙的读书环境

良好的家庭教育环境,是一个人读书立身的根本。

司马光在给苏轼苏辙的母亲程夫人写的《武阳县君程氏墓志铭》中说:"夫人喜读书,皆识其大义。轼、辙之幼也,夫人亲教之。常戒曰:'汝读书,勿效曹耦,止欲以书生自名而已。'"告诉两个儿子,不要效仿同辈人仅仅想要让人知道自己是个读书人罢了,要学以致用。

一次,苏轼读《范滂传》,立志要做一个像范滂那样为了坚持真理不惜生命的人。他问母亲,我将来如果像范滂那样,您会怎样。程夫人回答说:范母深明大义,坦然送儿子上刑场。你能做范滂,我为什么就不能做范母呢?正是母亲的教育,使得少年苏轼"奋厉有当世志"。

苏轼兄弟从小生长在蜀中一个文学氛围浓厚之家,家境虽不十分富有却也殷实,最幸运的是有一位善于读书而又要求严苛的父亲苏洵。古人读书讲究抄书,苏轼兄弟曾将一百二十卷的《汉书》手抄两遍。严师出高徒,父亲严格,让兄弟俩早年博闻强记,十多岁时作文就出手不凡。直到晚年,苏轼流寓海南还梦见少时读书、自己贪玩和父亲严厉的情景:"夜梦嬉游童子如,父师检责惊走呼。"(《夜梦》)

古人在总结读书的经验时常说要"读万卷书,行万里路",苏洵早年乐游名山大川,四处游学,见多识广,回来给孩子讲述游历,如同带他们神游大江南北,开阔眼界。苏洵还是艺术鉴赏家,收藏的金石书画在当地小有名气,这都给兄弟俩成长提供了良好的人文环境。

而苏轼兄弟两人在家读书时,常常相互勉励,共同进步。苏轼不仅是弟弟的同学,而且还是老师,他曾写诗回忆他与弟弟一起读书的感受,称赞苏辙:"我少知子由,天资和且清。岂独为吾弟,要是贤友生"。而苏辙对哥哥也是尊敬有加,说苏轼"抚我则兄,诲我则师。"

有这样的环境,有这样的老师,有这样的同学加兄弟,这样的读书生活怎么能不造就一代文化英才?

(三)境界:腹有诗书气自华

清代学者王国维有一个著名的做学问"三境界说"——第一境界:昨夜西风凋碧树,独上高楼,望尽天涯路;第二境界:衣带渐宽终不悔,为伊消得人憔悴;第三境界:众里寻他千百度,蓦然回首,那人却在灯火阑珊处。

与此相类,读书也有"三境界",第一境界:书到用时方恨少;第二境界:书山有路勤为径;第三境界:腹有诗书气自华。

"书到用时方恨少"出自《警世贤文》,下一句是"事非经过不知难"。这是古人常说的一句话,颇有"少壮不努力,老大徒伤悲"的味道。做学问不可能一口吃个胖子,而是靠一点一滴、日积月累之功。因此,我们不能等到能力不足时才想起学习,而是要未雨绸缪,积土成山,积水成渊、积健为雄。

"书山有路勤为径",下一句是"学海无涯苦作舟"。这是著名文学家韩愈的治学名言,其含义是,读书如登山,到达学问的峰顶没有捷径可走,只有靠不畏艰险的攀登。古今学问浩如烟海,在知识的海洋里畅游也绝非易事,刻苦勤奋是唯一可以到达彼岸的方舟。

"腹有诗书气自华"语出苏轼,比喻只有饱读诗书,学有所成,人的气质才会光彩照人。

三句话串起来就构成了读书的"三境界":没有学问,本领恐慌、能力不足怎么办?读书学习。读书做学问没有坦途,而是"书山有路勤为径"。等到学问做好了,饱读诗书之后,才会发现你的气质已经发生了根本性变化,你已经成为一个有文化自信的人,这就是"腹有诗书气自华"。

"三境界"串起来也是一个发现问题、解决问题、实现目标的过程。读书"三境界"是读书治学必不可少的路径,也是一种规律。当然,要真正体会这"三境界",还需要我们在各自的读书生活中去慢慢体悟。

六、相濡以沫、携手并进的亲情友情

苏轼的第一任妻子王弗知礼贤淑、精明平实,是苏轼生活中很出色的助手。苏东坡勤读苦学,她总是陪伴终日,东坡偶有遗忘,都能从旁提醒,"而视天下人无一不是好人"的苏轼,总是缺乏"识人"的能力,王弗总是从旁提醒告诫,让苏轼少犯错误。然而天不假年,王弗二十六岁不幸病逝。苏轼与王弗共同生活了十一年,王弗去世后,东坡一直不能忘怀,苏轼为王弗作《亡妻王氏墓志铭》。在王弗死后的第十个周年,苏东坡调任密州(今山东诸城)孤寂失意的日子里,在梦中又依稀见到了久别的妻子,写下了千古悲歌《江城子》:"十年生死两茫茫,不思量,自难忘。千里孤坟,无处话凄凉。纵使相逢应不识,尘满面,鬓如霜。夜来幽梦忽还乡,小轩窗正梳妆。相顾无言,惟有泪千行。料得年年肠断处,明月夜,短松冈。"在梦中向阴阳相隔的妻子诉说内心的悲苦与凄凉,相顾无言的千行热泪一直流淌到了今天,真是千古第一悼亡词。

苏轼的第二任妻子王闰之是王弗的堂妹,比苏东坡小十一岁。她秉性十分柔和,遇事顺随,容易满足,在丈夫宦海浮沉的生活里,一直与丈夫同甘共苦,陪伴他走过了人生中特别重要的二十五年,王闰之爱惜后代"三子如一,爱出于天"。苏东坡为其写了祭文,《祭亡妻同安郡君文》。十年后,苏子由把她的遗骸与东坡的尸骨埋到了一个坟墓里,圆了东坡生前在祭文中"惟有同穴"的誓愿。

妻子王闰之嫁给苏轼后,在杭州买了一个非常聪明的丫鬟,只有十二岁的朝云,却就此铸就了一个风流千古的美丽传说。苏轼后把朝云收为侍妾,可以说朝云是苏轼的红颜知已,精神上的挚友。朝云三十四岁得传染病不幸身亡,那年苏东坡六十岁。一生不愿为人写墓志的苏轼,为他的这个红颜知己写了《朝云墓志铭》,算是自己内心情感的又一次表达。

三个陪伴了苏轼大半生而又先后离去的女人,构筑了苏轼怎样的情感世界?

若论朋友圈之广大,有宋一代非苏轼莫属。刘壮舆《漫浪野录》里记载了这样一个故事:苏子瞻泛爱天下士,无贤不肖,欢如也。尝自言:"上可以陪玉皇大帝,下可以陪卑田院乞儿。"子由晦默,少许可,尝戒子瞻择交。子瞻曰:"吾眼前见天下无一个不好人。"此乃一病。子由监筠州酒税,子瞻尝就见之。子由戒以口舌之祸,及钱之郊外,不交一谈,唯指口以示之。这故事后面说弟弟苏辙劝哥哥神交朋友,也是事实,只不过"不交一谈,唯指口以示之"有一点杜撰的嫌疑。他们兄弟俩是无话不谈的。

细观苏轼的朋友圈,大体分为下列四类人。

一为官场朋友。其中一类是同进退、共患难的政治盟友。如富弼、张方平、吕公著、范镇、滕元发、李常、孙觉、王巩、钱勰、孔文仲、刘恕等。内中既有宰辅级显宦重臣,又有朝廷或地方的中高级官员。苏轼与之志同道合,一起抵制、反对熙宁新政。张方平、范镇等为营救入狱的苏轼,都被处罚铜20斤;受牵连的王巩被发配到西北苦寒之地。他们可谓披肝沥胆的生死之交。第二类是政见相左而又私交甚笃的朋友。著名的便是王安石和章惇。他俩曾迫害、打击苏轼,将之投入御史台大牢,再流放黄州、惠州、儋州,使苏轼饱受折磨。但元丰七年(1084年)夏,刚从贬谪中解放出来的东坡乘船东下金陵,仍不忘去看望罢相隐居的王安石。两人谈诗、论佛学多日;说及朝局,苏轼希望王安石用宋神宗对他的殊恩,力挽"大狱"之祸,却被王安石以不在其位不谋其政婉拒。苏轼又以朋友口吻劝告王安石,"上所以待公者非常礼,公所以待上者,岂可以常礼乎?"推心置腹,无所避讳,也称得上是朋友了。临别还有"劝我试求三亩宅,从公已觉十年迟!"的赠诗,以表达敬仰之情。

二为文坛朋友。其中有恩师、文坛盟主的欧阳修,有黄庭坚、秦观、晁补之、张耒等"苏门四学士",还有为苏轼刊印诗集的驸马王诜,以及画家文与可、米芾等。苏轼与他们诗、书、画相往来,互为诗友、书友、画友,使苏轼的艺术生活变得多姿多彩。元丰二年二月,得知画竹名家、好友文与可去世的消息,在湖州任上的苏轼痛不欲生,一直哭了三天。七月七日,当他晾晒搜集到的名字画,看到文与可送的那幅《偃竹图》时,又忍不住流下泪来。

三为宗教友人。儒佛道兼修的苏轼,结交了不少高僧、道友。如诗僧参寥、惠勤,镇江的佛印和尚,杭州的大通禅师、维琳方丈,自称130岁的老道士乔仝和老道友吴复古等。每到一地,苏轼都要走访名山古刹,与僧道参研佛学、道学。在杭州,他踏遍城郊360个寺院,并在山林竹荫下卧榻而眠。其中,吴复古伴他从南雄一路走到惠州,充当苏氏兄弟的信使,并陪伴苏轼到海南居住数月。杭州的维琳方丈在苏轼病重不起时赶赴常州,探视、陪伴,两人谈论今世来生。佛道朋友,调剂、充实了苏轼的精神生活。

乡绅、士子、农夫、村妇等,则是苏轼的第四类朋友。对这些社会底层之人,苏轼总是尽力为之排忧解难,而他们也把他当作可信赖的朋友。宜兴的邵民瞻,曾陪苏轼游览阳羡胜景,又替苏轼代为买田、置屋。谪居黄州、"身耕妻蚕"的苏轼夫妇,与四邻的郭药师、庞大夫、农夫古某、大嗓门村妇,都成了互相帮助的朋友。苏轼为他们寻找水源,助他们改变溺女婴的陋习,他们则帮苏家盖茅屋、种麦子,"四邻相率助举杵,人人知我囊无钱"。离开黄州,士绅、乡亲、怀抱女婴的村妇等19人把苏轼送到船上,依依惜别。后在惠州,邻居翟秀才、林老太等对苏轼照顾有加,酿酒的林老太常赊酒给苏轼,苏轼调走后还给林老太家馈送礼品。

苏轼广交友的最可贵处,恰在他抛却势利心,才有一批百姓穷朋友。

了解和掌握了三苏文化的精神内涵,我们就可以沿着这样一个思维线路走进三苏的精神世界,让我们在三苏文化之旅中,找到一条通幽曲径,去触摸一个个伟大的灵魂。

思考与练习

1. 三苏的故事,你还知道哪些?说说他们的故事。
2. 用你自己的语言描述一下三苏和程母的性格,谈谈他们还具有哪些精神?

第二节 三苏在中国文化史上的地位

"三苏"并称始见于宋王辟之《渑水燕谈录》。该书卷四"才识条"说:"苏氏文章擅天下,目其文曰'三苏',盖洵为老苏,轼为大苏,辙为小苏也。"苏洵的文章说古论今,纵横评说,长于分析,很有气势,代表作《六国论》。苏轼是宋代伟大的文学家,又擅长绘画和书法。他在诗、词、散文等方面都有杰出的成就。现存2300多首诗,340余首词和散文。他的诗意境新、笔力壮、变化多,佳作有《题西林壁》《饮湖上初晴后雨》等。他是宋代词坛豪放派的创始人,词作视野开阔,想象丰富,笔力奔放,雄健豪迈。他的散文代表了北宋文学鼎盛时期的成就。苏辙是个善于驾驭多种文章的散文家,其文"汪洋澹泊,深醇温粹,似其为人。"他的诗又受苏轼影响,风格相近,现存诗1189首。

三苏父子同列"唐宋八大家",成为千古佳话。"唐宋八大家"的称谓最早出现于明初朱右选韩愈、柳宗元等人的文章编成《六先生文集》,因并三苏为一家,所以实际是"八先生文集"。明中叶唐顺之所纂的《文编》中,唐宋的文章也仅取八家。明末茅坤承二人之说,选辑了《唐宋八大家文钞》共160卷,此书在旧时流传甚广,"唐宋八大家"之名也随之流行开来。自明人标举唐宋八大家之后,治古文者皆以八家为宗。通行《唐宋八大家文钞》164卷,有明万历刻本及清代书坊刻本。清代魏源有《纂评唐宋八大家文读本》8卷。

清代名臣张鹏翮撰三苏祠大门联赞曰:"一门父子三词客,千古文章四大家。"

在中国文化史上,三苏一直是一个不能忽视的存在。

一、大器晚成与少年得志

苏洵年近五十才成名,成名后的他地位也很低。苏轼一生八典名郡,地方政绩显著,在朝廷官至礼部尚书。苏辙一生的政绩主要表现在元祐年间,由一个小小的县令升至副相,比苏轼的官位还高。

苏洵,少不喜学,喜欢游览祖国的名山大川。他二十七岁才开始发愤读书,但应进士及茂材异等试皆不中。如果说苏洵初举进士不中可能与他"少不喜学"分不开,那么他二十九岁再举进士不中,特别是三十七岁举茂材异等亦不中,就要怪科举考试制度窒息人才了。

苏洵在《广士》中说:"人固有才智奇绝而不能为章句、名数、声律之学者,又有不幸而不为者。苟一之以进士、制策,是使奇才绝智有时而穷也。""不能为"是说不长于此道;"不幸而不为"是说不屑于此道。苏洵兼有二者,结果他这位"奇才绝智"之人就难免"有时而穷"了。

苏洵的可贵就在于,他没有继续让自己去适应不合理的科举考试制度。相反,在"举茂材异等不中"之后,他得出的结论是"此不足为学也"(欧阳修《苏洵墓志铭》),于是决心走自己的路。他在《上韩丞相书》中说:"及长,知取士之难,遂绝意于功名,而自托于学术。"他在二十七岁后"发愤"于科举,而在三十七岁后则开始"发愤"于学术。这是苏洵人生道路上的一个转折点。他告别了科举考试,烧掉了为应付考试而作的数百篇文章,开始凭兴趣读书,想读什么就读什么。过去是为应付科举考试不得不为文而文,没话找话,现在是"胸中之言日益多,不能自制"(《上欧阳内翰第一书》),著《几策》《权书》《衡论》数十篇,系统提出涉及政治、经济、军事等各个领域的革新主张。

欧阳修上其书于朝,公卿士大夫争传诵之,苏轼兄弟又于次年同科及第,父子三人遂名动京师,苏氏文章遂擅天下。这一年苏洵48岁,可说是大器晚成。但他成名后的地位也很低,"爵不过于九品",只做过试秘书省校书郎、霸州文安县主簿、礼院编修。

苏轼兄弟的经历与苏洵刚好相反,是少年得志而一生坎坷。进士及第,名动京师时,苏轼二十二岁,苏辙才十九岁,五年后又同举制科入等。苏轼一生八典名郡,先后知密、徐、湖、登、杭、颍、扬、定八州,地方政绩显著,在朝廷官至礼部尚书。苏轼《应制举上两制书》自称他参加制科考试的策论是"直言当世之故,无所委曲"。而苏辙的《御试制科策》比苏轼更加激烈、尖锐,矛头直接对准了年老的仁宗,指责仁宗"沉湎于酒,荒耽于色,晚朝早罢,早寝晏起,大臣不得尽言,小臣不得极谏。左右前后惟妇人是侍,法度正直之言不留于心,而惟妇言是听"。结果在朝廷引起轩然大波,激起了一场激烈的争论。苏辙制科考试"入三等"。宋王朝的制科考试,一二等都是虚设,从没有人入一二等,因此三等实为一等,在此以前只有吴育一人入过三等。司马光参与崇政殿复试,认为苏辙在应试者中最为切直,也第以三等。初考官胡宿认为,苏辙之策以致乱之君况盛世,力请黜之。但仁宗不同意,他说:"吾以直言求士,士以直言告我,今而黜之,天下其谓我何!"仁宗同时还读到苏轼的《制科策》,颇为高兴地说:"朕今日为子孙得两宰相矣。"于是以苏轼入第三等,苏辙入第四等次。但斗争还没有结束。苏辙既入等,于是以他为试秘书省校书郎,充商州(今陕西商县)军事推官。知制诰王安石认为苏辙祖护宰相,专攻人主,不肯撰制词。苏辙深感失望,奏乞留京侍父,辞不赴任。这当然只是表面理由,正如苏轼的《病中闻子由得告不赴商州三首》所说:"答策不堪宜落此。"《御试制科策》对苏辙一生的影响是深远的,不仅迫使他当时辞官,而且使得他"自是流落,凡二十余年"(《遗老斋记》),一直担任幕职,直至神宗去世前不久才任绩溪(今属安徽)县令。

苏辙一生的政绩主要表现在元祐年间,由一个小小的县令升至副相,比苏轼的官位还高。南宋何万在《苏文定公谥议》中说:"九年之间,朝廷尊,公路辟,忠贤相望,贵幸敛迹,边陲绥靖,百姓休息,君子谓公之力居多焉。"这段话对元祐之政虽有过份美化之嫌,但对苏辙在元祐之政中的作用的估计,是大体符合实际的。苏辙的政治才能只在哲宗元祐年间才得到比较充分的发挥。

二、坚持真理的政论家

苏洵虽被誉为"王佐才",但从未成为"王佐",也无法施展自己的政治抱负,而只能算作政论家。苏氏兄弟是"言之者而又行之者",都是当时著名的政治家。

在政治上,北宋王安石力主变法时,三苏强调革新吏治。苏洵生前,王安石变法还未开始,但争论已经开始。苏洵在《衡论》中已经提出了"政之失,非法之罪"的观点。嘉祐三年(1058年),苏洵与王安石分别有《上皇帝书》和《上仁宗皇帝言事》。他们未必看过对方的上书,故很难说是谁反驳谁。但比较一下这两篇上书的内容，便能看出苏、王分歧的实质。王安石认为，当时形势危急的原因是"患在不知法度"，出路在于"变革天下之弊法"。苏洵却认为，"法不足以制天下，以法制天下，法之所不及，天下斯欺之矣。且法必有所不及也。先王知其有所不及，是故存其大略而济之以至诚。使天下之所以不吾欺者，未必皆吾法之所能禁，亦其中有所不忍而已。"正是从这一观点出发，苏洵在《上皇帝书》中才大谈改革吏治，提出十大主张：重爵禄，罢任子，严考课，尊小吏，复武举，信大臣，重名器，专使节，停郊赦，远小人。其中除停郊赦一条外，其余九条谈的都是改革吏治。

苏轼兄弟后来对王安石变法的态度，实为苏洵与王安石分歧的继续，在这一点上，三苏的看法出奇的一致，论战之持久，也属史上鲜见。熙宁二年（1069 年）初，兄弟二人守父丧期满返京时，王安石变法已经开始，以苏轼为殿中丞、直史馆、判官告院，以苏辙为变法机构制置三司条例司检详文字。王安石以吕惠卿起草的青苗法向苏辙征求意见。苏辙说："以钱货民，使出息二分，本以援救民之困，非为利也。然出纳之际，吏缘为奸，虽重法不可禁；钱入民手，虽良民不免非理之费；及其纳（还）钱，虽富家不免违限。如此，则鞭棰必用，自此恐州县事不胜繁也。"王安石变法期间还加强盐禁，严禁私人煮盐贩盐。王安石也曾同苏辙讨论这个问题。苏辙说："利之所在，欲绝私贩，恐理难也。"王安石有办法，他说，一村百家俱贩私盐，败者止一二，故贩不止；"若二十家至三十家败，则不敢贩矣！"苏辙回答道："如此，诚不贩矣。但恐二三十家坐盐而败，则起为他变矣！"（苏辙《龙川略志》卷三）熙宁二年八月，他写了《制置三司条例司论事状》，对新法作了全面批评，同时要求外任，免去他在条例司检详文字的职务。为人"谨重"的苏辙，上书反对新法比苏轼早四个月，而要求离京外任比苏轼将近早两年。

熙宁二年，王安石准备变科举，兴学校。神宗对此有些怀疑，征询各方面的意见，苏轼上《议学校贡举状》。神宗对苏轼的意见很重视，他说："吾固疑此，得轼议，意释然矣。"神宗立即召见苏轼，问"方今政令得失"，并说"虽朕过失，指陈可也"。苏轼也不客气，批评神宗"求治太急，听言太广，进人太锐"。神宗当即表示："卿三言，朕当熟思之。"并鼓励苏轼说："当为朕深思治乱，无有所隐。"（《宋史·苏轼传》）故苏轼又有《上神宗皇帝书》，对王安石变法作了全面批评。变法派于是下决心把他赶出朝廷。御史知杂事谢景温诬奏苏轼扶父丧返川时，曾在舟中贩运私盐，并追捕当时船工进行拷问，想获得"罪"证。苏轼"实无其事"，不屑同这些人争辩，只求出任地方官避祸。于是被任命为杭州通判。苏轼一生多次被诬陷，这是第一次。

对元祐之政的态度，也表明苏辙在政治上往往比苏轼更激烈。苏辙在元祐元年（1086 年）二月至十一月担任右司谏期间共上奏章七十四篇（苏轼同期上奏章二十篇），几乎涉及当时所有的重大政治问题。他主张严惩推行新法的朝廷大臣，而对执行新法的小臣给予改过自新的机会。八次上书要求责降右仆射韩缜，三次乞诛窜吕惠卿，并一论章惇，再论安焘，五论蔡京。大家都知道，苏轼草拟的《吕惠卿责授节度副使制》是一篇著名的制词，却不一定知道这篇制词是根据苏辙的《乞诛窜吕惠卿状》起草的。此状历数吕之过恶说："吕惠卿赋性凶邪，罪恶山积。自熙宁以来所为青苗、助役、市易、保甲、簿法（手实法）皆出于惠卿之手"；"兴起大狱，以恐胁士人"；"排击忠良，引用邪党，惠卿之力十居八九"。并批判吕为人之阴狠险毒："（王）安石之于惠卿有卵翼之恩，有父师之义。方其求进则胶固为一，更相汲引，以欺朝廷；及其权位既均，势力相轧，反眼相噬，化为仇敌。"以致"发其私书"，"其一曰'无使上知'，安石由是得罪。夫惠卿与安石出肺腑，托妻子，平居相结，唯恐不深。故虽欺君之言，见于尺牍，不复疑问。惠卿方其无事，已一一收录，以备缓急之用。一旦争利，遂相抉择，不遗余力，必致死地。此犬彘之所不为，而惠卿为之曾不愧耻。"苏辙主张对这样的人应"略正典刑,纵未以污铁锧,犹当追削官职,投畀四裔"。

苏轼兄弟在元祐年间的主张也不尽相同。例如苏轼只是私下劝告章惇说,司马光"时望甚重","不可慢"(《亡兄子瞻墓志铭》)。苏辙却上章要求罢免章惇枢密使之职。在役法问题上,苏轼认为:"差役免役,各有利害","以彼易此,民未必乐"。苏辙却认为,"差役可行,免役可罢,不待思虑而决"(《论罢免役钱行差役法状》)。司马光恢复诗赋取士,苏轼作《复改科赋》赞美此事,但苏辙比哥哥冷静得多,他虽然不反对司马光恢复诗赋取士,但主张推迟一届施行,并因此得罪了司马光,"君实(司马光)始不悦矣"(《颖滨遗老传》)。

三、才华横溢的文学家

三苏都名列唐宋八大家。苏洵的散文"辞辩闳伟,博于古而宜于今",对改变北宋文坛风气起了巨大作用。苏轼具有多方面的文学艺术才能,在各个领域都富有创造性,都是开派的人物。苏辙的诗文成就也较高。

苏洵强调文章要"得乎吾心"(《太玄论》),要有自己的真知灼见;强调文贵自然,反对为文而文,认为不能不为之文才是"天下之至文"(《仲兄字文甫说》);强调文贵有用,要"言必中当世之过"(《凫绎先生诗集叙》),如五谷可以疗饥,药石可以伐病。他的散文"辞辩闳伟,博于古而宜于今","不为空言而期于有用"(欧阳修《荐布衣苏洵状》),对改变北宋文坛风气起了巨大作用,所谓"士争传诵其文,时文为之一变"(张方平《文安先生墓表》)。南宋朱熹从正统儒家观点出发,斥苏氏父子兄弟之学为"杂学",但对苏洵文章却很佩服,称"老苏文雄浑"(《朱子语录》卷一三九)。元人朱夏《答程伯大论文》说:"老苏之文,顿挫曲折,苍然郁然,镵刻削厉,几不可与争锋。"苏洵存诗不多,但诸体皆备,尤以五、七言古诗见长。叶梦得《避暑录话》称其诗"精深有味,语不徒发,正类其文"。其五言古诗《欧阳永叔白兔》,结构严谨,形象生动,意味隽永;七言古诗《赠陈景回》,波澜起伏,活泼跌宕而又情致委婉。《九日和韩魏公(琦)》更是洵诗压卷之作:"晚岁登门最不才,萧萧华发映金罍。不堪丞相延东阁,闲伴诸儒老曲台。佳节久从愁里过,壮心偶傍醉中来。暮归冲雨寒无睡,自把新诗百遍开。"前两句写参加韩琦重阳节的家宴;三四句感谢韩琦以他为太常寺礼院编纂,曲台指太常寺,从"闲伴诸儒老曲台"的"闲""老"二字,不难看出他那郁郁不得志之情;五六句写得最好,"佳节久从愁里过",可见他一直不得志,"壮心偶傍醉中来",可见他仍雄心勃勃,希望有所作为;末二句写宴后归来的心情,暮色沉沉,寒雨萧萧,辗转反侧,夜不能寐,给人以凄凉之感,表现了他壮志不酬的苦闷。

苏轼具有多方面的文学艺术才能,在各个领域都富有创造性。他的散文平易自然,笔力纵横,挥洒自如,雄辩滔滔,与欧阳修一起并称欧苏。他的诗内容丰富,境界开阔,格调清新,与黄庭坚一起并称苏黄。他的词一洗五代绮丽柔靡的词风,成为豪放词派的创始人,并提高了婉约词的境界,对后世影响很大,与辛弃疾一起并称苏辛。

苏轼存词三百多首,苏辙存词仅四首。苏辙写得最好的是《水调歌头·徐州中秋》:"离别一何久,七度过中秋。去年东武(今山东诸城)今夕,明月不胜愁。岂意彭城(今江苏徐州)山下,同泛清河古汴,船上载《凉州》。鼓吹助清赏,鸿雁起汀州。坐中客,翠羽帔,紫绮裘。素娥无赖,西去曾不为人留。今夜清尊对客,明夜孤帆水驿,依旧照离忧。但恐同王粲,相对永登楼。"

从此词可知,苏辙并非不能作词,只是不喜作词罢了。此词上阕从长年离别写到今朝欢聚。一二句写兄弟离别之久,从熙宁四年(1071年)颍州之别至熙宁十年(1077年),已经整整七年了。"去年东武今夕,明月不胜愁"指苏轼为怀念苏辙而写的《水调歌头·明月几时有》。苏辙词的中间五句写今朝"同泛清河古汴,船上载《凉州》",《凉州》指《凉州词》,此代指唱曲的歌女。他们一面泛舟,一面欣赏歌女唱曲,惊起群群汀州鸿雁,够快乐了。但好景难长,下阕从今朝欢聚,想到明朝离别,发出一片悲凉之音。下阕的前三句写"坐中客"的装束,下阕的四五句感叹光阴易逝,盛时难再。接着以"今夜清尊对客"的欢聚之乐,反衬"明夜孤帆水驿"的别离之苦,而展望未来更不堪想象,恐怕只能像三国时王粲那样"相对永登楼"了。这个"永"字,语重千斤。苏轼《水调歌头·安石在东海》说:"今年子由相从彭城百余日,过中秋而去,作此曲以别余。以其语过悲,乃为和之。""悲"而且"过"就在于下阕,特别是结尾数句,太伤感了。苏轼在《中秋月寄子由》中回忆当时情景说:"歌君别时曲,满座为凄咽!"莫说那时的当事者,就是今天的读者读到这首词,也有催人泪下之感。苏轼觉得弟弟太伤感了,在和词中安慰道:"一旦功成名遂,准拟东还海道,扶病入西州。"并想象弟兄双双相亲相爱同返故里的情景说:"故乡归去千里,佳处辄迟留。我醉歌时君和,醉倒须君扶我,惟酒可忘忧。"苏轼这一功成名遂之后弟兄同归故里的愿望,一生从未实现过,后来实现的是兄弟二人"扶病"去雷州、儋州贬所。

苏辙的诗文成就也较高。关于苏氏兄弟诗文的优劣,历来有不同看法。苏轼说:"子由诗过吾远甚。"(《记子由诗》)又说:"子由之文实胜仆,而世俗不知,乃以为不如。"(《答张文潜书》)这并不是什么自谦之词,而是苏轼的真心话。苏轼论诗论文都追求"质而实绮,癯而实腴"(苏辙《子瞻和陶诗引》)、"外枯中膏,似淡而实美"(苏轼《评韩柳诗》)的艺术风格,苏辙"汪洋澹泊"的艺术风格正符合他的审美趣味。秦观《答傅彬老简》同意苏轼的看法:"中书(苏轼)尝自谓'吾不及子由',仆窃以为知言。"陆游、周必大也有类似的看法,周必大《跋子由〈和刘贡父省上示坐客〉诗》载,周向陆请教学诗之法,陆要周读苏辙诗。周"退取《栾城集》观,殊未识其旨趣",后来才觉得辙诗"温雅高妙,如佳人独立,姿态易见。然后知务观(陆游)于此道真先觉也"。

四、六艺皆通的艺术家

词是宋代的乐曲,苏洵虽无词存世,但他是懂音乐的,蓄有雷琴。苏轼《家藏雷琴》说:"余家有琴,其面皆作蛇蚹,其上池铭云:开元十年造,雅州灵关村。"苏轼为了弄清雷琴的发音情况,曾把琴拆开来进行研究。《历代琴人传》引张衮《琴经·大雅嗣音》说:"古代多以琴世家,最著者……眉山三苏。"苏洵善弹琴,苏轼兄弟皆有《舟中听大人弹琴》诗,歌颂苏洵琴技,崇尚古乐而不满世俗之乐。苏辙的写法是由舟中听琴而联想到伯牙沧海学琴,末以"世人嚣嚣好丝竹,撞钟击鼓浪为荣。安知江琴独超绝,掩耳大笑不肯听"点明主题。全诗以写伯牙学琴为主,读起来平和婉转。苏轼的写法是由听琴而生议论:"弹琴江浦夜漏永,敛衽窃听独激昂。《风松》《瀑布》已清绝,更爱《玉佩》声琅珰。自从郑卫乱雅乐,古器残缺世已忘。千年寥落独琴在,有如老仙不死阅兴亡。世人不容独反古,强以新曲求铿锵。微音淡弄忽变转,数声浮脆如笙簧。无情枯木今尚尔,何况古意堕渺茫。江空月出人响绝,夜阑更请弹《文王》。"全诗纵横恣肆,议论风生,与苏辙诗的平和婉转适成鲜明对比。

三苏会棋,但棋艺不算高明。苏轼晚年贬官儋州期间曾说:"予素不解棋,尝独游庐山白鹤观。观中人皆阖户昼寝,独闻棋声于古松流水之间,意欣然喜之。自尔欲学,然终不解也。儿子过乃粗能者,儋守张中日从之戏,予亦隅坐,竟日不以为厌也。"(《观棋》)可见他对棋艺兴趣颇浓。

三苏皆精书法,《中国书法大辞典》都收有三苏的书法作品。颜真卿是唐代著名书法家,苏洵有《颜书》,前半部分歌颂颜真卿起兵反对安史之乱:"忆在天宝末,变起渔阳师。猛士不敢当,儒生横义旗。感激数十郡,连衡斗羌夷。"充满了对义士颜真卿、颜杲卿的仰慕之情。后半部分歌颂颜之书法:"况此字颇怪,堂堂伟形仪。骏极有深稳,骨老成支离。点画乃应和,关连不相违。有如一人身,鼻口耳目眉。彼此异状貌,各自相结维。离离天上星,分如不相持。左右自缀会,或作斗与箕。骨严体端重,安置无敧危。"诗的最后谓见了颜书,自己都不敢写字了:"自我见此字,得纸无所施。""骏极有深稳""骨严体端重"表明,他颇善于把握颜书的特点。

苏轼从小爱好书法,少年时代曾在眉山城西八十里的栖云寺读书,在石崖上作"连鳌山"三字,大如屋宇,雄劲飞动。在宋代四大书法名家即"苏(轼)黄(庭坚)米(芾)蔡(一说蔡襄,一说蔡京)"中,他名列前茅,是与他"幼而好书,老而不倦"(《东坡先生墓志铭》)分不开的。他曾说:"我书意造本无法,点画信手烦推求。"(《石苍舒醉墨堂》)这种信笔书写,不需推求的"无法"境界,是通过长期依"法"练习获得的,是以"堆墙败笔如山丘"的艰苦劳动为前提的。正因为如此,他在《书唐氏六家书后》中才批评那些没有学会正楷就在那里胡乱作草书的人:"今世称善草书者,或不能真(楷)行(行书),此大妄也。真生行,行生草;真如立(立正),行如行,草如走(跑)。未有未能行立而能走者也。"这段话充分说明了"无法"必须以有法为前提,"意造"必须以苦练为基础。同是书法大家的黄庭坚评价苏轼:"余谓东坡书,学问文章之气,郁郁芊芊,发于笔墨之间,此所以他人终莫能及耳。"并推苏轼的书法为"本朝第一"。苏辙的《石苍舒醉墨堂》诗也说:"石君得书法,弄笔岁月久。经营妙在心,舒卷功随手。"这同样说明了只有"弄笔久",才能"得书法",只有苦心"经营",才能"舒卷功随手"。

三苏均好画。阎立本是唐代著名画家,净因大觉禅师以阎立本所画水官(水神)赠苏洵,苏洵撰《净因大觉禅师以阎立本画水官见遗,报之以诗》来表示感谢。诗的大部分内容是描述这幅画的:或写水官,"水官骑苍龙""龙行欲上天""浩乘风船""不知几何长,足尾犹在渊";或写从臣,说他们"矍铄相顾失,风举衣袂翻";或写侍女,说她们"手执雉尾扇,容如未开莲"。这些描写都很形象,见诗如见画。诗的结尾更别开生面,苏洵没有向大觉琏师直接表示感谢,而是说阎画"见者谁不爱,予者诚已难"。但是,"在我犹在子,此理宁非禅?报之以好词,何必画在前!"这样结尾就不落俗套,比直接以谢语结尾有味得多。苏轼《次韵水官诗》叙云:"净因大觉琏师以阎立本画水官遗编礼公。公既报之以诗,谓某'汝亦作'。某顿首再拜次韵,仍录二诗为一卷以献之。"此称其父为"编礼公",嘉祐六年(1061年)七月朝廷才以苏洵为霸州文安县主簿,编纂礼书。故此诗必作于苏洵晚年。苏洵还曾向文同(字与可)索画,有《与可许惠舒景,以诗督之》诗。苏轼《四菩萨阁记》说:"始吾先君于物无所好,燕居如斋,言笑有时,顾尝嗜画。弟子门人,无以悦之,则争致其所嗜,庶几一解其颜。故虽为布衣,而致画与公卿等。"为了使父亲"一解其颜",苏轼曾"以钱十万",购得吴道子画在父亲生辰之日献与苏洵。在苏洵所珍藏的百余幅名画中,此为压卷之作。

苏轼二十一岁时曾在成都净慈寺为镇守成都的张方平画像,后来与文同成为文人画即湖州画派的开创者。他在《文与可画筼筜谷偃竹记》中总结文同绘画经验时说:"故画竹,必先得成竹于胸中,执笔熟视,乃见其所欲画者。"所谓"熟视",就是仔细观察所要画的竹子,所要表现的客观对象;同时进行艺术构思,使所欲画的竹子,所要表现的对象完整地呈现于胸中。成语"胸有成竹"便出自此处。他在《书蒲永升画后》中说:"始(孙)知微欲于大慈寺寿宁院壁,作湖滩水石四堵,营度经岁,终不肯下笔。一日仓皇入寺,索纸墨甚急,奋袂如风,须臾而成,作输泻跳蹙之势,汹汹欲奔屋也。""仓皇""甚急""如风""须臾",正是灵感爆发,创作激情高涨的表现;而这种灵感突发是建立在"营度经岁",即长期酝酿的基础之上的。没有"营度经岁"就不可能有"须臾而成"。

王维是唐代的著名诗人和画家。苏轼曾称赞王维"诗中有画""画中有诗"(《题蓝田烟雨图》)。当时在开元寺东塔,有王维画的真迹,他在《王维吴道子画》中说:"摩诘(王维)本诗老,佩芷袭芳荪。今观此壁画,亦若其诗清且敦。"这里同样强调了王维诗画相通,诗情画意融成一体的特点。吴道子名道玄,是唐代名画家,世尊为画圣。宋时开元寺和普门寺都有他的真迹:"道子实雄放,浩如海波翻。当其下手风雨快,笔所未到气已吞。"可见吴道子的画以"雄放"为特色。苏轼本人就是画家,他很推崇王维和吴道子的画:"吾观画品中,莫如二子尊。"在二人中尤其推崇王维:"吴生虽妙绝,犹以画工论。摩诘得之于象外,有如仙翮谢笼樊。吾观二子皆神俊,又于维也敛衽无间言。"苏辙经常反驳苏轼,他在同题诗中针锋相对地反驳其兄说:"壮马脱衔放平陆,步骤风雨百夫靡。美人婉婉守闲独,不出庭户修容止。女能嫣然笑倾国,马能一蹴至千里。优柔自好勇自强,各自胜绝无彼此。谁言王摩诘,乃过吴道子?"在苏辙看来,壮马奔驰是阳刚之美,美人嫣然一笑是阴柔之美,对二者不应有所轩轾。其实,苏轼在这里是在比较文人画和画工画的高低,他并不否认美的多样性。他在《孙莘老求墨妙亭诗》中说:"杜陵评书贵瘦硬,此论未公吾不凭。长短肥瘦各有态,玉环飞燕谁敢憎?"可见他们兄弟在美的多样性、风格的多样性问题上,实际是没有分歧的。

五、正讹补漏的史学家

在史学领域,苏洵、苏辙的成就高于苏轼。苏轼没有历史专著,但写了大量单篇史论,其中以应制科试所作的二十五篇《进论》和晚年所作的《志林》中的史论部分为最有名。苏洵撰有《史论》上中下三篇,系统阐述了他的史学观;又与姚辟合著《太常因革礼》一百卷,因欧阳修以参知政事为此书提举官,有些书目往往列在欧阳修名下。《太常因革礼》既是一部礼书,又是一部史书。《中国丛书综录》即归入史部。苏洵《史论上》论经、史异同,认为其同有二:其义(写作目的)同,"史与经皆忧小人而作";其用(具体要求)同,"事以实之,词以章之,道以通之,法以检之"。其别有三:经、史都离不开事、词、道、法,但侧重点各有不同,"经以道、法胜,史以事、词胜";经靠史证实褒贬,史靠经斟酌轻重,二者作用不同而又相互为用;经为"适于教"的需要,或"隐讳而不书",故经非"实录";史是"实录",其中有可遵循者,有不可遵循者,故史非"常法"。儒家的传统观点是把经奉为文章的最高典范,苏洵却经史并重,认为二者体不相沿而用实相资,"经不得史无以证其褒贬,史不得经无以酌其轻重"。《史论中》论修史的四种方法:"其一曰隐而章,其二曰直而宽,其三曰简而明,其四曰微而切。"他阐明了史书的真实性同政治性(教化作用)的关系。史书是"一代之实录",必须如实地反映客观历史情况;但又不能作纯客观的记述,而应通过作者对史料的精心剪裁和安排,表现作者的爱憎和褒贬,体现道与法,达到惩恶扬善的目的。对于"功十而过一"的人,本传记其功,他传发其过,这样,既忠于史实,又达到了褒善的目的;对于"过十而功一"的人,既要记其过,又要详记其功,这样,既能惩恶,又能开其自新之路。这就把史书的真实性和教化作用统一起来了。《史论下》历评司马迁《史记》、班固《汉书》、范晔《后汉书》、陈寿《三国志》的得失。苏洵说:"迁之辞淳健简直,足称一家。"但指责司马迁"裂取六经传记"杂于《史记》之中,指责班固"袭蹈迁论以足其书者过半"。历史就是历史,是既成事实,可以删其烦冗,补其遗漏,纠其谬误,但不能再创造。若已无冗可删,无漏可补,无谬可纠,则照抄前人记述比把前人记述改头换面以充己作,倒是更老实的治史态度。但班固照抄司马迁、扬雄的记述而不知剪裁,以至造成体例不统一。苏洵强调史书必须忠于史实,指责班固"贵谀伪",陈寿帝魏而臣吴蜀,都是不忠于客观历史实际的表现。苏洵的多数观点,均切中前四史的要害。雷简夫称其"《史论》,真良史才也","得(司马)迁史笔"(邵博《闻见后录》卷一五)。茅坤《唐宋八大家文钞》卷一,称其"评骘诸家如酷吏断狱",并非虚美之词。

苏辙与苏轼一样,应制科试所上《进论》也含有史论,即"上自三王而下至五代"的朝代论十二篇,晚年又撰《历代论》四十五篇,多为历史人物论。苏辙有史学专著《古史》,是为纠正司马迁《史记》之讹,补充其佚而作。苏籀《栾城遗言》说:"公年十六为夏、商、周论,今见于《古史》。"可见苏辙《古史》也是从青年时代起就开始撰著,但主要是两次贬官筠州(今江西高安)时完成的。其《古史序》中说:"太史公始易编年之法为本纪、世家、列传,记五帝三王以来,后世莫能易之。然其为人浅近而不学,疏略而轻信。"其《后记》云:"尧舜三代之遗意,太史公之所不喻者于此而明;战国君臣得失成败之迹,太史公之所脱遗者于此而足,非闲废有所不暇者也。"元人刘埙《隐居通议》卷一五称"其所作《古史》,则议论高绝,又非坡所及"。

苏辙亦长于当代史,其《龙川略志》十卷、《龙川别志》四卷(今本为上下两卷)、《颍滨遗老传》(自传)两卷,均属当代史。苏辙一生见过朝廷很多名臣,如欧阳修、张安道、韩琦、司马光、王安石等。元祐年间在朝时,刘贡父曾对苏辙说:"予一二人死,前言往行堙灭不载矣。君苟能记之,尚有传也。"(《龙川别志序》)但当时他政务繁忙,无暇记这些名臣言行。晚年贬官循州(今广东龙川),他完成了《龙川略志》《龙川别志》。苏轼晚年写了很多即兴式的笔记,而苏辙的《龙川略志》《龙川别志》的写作却是有计划的,《龙川略志》记所历,《龙川别志》记所闻。《东坡志林》记载了很多奇幻怪异的事,表现了苏轼对新奇事物的浓厚兴趣。《龙川略志》《龙川别志》所载,除少量炼丹术、养生术外,绝大多数都是严肃的朝政。苏轼的笔记,文学色彩浓,具有较高的美学价值。苏辙的笔记,政治色彩浓,具有较高的史料价值。正如《四库提要》卷一四所说:"《略志》惟首尾两卷记杂事十四条,余二十五条皆论朝政。盖是非彼我之见,至谪居时犹不忘也。……《别志》所述多耆旧之余闻。朱子(熹)生平以程子(颐)之故,追修洛蜀之旧怨,极不满于二苏。而所作《名臣言行录》,引辙此志几及其半,则其说信而有征,亦可以见矣。"朱熹对苏辙《龙川略志》和《龙川别志》的重视,充分说明二书对了解元祐之政和北宋名臣言行,具有重大意义。

三苏的产生不是偶然的。就其所处的政治文化生态而言,三苏的崛起恰逢被称为"盛治"的仁宗朝,仁宗的开阔胸襟和求贤若渴为三苏的出道奠定了良好的政治基础;在仁宗周围又有一批优秀杰出的贤臣名公主持朝中政务,他们忠信正直,为三苏的崛起营造了良好的政治氛围;三苏幸遇一批爱才、惜才、有话语权的各级贤臣伯乐,他们慧眼识珠,不遗余力地发现、荐举、扶持、保护三苏,使僻远西蜀的三苏能够以较快的速度、便捷的方式名动京师;三苏在欧阳修推行的古文革新中生逢其时,成为欧公摧枯拉朽的力量中坚;三苏奋厉有为、锐意创新的禀赋素养,则在这一政治文化生态中得到了最佳的滋养升华。

三苏文化在中国古代文化发展史上是一个特异的存在。它崛起于西蜀,却对中原文化形成难以抗拒的冲击波与吸引力;它博观约取于多源文化成果,却以"兼容""杂陈""超越"自成独特的样态与面貌;它所呈现的政治实用、文化包容的多元化特征,为当代揭示了具有启示意义的文化发展规律。

总之,三苏父子已融入眉山历史,"三苏文化"已经成为眉山文化的代称。"三苏文化"与

"坚韧图强,求是创新,团结进取,苦干兴眉"的"眉山精神"有历史的内在联系,对眉山地区社会、经济、文化发展的现实指导意义十分独特而重要。因而三苏的思想和人文精神、眉山精神均是激励眉山人民继承创新、开拓前进的动力。

思考与练习

1. 三苏还有哪些功绩？你还知道他们的哪些称谓？
2. 三苏的产生原因有哪些？试着分析。
3. 三苏在历史上和现今的影响有哪些？阅读相关史料,调研眉山实情,试着阐述。

第二章 苏洵与族谱文化

三苏中,苏洵是一个独特的存在。这不仅表现在仕途上、文学上的特立独行——有人评价他"文不过百篇,官不过九品",但苏洵不论在当时还是在后世的政治、文化、文学等方面都享有极高的声誉,同时表现在是他独创性地完成了流传已久的中国族谱编排整理方式,从而使得古老的族谱文化在宋代基本完善成形并沿袭至今。这应该是苏洵对中国传统文化的又一杰出贡献。

第一节 族谱的文化意义及作用

参天之树,必有其根;怀山之水,必有其源。炎黄同心,华夏一脉;血浓于水,叶落归根。中国家谱文化源远流长,博大精深。"夫家有谱、州有志、国有史,其义一也。"清代著名史学家章学诚更是把家谱与国史、方志相提并论,称家谱为三大历史文献之一。

一、族谱的文化意义

族谱,亦称家谱、宗谱、家乘、通谱、统谱、世谱、支谱、房谱等,名称各异,其内涵是相同的,只是外延有所区别而已,现在一般统称家谱或族谱。家谱是系统记述某一同宗共祖的血缘集团世系人物或兼及其他方面情况的历史图籍。姓氏是"某一同宗共祖血缘集团"的标识符号,家谱、族谱就是记录某一姓氏家族成员间的血缘关系的图册。谱牒文化是中华民族优秀文化的重要组成部分,也是中华文明的特有现象。为了保护族谱文化传承,专家学者正在呼吁"中华家谱"申报非物质文化遗产。

族谱文化的意义就在于:中国的族谱一般都有家规族训,对于规范人生和教育子弟有着积极的意义。古代颜氏家训、柳氏家训、朱伯庐治家格言等都是很好的德育教材。司马迁、班固、陈寿等史学家在其史学著作《史记》《汉书》《三国志》中分别使用谱牒内容,使得史书更加准确与完备。

族谱是一个家族的发展史。一个家族要发展壮大,除需要雄厚的物质条件外,还需要足以"强宗固族"的精神条件,而良好家风的形成,正是这种精神条件的基础和内容之一。

族谱中所保存的家规、家训以及治家格言等,从一开始就以积极、进取的人生价值和社会价值态度来讨论家庭环境和家庭氛围的建设。在家规、家训中,封建伦理纲常礼教作为其理论基础而占有中心地位,三纲五常、孝悌忠信的内容占大半。族谱中的家规、家训除上述内容外,还有"睦族人""和亲友""恤孤贫"以及"戒赌博""戒奢侈""戒懒惰""戒淫逸"等,对家族成员的行为、举止作出规范,这也是足资我们今天借鉴的有益成分。

对于编修族谱的重要性,伟大的革命先行者孙中山先生说:"由于家族的团结,扩充到国家民族的大团结,这是中国人才有的良好传统观念,应当加以发扬和运用。"中华人民共和国成立后,毛泽东主席在1957年四川成都政治局扩大会议上谈到研究历史问题时说:"搜集家谱、族谱加以研究,可以知道人类社会的发展规律,也可为人文地理、聚落地理提供宝贵的资料。"周恩来总理在全国第四届人民代表大会上与淮安代表座谈时说:"一个爱国的人没有一个不爱家的。我经常想家,想家乡。爱家、爱家乡是爱国的起点。了解家情、乡情是懂得国情的开始。只有了解乡情,懂得国情的人,才能真正热爱家乡,热爱祖国。"

族谱研究的另一现实意义是通过族谱研究,满足海内外中华儿女"寻根谒祖"的需求。树高千丈,叶落归根。海外华侨看到祖国繁荣昌盛,欣欣向荣,欣喜之情溢于言表。他们纷纷回国寻根谒祖,探亲访友,慷慨解囊,投资家乡的经济建设。族谱作为一个家族血缘关系的总记录,将海外华人与祖国亲人紧紧连在一起。

研究族谱的意义还在于通过对我国传统家谱进行内容、体例、结构等的分析,来构建一种能适应社会主义新时代需要的新型族谱。一部新型族谱或家族档案,其编制原则应既符合现代家庭的需要,顺应现代社会的发展,也要具备传统族谱的"敦宗睦族""凝聚血亲"的功能作用;其编制方法既要继承传统族谱中的一些优秀成分,也要创制适应现代需要的内容。

族谱研究的现实意义当然不止于此,随着研究的进一步深入,族谱这个蕴藏丰富资料的宝库还会为我们提供许多新的其他资料,谱牒学这门古老又年轻的学科也会不断发展,日益走向成熟。

改革开放以来,新修的族谱与以前的传统族谱相比,折射出新时代、新理念、新思想、新手段、新范式,内容丰富新颖而思想性强,印刷装帧精美,具有很强时代性和创新性的特点。特别是当代人出于实用主义观念的现实需要和现实诉求,族谱在主题内容、目的功能等方面进行了很大的改进和修正,新族谱中强调保存具有传统文化品位的政治格言、家训家规等,突出积极进取的人生态度和高度的社会使命感,将"强宗固族"升华为"民族富强",将"寻根谒祖"发展为"祖国统一与爱好和平",家国同构的华人思想、民族精神得以发扬光大。

运用新的观点、思想和方法对传统族谱进行改造、变革和升华,把族谱研究与解决现实问题紧密结合起来,积极借鉴传统家谱中的一些优秀规范、思想,并加以丰富,使现代族谱具有更强的时代性。随着文化与经济的结合日趋紧密,以族谱文化为核心的文化产业正如雨后春笋般蓬勃发展起来。

二、族谱的作用

族谱不仅是历史文化遗产的重要组成部分,而且对历史学、民俗学、人口学、社会学和经济学的深入研究均有其不可替代的独特功能。

族谱是一个家族的历史记载,通过族谱,我们能够比较真实地了解当时当地的历史面貌、时代精神、社会风尚,了解在那个历史背景下人们的生产、生活情况。族谱是和正史、方志一样重要的历史典籍,是史学的重要组成部分之一。

族谱是一个巨大的资料宝库,可供从事社会学、历史学、考古学、经济学、民俗学、人口学、民族学、文学、政治学、宗教学、法学、姓氏学的研究人员从中查询资料,寻找依据。

关于族谱的作用,我们可以从以下几个方面找到结论:

(一)宗法思想研究资料

族谱和宗法的关系从一开始就密不可分。宗法制度是封建王朝维护其统治的重要基础之一,而族谱的族规、族约、家法、乡约等,正是加强宗法制度的有力工具。

(二)家庭道德研究资料

族规、家规中保留了许多对我们今天极为有益的东西,如孝父母、和夫妇、勉读书、尚节俭、戒赌博、戒淫秽、戒懒惰、戒奢侈等,对我们建设现代家庭道德和精神文明都有很好的借鉴意义。

(三)家族制度研究资料

家族制度是利用血缘关系统治族人的社会制度。许多族谱中都有家族制度极为详细的资料,如家族的组织系统、家族的财产管理、家族的赈济方法等,为我们研究家族在古代社会中的地位、作用、组织形式、管理方法等提供了丰富的资料。

(四)经济史资料

族谱中保存有相当数量的经济史资料,这些资料包括家族的集体田产如祠田、坟田、庄田、山林等的数量、形成、经营、管理、收支情况等。有的族谱还记录了家庭成员经商、贸易的事迹。这都为我们今天研究古代经济史提供了很好的素材。

(五)人口问题资料

族谱的中心部分是家族人口的世系传承,在族谱的"房派图""支派分布图""迁徙图""先世考""世系图"以及族谱的一些序跋中,记录了家族人口的数量、迁徙、分布、婚姻状况等资料,可提供人口学研究者使用。

(六)历史人物传记

族谱是世系的记录,许多族谱中既有简单的世系,又有十分详细的传记、行状、墓志、年谱等,对研究历史人物及其家世大有帮助。

(七)民族史资料

有的族谱记载历史上少数民族情况甚详,更有些少数民族族谱,它们是研究少数民族史不可多得的资料。如清代蒲慎斋纂修的《泉州蒲氏族谱》是回族族谱,记述了当地回族的一些情况;而辽宁《庄河金氏家谱》则是满族族谱,金氏是康熙皇帝四辅政大臣之一鳌拜的后裔。

(八)地方史志资料

族谱是地方文献的重要组成部分,通常方志中所包含的内容如选举、职官、人物、户籍、祠宇、碑记、艺文等,在族谱中也是重要内容。

(九)教育史资料

族谱中一些重要的章节载录了许多教育史资料,如族规、家法、仕宦录、科甲记、教育志、族塾、传记等部分中就载有宗族教育、学校、科举、劝学措施、教育方法的内容。

(十)民俗学资料

族谱还是一个民俗学资料库,一些族谱在家礼和人物传记里记录了许多民俗内容,尤其是在家礼的婚礼、葬礼、祭礼等中,本地的风土人情、本族的礼仪风俗都有相当的体现。另外,与人们日常生活密切相关的物质民俗、岁时习俗、社会习俗、精神习俗等在各地族谱中都有记载。

(十一)宗教史资料

有些族谱是信仰宗教者的家世记录。在这些族谱中,他们对本家族所信仰的宗教一般都给以说明,同时表达他们的宗教观。还有的详细记述了本族人的宗教活动、宗教礼仪和宗教习俗。

(十二)华侨史资料

我国沿海地区一些省份的族谱涉及族人出国谋生的历史,包括出走原因、人数、时间、侨居地区分布、职业、所在地生产生活情况,以及与家乡的经济、文化、政治各方面联系,这为我们研究华侨史提供了素材。

(十三)重大历史事件资料

中国历史上一些重大历史事件,都不同程度地记录在族谱中,虽然这些记录并不完整系统,但十分具体,也是研究者获取资料的一个途径。

除以上所述之外,族谱还能提供有关古代妇女、古代伦理道德、遗传学、人才学等多方面的史料。由此可见,族谱作为史书之一,其作用是相当突出的。

思考与练习

1. 族谱的主要作用是什么?
2. 族谱文化在今天仍然影响着我们的生活,试举一例,谈谈族谱文化的现实意义。
3. 小调查:从一个族谱看家族传承。

第二节 族谱文化源流

族谱文化在我国可以说是源远流长,这同时构成了中华文化传承的循环系统,即以家族宗亲的方式连接起来的人际关系以及社会关系,而这种以宗亲方式实现的家庭与宗族管理,也恰是社会稳定的一个重要因素。毕竟家庭是社会的最小单位。

一、族谱是群体认证的方式

谱牒修撰的历史相当悠久。汉朝刘歆在《七略》中提到与他同时的扬雄有《家牒》,一些古代地方志中摘引的《家牒》片段涉及历史名人的身世。《世说新语》刘孝标注提到数十种南朝士族族谱,此外,古籍中还提到北齐有佚名的《杨愔家传》,以杨姓和王姓等居多,南北朝时的各姓大族,均已有编撰族谱之风。

全国姓氏一样,都有修撰族谱的传统,一向对族谱十分重视。他们认为,族谱就像国史一样重要,是自己的家史和族史,是血缘源流和人伦昭穆的可靠依据,与世教人伦的关系十分密切:"夫人之生,其初一身也。传世之久,子孙众多,族属繁衍,显微殚续,离居散处,而至有不相识如途人者,其故何哉?由谱牒之不明也。谱牒明则宗法立,昭穆序,长幼有别,亲疏以合。尊祖敬宗,笃恩义,正伦理,而孝悌之道行焉。此谱之作岂不大有关乎世教也哉!"正是基于上述思想,人们世代相传,修谱续谱,形成了独特的谱牒文化。

人自为书,家自为书。族谱是古人于一族之内"明世次,别亲疏"的依据,也是继承权和财产权的凭据。编修族谱是一件非常严肃的事,古有三世不修谱即为不孝之说法,一般修谱的间隔最长不超过三十年。

早在原始社会时期,各姓氏人等的血缘先祖,相继生活于黄帝的姬部落和后稷的周部族中,由于黄帝和后稷是本部落的领袖人物,"姬""周"等姓氏便是他们的血缘标志。在周人的部族内部,又按照血缘关系的远近区分为许许多多的家族和氏族村落,遇有婚姻、丧葬、财产等,都要按一定的习俗和世系进行安排。特别是后稷等人对于部落首领地位的传承,都要遵守严格的血缘次序。

这些谱牒内容,在文字出现以前是由部族首领口头传诵,再由专人负责整理归纳,以强记方式流传。文字出现以后,则由指定的人专门记录在特殊的簿册上。这种簿册,就是最早的族谱雏形,姓、氏在古代的承传世系和祖宗名讳,便通过这种方法得以流传下来。到了后稷的裔孙周武王建立周朝以后,专门设立了负责王族世系及宗族事务管理的官员,称为小史,并建立了一套相当完善的史官修谱制度。后来传世的《世本》和《大戴礼记》中的《帝系篇》,便是当时修撰的关于各国王公在周朝的列位先祖传衍情况的带有族谱性质的典籍。因此可以认为,关于族谱的渊源和修撰情况,最早应该追溯到该史时。

修谱,主要是为了巩固家族的团结,扩大家族的活动和维持家族的秩序。修族谱有一些约定俗成的谱例,有序文、凡例、目录、世系世表、源流、宗派、诰敕、像赞、别传、墓志、家规、家范、墓记、艺文、著作等十几项。另外,族谱中还有各种纂例,如出族例。出族,即从家族中除名,这是一项严厉的家族惩罚。全国各地的各姓诸支多有族谱,但随着历史的变迁,尤其是遭受战争、灾害和人为的损坏,许多珍贵的族谱资料遭到破坏,难以为继。

西周末年,各姓建国,周王朝分崩离析,各姓人氏正式从周朝王室中分离出来,有了独立发展的世系。那时,各国的官员也模仿周朝王室的设官和《周礼》规定的情况设置了负责记录史实的史官,同时记录各国历代国君的世系传衍情况。这样,对姓氏具有直接意义的谱系资料才开始出现。不过,尽管族谱修撰的雏形出现较早,但真正的族谱的出现还应是在魏晋或者以后。南朝初年人裴松之所注释的魏晋人陈寿所作的《三国志》,曾三次引用《郑玄传》或《郑玄别传》,其中就有关于家世的内容,具有一定的族谱性质。特别是在东晋时期,著名谱学家贾弼之撰著《姓氏簿状》,其中包括十八州七百多个著名家族的谱传,在此前知名于世的家族的谱传当然也在其中。只是这部谱学著作早已亡佚,我们已无法窥知这些早期族谱的面貌。至南朝时,又有谱官修撰《百家谱》《十八州谱》《新集诸州谱》等,其中有诸多姓氏的谱牒。同时,各个姓氏族人为了准确记录自己的家族发展和世系源流,也都私自修撰了自己的族谱牒。当时,收藏在国家谱局的一些总谱和案谱,都是以这些族谱为素材整理而成的。至于这一时期的族谱究竟是个什么样子,由于全都没有保存下来,人们还无法得知其面貌。但从当时人编修的其他一些书籍中,以及当时人注释其他书籍所引用的资料中,仍然可以窥知其一鳞半爪。

到了唐朝,由于官方修谱和私家修谱的风气更为盛行,族谱也进一步丰富起来。今天保存在《新唐书》中的关于传衍情况的谱学资料,便是由这些私家谱牒整理而成的。根据这些节录后的族谱,我们可知唐朝及其以前的传袭和发展情况。另外,当时官修和私修的其他一些谱学著作,如《贞观氏族志》《姓氏录》《贞观八年条举氏族事件》《新集天下姓望氏族谱》《姓氏系录》

等书中都能找到自己编修的族谱的依据。至于流传至今的《新唐书》,其中仍然收录有《荥阳郑氏家谱》一卷的谱名,这无疑出自郑姓人之手。尽管我们今天已无法见到唐朝族谱的原始面貌,但其中的不少内容幸赖这些书籍而保存下来。

随着宋代理学的兴起,官府不再开设谱局,苏洵(1009—1066年)忧心如焚,云:"盖自唐衰,家谱废绝,士大夫不讲,而世人不载。"庆历年间,毕昇发明印刷术,为国家修史、地方修志、百姓修谱奠定了良好的基础条件。为了继承修谱的传统,欧阳修(1007—1072年)在主持编纂国史《新唐书》的过程中,也以"大宗之法"编修皇族家谱《宗室世系》,上溯数可达八代、十代甚至百代。正是主持编纂国史的经历,使得欧阳修十分重视族谱,他在修订《新唐书》后,发现《宰相世系》中有关自己的远祖世系并不清楚,于是他只能以其已知的五世祖为始祖,并用"小宗之法"编修了自己的族谱。他采用史书的体例和图表的方式,将本家族的迁徙、婚嫁、官封、名谥等编成一部新型族谱。不久,家族显赫的苏洵也始修编成《苏氏族谱》。二人在修谱的体例上都使用"小宗之法",即以五世祖作为家族始祖。因此,一般族谱都只从其可知之祖写起,只采用"小宗之法"。对谱牒体例的创新则以欧阳修和苏洵为代表,他们注重图表的创新,使族谱的质量大大提高。百姓仿效欧、苏谱例,开始采用"小宗之法"编写族谱。宋代作为宗族典籍,族谱编修已经扩散到广大平民族群,谱牒编修形成一个高潮。

宋朝及其以后,由于族谱的修撰已经走向成熟,加上国家对私家修谱的提倡,族谱在数量和质量上都有显著提升。明初族谱的体例得到了发展,增加了序、跋、谱例、世系图、世系录、先世考辨等内容。自嘉靖推恩允许民间建祠堂以后,民间建祠堂之风兴起,姓族间的竞争攀比,又使得民间祠堂的规模越来越大,一般姓族不堪重负。为缓解筹资压力,民间又逐步兴起了联宗建祠之风。而联宗建祠的成功,又催生了各姓各氏的联宗修谱之风,族谱的体例增加了祠堂、祠产的内容。各姓各氏都开始出现了统宗统系的族谱、宗谱、大宗谱,随意上溯、攀缘望族、趋附名门、冒接世系、乱认先祖等现象开始出现。

清朝以后,谱牒编修最为兴盛,统宗统系现象最为泛滥。

清朝设宗人府,掌管皇族和百官谱籍,民间族谱也一修再修。各姓各氏只有少数家谱采用欧阳修、苏洵的"小宗之法",大部分家谱为彰显门第,采用宋朝皇族家谱的"大宗之法"编修族谱、宗谱、大宗谱。随意上溯、趋附名门、攀缘望族、冒接世系、乱认先祖的统宗统系现象十分泛滥。由于统宗统系的谱牒影响到了封建世袭、继承制度的实行,清乾隆二十九年(1764年),江西巡抚辅德的上奏引发了一次规模浩大的全国性谱禁。谱禁规定:在追溯祖先时,禁止妄自攀附,只能以五世祖或始迁祖为始祖,超过五代的上溯之祖视为伪托,朝廷分封或者选官时不仅不以采信,而且还要追究伪托冒认上祖者的欺君罔上之罪。所有新编族谱必须呈送地方官府审查,对于上溯内容有违者一律删节毁版。谱禁期间,仅辅德在江西境内,就查出1016姓的所谓始祖荒诞不经,这些族谱也全部遭到了删节或毁版处理。但这一谱禁并没有持续多久。清嘉庆、道光以后,统宗统系现象再度泛滥,各姓各氏均以采用皇族家谱的"大宗之法"联宗修谱、编修族谱、宗谱、大宗谱为荣,随意上溯、攀缘望族、趋附名门、冒接世系、乱认先祖的现象已见怪不怪,习以为常了。虽然明清以后采用"大宗之法"编修的谱牒的上溯世系荒诞不经,但清代谱牒的体例却得到充分发展。清朝谱牒的记事范围几乎涉及家族、宗族事务的各个方面。除要排列家族世系之外,族谱中又增加了传记、著述、家规、家训、恩荣录、凡例、家法族规、字辈、谱论、科举、墓图、墓志、五服图、家礼、寿文、贺文、祭文、名绩录、契约、艺文、遗像、赞词、仕宦、传记、行状、志录、年表、余庆录、领谱等20多项,并增加了女子、婚嫁、岳家等人物记述,还对人谱人物进行了限制性规定,行文重视修辞和文采。为使家谱不至中断,还规定了三十年一小修六十年一大修的年限。所有这些,使得清时族谱的纂修体例更系统,更完善,但其世系和世序却出现了严重混乱。为祖先封官加爵者有之,为祖先取名按讳者有之,为祖先娶妾生子者有之,为祖先添兄加弟者有之,为祖先认父攀祖者有之。南北朝人以南宋人为祖,隋唐人以明清人为祖的现象比比皆是,其真实性大打折扣。

民国修谱基本沿袭了清朝修谱的体例,在统宗统系方面还发展了清朝修谱的陋习。

中华人民共和国成立后,修谱之风稍歇。二十世纪八十年代后,因改革开放、经济发展的推动,许多族姓又兴起续修、重修之风,如重庆万州、湖北荆门等地的姓氏组织了不少修谱委员会或理事会,分别致书全国各地乃至世界各国,请同乡同姓寄去生平业绩,以便辑入族谱。这时的族谱,已相当淡化了传统的功能,联络感情、光大族姓、多途径发展乡里经济,成为新修家谱族谱的主要目的。久离乡里的姓氏成员,则通过参与修谱来寄托慎终追远的寻根情怀,当然也不排斥衣锦还乡的骄傲之情。

二、族谱体例源流

族谱,又称家乘,这个词最早出现于渔阳地区(今北京),是从《乘》衍生出来的。春秋时期晋国的史书名为《乘》,因此后称史籍为史乘,"家乘"一词也因此而生。北宋著名的诗人、书法家黄庭坚著有《宜州乙酉家乘》,是记载私家之事、日记性质的作品。此后,有人撰写家谱时,袭用家乘之名,意为家族之史。

谱牒是古代记述氏族或宗族世系的书籍,因中国人在魏、晋、南北朝时期特别重视门第,有司选举时必鉴稽谱牒,所以古代的谱牒是封建地主官僚保持门阀的重要工具。

家乘谱牒,指记载一姓一族世系和有关事迹的书或图表,即族谱、家谱或宗谱的概念,限定于姓氏族人源流、繁衍、迁徙、分布的范畴。

那么,族谱在体例上有什么特点呢?

(一)族谱的序、跋

序、跋是家谱前的定性作文,多为本族贤者、名人撰写,也有请外族名人贤达撰写的;昭、穆则为族中贤达切磋琢磨,取得共识,定下来后,共同遵守。

序、跋大多谈古论今,内容丰富,文体流畅,呈现出原作者博闻强识、文采照人的特色。宋朝的郑樵在所著《通志》的《氏族序》一篇中说:"自隋唐而上,官有簿状,家有谱系。历代并有图谱局,置郎令吏以掌之,乃用博古通今之儒士执撰谱事。百官族姓之家状者,则上官,为考定翔实,藏于密阁,副在左户。若秘书有滥,则纠之以官籍。官籍不及,则稽之以私书,此近古之制,以绳天下,使贵不常尊,贱有等威者也。所以人尚谱系之学,家藏谱系之书。自五季以来,取士不问家世,婚姻不问门阀,故其书散失而其学不传。"显然,在隋、唐两朝时期,官方取仕重簿状,民间婚姻重门阀,所以谱学盛行,后来因为不重视这些了,好些人都把谱学看成可有可无之事。

许多家族名士由于文化素质较高,其族谱序、跋多为自家名人所作。也有例外者,如浦江义门的《氏谱图序》《荥阳族系记》就分别为名人吴莱、柳贯所作,《族氏规范》虽经历代修改,最后定稿却由明朝开国文臣宋濂完成。各个朝代名人也多为各姓氏族谱作序。

族谱之序、跋,有长有短,多数都论及族谱之重要和本谱之特点。

(二)族谱的体例和格式

修撰于不同时期的族谱,大多有固定的体例和格式,一般包括谱名、谱序、凡例、谱论、像赞遗像、恩荣录、先世考、族规家法、祠堂、五服图、世系、传记、族产、契据文约、坟茔、年谱、吉凶礼、艺文、题跋、名绩录、仕宦记、名贤传、学辈谱、续后篇、领谱字号等内容,而谱名、谱序、像赞、先世考、世系、传记、题跋等又是最为常见的内容,也是姓氏族谱的核心部分。其中谱名即族谱的名称,多称家谱、族谱、宗谱、支谱、房谱、家乘等。为了表明家族来源和筹修时间,有些还在谱名前加以标明;谱序即一个家谱的序言,一般放在家谱的首位,少则两三篇,多则十余篇,内容包括修谱缘由、修谱目的、修谱经过、修谱人员构成、家族历史渊源、迁徙经过、郡望、历代修谱情况及谱学理论等。由于作序的人都有一定身份,甚至有些还是达官显贵或鸿儒名宿,因此谱序的质量大多很高,甚至有人称它是族谱上的金色饰物。至于族谱中的其他几个部分,也都有与之相对应的内容。另外,就体例而言,总的特点基本上可以认为是我国古代多种文体的结合体,不仅有志、传、史,而且还有图、像、书、题,通过这些形式,共同表现"尊祖敬宗""敦睦亲族""承先启后"等基本主旨。

总之,族谱从远古到近当代,绵亘数千年。从这些族谱中,人们不仅可以得知诸多姓氏的源流、繁衍、分布情况,而且可以了解其内容丰富的姓族文化。

(三)族谱的内容

根据现存的诸多族谱来看,主要包括:

谱序,主要记述族姓的来源、先世德行、宗族的迁徙和本家谱的编修、续修情况。谱序一般由本族名人或请当时的社会名人执笔,详细叙述族姓的起源、发展和迁徙的全过程,以使后代子孙知道祖先源流和他们辗转迁徙的艰辛。

谱例,也称凡例,说明族谱编修的基本原则、族谱的作用和编修族谱的必要性。

世家,记述本族的名人事迹。

诰敕,记录当朝政府对本族人的旌奖文书。

像赞,收集本族先祖、名人的画像,在其后写上赞语,歌颂其功德。

世系,这是族谱中最重要的一部分,自本家族的一世祖以下,每代每人的姓名都按辈分写清楚,一看便知自己的继承关系。

传志,记述先祖名人仕宦的传记,以教育后代子孙。

家训,对子孙的教育准则。

祠规,记述本族祭祀的规矩。

祠堂,记载坟墓、义庄等财产情况。

(四)班辈排行

排辈用字即行辈用字,即一姓族之内的人们为了分别世系辈分远近亲疏,而在取名时严格统一的用字。一般情况下,这个辈字是用在两字名的前边或后边,其格式是,姓+辈字+其他字,或姓+其他字+辈字。这个辈字居中间者比较普遍。封建社会重男轻女,辈字只在族内男性中施行。统一的辈字具有维护伦理纲常和增强姓族凝聚力的重要意义。一个姓族繁衍播迁,相互之间分散遥远,加之年代相隔长久,同姓子孙不明世系、不知根源,虽同宗同族也只能是路人一般,更不清楚相互之间的辈分关系。为了解决这些问题,辈字就应运而生了。

统一的行辈用字,在汉朝人的姓名中就已经出现了,但那个时候还只是个别现象,魏晋南北朝时期门阀士族占统治地位,家族传记谱牒日益增多,统一的行辈用字也受到了人们的重视,而辈字真正作为一种普遍的姓族文化现象,其产生是在宋朝私谱成风以后的事情,渐至明清时期,愈演愈烈。一般情况下,辈字的规定,是同一家族在初次或较早修谱时由有关人员非常慎重、颇费心机、反复推敲以后才确定下来的,写进族谱,统一由族中人按辈分高低依次选取一字用在自己的名字里边,同一辈分的人必须用同一个辈字。有些姓族的辈字也有修改的情况,若干年后,在辈字依次即将用完之时,族内还要组织续修。

行辈用字具有私修谱系的突出特点,它的使用范围和推行效力相对有限,除孔、孟两大姓族之外,没有哪一姓族在全国实行统一的行辈用字。只能是一定范围之内的同一姓族力所能及地将血缘关系可以考知的人集中起来,实行统一的行辈用字。因此,不同的地区、不同的范围之内,同一姓族的辈字也有差异。

姓氏是家族的特殊标记,堂号是宗族分支的名号,辈字是区分族内辈分高低的标志,人名则是区分人群个体的符号。姓名学是一门古老的学问,它的源头就是姓氏的发端。同时,姓名学又是一种具有丰富内涵的文化现象。姓氏作为中华姓族文化的一部分,又有它自身诞生、发展、演变的历史,还有姓字本身深刻丰富的内涵。因此,各姓人的名字既反映了不同历史时期的时代印记,又显示了姓氏家族的鲜明特征。

秦始皇统一了全国,各姓后裔们散居在各地,他们自强不息,生生不已,由于地域间读音的接近,随着岁月的流逝,便有了姓氏的诞生。这是两汉之际的事情。虽然有诞生较晚这一历史的特殊性,但两汉时期各姓人取名也难免受先秦时期"五规""六则"的束缚和影响。这是因为时代相距不远,两汉也多承先秦之俗,不过是汉朝的色彩更浓而已。

汉朝人取名习惯用尊老、排行、美辞的方式取名,这在当时人名字中表现得很突出。如汉司空、蜀郡郫县人何武,字君公;司徒、任城樊人何休,字邰公。君公、邰公,都属尊老的字眼。而司隶校尉、大司农何熙,字孟孙;太学生、南阳人何颙,字伯求。孟孙、伯求显然是排行字。汉朝人以"休"这一类字作为名字的现象很普遍,如董久字休昭,朱桓字休穆,杨暨字休先,荀衍字休若等。"休"字的原义是美善,出自《诗经》中的《商颂》:"何戩何笁,何天之休。"

辈字的含义同堂号一致,都是为了敦亲睦族,纪念先祖功德,反映族人的价值观念、人生追求,希望本姓族众繁荣昌盛、兴旺发达的吉祥字。把这些辈字连起来,成了或四言或五言或七言的韵文,又有完整的意义,往往成为族规家训的浓缩或翻版,令后人秉承不爽。

总之,族谱在中国文化史的传承与发展中具有非常重要的作用,延续着中华文化的深层结构,甚至比许多"正史"更具有历史"写真"的意义,人们应当予以十分的重视。

思考与练习

1. 正史中也有族谱家谱,但往往都是王公贵族的家族史,由此可以看出,百姓族谱的出现填补了正史中关于百姓生活史的空白。举例谈谈你的认识。
2. 族谱体例包含哪些内容?
3. 查阅相关资料,梳理出族谱在不同历史阶段的变化。

第三节　苏洵在族谱文化中的贡献与地位

眉山修谱之风始于唐而盛于宋,这与苏洵创立了新的修谱方式和方法有着极大的关系。

苏轼在《眉州远景楼记》里这样说:"吾州之俗,有近古者三:其士大夫贵经术而重氏族,其民尊吏而畏法,其农夫合耦以相助。盖有三代、汉、唐之遗风,而他郡之所莫及也。……而大家显人,以门族相上,推次甲乙,皆有定品,谓之江乡。非此族也,虽贵且富,不通婚姻。其民事太守县令,如古君臣,既去,辄画像事之,而其贤者,则记录其行事以为口实,至四五十年不忘。"足见讲究"门族"、重视"记录"是眉山人颇为推崇的传统风俗。

一、苏洵与苏氏渊源

苏姓是怎么来的?眉山的苏家又有着怎样的来历?苏洵在多方求证后得出的结论是:苏氏出自古帝王颛顼高阳氏,为昆吾之后。据《元和姓纂》和《苏氏族谱》等所载,颛顼帝裔孙吴回为帝喾火正(古代掌火之官),生子陆终,陆终的长子樊,居于昆吾(今山西运城东北的安邑镇),后发展为强大的昆吾部落。夏朝中期,帝槐封昆吾的后裔于有苏(今河南辉县西的苏岭),史称有苏氏。商末,苏国灭,族人以苏为氏,四散。周武王时,有来自苏岭的苏忿生为司寇,受封于苏,都城温(故城在今河南温县东南),建立苏国,子孙遂以苏为氏。

关于苏洵修族谱还有一段传说。他爱好游览河山,却疏于读书,即使在生下苏轼、苏辙两个儿子后,仍无奋发之意。一日,苏洵在外游玩已久才回到家中,看到孩子们都已长大,且在母亲的教育下努力读书,小小年纪读过的书竟比父亲还多,这令苏洵很惭愧。恰逢苏洵在外做官的兄长苏涣回到老家,看到苏洵整日闲游,便问他:"你走遍名山大川,看过美景无数,能否用诗句将它们描写出来?"苏洵苦思,无奈想不到一句能将美景形容出来的词句,更觉得羞愧不已。此时,苏涣向苏洵说出一个他长久以来的愿望:"我们苏氏家族本是望族,却没有一部像样的族谱流传后世,我的心愿就是为家族编写出一部族谱,但实在没有时间。你现在闲来无事,我希望你能完成我的心愿,编纂出一部苏氏族谱,让苏氏族人的故事一代一代流传下去。"

正为自己不学无术而羞愧难当的苏洵当即接下这个家族任务,从此奋发读书,遍读典籍。他寻遍眉山城中各家望族的族谱借鉴,并到县衙借阅各类史书,从了解历史上的苏姓名人着手,力求编纂出一部可以流传后世为门楣争光的族谱。

经过再三求证后,苏洵以高阳为苏姓始祖,以唐代武则天时期的宰相苏味道为族谱一世祖。高阳,指传说中的古帝颛顼,他因辅佐少昊有功,被封于高阳,故称高阳氏,苏氏子孙都是高阳氏之后。苏味道,唐代政治家、文学家,赵州栾城(今河北石家庄市栾城区)人。苏味道有四个儿子,老大、老三、老四都子承父业做了官,只有老二与众不同,是个闲人。这个老二叫作苏份,在苏味道被贬为眉州长史时跟随父亲来到眉山,并在眉山娶妻生子长居于此。由此,眉山有了苏姓,苏洵在《苏氏族谱》中写道:"苏氏出自高阳,而蔓延于天下。唐神龙初,长史味道刺眉州,卒于官,一子留于眉。眉之有苏氏自是始。"

公元1066年,苏洵请来司马光为族谱题词:"轩辕肇迹,昆吾启祥。司寇脉衍,平陵功扬。并州贻泽,凤阁传芳。眉山挺秀,奕世荣昌。"同年,苏洵去世,其子苏轼继续族谱编写工作,又过了23年,直到公元1089年,第一版《苏氏族谱》正式印刷出版,并由苏轼亲自题写"苏氏族谱之帙"。

苏洵在谱学领域贡献巨大,他创造了现代修谱方法之一的苏氏谱例,影响巨大,时至今日仍然是许多地方和姓氏的修谱范例。其体平列,世序直陈,用表格的形式记述先祖世系。在表中人名下注出其仕宦、行迹、配偶、死葬、享年,并依次书写子孙后代,各代标明辈分。其谱例以五世为表,以宗法为则,详近而略远,尊近而贬远,主张睦族、恤族、化俗。其特点是篇幅大,记载内容多。苏氏谱例与欧阳修创立的另一谱例一道被世人称为欧苏谱例。

二、苏洵的《苏氏族谱》

苏洵的《苏氏族谱》体例完整,编排精致,文笔优美,堪为范例,对后代修谱影响极大。

《苏氏族谱》由谱例、谱引、谱表、族谱后录、大宗谱法等部分组成,修谱完成又在乡里铸亭以记,又作《苏氏族谱亭记》详叙其事。

苏洵在谱例中详细表述了修谱的重要性:"自秦汉以来,仕者不世,然其贤人君子又能识其先人,或至百世而不绝,无庙无宗而祖宗不忘,宗族不散,其势宜亡而独存,则有谱之力也。"修谱就是要不忘宗祖,代代相传,然而老百姓并不像皇亲国戚有庙有宗,只能靠修谱来自认香火,以遗后来。同时,他又感叹:"盖自唐衰,谱牒废绝,士大夫不讲,而世人不载,于是乎由贱而贵者,耻言其先;由贫而富者,不录其祖。"这种数典忘祖的现象,确实堪忧。

此次修谱,苏洵有一大收获或称一大发明,即王公贵族自有他们的宗族记录方式,"死者有庙,生者有宗",百世不忘。而百姓之家只能靠族谱的方式谨记先贤先祖,很难追及五世以上,按皇家大宗谱法修谱,显然行不通,于是他发明了小宗谱法,即以五世祖为始祖。谁知他将自己的族谱送给大文豪欧阳修看时,两人一拍即合,欧阳公感叹说:"吾尝为之矣。"虽然不大相同,但有相通之处,欧阳修提议:"是不可使独吾二人为之,将天下举不可无也。"于是采欧阳修之谱,参考大宗谱法又加以改变,形成了流传至今的欧苏谱法,对后世百姓之家的修谱提供了范本。这应该是苏洵对后世的又一贡献。

苏洵在仁宗至和年间编修本族《苏氏族谱》,创立了族谱编排的"垂珠式",后人称之为"苏洵式"的格式(见图2-1),一方面强调从纵,注意诸多父子相继关系,主张五世则迁的小宗之法;另一方面,又强调从横,对兄弟分支加以区别,推崇合备支谱为主的大宗谱,推崇大宗之法。总的是以五世为图,五世之外,亲尽服穷,图表不载,以宗法为则,详近而略远,进而尊近而贬远,较欧阳氏更为严格。其特点是:世代直行下垂,世代间无横线连接,全部用线串联,形如垂珠,图表格式由右向左排列,主要强调宗法关系。

值得注意的是,苏氏族谱让我们再一次感受到苏门一脉的良好家风。

在《族谱后录》中记载了这样几段故事,苏洵的祖父叫苏宗晟,"为人好善,事父母极于孝,与兄弟笃于爱,与朋友笃于信,乡间之人,无亲疏皆敬爱之"。后蜀之乱时,很多富人争相卖地,有人劝他不妨趁着便宜多买一些,他却说:趁乱取财,我怕因此害了孩子。一辈子田产不满二顷,房屋简陋但不修葺,为人却乐善好施,帮助别人却不留名,他说:家里富裕而不救济他人,别人会算计我,但是帮助了别人又让人知道,那么,别人就会以为我是在买名声,何必呢?

这种家风一直延续下来,苏轼的乐于助人、不计得失,恐怕就是受到祖上这种家风的极大影响。

苏洵的父亲、苏轼的祖父苏序也是"豁然伟人",为人和善谦恭,见到士大夫与见到田夫野

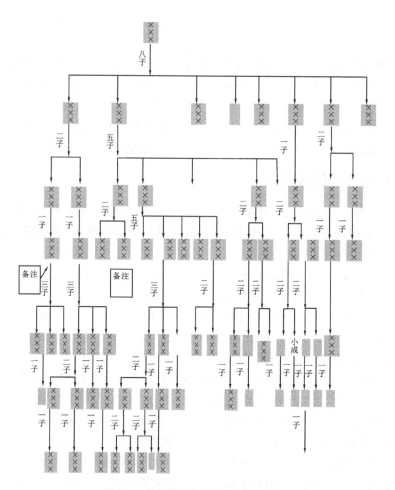

图 2-1　苏洵"垂珠式"世系表示意图

老都是一样的"曲躬尽敬"(苏轼曾言"上可陪玉皇大帝,下可以陪卑田院乞儿",与其祖何其相似乃尔?)。居乡里,出入从不乘马,原因是:年龄比我大的人都在步行,我乘马,那岂不是没脸见人吗?家里事基本不管,交给儿子们处理,可是当族人有事找他商量时,他从不推脱,尽心尽力,不厌其烦。每逢收成不好的年份,他经常卖掉自己的田地去救助穷人,等到收成好的年头,被救助的人要偿还他,他说:我卖地也有其他理由,并不是因为你。从来不让被救助的人偿还。有论者说,苏轼在这一点上也酷似乃祖。

苏洵认为他的父亲"虽有美才而不显于世",才是真正的君子。而记录下这些足以彰显品格为人的事迹,目的只有一个"记其万一而藏之家,以示子孙",让良好的家风世代相传。

《苏氏族谱》后附《苏氏族谱亭记》一篇,在说到族谱的作用时特别强调:族人"凡在此者,死必赴、冠、娶妻必告,少而孤老者字之,贫而无归者富者收之。而不然者,族人之所共诮让也"。要求族人在祖宗面前毕恭毕敬,有人去世了,大家一定要前去帮助料理,有加冠之礼、娶妻之喜也一定要告知族人,同喜同贺,年少的孤儿由老人管束约束,无家可归的穷人,则有富裕人家收留。谁要是做不到,那么族人就可以一起声讨了!这就是族谱里的族规乡约,在某种程度上起到了约束族人的法理性的规范作用。这也是族谱重要作用之一。

三、苏洵的《苏氏族谱引》欣赏

《苏氏族谱引》是苏洵为《苏氏族谱》所作的序言。虽为应用文体,但在写法上仍然独具特色,彰显了苏洵散文的一贯风格,说理清晰,意气相连,亲切淳厚,老道持重,娓娓道来,引人入胜,确是一篇绝好文章。

苏氏之谱,谱苏氏之族也。苏氏出于高阳,而蔓延于天下。唐神龙初,长史味道刺眉州,卒于官,一子留于眉。眉之有苏氏自是始。而谱不及者,亲尽也。亲尽则曷为不及?谱为亲作也。凡子得书而孙不得书,何也?以著代也。自吾之父,以至吾之高祖,仕不仕,娶某氏,享年几,某日卒,皆书,而他不书。何也?详吾之所自出也。自吾之父,以至吾之高祖,皆曰讳某,而他则遂名之。何也?尊吾之所自出也。《谱》为苏氏作,而独吾之所自出得详与尊,何也?《谱》,吾作也。

呜呼!观吾之《谱》者,孝悌之心可以油然而生矣。情见于亲,亲见于服,服始于衰,而至于缌麻,而至于无服。无服则亲尽,亲尽则情尽,情尽则喜不庆,忧不吊;喜不庆,忧不吊,则途人也。吾之所以相视如途人者,其初兄弟也。兄弟,其初一人之身也。悲夫!一人之身,分而至于途人。此吾《谱》之所以作也。其意曰:分而至于途人者,势也。势,吾无如之何也。幸其未至于途人也,使之无至于忽忘焉可也。呜呼!观吾之《谱》者,孝悌之心可以油然而生矣。

系之以诗曰:吾父之子,今为吾兄。吾疾在身,兄呻不宁。数世之后,不知何人。彼死而生,不为戚欣。兄弟之情,如足与手,其能几何?彼不相能,彼独何心。

《苏氏族谱引》是苏洵为自己家谱写的一篇叙议结合、说理透辟的序文。为避家讳,改"序"为"引"(到了苏轼那里,则改"序"为"叙")。这篇序文,紧紧地扣住"亲"字,熔议论、叙述和抒情于一炉,寄托沧桑的感慨,读来非常感人。因此,它不是一般的应用文字,而是一篇情溢于辞的优秀散文。

序文的开始交代写序的因由及眉山苏氏的渊源:"苏氏之谱,谱苏氏之族也。"族谱,是封建社会中一些家族为了记载其世系、源流及家族中显赫人物,以保存家族的来龙去脉,便于纪念或炫耀门第而修。苏洵主持修的这册族谱,目的亦在于此,所以重点在九族,即指本身以上的父、祖、曾祖、高祖和自身以下的子、孙、曾孙、玄孙。古人认为"此九族,人之伦"。接着,叙述眉山苏氏的世系渊源:"苏氏出于高阳,而蔓延于天下。唐神龙初,长史味道刺眉州,卒于官,一子留于眉。眉之有苏氏自是始。"高阳,即古代的颛顼,是传说中的部族首领,号高阳氏。其地即今河南杞县高城。神龙是唐代武则天的年号。长史味道,即苏味道,唐代诗人,赵州栾城(今河北石家庄市栾城区)人,武后时,官至宰相;处事无决断,模棱两可,故得绰号"苏模棱";因阿附张易之,中宗时,贬为眉州刺史,死于任所。苏味道有个孩子定居眉州,即四川眉山市东坡区,子孙繁衍不绝,便是眉山苏氏的祖先,这个寻根找祖的叙述相当简洁,要言不烦,笔势如削,干净利索,这正是苏洵文章的一贯文风。

一般的族谱总爱攀扯姓氏中的高官显贵,哪怕没什么密切的亲缘关系,只要能"沾"边的就大书特书,以显示出身的高贵。但苏洵主修的族谱没有这方面的劣习,仅强调"亲"字,亲即九族之内的人物,九族之外,一律简略。文章紧跟着就叙述本次修谱的原则。苏味道当过宰相,已是位极人臣了,而"谱不及者",是因为"亲尽也"。亲尽就是说血统远了。为什么"亲尽"就不上谱呢?因为谱籍是为"亲"而立的。总之,以血统远近来作为上谱的标准,不以贵、富为标准,这是苏洵强调的原则。第二条标准是谱上的称谓问题。苏洵说："自吾之父,以至吾之高祖",即上四代,不论当官没当官,娶了谁,享年岁,何日去世,都在谱上写明。为什么呢?"详吾之所自出也。"详,审也,查也,即查查苏洵自身的出处世系。第三条标准:"自吾之父,以至吾之高祖,皆曰讳某,而他则遂名之。"讳,古代对帝王或长辈不直称其名,谓之避讳。这是表示尊敬的意思。苏洵讳上四代,是为了"尊吾之所自出也"。其实,后两条的根基还是第一条,即"亲"字。为什么立此标准呢?苏洵说:"《谱》,吾作也。"因族谱是他主持修的。这一切有个目的,即让"观吾之《谱》者,孝悌之心可以油然而生矣"。

为什么观谱可产生孝悌之心呢?因为"情见于亲,亲见于服,服始于衰,而至于缌麻,而至于无服。无服则亲尽,亲尽则情尽,情尽则喜不庆,忧不吊;喜不庆,忧不吊,则途人也"。这里涉及"服"的问题,服即照丧礼规定穿戴一定的丧服以哀悼死者,亦指丧服。古代穿丧服有一定的制度,按与死者血缘关系的远近,分为斩衰、齐衰、大功、小功、缌麻五等,斩衰是五服中最重的一种,服期三年。凡子及未嫁女为父、孙为祖父都服之。齐衰是次于斩衰的,服期为一年,如孙为祖父母服丧。大功也是丧服名,服期九个月,如为姑母、堂兄弟的丧事服之。小功,服期五个月,为曾祖父母、伯叔祖父母、外祖父母等服之。缌麻,是五服中最轻的,服期三个月,凡本宗为高祖父母、曾伯祖父母、族伯父母、岳父母等服之。五服之外,就不用服丧了。因为出了"服",就表示没有亲缘关系了,没亲缘关系,办喜事,不一定去庆祝,办丧事,不一定去吊唁。其关系就同路人一样了。苏洵从"服"的角度来谈不上谱的缘由,其核心还是"亲"字。

这个层次的议论由于紧紧地扣住了"亲"字,行文便收放自如,议论有据。在论述时,一是采用对称的句式,显得庄重、严肃;二是采用"互注"式的句式,又有回环往复的韵味。如"谱不及者,亲尽也。亲尽则曷为不及?谱为亲作也。""谱不及",因"亲尽";谱为亲作,亲尽故不及。以此证彼,又以彼证此,互相说明。这种议论既简洁,又有力,实为以轻驾重的技法。确有老吏断狱干脆利落的特点。

最后从亲到不亲的变化展开抒情,大有沧海桑田变化的感慨。"其初兄弟也。兄弟,其初一人之身也。悲夫!一人之身,分而至于途人。"原先是兄弟,兄弟的上一代是父辈一个人。一个人,生而子,子而孙,一代代繁衍,到五代之后,就成了路人,互相再没有关系了。推衍中蕴含无穷感慨,令人产生今昔之感。文章将这种现象归于"势"。这个"势"字,含有规律的意思,即说从"亲"到"无亲",从"有服"到"无服",从一家人到过路人,这是家族繁衍的自然规律。在规律面前,"吾无如之何也"。这个感慨又进一步申述了上谱的标准和原则。序文以诗作结,对今为兄弟而"数世之后,不知何人"发出深沉的感慨。言外之意要珍惜父母在堂、兄弟相亲的时刻,珍视这一段亲情。劝诲之意,寄于言外,大有风人之旨。明杨慎曾评说这篇文章:"引似谷梁体,诗似鹡鸰诗,亦是老泉文之至。"谷梁体指记事效《春秋谷梁传》笔法;鹡鸰借喻兄弟,《诗经·小雅·常棣》:"脊令在原,兄弟急难。"宋罗大经引征陶渊明《赠长沙公》:"同源分流,人易世疏,慨然寤叹,念兹厥初。"与此篇类比,以为"吾之所以相视如途人者,其初兄弟也。兄弟,其初一人之身也。悲夫!"正合渊明诗意。诗字少意多,尤可涵泳。

这篇序文说理简劲,以理服人;以议抒情,以情动人;情理并重,互相发明,实在是篇少有的序文。拿它同李清照的《金石录后序》比较,易安居士的序文长于叙事,在叙事中抒情,如归来堂内夫妻互比记忆,胜者先喝茶,那动人的细节,让人落泪。拿它同六一居士欧阳修的《五代史伶官传序》相比,欧公长于议论,以事证理,得出国家盛衰在人而不在天的结论,议论博大宏深。苏洵的《苏氏族谱引》将叙述、议论、抒情配合使用,围绕"亲"字,写得集中、紧凑、严谨。三篇序文都出自名家之手,运用的方法各有特点,但同臻至妙。如果将这三篇字文对照阅读,必将有不少妙悟。

思考与练习

1. 结合三苏文化的学习,看《苏氏族谱》对三苏文学创作的影响。
2. 苏洵对于后世族谱编写影响最大的是什么?
3. 参照阅读李清照的《金石录后序》及欧阳修的《五代史伶官传序》,从苏洵的《苏氏族谱引》看苏洵散文创作的特点,写一篇小论文(1000字以内)。

第三章 三苏文化与苏氏蜀学

苏辙与父苏洵、兄苏轼创立了苏氏蜀学,他与苏轼同为苏氏蜀学的集大成者。苏氏蜀学与荆公新学、二程洛学相对立。"三苏"博通经史,遍采六经百家之说,又吸取老庄道家学说和佛教思想,逐步形成"三教合一"的思想体系。苏氏蜀学是北宋中期儒、释、道三教融合的时代潮流的产物,是当时具有重要影响的学术派别。

苏辙晚年著《苏黄门老子解》,朱熹称其书"合吾儒于老子,以为未足,又并释氏而弥缝之,可谓舛矣!"反映了苏氏蜀学的思想特色。此派在文学上的建树最为卓著,但认为学术中最重要者并非文章辞赋,注重所谓"性命自得之际"。以文为"寓理之具",认为"学文之端,急于明理,如知文而不务理,求文之工,世未尝有也"。

第一节 蜀 学

一、蜀学的发展

蜀学源远流长,由汉迄今,延绵不绝。其发展主要经历了以下三个阶段:

(一)两汉时期

西汉景帝末年,文翁兴学,儒家道家在蜀地得到广泛传播,改变了本地"蛮夷"之风,从此蜀地人才济济,文章大雅,不亚中原。其中最有代表性的是"汉赋四家"中的三家:司马相如、扬雄、王褒。

早在西汉时期,中国思想文化界就有"齐鲁之学"与"蜀学"的说法,齐鲁之学就是儒学礼仁等学说传统,蜀学传统则杂糅进道家严君平和扬雄的学说,也就是关注自然和人性本质、本性研究的学说。

《华阳国志》依据《汉书》之史料,记载文翁为蜀郡守时,遣张叔等十余人诣京师受业,习《五经》(《周易》《尚书》《诗经》《礼记》《春秋》),蜀地弟子在京师求学者之众,可与齐鲁相侔,张叔等学成后,回蜀中教授子弟,以致蜀中学术之盛可比于齐鲁,形成了蜀学。这里蜀学是指蜀地文教事业的兴盛和儒学的传播,表明蜀地接受并发展了中原的传统文化。

从公元前二世纪中叶蜀学的兴起迄于二十世纪之初,其概念的内涵逐渐丰富和发展,最终成为现代学科之一,其间经历漫长发展过程。四川学术真正开始呈现地域的特色是在两宋时期。唐末五代时,中原长期战乱,衣冠士族纷纷入蜀避难,蜀国获得和平发展的机遇,故至北宋时文教事业极盛。皇祐二年(1050年)田况守蜀时在成都建立经史阁以弘扬学术,吕陶《经史阁记》称:"蜀学之盛冠天下而垂无穷者,其具有三:一曰文翁之石室,二曰高公之礼殿,三曰石壁之《九经》。"吕陶认为西汉成都文翁石室未经兵火战乱的破坏;东汉末高公补修石室作为孔庙,规模宏伟;五代后蜀将《周易》《诗经》《尚书》《春秋》《周礼》《礼记》刻于文庙石壁,田况守蜀时又补刻《仪礼》《春秋公羊传》和《春秋谷梁传》,这样使儒家经典《九经》完备。因此一千二百余年来,虽然社会历经变革,但蜀中三个神圣遗迹保存完好,它们是蜀学繁盛的标志。

历史上的一些典籍,常常把西汉前的蜀地描绘成荒蛮之地,现在从考古上可以发现,四川在夏商周秦五代一直是中国经济文化最发达的地区之一,自周秦并入中原文化系统以后,蜀地一直沿袭自己的学术传统,从而形成了中国思想文化中的"蜀学"学统格局。应该说,严君平和扬雄是西汉时期涌现出来的两个带有明显蜀学传统的人才,他们的学问对中国的各种文化现象产生了极大的影响。

蜀学文化的特点究竟是什么呢?就是"没有固定的特点",蜀学者大多具有实用文化倾向,并不拘束于某一学派的学理,而注重从实际和实用的角度去治学。当然,蜀学这样的学统,与蜀地人重视人的生产、生活的质量建设及其治水水利建设传统有很大的关系。蜀学者大多是易玄家,情感上倾向于道家文化,但是,他们也不排斥儒学等其他文化,具有融会百家和自我发展创新的明显学统表现。由于蜀地是汉文明文化的主要发源地,蜀汉本为一义,因此,说中国汉文明文化的中心文化学统是蜀学,并不过分。

(二)两宋时期

北宋元祐时期(1086—1093年),朝廷中形成三个政治集团,即以苏轼、吕陶、上官均为主的蜀党,以程颐、朱光庭、贾易为主的洛党,以刘挚、梁焘、王岩叟为主的朔党。他们相互进行政治斗争,而蜀党和洛党之间的斗争最为激烈,史称洛蜀党争。南宋之初,统治集团在总结北宋灭亡的历史教训时清算了王安石变法的政治路线,革除蔡京余党,恢复元祐政治,曾被列入元祐党籍的洛党和蜀党诸公均得以平反昭雪。这时洛党和蜀党已不具政治集团性质,而程颐和苏轼的思想对学术界的影响极大,故程学与苏学同时盛行。绍兴六年(1136年)朝廷开始禁黜程学,被视为"伪学",而使苏学居于尊崇的地位。南宋中期学术界称苏学为蜀学。蜀中学者李石《苏文忠集御叙跋》中记载:"臣窃闻之,王安石以新说行,学者尚同,如圣门一贯之说,僭也。先正文忠公苏轼首辟其说,是为元祐学人谓蜀学云。"(《方舟集》卷十三)三苏父子治儒家经学,又杂于纵横之学,在北宋古文运动中起到重大作用,而以文学成就称著。他们不同于传统的儒者,既是王安石新学的反对者,又是濂洛理学的否定者,在宋代学术中保持着独立自由的品格与蜀地的学术特色。清代学者全祖望谈到宋代新学与蜀学时说:"荆公《淮南杂说》初出,见者以为《孟子》。老泉文初出,见者以为《荀子》。已而聚讼大起,《三经新义》累数十年而始废,而蜀学亦遂为敌国。上下学案(《新学略》与《蜀学略》)者,不可不穷其本末也。且荆公欲明圣学而杂于禅,苏氏出于纵横之学而亦杂于禅,甚矣,西竺之能张其军也。"因此从南宋以来,蜀学已是具有地域特色的学术思想了。

在文学上,唐宋八大家的席位蜀人独得其三(三苏);史学上,"隋前存书有二,唐后莫隆于蜀";经学方面,更有程颐"《易》学在蜀"的感叹。以三苏父子为代表的蜀学,终与二程洛学(即理学)和王安石新学鼎足而立,共同构成当时中国学术的三大主流。而苏氏蜀学是宋代蜀学的核心。

（三）晚清

第三个发展阶段是晚清。尊经书院创办，张之洞、王闿运促成了蜀学与江浙、湖湘的学术交流与融合，蜀学得以蓬勃发展。其重要特征是摒弃陈腐的"八股"时文，注重对儒家经典的传习和研究。在动荡多变的时局中，"通经致用""中体西用"成为突出表现。蜀地学者"以复古求解放"，将清代学人达到的最高点的东汉"许郑之学"，成功地向前推进到西汉"今古文学"，乃至先秦"诸子之学"，最终实现了传统学术的解放。同时，"蜀学"得以与"湘学"共同成为这一时期中国传统学术的重心，构成中国经学的新阶段和新形态。当代学者李学勤认为："从晚清以后，中国传统学术发展的重心，一个是'湘学'，一个是'蜀学'。"

二、蜀学成就

从蜀学概念内涵的演变，可见它由引进接受中原儒学以发展文教事业，逐渐形成以苏学为代表的地域学术特色而在学术史上产生重大影响，迄于近代它又吸收新学而获得新的活力。

蜀学从西汉绵延于今，形成了颇具特色的传统。纵观蜀学的发展，其主要成就在文学、史学、哲学和经学方面，其学术思想既体现了中原学术传统，又有相异之处；既影响着主流文化，又往往遭到正统学者的批评；既有地方学术的滞后性，又比时尚文化更富有传统精神。我国新时期以来学术昌明繁盛，地域文化发展迅猛，蜀学成为现代学科的条件已经成熟。它以四川自西汉迄今的学术为研究对象，重点研究经学、哲学、史学和文学，以它们体现的学术思想为研究核心，包括蜀学理论、蜀学史、蜀中学者、蜀学文献等方面的研究，是四川文化中高层次的理论研究。

近年"中国学术文化史"作为一个新兴的学科已受到学界的重视，有着广阔的前景，将推动中国传统文化研究的深入。

蜀学即是中国学术文化史的一个分支学科。

巴蜀文化中，仅是史籍中诸如司马相如、严君平、扬雄、陈寿、李白、三苏、杨慎、张问陶、郭沫若、巴金，这一串串如雷贯耳的名字，就足以让巴蜀文化在光辉灿烂的华夏文明中熠熠生辉。

西汉以来，四川就有"文翁倡其教，相如为之师，其学比于齐鲁"的学术盛况；在两汉，四川成都是全国文化最为发达，产生教授、公卿等人才最多的四大区会（即齐鲁梁宋地区、关中平原、成都平原和东南吴会）之一；到宋代，吕陶有"蜀学之盛，冠天下而垂无穷"的赞誉。只是因南宋末年与明朝末年的频繁战乱，蜀学才逐渐衰落。清康熙四十三年（1704年）四川按察使刘德芳重建锦江书院，光绪初年（1875年）四川学政张之洞创立尊经书院，不仅扭转了蜀中已见陈腐的学术风气，也为昌明四川地区的学术文化奠下雄厚的基础，为天下培植出许多精英人才。

中国新时期以来，在改革开放政策的鼓舞下，区域经济迅速发展，区域自主权扩大，由此推动区域的文化建设。在区域文化建设的同时，强调地域文化的独立发展，构建地域文化系统。巴蜀文化等同于四川文化，这是从地域的观念的自我认定，当然蜀学应包含在其中，并且是其核心。

思考与练习

1. 蜀学的概念是什么？怎样理解传统文化对学术派别形成的基本作用？
2. 苏氏蜀学是三苏文化的重要组成部分，理解和掌握蜀学精髓对三苏文化的学习大有裨益。试分析苏氏蜀学与三苏文学之间的关系。
3. 蜀学具有极大的兼容性，但又有着鲜明的地域特征，结合地域文化特点，看一看，蜀学对眉山文化有着怎样的影响？

第二节 苏氏蜀学的诞生与发展

蜀学源远流长，由汉迄今，延绵不绝。宋代蜀学并非自苏门始，也非至苏门终。但无疑，三苏对于蜀学的贡献之巨大，三苏门徒对于蜀学传承之深广，是构成苏氏蜀学的最重要一环，故把苏氏蜀学作为一个独特的学术流派来研究。

一、苏氏蜀学的定义

苏氏蜀学，有广义和狭义之分。狭义的苏氏蜀学指由苏洵开创，由苏轼、苏辙兄弟加以发展，由"苏门六君子"的黄庭坚、秦观、晁补之、张耒、陈师道、李廌等文人学士参与组成的有共同思想基础与学术倾向的学派；广义的苏氏蜀学即宋代蜀学，指两宋时期包括三苏、周程及其在蜀后学张栻、度正、魏了翁等著名人物融合蜀洛、贯通三教而以宋代新儒学为主的巴蜀地区的学术。

宋代文化学术史上最重大的事情，莫过于新儒学"宋学"的产生，宋学的新学、理学、蜀学三大学派的形成与发展，对宋代及后世文化思想产生了巨大影响。因而，从广义的蜀学眼光看，应该把周敦颐、程颐兄弟等著名理学家在巴蜀的学术活动和著述也包括到宋代蜀学里来。宋代蜀学发展到南宋，崛起了张栻、魏了翁两位著名人物及所代表的南轩学派和鹤山学派，其影响所及超出了巴蜀地域，成为有全国性影响的重要思想家和学派。

蜀学在中国学术发展过程中，显现出了四川的学术所具有的某些地域特色，与齐鲁之学、关学、洛学、闽学、楚学、徽学等地域学术相比较，个性尤其明显，故而形成了蜀学。从某种程度上说，苏氏蜀学是宋代蜀学的核心，更是眉山的骄傲。

二、苏氏蜀学的诞生

从苏洵开始，苏家父子三人早年一直在四川眉州家乡读书。苏洵年轻时科举多次失利，除了短暂游历，基本都在家教育苏轼和苏辙。

嘉祐元年（1056年），苏洵带苏轼、苏辙到汴京游学，拜会了当时的文坛领袖欧阳修。欧阳修评价苏洵的《衡论》《权书》《几策》等文可与贾谊、刘向相媲美，向朝廷推荐，一时间名动京城。

嘉祐二年（1057年），苏轼、苏辙兄弟同榜及第，更是当时的轰动事件。三苏率尔成名，成为对后世影响最大的苏氏家族的代表人物。

十年后,苏洵编写《易传》,未能完成即病重去世,嘱咐苏轼继续完成。至此,蜀学根基基本形成,可以这样表述:苏洵是蜀学的奠基人,苏轼、苏辙是蜀学的开创者。

还应该强调的是:三苏正是在前人的不断探索中,集百家之长,逐步形成了以儒为主的学术流派。巴蜀地区相对中原虽然较偏僻,但学术根基却十分深厚。汉代有文翁、严君平两大教育名家,有扬雄这样的学术大家,有陈寿、常璩这样的史学名家,也有谯周这样纯正的经学家。班固在《汉书》中感叹"蜀地弟子在京师求学者之众,可与齐鲁相侔",之后,常璩在《华阳国志》中最早提出"蜀学"概念,将巴蜀的文教事业与儒学传播联系在一起。

自唐代始,多元文化兼容并蓄,互相成就,是推动巴蜀文化走向繁荣的重要标志。儒释道三家并进,逐步呈现融合的趋势,众多优秀的文人士大夫,随大批北方世家大族涌入巴蜀,为当地思想的蓬勃壮大奠定了文化基础。五代十国的前蜀、后蜀阶段,大量精英文士汇聚巴蜀,巴蜀与南唐成为当时全国文化最繁荣的地区,儒学极为兴盛。孟氏后蜀将《周易》《诗经》《尚书》《春秋》《周礼》《礼记》刻于文庙石壁,田况守蜀时又补刻《仪礼》《公羊传》和《谷梁传》,儒家经典《九经》完备,也标志着巴蜀儒学根基的强大。

北宋初期崇尚南唐余音,文章以骈俪为时尚,诗词以西昆体为宗流行。反对这种萎靡风格的正是王禹偁、石介、尹洙、范仲淹、梅尧臣、欧阳修、苏舜钦等一批文人士大夫,他们希望以儒家经学理念为依归,推崇言之有物、文以载道的文章标准,逐步扭转宋代文化的潮流趋势。

北宋的文化发展进入欧阳修时代,总体而言不是"守常",而是"图新",以欧阳修为风向标,这一创新思想极大地影响了当时的学术界。也正是在这样的前提之下,三苏父子才可能以融通三教、兼采诸子的特色创立苏氏蜀学。

概括来说,三苏在学术上以儒家经学为根本,杂以佛道、纵横之学,他们不同于传统儒者,既是王安石新学的反对者,又是洛派理学的否定者,在宋代学术中保持独立自由的品格与巴蜀地方的学术特色。

苏氏蜀学以苏轼、苏辙为宗派领袖,以黄庭坚、秦观、张耒、晁补之等众多苏门弟子为成员,既经历从神宗到北宋末年大大小小的朝野纷争,同时,他们强大的文学创作影响力,基本代表了北宋中后期文坛的最高成就,使蜀学依附在文学思想之上广泛传播,苏氏蜀学成为当时的显学。

三、苏氏蜀学的背景及发展

新学为王安石于庆历二年(1042年)中举,任淮南节度判官厅公事后,著《淮南杂说》时创始;嘉祐末至治平四年(1067年),居丧在江宁(今南京)聚徒讲学时形成。"新学"从熙宁变法开始成为宋学中最大学派,当时称为"新学",史称"荆公新学",元祐时虽遭打击,但直至南宋理宗后期,一直是宋学的主要学派。

苏洵在眉山"闭户读书"时,开始研究《六经》百家之说,晚年研究《易经》,著《易传》未完成,治平三年(1066)死时,遗嘱苏轼继述其志。元丰年间,苏轼贬居黄州时完成《易传》,以及《论语说》《书传》等,蜀学派的理论大体形成。蜀学派另一主将苏辙,元符三年(1100年)至政和二年(1112年)去世的13年间,不仅撰著蜀学著作,还传布蜀学。两宋之际的蜀人韩驹,尝在许下从苏辙学,是北宋末年重要的蜀学派代表,入仕不久,即"坐为苏氏学",宣和六年(1124),"复坐乡党曲学"。

理学则是由河南府(今河南洛阳)程颢、程颐兄弟所创,创始的时间为至和末至嘉祐初,形成于元丰年间居洛阳聚徒讲学之时。张载创立的"关学"大致也始于至和末,形成于熙宁年间聚徒讲学于家乡郿县(今陕西眉县)横渠镇时。周敦颐曾著《太极图说》《易通》,早年曾任二程少年时的启蒙老师,因此被朱熹推为理学开山,但他未形成自己的学派。同时代的邵雍著《皇极经世书》等,创象数学体系。二程、周、张、邵五人,同被朱熹列为理学派的创始人,称为"北宋五子"。但是,理学派在北宋末仍只是个较小的学派。与理学家杨时关系密切的张觷,向蔡京推荐"其所知,遂以杨时荐",杨时遂被起用。靖康元年(1126),当金兵南下,北宋危亡之际,杨时又借攻击蔡京之机,攻击王安石及新学派,为宋钦宗采纳,但北宋随即为金所灭,理学派未能有所发展。时人有十不管之语云:不管太原(时为金兵围攻),却管太学;不管"防秋"(防备秋季金军南侵),却管《春秋》;不管炮石,却管(王)安石;不管肃王(钦宗弟赵枢,时在金营作人质),却管舒王(王安石)。咸谓深中时病。北宋末,昏君宋徽宗与奸臣蔡京打着崇奉王安石和新学派的旗号,进行着腐朽黑暗的统治,断送了北宋,成为南宋君臣及理学家们攻击王安石及新学派的口实。右相范宗尹曾正确地指出:"王安石学术本不至是,由蔡京兄弟以绍述之说敷衍被蔓,浸失其意所致"。

绍兴元年(1131)八月,秦桧升任右相(独相),随即追赠程颐直龙图阁职名,称其学说为"高明自得之学",起用与理学有关的人士,即所谓"绍兴初,秦桧为亚相,引(胡)安国侍经席,一时善类多聚于朝"。次年,秦桧罢相,秦桧党羽在此前后被罢斥的达20余人。

绍兴四年,赵鼎任相后,原先被称为秦桧党羽的张觷、江跻、刘一止、楼炤、胡安国等,再次被起用。在新学是显学的情况下,次年"召省试举人程文,许用古今诸儒之说,并自出己意,文理优长,并为合格"。实际上凡不符合理学观点的应试者,一概不录取。理学派在秦桧、赵鼎先后扶植下,得到了初步发展,但还未成为显学。

绍兴八年(1138年),秦桧再任右相,独相擅权,成为臭名昭著的奸臣,秦桧后来被说成是打击理学推行新学的人物,即所谓"(秦)桧再得政,复尚王金陵,而洛学废矣"。其实,秦桧再相的前期,礼遇年迈的尹焞;任用杨时之子杨适、杨迥,婿陈渊;与胡安国父子更是关系密切。胡"宁本因其父(胡安国)兄(胡寅)与(秦)桧厚,故召用之",绍兴十九年(1149年),"(秦)桧知(胡)宁兄徽猷阁直学士致仕(胡)寅之贫,因其往剑州(今四川省剑阁)省世母,遗以白金"。由于胡寅的回书,"(秦)桧以为讥己,始怒之",秦桧与胡寅兄弟的关系,也是与理学派的关系,从此恶化。此前,曾有一(徐)"存顶冒杨时高第徐存(江山人)之名,于秦桧当轴时,乞送入试院,试官观望,遂窃一第"。绍兴十八年朱熹等理学人士中举,都说明秦桧当时还是扶持理学派的。

绍兴二十年九月,秦桧采纳曹筠建请科举中淘汰采用二程学说者,开始打击理学派。绍兴二十三年,杨时之子杨迥因与胡寅的特殊关系被罢官,秦桧党羽又"揭出"胡安国的门生"(胡)襄比当秋闱监试,题目众已议定,襄乃中夜自易之,意私其党",而被罢官。次年,"甚至萧振以附程氏之学而得祸,洪兴祖以序程瑀《论语注》而得祸"。正如其后叶谦亨所说:"学术粹驳,系于主司去取之间,向者朝论专尚程颐之学,有立说稍异者,皆不在选。前日大臣则阴佑王安石,而取其说,稍涉程学者,一切摈弃。"宋高宗随即说:"赵鼎主程颐,秦桧尚安石。"秦桧"阴佑"新学派与打击理学派,是在其当政最后的五六年。

宋孝宗时期的新学、理学和蜀学"宋学"三大学派中,宋孝宗对理学派攻击新学派,采取不支持的政策,形成各学派自由发展的学术环境,除新学派仍是显学外,蜀学派在沉寂了数十年之后重新兴起;理学派自宋高宗在位末年被扶持以来,又有了很大的发展。朱熹建立了完整的理学体系，形成理学的主流学派，史称"程朱学派"，陆九渊则创建理学心学派，反理学的主要学派是陈亮、叶适的浙东事功学派等。

乾道六年（1170年）前，员兴宗提出："今苏、程、王之学，未必尽善，未必尽非，执一而废一，是以坏易坏，宜合三家之长，以出一道，使归于大公至正。"宋孝宗又追赐苏轼"文忠"、苏辙"文定"，为苏轼文集作序等，对蜀学派采取扶持的政策，而对当时的主流学派，如新学派、理学派，则采取相对遏制的政策，如淳熙五年（1178年），"谢廓然言：'近来掌文衡者，主王氏之说，则专尚穿凿，主程氏之说，则务为虚诞。……乞诏有司公心考校，毋得徇私，专尚程、王之末习。'从之。"

宋学的新学、理学、蜀学三大学派在宋孝宗后期并为显学，其明证莫过于淳熙十四年（1187年），时年58岁的朱熹说："若诸子之学，同出于圣人，各有所长而不能无所短。"朱熹在这里所说的诸子，不仅是指理学派的许多学者，也包括新学派的王安石和蜀学派的苏轼。他所举的"五经""四书"的注疏著作，就包括了他们的著作。他还说学者学习三派著作，才使"先王之道得以复明于世"。朱熹实际上认为理学派与新学派、蜀学派同是宋学的学派之一。

宁宗初年，"庆元党禁"打击了理学派，三大学派并存的局面被打破。宁宗后期，理学的地位提高。

嘉定元年（1208年）的宋金"嘉定和议"后，理学人士刘爚向奸相史弥远建议，实行"收召诸贤"、"以爵禄縻天下士"，扶持理学派。次年，宁宗谥"赐朱熹谥曰文"，提高了理学派的地位。

嘉定三年，刘爚"迁国子司业，言于丞相史弥远，请以（朱）熹所著《论语》《中庸》《大学》《孟子》之说以备劝讲，正君定国，慰天下学士大夫之心。……又请以熹《白鹿洞规》颁示太学，取熹《四书集注》刊行之"。

嘉定十三年，宁宗谥周敦颐、程颢、程颐为"元""纯""正"，后又谥张载为"明"，为后来理学思想统治地位的确立奠定了基础。同年九月，胡卫的奏议称："皇朝承五季陵夷之后，士气卑弱，二三圣人作而新之。……熙宁以来，凡典章号令，若王安石之造意平雅，苏轼之发语纯明，……；程颢、程颐又以洙泗之源流兴于伊洛间，士之所趋一归于正。"胡卫的奏议意在推崇理学，但只将宋学三大学派的代表人物王安石、苏轼、程颢、程颐同列于"二三圣人作而新之"的行列，说明理学派当时的地位虽已提高，但新学、蜀学派也还是主流学派。

理宗后期，理学思想的统治地位确立。嘉定十七年，宁宗死，奸相史弥远废宁宗自定的皇位继承人赵竑，改立宗室赵贵诚（改名赵昀）为帝（理宗），随即"诏褒表老儒"，年迈的朱熹弟子傅伯成、陆九渊弟子杨简，以及自幼读程颐书的柴中行等，被授予殿阁职名，赐金带。宝庆三年（1227年），宋理宗又表彰朱熹的《四书集注》，并"特赠（朱）熹太师，追封信国公"，再次提高了理学派的地位。

端平元年（1234年），宋理宗重用理学家真德秀、魏了翁等十多位"名士"。次年，诏议胡瑗、孙明复、邵雍、欧阳修、周敦颐、司马光、苏轼、张载、程颢、程颐十人从祀孔子，称这十人"卓然为学者所宗，宜在从祀之列"，意在为其取得与早已从祀孔子的王安石同等的地位，但是此次"诏议"未能使其中的任何一人列入从祀。嘉熙元年（1237）三月，刘汉弼"为校书郎，转对，举苏轼所言结人心，厚风俗，存纪纲"。结合理学派肆意攻击王安石，以及后来新学派被称为"邪党"，可见此时宋学的三大学派仍然并存。

淳祐元年（1241年）正月，周敦颐、张载、程颢、程颐和朱熹从祀孔庙，将王安石排挤出从祀的行列，以及推崇理学的其他措施，正式确定了理学为南宋官方的统治思想。有识之士对于理宗在面对蒙古军南侵的南宋存亡之际,不是发愤图强,而是热衷于扶持宋学的理学派并打击其他学派,深为不满。理学人士刘克庄在淳祐六年的《召对札子》中说:"薄物细故,纷挐不已;急政要务,谦逊未遑,未免有'不言防秋而言《春秋》,不言炮石而言(王)安石'之讥。夫废《春秋》,用安石,致祸之本也,于时(指北宋末)尚以为不急,况今之不急有甚于此者乎。今庙谟睽异,邪党(指新学派等)揶揄,臣实未知其所终。"南宋皇朝在宋理宗致力于"不急之甚"的扶持理学派打击其他学派,而不思救亡图存的"急政要务"下,走上灭亡之途。

苏氏蜀学作为一个重要的学术流派,伴随着三苏的跌宕人生和起起伏伏的政治漩涡,流传到了今天,仍然与三苏的人格魅力一起,散发着诱人的光芒。这不由得使人想起杜甫的名句"尔曹身与名俱灭,不废江河万古流。"

思考与练习

1. 三大学术流派几乎同时并存,这是一种怎样的文化现象?
2. 参考其他文献,了解苏氏蜀学产生的历史背景。
3. 蜀学的发展史实际上就是中国学术的发展史,试从政治学的角度分析说明苏氏蜀学发展的必然性。

第三节 苏氏蜀学的学术渊源、特色及影响

苏氏蜀学是由三苏父子创立的儒学派别,它与荆公新学、二程洛学相对立,是北宋中期儒、佛、道三教融合的时代潮流的产物,是当时具有重要影响的学术派别。然而,长期以来,三苏在文学领域的巨大成就掩盖了其在经学领域里的贡献,加之传统学界的学术偏见,致使中国学术思想史未给三苏应有的地位。实际上,三苏作为经学家也毫不逊色,其经学著述亦数量颇多。从这些成果中可以看出,三苏父子共同为蜀学的创立和发展做出了重要贡献。

如果说苏洵是苏氏蜀学的开山祖师,那么苏轼、苏辙则是苏氏蜀学的集大成者。

三苏父子是以儒为宗,通过融通三教、兼采诸子来创立蜀学体系的。苏轼在给苏辙的祝寿诗中写道:"君少与我师皇坟,旁资老聃释迦文。"这句话一语道破苏氏蜀学的学术渊源是以儒为宗、兼容释道。

从师承上讲,苏洵之学,无所师承。苏洵自谓:"吾晚学无师。"苏轼兄弟则幼师先君,承继家学。苏轼说:"治经独传于家学。"苏辙则说:"臣幼无他师,学于先臣洵。"虽然苏轼兄弟也曾师从张易简、刘巨、史清卿等人,但总体来看,他们对苏轼兄弟的影响远远不及苏洵。

学术的创新离不开长期的阅读积累。苏轼年轻时的读书经历,为其以后融通三教、确立蜀学打下了坚实的基础。他的读书经历,经过了一个由儒而庄、由庄而释的过程。"初好贾谊、陆贽书……既而读《庄子》,喟然叹息曰:'吾昔有见于中,口未能言,今见《庄子》,得吾心矣。'……后读释氏书,深悟实相,参之孔、老,博辩无碍,浩然不见其涯也"。正是在广泛涉猎儒、释、道诸家典籍的基础上,苏轼开始了以儒为宗、融通释道的蜀学体系的建构。

一、苏氏蜀学的学术渊源

(一) 以儒为宗

传统的儒家思想是苏氏蜀学的主要思想源泉。庆历七年(1047年),苏洵科举落第。因屡挫于科场,苏洵对科考失去兴趣,便悉焚旧稿,闭户读书,"遂绝意于功名,而自托于学术","乃大究六经、百家之说,以考质古今治乱成败、圣贤穷达出处之际","取《论语》《孟子》《韩子》及其他圣人、贤人之文,而兀然端坐,终日以读之者七八年矣","遂通六经、百家之说"。苏轼兄弟幼承家学。少年时期,苏洵就教导他们刻苦攻读儒家经典,以内圣外王为人生理想。苏轼说:"幼承父兄之余训,教以修己而治人。"苏辙则回忆道:"予幼师事先君,听其言,观其行事。……先君平居不治生业,有田一廛,无衣食之忧。有书数千卷,手缉而校之,以遗子孙。曰:'读是,内以治身,外以治人,足矣。此孔氏之遗法也。'"母亲程氏也是以儒家精英人物来启迪、诱导苏轼兄弟的。苏轼10岁时,"父洵游学四方",教育苏轼兄弟的任务就落在了母亲程氏的肩上。据记载,程氏尝读《东汉史》,至《范滂传》,慨然太息。轼请曰:"轼若为滂,母许之否乎?"程氏曰:"汝能为滂,吾顾不能为滂母耶?"可见,少年时代的苏轼兄弟即从父母那里接受了正规的儒家文化教育,他们从小博览群经,志存高远。成年后,苏轼更是"博通经史,属文日数千言,好贾谊、陆贽书",并且"论古今治乱,不为空言"。由此可见,青年苏轼不但大量阅读儒家经典,而且"奋厉有当世志",立志实现"致君尧舜"的人生理想。这表明,苏轼的人生观的基点是儒家的入世思想。

早年,苏轼曾竭力鼓吹孔孟之道。他称赞孔子"博学而不乱,深思而不惑"。他还认为,孟子之道"始于至粗,而极于至精"。据记载,吕惠卿问曾巩:"轼学何人?"曾巩回答道:"学孟子。"著名词人梅尧臣也认为苏轼"有孟轲之风"。苏辙更是自附于孟子,明确表示继承孟子之道,他说:"然其所以泛观天下之异说,三代以来,兴亡治乱之际,而皎然其有以折之者,盖其学出于孟子而不可诬也。"不仅如此,苏轼一生虽然怀才不遇,屡遭贬谪,困顿坎坷,壮志难酬,但他始终牢记孟子"穷则独善其身,达则兼济天下"的教诲,忠君爱民,奋厉有为。即便被贬黄州,他依然不忘"尊主泽民",他说:"吾侪虽老且穷,而道理贯心肝,忠义填骨髓,直须谈笑于死生之际,若见仆困穷便相于邑,则与不学道者大不相远矣。……虽怀坎壈于时,遇事有可尊主泽民者,便忘躯为之,祸福得丧,付与造物。"这表明,苏轼即便是在被贬黄州、人生困顿的时期,依然持守儒道,忠君爱民。得志时,则致君尧舜,造福于民,以求立功当代;失意时,则修身养性,著书立说,以求立言后世。在政治哲学上,苏轼还汲取了儒家的仁政和民本思想,作为行政处世的准则。

《易》是儒家的重要著作,集中体现了儒家的哲学思想。所以,苏氏父子首选注《易》来构筑自己的哲学体系。据记载,"(洵)晚而好《易》,曰:'《易》之道深矣,汩而不明者,诸儒以附会之说乱之也,去之,则圣人之旨见矣。'"可见,苏洵撰著《易传》的宗旨是,剥去诸儒的"附会之说",以恢复《易》道,再现圣人之旨。受其父影响,苏轼兄弟亦好《易》。苏轼曾寄诗苏辙,劝其读《易》:"策曾忤世人嫌汝,易可忘忧家有师。"并且,苏轼自己读《易》非常着迷,"遥知读易东窗下,车马敲门定不应"。苏轼为此花费了不少时间和心血,"十年读易费膏火,尽日吟诗愁肺肝"。为了发明《易》旨,苏洵于嘉祐五年(1060年)重新开始读《易》,并撰写《易传》百余篇。然而,天不假年,苏洵"作《易传》,未成而卒",于是就将这一未竟之业交给了苏轼兄弟。苏辙说:"先君晚岁读《易》,玩其爻象,得其刚柔、远近、喜怒、逆顺之情,以观其词,皆迎刃而解。作《易传》,未完,疾革,命公述其志。公泣受命,卒以成书。"这里,苏辙说其父将撰著《易传》的任务交给了苏轼,实为自谦之词。实际上,苏洵是将这个任务交给了苏轼兄弟。据苏籀《双溪集》载:"(洵)作《易传》,未完,命二子述其志。初,二公少年,皆为《易说》,既而东坡成书,公乃送所解与坡,今《蒙卦》犹是公解。"由上述可见,《易传》由苏洵发其端,作百余篇,苏辙注《蒙卦》,最后由苏轼总其成。

对于《易传》,三苏父子颇为自负。苏洵说:"此书若成,则自有《易》以来,未始有也。"苏轼说:"抚视《易》《书》《论语》三书,即觉此生不虚过。"苏辙则说:"千载之微言,焕然可知也。"可见,《易传》是苏氏蜀学的重要著作,它的完成标志着苏氏蜀学的初步形成。

除《易传》之外,苏轼还撰有《论语说》《书传》。对于苏轼的《论语说》,苏辙曾赞誉其"时发孔氏之秘"。而朱熹对此也颇有好评:"东坡天资高明,其议论文词自有人不到处。如《论语说》亦煞有好处。"对于《书传》,苏辙同样给予了高度评价:"推明上古之绝学,多先儒所未达。"对此,朱熹亦赞许有加:"东坡解经,一作解《尚书》,莫教说著处直是好!盖是他笔力过人,发明得分外精神。"当有人问:"《书解》谁者最好?莫是东坡书为上否?"朱熹回答道:"然。"朱熹作为二程后学,本来与苏氏蜀学形同水火,格格不入,却对苏轼的《论语说》《书传》如此推崇,可见,苏轼的《论语说》《书传》的学术价值。有鉴于此,朱熹还推荐苏轼的《书传》《论语说》为贡举的参考书。

苏辙所著的《诗传》,也得到了朱熹的充分肯定。朱熹说:"唐初,诸儒为作疏义,因讹蹈陋,百千万言而不能有以出乎二氏之区域。至于本朝,刘侍读、欧阳公、王丞相、苏黄门、河南程氏、横渠张氏始用己意有所发明。"这里,朱熹肯定苏辙的《诗传》超过前人,"有所发明",并赞扬"子由《诗解》好处多"。苏轼的《论语说》《书传》以及苏辙的《诗传》的完成,标志着苏氏蜀学的进一步发展。

(二) 援道入儒

三苏出生于四川眉山,而四川是道教的发祥地,有着浓郁的崇道氛围。因此,苏轼父子深受道家、道教思想影响。据记载,苏洵当年婚后未有子嗣,便用玉环换取据说可祈嗣的张仙画像,后得子嗣,便皈依道教。在苏洵的安排下,苏氏兄弟幼年即拜道士为师,并且深受道士影响。多年后,苏轼回忆说:"眉山道士张易简教小学,常百人,予幼时亦与焉。居天庆观北极院,予盖从之三年。"苏轼不但师从道士,还是深受道士喜爱的门生。他回忆道:"吾八岁入小学,以道士张易简为师。童子几百人,师独称吾与陈太初者。"所以,苏轼被贬惠州后,还不无感慨地说道:"东坡之师抱朴老,真契久已交前生。"苏轼公开声称师法东晋道师葛洪。苏辙也随其问学于道士张易简,苏辙自称"予幼居乡间,从子瞻读书天庆观"。

苏轼除师从道士之外,还热衷于与道士交往。据不完全统计,与苏轼交往的道士有张天骥、王仲素、胡洞微、钱道士、武道士、姚丹元、吴子野、陆惟忠等。在与道士的交往过程中,苏轼深受道士影响,并且采纳"道书方士之言,厚自养炼"。晚年,苏轼更加热衷于道教的养生术。

苏轼自嘉祐四年(1059年)随父出游始,游历了许多道教宫观。据不完全统计,他游历过的宫观有仙都观、木枥观、延生观、上清太平宫、洞霄宫、天庆观等。

青年时期的苏轼开始读道书,并且逐渐喜欢上了道家、道教典籍。苏轼早年所读道家经典主要为《老子》《庄子》。"既而读《庄子》,叹曰:'吾昔有见,口未能言,今见是书,得吾心矣。'"苏轼不但思想受《庄子》影响,"早岁便怀齐物志,微官敢有济时心",就连文法都留有《庄子》的痕迹,"东坡早得文章之法于《庄子》,故于诗文多用其语"。苏轼词云:"白酒新开九酝,黄花已过重阳。身外傥来都似梦,醉里无何即是乡。"词中,"傥来""无何乡"二词即出自《庄子》。这里,苏轼借用《庄子》的词汇来表达他人生如梦、醉即吾乡的思想。苏辙更有过之,就连举止做派都受道教影响,以至于迁谪龙川后,"颓然一道士"。可见,苏轼兄弟受道家、道教思想影响之深。签判凤翔府后,苏轼开始系统阅读《道藏》,有《读道藏》诗为证。苏轼非常喜爱阅读《道藏》。受其影响,苏辙也开始阅读道教典籍。在与苏轼的唱和诗中,苏辙说:"道书世多有,吾读老与庄。"这个时期的阅读实践,为他们以后援道入儒的学术创新打下了坚实的基础。

发生于元丰二年(1079年)的"乌台诗案",给予苏轼沉重的打击。虽然由于章惇、王安礼等人的营救,为时不足百天的牢狱之灾很快就结束了,但苏轼还是被贬为黄州团练副使,遭受了入仕以来第一次政治打击。由于个人遭际和政治处境的变化,苏轼的儒家思想有了很大程度的消退,而道家的随遇而安、顺适自然的思想则随之抬头。可以说,被贬黄州成为苏轼人生的重要转折点:此前,苏轼以儒家思想为主导,积极进取,立志"致君尧舜";此后,道家乃至佛教思想与儒家思想分庭抗礼,共同构成其后半生的主导思想。自此以后,苏轼便常用老庄"万物齐一""听其所为""莫与之争"的思想来宽慰自己。一时间,庄周成了苏轼心目中追逐的偶像。"清诗健笔何足数,逍遥齐物追庄周"。不仅如此,被贬黄州后,苏轼还产生了儒道相通的观点,他认为道家思想在某些方面与儒家思想是相通的。他说:"道家者流,本出于黄帝、老子。其道以清静无为为宗,以虚明应物为用,以慈俭不争为行,合于《周易》'何思何虑'、《论语》'仁者静寿'之说。"也就是说,在清静无为、虚明应物、慈俭不争这些意义上,道家和儒家是相通的。不仅儒道相通,就连佛教在某些方面也与儒、道相通。"舜禹之心,以奉先为孝本;释老之道,以损己为福田"。这就是说,在损己奉先这个问题上,儒、释、道是殊途同归的。

《苏氏易传》是三苏经学的重要成果,集中体现了三苏的经学主张和哲学思想。对于《苏氏易传》,四库馆臣曾做如是评价:"盖大体近于王弼,而弼之说惟畅玄风,轼之说多切人事。"这里,四库馆臣肯定苏轼解《易》继承了王弼以义理解《易》的传统,但同时也指出苏轼与王弼解《易》风格的不同,即王弼以玄道来解《易》,而苏轼解《易》则多阐发其政治主张。这一点,体现了儒家经世致用的传统。实际上,苏轼解《易》除遵循儒家经世致用的传统外,也大量援引道家思想,体现了蜀学援道入儒的学术取向。例如,对于《系辞上》"一阴一阳之谓道"的解释,苏轼说:"一阴一阳者,阴阳未交而物未生之谓也。喻道之似,莫密于此者矣。阴阳一交而生物,其始为水。水者有无之际也,始离于无而入于有矣。老子识之,故其言曰:'上善若水。'又曰:'水几于道。'圣人之德,虽可以名言,而不囿于一物,若水之无常形。此善之上者,几于道矣,而非道也。若夫水之未生,阴阳之未交,廓然无一物而不可谓之无有,此真道之似也。"在本体论上,苏轼不仅借用了老子和《周易》的"道"的概念作为自己哲学体系的核心概念,而且还援引老子的"水几于道"的观点来解释"道",认为"道"是阴阳未交的状态,是"廓然无一物而不可谓之无有"。由此推出苏氏蜀学的道论,即由道到阴阳到水到万物的宇宙演化模式。可见,苏轼哲学的最高概念"道"是通过援道入儒提出来的,糅合了儒家和道家关于"道"的观点。在人生哲学上,苏轼也深受道家思想影响。苏轼受《庄子》的相对主义思想影响很深,在政治上遭受打击时,常常表现为安时处顺、随缘自适,而不是陷入消极颓废、悲观失望之中。他在政治生涯的黄金时代屡屡遭贬而能够啸傲劫波,即是这个思想作用的结果,而在其文学作品中,这个思想则集中体现在《前赤壁赋》中。

崇宁五年(1106年),苏辙作《春深》诗,其三云:"前年仅了春秋传,后有仁人知我心。"这表明《春秋传》完成于崇宁三年(1104年)。《春秋传》即《春秋集解》。苏辙所著的《春秋集解》,也是受老子启发,并以老子"道法自然"的思想为指导来阐发《春秋》的微言大义。他说:"昔之儒者各信其学,是(已)而非人,是以多窒而不通。老子有言:'学不学,复众人之所过,以辅万物之自然而不敢为。'予窃师此语。"这里,苏辙批评过去一些学者固执己见、抱残守缺,不能兼容并蓄,以至于学术体系窒塞不通,标榜自己用老子"道法自然"的思想来解释《春秋》,可以使其融会贯通。《春秋集解》的完成,标志着苏辙开始了援道入儒的学术创新。

在政治哲学上,苏轼的为政思想也受道家思想的影响,如无为而治的为政理念、"愿陛下安静以待物之来,然后应之"就源于老子的"治大国,若烹小鲜"。治国若养生,需保养元气,"夫国之长短,如人之寿夭,人之寿夭在元气,国之长短在风俗"的观点,也是在汲取道家养生思想的基础上而形成的治国理念。

(三)援佛入儒

四川是佛教文化发达的地区。位于三苏家乡附近的峨眉山是佛教四大名山之一,传说曾为普贤菩萨的道场。眉山浓厚的崇佛风气给苏家深刻的影响。苏洵一生笃信佛教。宝元初年,苏洵落第后,至浔阳,登庐山,拜谒圆通居讷禅师,得其法要。苏洵还为逝去的亲人"造六菩萨……置于极乐院阿弥如来之堂",希望他们"所适如意"。苏轼母亲程氏也信奉佛教。对此,苏轼回忆说:"昔予先君文安主簿赠中大夫讳洵,先夫人武昌太君程氏,皆性仁行廉,崇信三宝。"在这样的社会环境和家庭背景的影响下,苏轼兄弟焉能不受佛教的影响!

苏轼两度任职的杭州也有着浓厚的崇佛风气,"钱塘佛者之盛,盖甲天下"。并且,"吴、越多名僧,与予善者常十九"。据不完全统计,与苏轼交往的僧人主要有道潜、维琳、惠勤、惠思、惟贤、清顺、辩才、法芝、法言、梵臻、圆照、慧辩、惠觉、怀琏、宝觉、圆通、佛印等。贬官黄州之前,苏轼尽管与僧人交往密切,但仅属于情趣相投,苏轼只是礼佛而并不信佛;其信佛起于贬官黄州。苏辙则在谪居筠阳(今江西高安)时,就接受高僧道全禅师的劝说,开始参禅信佛。

苏轼一生辗转宦游,贬谪流离,几乎走遍了大江南北。每到一地,他都喜欢游览当地的寺庙。据不完全统计,苏轼游历过的寺庙有金山寺、甘露寺、灵隐寺、吉祥寺、开元寺、法喜寺、净土寺、梵天寺、水陆寺、六和寺、法惠寺、祥符寺等。

苏轼少年时期曾接触佛经,但仅此而已,并不喜读,更不了解佛法。苏轼喜读佛经始于嘉祐年间,是受了王大年的影响。"嘉祐末,予从事岐下。而太原王君讳彭,字大年,监府诸军。居相邻,日相从也。……予始未知佛法,君为言大略……予之喜佛书,盖自君发之"。可见,青年苏轼是在王大年的启发引导下,开始喜读佛书并了解佛法的。然而,此时的苏轼并不信佛。被贬黄州之前,他对佛教暗塞不通,他说:"佛书旧亦尝看,但暗塞不能通其妙,独时取其粗浅假说以自洗濯,若农夫之去草,旋去旋生,虽若无益,然终愈于不去也。"汪玉山曾说:"东坡初年亦辟禅学,其后乃溺之。"发生这个转折的关键是"乌台诗案"及其被贬黄州。"乌台诗案"、被贬黄州前,苏轼"好贾谊、陆挚书","奋厉有当世志";"乌台诗案"、被贬黄州后,苏轼遭遇巨大的人生打击,内心十分痛苦。为了排解内心的痛苦和压抑,他便从佛教中寻找精神寄托,于是,以读佛经来打发时日。"闲居未免看书,惟佛经以遣日"。久而久之,苏轼的创作也受到佛教的影响。苏轼黄州时期的作品便经常援引佛教语句。《念奴娇·赤壁怀古》作于元丰五年(1082年),是苏轼被贬黄州时期的代表作,词中"灰飞烟灭"一语即出自《圆觉经》。黄冈时期,苏轼自号"东坡居士",开始了由礼佛到信佛的转变。对于发生这个重大转变的原因,苏轼自己曾做过如下解释:

明年(元丰三年)二月,至黄。舍馆粗定,衣食稍给,闭门却扫,收召魂魄,退伏思念,求所以自新之方,反观从来举意动作,皆不中道,非独今之所以得罪者也。欲新其一,恐失其二。触类而求之,有不可胜悔者。于是,喟然叹曰:"道不足以御气,性不足以胜习。不锄其本,而耘其末,今虽改之,后必复作。盍归诚佛僧,求一洗之?"

也就是说,元丰三年(1080年)二月,苏轼刚刚到达黄州,便下决心"归诚佛僧"。由此可见,"乌台诗案"、被贬黄州,使苏轼遭遇了巨大的人生打击,他的思想也发生了重大转折,从此开始笃信佛教。

自元丰三年被贬黄州始,苏轼开始崇信佛教,并大量阅读佛经。据不完全统计,苏轼阅读的佛经主要有《楞枷经》《金刚经》《华严经》《莲花经》《多心经》等。苏轼读佛经的目的在于探究佛教义理,寻求解脱人生苦难的办法,并力求实现思想的圆融无碍。因此,他从来不局限于一经一典,而是博览群经,兼收并蓄。不管是儒家的思想,还是佛家的思想,抑或是道家的思想,他都随缘自适,为我所用。

苏轼受佛教思想的影响表现在三个方面。首先,"道"是苏轼哲学体系的核心概念,而苏轼对"道"的解释,就受到佛教启发,并吸收了佛教的思想成果。他说:"圣人知道之难言也,故借阴阳以言之,曰:'一阴一阳之谓道。'一阴一阳者,阴阳未交而物未生之谓也。喻道之似,莫密于此者矣。……阴阳之未交,廓然无一物而不可谓之无有,此真道之似也。"这里,苏轼吸收了佛教无不绝虚、有非真有、非有非无、有无合一的思想。这个思想来自僧肇的《不真空论》。僧肇说"虽无而非无,无者不绝虚;虽有而非有,有者非真有""有无称异,其至一也"。其次,苏轼的人生哲学也受到禅宗的影响,其人生如梦的思想即来自禅宗。《金刚经》曰:"一切有为法,如梦幻泡影,如露亦如电,应作如是观。"苏轼在诗词中,化用禅宗的这个思想,不时发出"人生如梦"的感慨,如"人间如梦,一樽还酹江月"和"此身自幻孰非梦,故园山水聊心存"。《楞严经》卷六云:"空生大觉中,如海一沤发。"而苏轼则曰:"天人几何同一沤,谪仙非谪乃其游。"这里,佛教用水泡喻尘世之空幻,而苏轼用水泡喻人世之无常,其受佛教影响之深可见一斑。最后,苏轼为人富有同情心,他的善性除了受孟子性善论的影响外,很明显也受佛教的影响。正如李赓扬、李勃洋所说:"苏轼礼佛是把参禅与实现大乘义理'普度众生'的理想结合起来。一方面,他越是参禅,越是看淡个人的成败荣辱、穷富贵贱;另一方面,他越是参禅,越是关心百姓疾苦,越是竭力为民排忧解难。"

融通三教。绍圣元年(1094年),苏轼被贬惠州。与贬地的愈来愈远成正比,苏轼的三教融通思想越来越明确。惠州时期,苏轼进一步认识到,儒释相互为用、"不谋而同",必将融为一体。他说:"是二法者,相反而相为用。儒与释皆然。……宰官行世间法,沙门行出世间法,世间即出世间,等无有二。……儒释不谋而同。"他认为不仅儒释相互为用,而且释老亦是"古来仙释并"。苏轼还认为,儒、释、道必将殊途同归,合而为一。"孔老异门,儒释分宫。又于其间,禅律相攻。我见大海,有北南东。江河虽殊,其至则同"。苏轼被贬黄州后,即开始了对儒经的注解工作,并且对此颇为自鸣得意。他说:"某闲废无所用心,专治经书。一二年间,欲了却《论语》《书》《易》……自谓颇正古今之误,粗有益于世,瞑目无憾。"到晚年,在苏轼眼里,其经学成就更令他欣慰,而其文学成就反倒退居其次。"问汝平生功业,黄州惠州儋州"。对这句诗,传统的解释认为苏轼在发牢骚或者概括其政治上失意的经历,实际上,联系苏轼对其经学成就的重视,这三个时期,也可以看作他人生最辉煌的时期,因为苏轼最为珍视的《易传》《书传》《论语说》三本书,就是在此间完成的。他说:"某凡百如昨,但抚视《易》《书》《论语》三书,即觉此生不虚过。如来书所谕,其他何足道。"深得苏氏之道的后学秦观,同样十分看重苏轼的经学成就。他说:"苏氏之道,最深于性命自得之际,其次则器足以任重,识足以致远。至于议论文章,乃其与世周旋,至粗者也。"即便是朱熹,对苏轼的《书传》《论语说》也是肯定有加、颇为赞赏的。而对于苏轼的《易传》,朱熹虽批评其解经"不甚纯",受佛学影响太大,但还是肯定其"亦有去那物理上看得著处"。朱熹著有《杂学辨》,将苏轼的《易解》列入首攻对象,批评苏轼对《象辞》的解释往往以"不可言、不可说"磨过去,致使读者不知所云。苏轼的《易解》云:"性之所在庶几知之,而性卒不可得而言也。"在这一段后,朱熹批评道:"特假于浮屠'非幻不灭,得无所还'者而为是说,以幸其万一之或中耳。"尽管如此,诚如四库馆臣所云:"朱子所驳不过一十九条,其中辨文义者四条,又一条谓苏说无病,然有未尽其说者。则朱子所不取者仅十四条,未足以为是书病。况《朱子语类》又尝谓其于物理上亦有看得著处,则亦未尝竟废之矣。今观其书,如解《乾卦·象传》性命之理诸条,诚不免杳冥恍惚,沦於异学。至其他推阐理势,言简意明,往往足以达难显之情,而深得曲譬之旨。"

苏辙更是深受佛教影响。苏辙的人生观受佛教"四大皆空"思想的影响,他认为"身心本空,万物亦空。诸差别相,皆是虚妄"。苏辙早年即主张三教"道并行而不相悖",晚年撰著《老子解》时,便开始了会通三教的工作。对此,褒之者如苏轼给予高度评价,称"使战国时有此书,则无商鞅、韩非;使汉初有此书,则孔老为一;晋、宋间有此书,则佛老不为二"。苏轼还惊呼道:"不意老年见此奇特。"而贬之者如朱熹则大肆挞伐:"苏侍郎晚为是书,合吾儒于老子,以为未足,又并释氏而弥缝之,可谓舛矣。"不管是其兄苏轼,还是学术上的对立派朱熹,都认为苏辙的《老子解》是融合儒、释、道三家学说于一炉,来构筑其思想体系的。苏辙的《老子传》,大约完成于大观元年(1107年)或二年。大观二年十二月,苏辙作《书老子解后》,表明此时已经完成对《老子》的疏解。《老子传》的完成,标志着苏氏蜀学的成熟。

(四)援诸子以入儒

除了儒、释、道之外,纵横家也是苏氏蜀学的学术渊源之一。而对纵横家思想的汲取在三苏中尤以苏洵表现得最为突出。法、术、势本是法家政治哲学的范畴,战国时期纵横家颇得其精蕴,运用得也最为娴熟。苏洵将纵横家的法、术、势概念引入儒家学说,创立了独具特色的蜀学体系。苏洵的经学著作除《易解》外,还有《六经论》《权书》《衡论》等文章。在这些文章中,苏洵以儒家的仁义论为体,以纵横家的法、术、势为用,体用结合,成一家之言。譬如,《六经论》是苏洵全面论述儒家六经的学术论文,集中体现了苏洵的经学思想。论《易》,他认为圣人作《易》,"用其机权以持天下之心,而济其道于不穷也"。论《礼》,他认为圣人作《礼》,"以其微权而使天下尊其君父兄"。论《乐》,他认为圣人作《乐》,是为了弥补礼的不足,通过"正声入乎耳",使"人皆有事君、事父、事兄之心"。论《诗》,他认为"圣人之道,严于《礼》而通于《诗》","严以待天下之贤人,通以全天下之中人"。论《书》,他认为读《书》可了解风俗之变迁,"圣人因风俗之变而用其权"。论《春秋》,他认为圣人作《春秋》,是为了严赏罚、明是非,而"赏罚者,天下之公也。是非者,一人之私也。位之所在,则圣人以其权为天下之公,而天下以惩以劝。道之所在,则圣人以其权为一人之私,而天下以荣以辱"。由此可见,苏洵对六经的分析,始终贯穿着权变思想,以至于朱熹对此耿耿于怀,斥责道:"看老苏《六经论》,则是圣人全是以术欺天下也。"王安石也认为:"苏明允有战国纵横之学。"尽管如此,实际上,苏洵是将纵横家的权变思想引到儒家学说中来构建自己的学术体系的,其归本还是儒家学说。他认为"仲尼之说,纯乎经者也。吾之说,参乎权而归乎经者也。""仁义不得已,而后吾《权书》用焉。然则《权书》,为仁义之穷而作也"。这就是说,仁义是根本的,权变是对仁义的补充。由此可见儒家学说在他的思想中的主体地位。尽管是以儒为本,但苏洵的经学思想已经不是纯粹的儒家学说,而是将纵横家思想与儒家思想糅合到一起,创立的新的儒学体系。这个糅合,表现在两个方面。一是经、权、机的结合。他说:"圣人之道,有经,有权,有机……夫使圣人而无权,则无以成天下之务,无机,则无以济万世之功。"他主张以经为本,将经、权、机结合起来。二是心与术的结合。他说:"龙逢、比干,吾取其心,不取其术;苏秦、张仪,吾取其术,不取其心。"他主张将儒家的仁爱之心与纵横家的权变之术结合起来。

苏辙也认为,蜀学是遍观百家而后归本于儒的。苏辙指出,孟子之道是他对百家学说取舍的依据。他说:"既长,乃观百家之书,纵横颠倒,可喜可愕,无所不读,泛然无所适从。盖晚而读《孟子》,而后遍观乎百家而不乱也。"尽管苏辙标榜自己学宗孟子,但是朱熹还是毫不留情地批判道:"早拾苏张之绪馀,晚醉佛老之糟粕。"显然朱熹是站在正统儒家的立场上来批判蜀学的。如果排除学派的偏见,可以看出,朱熹的批评还是颇有见地的,指出了蜀学援引佛、道及纵横家思想而入儒这个"杂学"特点。对此,全祖望也有相同的认识:"苏氏出于纵横之学而亦杂于禅。"由此可见,驳杂是苏氏蜀学的最大特点。

需要指出的是,对于苏氏蜀学的学术渊源,漆侠先生曾经做过精确的概括,兹援引于后,作为本节的结语。"不论苏氏父子在宋学上的成就如何,就其学术思想而言,则是立足于儒而摄取其他诸家学说的。从政治上看,在变法反变法斗争的过程中,苏轼是多变的,这种变是倒退和前进兼而有之。就其思想状态看,儒、释、老庄思想是色色俱全的,往往随着他的政治经历以及倒退和前进多变之中表现在他的作品中,从而在瑰丽恢奇之中夹杂着无名的衰飒。"

二、苏氏蜀学的特色

宋代是学术界公认的中华历史上文化学术的巅峰。

苏氏蜀学的出现,更让北宋的文化状态呈现"融汇博杂"的特色。

三苏融合蜀学传统的第一大特点是引入"史学"观念。蜀学的一大传统是史学,儒家最重要的核心典籍就是《春秋》,史学是儒学的根基之一。不论扬雄、陈寿、常璩等前辈,还是对三苏有知遇之恩的欧阳修,他们除了文学成就之外,还是重要的史学家。

三苏在家乡生活读书时间较长,自然深受浓郁的蜀中学风熏陶,嘉祐年间,苏轼兄弟同榜登科,更受到欧阳修在文学、史学方面的影响。父子三人都在史论上堪称独到,三苏的论说文字几乎都是精彩华章。他们观察历史人物或历史事件的特点是更注重与寻常人的联系,扩大到对传统经典的解释更看重世俗人情方面。

苏氏蜀学的另一大特色就是充满"人情"味,这从苏洵对儒家经典的解读即可看出端倪,如《六经论》一开始就认为,礼所代表的伦理道德典范都建立在人情基础之上。"圣人之始作礼也,不因其势之可以危亡困辱之者以厌服其心,而徒欲使之轻去其旧,而乐就吾法,不能也。"(苏洵《六经论·礼论》)苏洵认为的人情,就是人们日常生活中的基本欲念、自然本性,以至于后来朱熹认为,"看老苏《六经论》,则是圣人全是以术欺天下也。"

苏轼继承苏洵的观点,也坚持"六经之道,惟其近于人情。"他还说:"夫圣人之为经,《礼》与《春秋》合,然后无一言之虚,而莫不可考,然尤未尝不近人情。"(苏轼《诗论》)苏辙后来也发展这个观念,提出独到的"礼以养人为本论",并洋洋洒洒写成一篇专文。他解释如冠礼养人之始,婚礼养人之亲,丧礼养人之孝,宾客礼养人之交,乡礼养人之本等,把各种礼仪同人们的世俗生活结合,不再局限于过去抽象的儒家伦理解说。

朱熹对三苏的论述非常有意见,甚至认为蜀学比王安石的新学更加离经叛道,虽然正统宋学对蜀学带有偏激的排斥,也足以看出苏氏蜀学对儒家的解读和切入点是非常与众不同的。

苏氏蜀学的容纳包容更体现为开放性,因此,其第三个特色就是佛道融合。

文献记载,三苏均对佛道有极浓厚的兴趣。苏轼的《东坡易传》,对宇宙生成等的看法,大量采纳老子的说法,以老解易,如"天地一物也,阴阳一气也,或为象,或为形,所在之不同,故在云者,明其一也……",包括运用水等理念,形容阴阳变化,非常有"玄"理,与朱熹等僵硬的天理说解释完全不同。在"存在论"方面,苏轼看重物性自然,与庄子的观点相呼应,同时也与他的"人情论"相关联。

而苏辙的一些说法,更趋于三教相融,认为三教观念出于一心,有相同相通之处。他说:"老佛之道,非一家之私说也,自有天地,而有是道矣。诚以形器治天下,导之以礼乐,齐之以政刑,道行其间而民不知,万物并育而不相害,道并行而不悖,泯然不见其际而天下化,不亦周孔之遗意哉!"(苏辙《栾城后集》)苏辙在《老子解》等著作中,也把老子的观念与儒家观念结合,认为老子的观点与孔子、孟子相一致。同时,苏轼在为苏辙写的跋文中也一再鼓吹弟弟,认为其见解合乎先贤的真谛。

三苏都是文章高手,苏轼的门生如黄庭坚、秦观、张耒、晁补之、陈师道、李鹰等无不是宋代著名文人,他们一起著述传播,使苏氏蜀学顿时比洛学、新学门人单纯的学究水平高出不止一筹,所以,北宋后期到南宋前期,蜀学成为影响力最大的学说。

三、苏氏蜀学对当时其他学术流派的影响

仁宗时期,三苏赴京,一举成名,在中原打开蜀学的名号。

与此同时,传统的儒家学说的大师级人物如周敦颐、程颐师徒却游历巴蜀。仁宗嘉祐元年(1056),周敦颐离开家乡湖南为官的第一次远行,就是到合州(今重庆市合川区)为判官,一共五年。周敦颐在巴蜀期间,为当地学子教授易学,完成了宋代理学史上的重要著作《太极图说》。而这样一部影响深远的儒家经典著作,正是周敦颐在巴蜀文化中吸收了佛道兼容思想而完善形成的。

周敦颐被程颐、程颢兄弟视为洛派宗师。在这部划时代的著作中,他表面上批评佛道思想,本质上还是顺应时代,开宗明义"易有太极",将阴阳与中庸、太极与无极,将儒家易学与老庄道家的许多思想都进行了吸收融合。

在嘉祐五年解职回京的路上,周敦颐与要进京述职的王安石相遇,两人都是闻名已久。此前,王安石刚向朝廷递交生平第一篇重要的万言长文《上仁宗皇帝言事书》,提出要大展抱负的政治主张。王安石也是宋代儒家标志性的人物。双方都开创一派,对儒家学说进行了透彻交

流,都受到很多启发。

王安石之父王益,曾在四川新繁为知县,所以,王安石少年时也有随父亲入蜀生活的经历,与欧阳修相似。王安石的创新精神极强,他的学说被称为"新学",而王安石也是对佛道思想兼容并包。

这是一个有趣的现象:蜀学、洛学、新学这三大学术流派几乎是同时成形的,而且都与蜀地紧密相关。所以,宋代儒学看似各自为政,各家都有独到见地,有着门户之见,但实则相关,故而被统称为"新儒学"。"新儒学"是中华文化中最具厚重底蕴的一大历史名片。

思考与练习

  1.佛道的思想对三苏影响较大,试举一例,说明佛道哲学对苏轼人生的影响及意义。
  2.儒释道本为一家这个说法应该怎样理解?
  3.参考相关史料,谈谈三苏与释家文化的联系。
  4.写一篇小论文,探讨蜀学存在的价值。

第四章 雕版印刷与藏书文化

眉山,古称眉州。蜿蜒的岷江流经此地,源源不断的岷江水滋养着这片土地。眉州土肥水沃、山川秀美、人杰地灵。在两宋300多年的历史中,小小的眉州竟然出了800多名进士,更孕育了"三苏"这样享誉世界的文化巨人。南宋大诗人陆游骑驴到眉州,被眉州秀美的山川和炽盛的文风所征服,写诗赞曰:"孕奇蓄秀当此地,郁然千载诗书城"。

众多的眉州士子,浓郁的读书氛围,必然产生对书籍的大量需求,这促使眉州逐渐发展成为当时全国三大雕版印刷中心之一。眉州雕版印刷的经、史、子、集门类俱全,如大字本《七史》及许多唐宋人别集、总集,流传至今。印刷业的发达使书籍流传甚广,当时有诗称眉州人"佣贩皆诗书"。由于读书、刻书的需要,眉州又多藏书之家,聚书数千卷甚至上万卷。眉州孙氏书楼,是以藏书著称于世的典型代表。本章即对雕版印刷及眉州的藏书文化进行简要介绍。

第一节　雕版印刷的产生

印刷术是我国古代四大发明之一。印刷术发明以前,我国书籍的流传全靠人手工抄写,这样不仅费时费力,还容易发生错误。雕版印刷术的发明,促进了文化的传播和发展。最早的印刷术即今天所谓的雕版印刷。

我国的雕版印刷创始于何时何地,迄今为止,尚无定论。较为可靠的说法是我国的雕版印刷始于隋朝时期杭州与成都地区,是民间的创造。印刷术从萌芽、雏形,到成熟、完善,从五帝、夏商周时期到隋唐时期的成熟完善,经历了三千多年的漫长岁月。雕版印刷术的发明,促进了文化的传播和发展。

一、雕版印刷产生的前提条件

印刷术其实就是复制技术,其复制内容和复制对象无非文字和图像两大类,其中尤以文字的复制为多,在中国古代社会尤其如此。因此,文字的产生、发展和规范,对于印刷术的发明与完善是至关重要的。

(一)汉字的构成

汉字刚产生时,都是按实物摹写的,即平常所说的图画文字或象形文字。汉字所摹写的,都是人眼所能见到的实物,与绘画颇似。但这样的文字,为数不多,满足不了人们表达思想、传播信息的需要。随着社会的发展,人们的思想日益复杂,象形文字逐渐向符号化发展、演变,记录和传播信息的文字也日益增多,原有的、为数不多的象形文字已难以满足社会的需要,文字向指事、会意、转注、形声、假借(即"六书")发展、演进。

"六书"是古代文字学学者分析汉字构造及其使用而归纳出来的组成全部汉字的六种方法。汉字创造之初,与埃及相同,都是由图画、象形文字演化而来的,但其进化情况却与埃及有别。几千年来,中国文字的演化、进展,始终维持着原始的绘画或符号内容,是沿着原始的、文字诞生时所创的路径前进的,只是在形成更多文字时,在原有文字构成的基础上,加以组合,形成更多的文字,这在世界文化史上是独一无二的。

(二)汉字的发展和规范

汉字的发展,经历了数千年漫长的岁月。秦统一中国后,连续对汉字进行简化、整理,使汉字逐渐走向规范化,为书写、雕刻,乃至印刷术的发明与完善,创造了便利而规范的有利条件。就整个文字史而论,今天的汉字,是经过多次变革逐渐演变而来的。

汉字从诞生到规范,大致说来,主要经历了古文、篆书、隶书、楷书等四个阶段的演变过程。其中,篆书又有大篆、小篆之分;隶书则有秦隶、汉隶之别。由此可知,历史上任何一种新的字体,都是经过长期演变逐渐形成的。其间,自有许许多多似篆非篆、似隶非隶、似楷非楷的字体在流行、在使用。周宣王的史官史籀对文字进行整理,创造了大篆,但在春秋战国这段时间,各种文字并存;秦朝丞相李斯创造了小篆。之后不久,隶书开始萌生;从隶书到楷书,其间也有各式各样包括行书在内的字体出现。总体来说,楷书形成后,中国文字基本定型。此后,虽有行书、草书,以及为适应印刷制版和阅读的需要而逐渐形成的印刷字体——细明体出现,但这些字体都是为了书写或印刷上的方便而产生的已趋于工整、规范的隶、楷的变种,并无多大实质性变异。

由古文到大篆,由大篆到小篆,由小篆到隶书,由隶书到楷书,几经整简,中国的汉字最终演变成笔画省简、规范,易于刻板印刷之文字,如图4-1所示。

图 4-1 汉字演变示例

(三)印刷字体

印刷术发明后,为适应印刷的需要,文字逐渐向适于印版镌刻的方向发展,出现了横平竖直、方方正正的印刷字体——细明体,如图4-2所示。

细明体发端于雕版印刷的黄金时代——宋朝,定型于明朝,故日本人称其为"明朝体"。随着文化事业的发展,几百年来,在细明体的基础上又衍生出长宋、扁宋、仿宋等多种变体。这些

```
锄 禾 日 當 午
汗 滴 禾 下 土
誰 知 盤 中 餐
粒 粒 皆 辛 苦
```

图 4-2　细明体

新生的字体，都是应雕版印刷和传统的活字印刷的需要诞生的。近代西方印刷术传入后，在西文字体的影响下，又出现了黑体、美术字体等多种新的字体。然而，细明体适于印刷刻板，又适应人们在阅读时的视觉要求，一直沿用至今，是出版印刷使用的主要字体。

中国的汉字，自原始的图画文字起，演化到今日人们普遍用于书写、印刷、艺术等的现用字体，历经了古文、大篆、小篆、隶书、楷书、行书、草书、细明体（印刷体）等主要演变过程。其中，从古文到楷书，已经完成了人们对文字规范的要求，具备了发明印刷术在规范文字方面的要求和条件。文字演化的主要动力，来自社会文化事业发展对文字在简易、规范和艺术美等方面的需求。正是这种社会的需求，使中国的文字从不规范到规范，为印刷术的发明与完善创造了条件；也是这种社会需求，促进印刷术发明后印刷字体的出现和成熟；还是出于这种社会需求，在现代印刷技术高度发展的今日，印刷对美化版面等艺术领域的要求提上日程，促进黑体、标准体、美术字体等的出现和应用，使今天的印刷版面为之一新。由此可见，社会需求是文字乃至印刷术发展的真正动力。

二、雕版印刷产生的物质基础

雕版印刷工具和材料，是印刷术的物质基础。雕版印刷工具和材料的发明、发展和完善，对印刷术的发明具有重要意义。

（一）雕版印刷工具的发明和发展

1. 书写工具

印刷必有印版。最早发明的雕版印刷术的印版是手工雕刻的，而在雕刻之前必须先书写字样。书写字样使用的工具就是毛笔。因此，毛笔的发明对印刷术的发明也是至关重要的。

传说毛笔是秦朝大将蒙恬创造的，他在出产最好兔毫的赵国中山地区，取上好的秋兔之毫制笔。但出土文物证明，毛笔的历史应该更加久远。新石器时代的彩陶上有朱、褐、黄、白、黑五种颜色的线条图案，书法家分析，这些线条起落处的笔势，很像是毛笔之类的工具描画的；殷墟出土的甲骨文上的朱书、墨书，也特别类似于毛笔书写的文字。1954 年，湖南长沙战国墓中出土了一支迄今所见最早的毛笔——楚国笔。这支笔用兔毛做笔头，用竹做笔管，笔头紧紧地扎缚在笔管的一端。这种笔，适合在竹木上书写。

毛笔的发明和应用，对印刷术的影响与作用有两个方面：一是毛笔对汉字的发展演变具有推动作用，为印刷术提供了易于书写和镌刻的规范文字；二是毛笔为印刷术提供了手书上版、书写字样的工具。因此，毛笔对印刷术的发明来说也是必不可少的。

2. 雕版工具

在新石器时期，人们在陶器上或制陶模具上刻画图案和符号。由于当时社会落后，生产力极其低下,刻画这些图案符号的工具,都是直接取自自然界的、非常简陋的,如动物的尖齿、石刀之类的东西。

随着科学技术的发展,殷商时期金属冶炼技术日益成熟。有人据此推断,殷商时期的甲骨文是采用金属刀具雕刻的。金属刀具的使用,在手工雕刻技术的发展史上具有划时代的意义。

手工雕刻技术采用金属刀具后,必然在形状、硬度等方面不断地对刀具的用料和制作技术提出要求,从而促使雕刻刀具因雕刻原料质地之不同而日益繁多。新的、适于雕刻的金属工具的不断发展,必然促使手工雕刻技艺的发展和提高,促使手工雕刻技术越发成熟和精湛。古代手工雕刻工具到底是什么样子,因无实物流传,难以断言。不过人们可从后世,如明代徽州刻工所用的工具图中,窥见古代雕版工具之一斑,如图4-3所示。

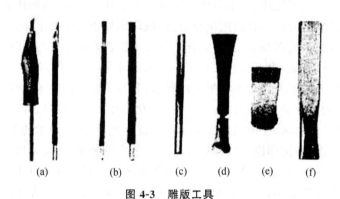

图4-3 雕版工具
(a)刻刀;(b)两头忙;(c)半圆刃的凿子;(d)平錾;(e)刮刀;(f)木槌

自殷商以来数千年间,雕刻工具一直采用金属或合金制品,因此可以说,金属冶炼技术的发展,在制造、提供适宜的雕刻工具方面,对印刷术的发明和发展也有着某种程度的影响力。

3.印刷工具

印刷在中国本名"刷印"。刷印是采用刷子或者类似于刷子的工具,在印版和承印物上进行刷拭,从而达到刷印目的。这些刷子或类似于刷子的工具,就是中国发明的印刷术的刷印工具,雕版印刷如此,传统的活字印刷亦如此。

印刷工具的出现,从时间上看,大大晚于雕版工具。雕版工具随着手工雕刻技术的出现而出现,也随着手工雕刻技术的发展而发展,这是印刷源头时期的产物。

印刷工具随印刷术的产生而产生。人们通常说印刷术源远流长。源远,指的是从印刷术开始推广应用上溯到新石器时期这数千年的准备时期之遥远;流长,则指印刷术开始推广应用至今这漫长的发展历程。

最早的印刷工具是什么样子,现在还难以说得清楚。但雕版印刷这种工艺技术,在漫长的发展过程中,尽管应用范围日广,技术逐渐成熟、精湛,然其始终没有摆脱手工雕刻和刷印等以手工操作为主的工艺方法,因此,古往今来,印刷工具也没有多大变化。现今知道的刷印工具主要有用来将图文转印到版面上的平刷、蘸墨和在版面上刷墨的圆刷、刷印用的长刷和拓墨用的软垫等,如图4-4所示。这些刷印工具,一般多用马鬃、棕榈之类的粗纤维物质制作。

(二)雕版印刷材料的发明和发展

印刷术所用的印刷材料,主要分印墨和承印物两大类。就中国古代印刷术而言,承印物除纸张之外,还有远远早于纸张而存在的织物。印墨、纸张、织物对印刷术的发明和发展也是极

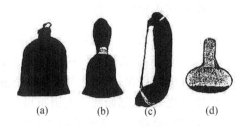

图 4-4　印刷和刷版用的工具及附件
(a)将正文转印到雕版或石面上的平刷;(b)蘸墨的圆刷;(c)刷印的长刷;(d)拓墨的软垫

其重要的。

1. 墨

墨是印刷术的主要原材料之一。印刷术印版上的图文,通过墨转印到承印物上。墨对于印刷术的发明,也是必不可少的。

墨的起源比笔还要早。不过早期的墨都采用天然材料,甚至用墨斗鱼腹中的墨汁为墨,进行书写或染色。印刷所用的墨,是采用一定的工艺方法,由人工制造的人造墨。

新石器时期的彩陶上有多种颜色的图画;古人灼龟,先用墨画龟;殷墟出土的甲骨文上有朱书、墨书;长沙出土的战国竹简上的文字墨色至今漆黑。可见,秦以前有墨是可以肯定的。最早关于"墨"的文献记载是战国时期的著作《庄子》。《庄子》上说:"宋元君将画图,众史皆至,受揖而立,舐笔和墨。"

现存最早的人造墨的实物,是 1975 年湖北云梦县睡虎地四号古墓中出土的墨块。此墨块高 1.2 厘米,直径为 2.1 厘米,呈圆柱形,墨色纯黑。同墓还出土了一块石砚和一块用来研墨的石头。石砚和石头上均有研磨的痕迹,且遗有残墨,可与《庄子》之"舐笔和墨"相印证。这说明秦朝以前,中国已经有了人造墨和用于研磨的石砚。

我国古代用墨,秦朝以前,以墨粉合水而用,秦汉始成墨丸、墨挺,后汉用墨模将墨压制成各种形状。模压制墨一直延续至今。自汉魏韦诞始,一千七百余年,制墨名家辈出,品式繁多,技艺精湛。

我国的墨有很多优点,制作也非常讲究,是"文房四宝"之一。它不仅具有使用价值,为书写、印刷所不可缺少,而且具有很高的欣赏价值和收藏价值。一些制墨用的模具十分精美,能造出各种形状及花样的墨锭。制墨工艺在中国文化史上具有重要地位。

中国的墨是水墨,用于书画和雕版印刷,有着无以复加的良好效果,但它不适合金属版的印刷。因为墨汁不易均匀附着在金属版面上,印刷出来质量欠佳。

2. 纸

纸是印刷术的承印物,是知识和信息的载体。由于有了纸,印刷术才得以完善,并迅速推广开来。纸同印刷术一起,对人类的文化事业作出了重要贡献,是世界瞩目的中国古代四大发明之一。

古今中外公认蔡伦是造纸术的发明人。《后汉书》载:

"蔡伦,字敬仲,桂阳人也。……自古书契多编以竹简,其用缣帛者谓之为纸。缣贵而简重,并不便于人。伦乃造意,用树肤、麻头及敝布、鱼网以为纸。元兴元年(公元 105 年)奏上之。帝善其能,自是莫不从用焉,故天下咸称'蔡侯纸'。"[①]

这是历史文献中最早的关于造纸术的记载。对蔡伦发明造纸之说,历史上也有不同看法。宋朝苏易简《文房四谱》卷四载:"汉兴已有幡纸代简。……蔡伦剉故布及鱼网树皮而作之弥工,如蒙恬之前已有笔之谓也"。宋人史绳祖在《学斋占毕》卷二中也说:"纸笔不始于蔡伦、蒙恬,……但蒙、蔡所造精工于前世则有之,谓纸笔始此二人则不可也。"在甘肃天水放马滩、敦煌马圈湾烽燧遗址和敦煌甜水井汉悬泉邮驿遗址出土的西汉纸,以现存实物证实了宋人的论断。蔡伦发明较完善的造纸术之前的西汉时期,造纸术已具雏形是可以肯定的。

纸的制作工艺及其原理在其发明迄今两千多年来,并无多大实质性变化。将砍伐来的植物,比如麻类植物,用水浸泡、剥其皮,再用刀剁碎,放在锅里煮,待晾凉后进行浸泡、脚踩、用棍棒搅拌,使其纤维变碎、变细,然后掺入辅料,制成纸浆,最后用抄纸器(竹帘之类)进行抄捞、晾干,即可制成为纸。

印刷是工艺技术,它是将印版上的图文转印到纸张或其他各种承印物上的一套完整的工艺方法。它可以将图文转印在纸上,也可以转印到其他承印物上,而且随着时间的推移、科学技术的发展、印刷术本身的不断完善,承印物的种类越来越多。

纸张和人造墨的发明和应用,为印刷术提供了必不可少的原材料,奠定了物质基础;手工雕刻技术以及盖印、拓印和印染技术的不断完善,解决了印刷术的技术难题;社会的进步和文化事业的发达、兴旺,造就了印刷术的社会环境和客观需求。上述四者的结合,构成了印刷术源头时期的全部内容,使印刷术的成熟和完善成为历史的必然。

三、雕版印刷产生的技术条件

隋唐时期出现的雕版印书,是雕版印刷的雏形。而早于雕版印书出现的"织物印花技术""拓印术",尽管还不能被看作印刷术,但已经具备了印刷术定义中的基本要素,为印刷术的诞生准备好了必需的技术条件。

(一)织物印花技术

织物是机织物、针织物、编织物的总称。六七千年以前的新石器时期,我们的祖先就学会了简单的织布技术。织物是人类生活所需,起源早,应用广,为了美化织物,织物印花技术也随之诞生。

1. 雕版凸印

1983年,广州南越王墓出土文物中,有两件铜质印花凸版,还有一些印花丝织品。其中一件印花凸版呈扁薄板状,正面花纹近似于松树形,有旋曲的火焰状花纹凸起,印版厚度为0.15毫米左右,其上可见因使用而磨损的痕迹,如图4-5所示。同墓还出土了一件仅有白色火焰纹的丝织品,其花纹形状恰与松树凸版纹相吻合。

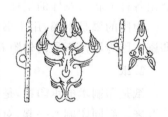

图4-5 西汉青铜印花铜版

由此可见,凸版印花技术在春秋战国时代得到发展,到西汉时已有相当高的水平。长沙马

---

① 范晔.后汉书·蔡伦传[M].北京:中华书局,2012.

王堆出土的西汉文物中,有几件印花敷彩纱和金银色印花纱,其中就有凸版印花和彩绘技术相结合的产物。其中,有一件印花敷彩纱,用朱砂、铅白、绢云母和炭黑作颜料,画面上藤蔓底纹清晰,线条流畅有力,充分显示了凸版印花的良好效果。这件印花敷彩纱的出土,足以证明中国早在两千多年以前的西汉时期,就已经掌握了多套色凸版印花技术。

2. 雕版漏印

春秋战国之交,人们在采用雕刻凸版印花的同时,还发明了一种印花技术,即今人所谓的"型版漏印"技术。型版漏印,指的是在不同质的版材上将设计图案挖空,雕刻成透空的漏版,将漏版置于承印物——织物或墙壁之上,用刮板或刷子施墨(染料)进行印刷的工艺方法。

1978年—1979年,考古工作者在江西省贵溪县渔塘公社仙岩一带的春秋战国时期的崖墓群中,发掘出200余件文物,其中有几块印有银白色花纹的深棕色苎麻布,就是用漏版印刷的。崖墓群中还出土了两块刮浆板,刮浆板为平面长方形(25厘米×20厘米),板薄,柄短,断面为楔形。这是迄今世界上发现的最早的型版印刷文物。

长沙马王堆汉墓出土的文物中,也有采用了漏印技术的彩色印花织物,这些印花织物,质地精美,印制淳厚、细腻,有的三色套印,已是工艺精巧、印制精良的型版印刷品。

作为在雕版印刷术出现之前,织物领域广泛应用的印花技术,型版(包括凸版和漏版)印花可说是印刷术的雏形。这些织物印花技术,为雕版印刷术的产生创造了必要的技术条件。

(二)拓印术

1. 印章的盖印

印章的盖印,由来已久。印章原本作为印信使用。在印章尚未通行之前,人们如要立约,就用一片竹简,在两端刻上文字,然后剖分为二,双方各执其一,作为信守之凭据。如果两半合得拢,裂口吻合得天衣无缝,则证明此约完全可信。同样,皇帝授大臣以官爵,就以玉为信,将玉裂作两半,君臣各执其一,以为信物。

早期印章的盖印主要有三个方面的用途:一为直接盖印在泥土之上,谓之封泥;二为模仿印章制成模具,用以模印砖瓦;三为在印章图文之上涂以朱砂等染料,捺印于织物或纸张之上,与当今的盖章完全一样。其中,封泥和模印,类似于近现代印刷中的凹凸印;捺印,则与近现代印刷术中的压印术颇似,与印刷术更为贴近。

古代的印章有阴文、阳文之分。汉代以前的印章多为阴文,后来逐渐向反刻阳文演变。用阴文印章盖印,得到的是黑底白字;用阳文印章盖印,复制品则是白底黑字。白底黑字更接近于雕版印刷。

印章的使用,创造了从反刻文字取得正写文字的复制方法,而印章从反刻阴文发展到反刻阳文,则又提供了一种从阳文反刻文字取得与当时书写一样的正写文字的复制技术。纸的流行而使印章的盖印由封泥盖印进化到纸墨盖印,这就使雕版印刷术的发展突破了一个重要关口,大大加快了印刷术的发展进程。

公元4世纪,葛洪所著《抱朴子》一书中,有"古之人入山者,皆佩黄神越章之印,其广四寸,其字一百二十"①的记载。这个记载说明当时已有四寸大小、刻有120个字的大型印章。这样的印章,可用来复制一篇短文。如果在这块印章上刷墨,再覆上纸,用刷子在纸背面进行刷拭,

---

① 葛洪.抱朴子内外篇校注[M].上海:上海古籍出版社,2018.

又有谁能说这不是印刷术呢？因此，可以说印章的盖印是印刷术发明与完善的前提。

2. 刻石的拓印

刻石的拓印，其方法在今日看来也颇为简单、便易，只要把一张坚韧的薄纸事先浸湿，敷在石碑上面，用刷子轻轻敲打，使纸入字口，待纸张干燥后用装有丝棉絮做成的"朴子"蘸墨，轻轻地、均匀地拍刷，使墨涂匀纸上，然后把纸揭下来，一张黑底白字的拓片就复制完成了。就印刷复制术而论，拓印术实际上已经是雏形中的印刷术了。

拓印术发明于何时？迄今说法不一，难以定论。通常的说法认为拓印术始于东汉熹平年间。范文澜《中国通史简编》中谈到东汉时期的刻石技术时，记有"刻石技术却愈益普遍而精工，好字因好刻得保存于久远，并由此发现摹拓术。……蔡邕学李斯，工篆书，似东汉时已有李斯的拓本"。意思是东汉时已有拓印术。若真如此，拓印的方法可追溯到公元二世纪的东汉时期。但无论此说法正确与否，拓印方法起源比雕版印刷更早这一点是确定无疑的。

拓印术的出现为印刷术的发明提供了在纸上刷印的复制方法。拓印术已经具备了印刷术的定义中的基本要素，是一套完整的，有刷有印的工艺技术，可以说，拓印术本身就是朦胧之中的印刷术，把它视作雕版印刷的雏形，是比较适宜的。

四、雕版印刷产生的社会文化条件

社会文化不断发展，科学技术才能进步。印刷术在社会文化持续发展的推动下，得到了持续而稳定的发展与繁荣。归纳起来，印刷术及印刷事业持续发展的因素，主要有以下几个方面。

（一）科举制度的确立和教育事业的发展

隋唐时期，中国社会安定、经济繁荣、文治武功，盛况空前，尤其是以诗赋取士的科举制度的实施，大大促进了文化教育事业的发展。雕版印刷术正是从隋唐时期开始，进入了它的初期推广应用期。科举制度促进了教育的发展，服务于教育事业的官私机构随之建立，教育对教材课本以及相关读物又有着广泛的需求，这些因素促使出版印刷事业持续发展。从隋唐到清末，长达一千多年的科举制度的实行和完善，推动了教育事业的发展，成为推动印刷术及印刷事业持续发展的主要因素。

五代时期，虽然经历了梁、唐、晋、汉、周五朝，但各朝继承唐代遗制，文化事业并没有遭到重大破坏，相反，完成了中国历史上第一次长达二十二年之久的大规模刻印工程——冯道刻《九经》。冯道刻《九经》是中国历史上第一次大规模刻印工程。尽管其间朝代更替，但《九经》刻印未曾易人，使这个工程得以完成，也为宋代雕版印刷黄金时代的到来奠定了良好的基础。

宋朝重文轻武，文化教育事业有了较大的发展。它不仅继承唐朝以来的科举取士制度，而且不论出身门第，大大激发了中下层人民子弟发奋读书，以求出人头地的愿望，从而促进了教育事业的进一步发展。加之皇帝及各级臣僚的重视，全国从中央到地方，太学、律学、宗学、武学、道学、算学、州学、郡学、军学、县学，以及民间富户办的私学，比比皆是。这无疑会大大增加对书籍的需求，印刷业也随之得以迅速发展和繁荣。在宋代，凡通过科举考试考中进士最多的地区，必是当地教育事业比较发达和出版印刷业比较兴旺的地区。元、明、清三代继续沿用唐宋科举取士制度，教育事业仍在维持或发展，印刷术及印刷事业也继续发展。

（二）以佛教为主的宗教的发展推动

自从佛教传入中国，几乎历朝政府都崇信佛教，且在宗教信仰方面兼收并蓄，使得以佛教为主的宗教事业得以持续发展和普及。现存唐代早期印刷品,大都出自佛教徒之手,历史上大规模印刷工程,譬如宋代的《开宝藏》《福州东禅寺大藏》《毗卢藏》《思溪藏》《碛砂藏》以及道教刻印的《万寿道藏》,辽代的《辽藏》,金代的《赵城藏》,元代的《普宁藏》《蒙文大藏》《西夏文大藏》《藏文大藏》,明代的《南藏》《北藏》《武林方册大藏》《嘉兴藏》《番藏》和道教的《正统道藏》,清代的《龙藏》《满文大藏》《藏文大藏》等为数众多而又卷帙浩繁的宗教经典,以及不胜枚举的其他宗教书籍的刻印,千余年间,从未间断。无疑,它会给印刷术及印刷事业的发展以巨大的推动。

(三) 儒学治国的客观需要

中国古代长期处在封建王朝统治之下,而历代封建王朝无不以儒学为治国之本。尤其是汉武帝罢黜百家、独尊儒术之后,由孔子创始的儒家学说逐渐成为中国封建社会文化的主流。历史上,朝代虽不断更迭,但以儒学治国之道始终未变,并逐渐形成了中国特有的长达数千年的文化传统。儒家为适应各个历史时期封建统治者的需要,还不断地从孔子学说中演绎出各种应时的儒家学说,为历代统治者所欢迎、采用,使儒家学说统治中国学术思想二千余年。儒家学说既为封建王朝所利用,成为统治学术思想,进而变成治国安民的最高教条,自然需要儒学经书和各种相关著作的长期、大量印制。

儒学在历朝从未间断的尊崇,势必成为中国传统文化的延续和印刷事业发展的推动力。儒学的兴盛,使各地本已林立的学校和书院平添了无限的动力。它为科举考试培养人才,而科举考试又以儒家思想和著作为基础,相辅相成,相得益彰。而科举取士、学校教学、儒家著作,又都仰赖于印刷。凡此种种,大大提高了出版印刷业在历朝统治者心目中的价值和地位。

(四) 历代统治者对出版印刷业的重视

印刷术在隋唐时期开始推广应用,得力于佛教徒大量复制佛教经咒的需要;印刷术的进一步发展,则除佛教经典的复制之外,又得力于儒家经典的刻印,以及科举制度的施行和教育事业的发展。凡此种种,又都离不开历代统治者的重视和支持,如前文提到的五代时期冯道刻《九经》,就得到了最高统治者的支持和鼓励。到了宋朝,宋太宗又敕令纂修了《太平编类》《太平广记》《文苑英华》等三部大书,而且宋太宗于《太平编类》写成之后,每日亲自在修文殿御览三卷,一年读完,故更名为《太平御览》。随后,宋真宗又命王钦若、杨亿等纂修了一部一千卷的《册府元龟》,并亲笔作序。

由以上数例可以看出,帝王十分重视出版印刷。上行下效,皇帝的身体力行,必然促使王公大臣以至平民百姓的效仿和宋代读书、刻书良好风气的形成。印刷事业也随之得到了迅速的发展。此后,元、明、清各朝,也都不同程度地继承了宋代的这种风气,对以出版印刷书籍为中心的文化事业颇为重视。这种来自统治者的重视,成为我国印刷业得以持续发展的重要因素。

综上所述,文字是印刷术的主要对象和复制内容,文字的发展和规范,对印刷术的发展起了不小的推动作用。笔的发明和改进,使中国的文字向着简化、工整、规范和易于镌刻、复制的方向发展;织物、纸和墨的发明、发展和应用,为印刷术提供了必不可少的承印和转印材料;以手工雕刻和转印复制技术为基础的盖印、拓印以及织物印花技术的不断完善和结合,为印刷术的发明奠定了技术基础;社会的进步、文化事业的发展,造就了发明印刷术的社会环境和客观要求。这四者的具备和结合,使印刷术的发明成为历史的必然,使印刷术自隋、唐时期开始推广应用了。

思考与练习

1. 你认为雕版印刷术产生的最重要的条件是什么，为什么？
2. 结合你所了解的活字印刷术的知识，思考一下，雕版印刷术相比活字印刷术具有哪些优点？
3. 试调查整理中国印刷术产生和发展的历程，并制作一个图表。

第二节 宋代眉州雕版印刷的兴盛

两宋时期，是眉州文化史上最辉煌灿烂的一页。那时的眉州，在西蜀大地上，是一颗比成都更加熠熠生辉的明珠，它是文学大师、蜀学领袖苏轼的故乡，是大史学家李焘的桑梓之地，它还在南宋时期取代成都，与浙江杭州、福建建阳并称全国三大刻书中心。那么，宋代眉州的雕版印刷事业何以兴盛，又取得了哪些成就呢？

一、宋代雕版印刷事业发展的背景

北宋时期，尤其是北宋中叶之后，雕版印刷术已风靡全国，"近岁市人转相摹刻诸子百家之书，日传万纸"[①]。这既是宋代雕版印刷术盛行的写照，又是两宋时期知识传播与技术推广速度明显加快的重要原因。

（一）前人奠定的发展基础

雕版印刷之所以能在宋代获得极大的发展，是因为隋唐、五代时期已经为雕版印刷发展奠定了良好的基础。

印刷术大约出现在七世纪初的隋唐之际，但是，直到唐末、五代似乎还未得到普及，因此，在不少宋代的文献中还有"唐末年犹未有摹印，多是传写"之类的说法，甚至还有人认为雕版印刷术肇始于五代的记述。

五代时期是中国封建社会中大规模分裂割据的时期之一。那时，全国各地分裂割据，政权连年混战，王朝更迭频繁。但是，五代在中国图书印刷史上有着重要地位。五代的印刷事业比唐代大有发展，印刷地区更加广泛，印刷规模进一步扩大，数量也大幅度增加。刻印者从民间、寺院进入上层知识分子和政府官方机构，开始出现了政府刻书和私家刻书。印刷术这项来自于民间的发明创造，在政府的应用中得到扶持，为其本身的发展壮大提供了有利条件，展现出广阔的发展前景。

---

① 苏轼.苏轼文集[M].北京：中华书局，1986.

(二)宋代社会经济的恢复

宋王朝的建立,结束了唐代安史之乱以来出现的五代十国战乱割据的局面,除北方尚有契丹政权外,国家再度统一。宋代初期废除了唐五代时门阀士族按等级占有土地和农奴的曲部制,代之以地主只能购置田产和对佃户进行租佃剥削的租佃制。农民比原来有了较大的人身自由。加上宋初鼓励垦荒、改进农具、改革耕作技术等措施,农业很快得到恢复和发展。圩田水利的开辟、冶金矿业的兴起、军器织造的分工、陶瓷业的进步、造纸业的发展,促进了商业的发达和社会经济的全面繁荣。雕版印刷技术,在这种社会经济文化背景下,也获得了自身发展的重要条件。

(三)"重文轻武"的基本国策的影响

宋朝统治者十分清楚文治武功的道理,于是制定了一系列笼络民心、巩固统治的文化政策,如统一法规、编定律例,大兴书院、崇尚儒术、提倡理学,佛道并举以及三教一义等。宋太祖为了加强和巩固中央政权,对武将夺权收兵,百般防范,而对文臣则高官厚禄,笼络利用,甚至在军队中也多用文人而知兵者。这种用人路线使倾心学术、精心文章、崇尚文化之风在社会上时兴起来。与此同时,统治者又对科举制度进行改革,一方面把用人之门向所有文人开放,另一方面不断地扩大录取名额,每年考中者多达两三千人,比唐代增长二三十倍,且中举者不必经"身、言、书、判"的考试即可为官,朝廷对多次科考而久不中试者表示恩典,特赐本科出身,称"特奏名"。通过这些手段,宋朝建立起庞大的官僚机构,使大量中下层文人进身仕途,为巩固中央集权服务,国家给以优厚待遇。这种以"一日之长取终身富贵"的诱惑,吸引人们热衷于科举功名,读书人的队伍迅速壮大起来,对应试必读的教科书——儒家经典及各类参考读物的需求更趋迫切、强烈。社会对书籍要求的不断增长,必然促进刻书、印书事业的发展壮大。

(四)文化事业空前发展

宋初的几个皇帝都十分注重对图书的收集、典藏、编撰、整理和利用。据《玉海》记载,宋初皇室有书万余卷。在削平诸国的军事征战中,宋代统治者很注意收集各国遗留的图籍,用以充实官府藏书。太宗开宝年间,朝廷藏书已增至八万多卷。同时,国家采取措施,广泛收集图书,凡有献书者,即视其书籍价值及献书人之能力委以官职。政府提出缺书目录,派人到全国各地征求图书,并规定了地方向中央政府缴纳新出图书的任务。奇缺的书,由专门机构负责补写。经过几朝的努力,图书数量大大增加。宋代除了中央政府的藏书机构,各地政府也都建有藏书机构,至南宋时已极为普遍,如江南十一府,每府都有一定规模的藏书。私人藏书之风,也有了更大的发展。

政府注意收集图书的同时,很重视校印和整理。太宗、真宗朝时,政府多次组织人校书、整书。宋代藏书机构三馆秘阁的馆阁学士,选拔自科第中有学问的青年优秀人才。这些人提任政府藏书的校勘、整理和撰修,他们以较高的学力和充裕的时间从事图书整理、书目编撰,使政府的藏书质量不断提高。仁宗景佑元年(1034年),政府通过整理、校订,历经七年,编成了北宋时期的第一部国家藏书目录——《崇文总目》六十六卷,著录图书三万零六百多卷。南宋时,政府对藏书仍进行校订、整理,孝宗淳熙四年(1177年),政府编成了国家藏书目录《中兴馆阁书目》七十卷,共著录图书四万四千多卷,比《崇文总目》增加了一万四千多卷。宁宗嘉定十三年(1220年),图书数量再度增加,政府又编制了《中兴馆阁续书目》,著录图书五万九千多卷。同时,宋代还编撰了史志目录《国史艺文志》。国家图书财富的增长和质量的不断提高,为日后刻印书籍的发展,提供了重要的基础条件。

(五)学术思想空前活跃

国家注重大量地收集、整理图书,促进了社会文化事业的发展,也影响了私人编撰书目风气的增长。一些私人藏书家多在馆阁任职,参加过校书编目工作,有着较高的学识和丰富的经验,是编撰个人藏书目录的有利条件。南宋后期,私人藏书目录竟超过官修目录。私人藏书不但在参考使用价值上超过政府藏书目录的水平,甚至在编纂理论方法上,对分类、著录、修订等方面都提出了新的意见,以漏补和修正官修目录存在的缺点和不足。尤袤编撰的《遂初堂书目》,第一次记录图书的不同版本,开创了著录版本事项之先例;也是第一部反映图书有了印刷版本之后的藏书记录,从中可以了解初期图书刻印的主要类型、印书地区等。

宋代的学术活动十分活跃,北宋初年,政府就编纂了各有一千卷内容的三部大型类书,即《册府元龟》《太平御览》《文苑英华》,还编辑了五百卷的《太平广记》。在经学方面,由于注重义理,宋代发展出理学,诞生了北宋的程颐、程颢,南宋的朱熹等影响力很大的理学家,以及与他们主张不同的王安石、陆九渊等大学问家。史学方面,司马光写了著名的编年体史书《资治通鉴》,郑樵写了纪传体《通志》。欧阳修的《集古录》、吕大临的《考古图》、赵明诚的《金石录》,至今仍有参考价值。郑樵的《通志·校雠略》是第一部目录学的理论专著。在文学艺术、科学技术方面,宋代也呈现出蓬勃发展的景象,沈括的《梦溪笔谈》总结介绍了宋代科技成果。宋代的词、评话兴盛一时,诗文更是内容丰富,许多文集都是数百卷的巨帙。

社会上学术思想的活跃,新学科书籍大量问世,无疑对印刷事业的发展起着积极的促进作用。

二、宋代雕版印刷事业的发展情况

宋代是中国雕版印刷史上的黄金时代。在五代奠定的基础上,中央政府继续刻印图书,除国子监承刻之外,其他政府部门和地方官署都刻书、印书,全面开展了政府刻书事业,私家和坊间刻书也有了更进一步的发展。形成官、私、坊刻书系统的庞大网络。刻书内容范围更加扩大,不仅刻印儒家经典著作,又遍刻正史、医书、诸子、算书、字书、类书和名家诗文,政府还编印了四部大型类书以及佛、道藏经典。私人刻书以文集最多,坊间刻书则以售卖营利为主,除了刻印经文以外,又另刻有字书、小学等民间所需用及士子应举所需要的读物,品类丰富繁多。

(一)官方刻书

官刻书是指国家政府各机关部门所刻印的书籍,又有中央和地方官刻书的区别。

1. 中央官刻书

(1)国子监刻书。

五代冯道领导刻《九经》,由国子监负责。到了宋朝,政府刻书仍由国子监负责承担,国子监既是最高学府、国家的教育管理机构,又是中央政府刻书的主要单位,其所刻书,世称"监本"。

国子监最初主要刻印儒家经典,后来进一步发展到刻印史书、算书、医书、子书、文集和字书、类书等四部群籍。宋代国子监刻书成绩非常显著。刻书最多的是北宋皇帝中在任最长的仁宗朝,许多大部头书籍,都是在仁宗朝时期完成的。从960年建国到1005年间,北宋由于大量刻印儒家经典著作,阐发经学思想及经书之音注、疏、正义等著述,经过40年,经书版片已经增加了20多倍。一方面反映了宋代统治阶级对儒学思想的重视,同时也说明,只有采用印刷,才能收到如此惊人的效果。这不仅利于封建社会教育的普及,同时对儒家学说的研究与传播,也起了积极的促进作用。

但遗憾的是,宋代国子监刻书绝大部分已经失传,没有留存下来。只有极少的部分书籍流传至今,保存在北京图书馆等重要的国家藏书单位,十分珍贵。

(2)中央政府其他部门刻印书籍。

在国子监大量刻书的影响之下,中央其他部门也开始了刻书、印书活动。崇文院、司天监、太史局、秘书监、校正医书局等政府部门刻印了一批与其专职相关的书籍。崇文院与国子监一起校刻了《说文解字》《广韵》《玉篇》以及《集韵》《孔部韵略》等字书、韵书。德寿殿刻印《隶韵》十卷。秘书监校刻《算经》三卷、《缉古算经》一卷,等等。

2. 地方官刻书

金兵南下之后,临安(杭州)建立了南宋王朝,原国子监书版全遭毁弃,秘书省、国子监的刻书力量被大大削弱了。南宋建国初期,搜寻一些北宋旧监本书籍,国子监无力重雕,即令临安府及两浙、两淮、江东等地方政府部门刻板,然后送归国子监,即使如此,也只刻印了九经白文、十三经古注、十二经正文,以及一部分正史书和《资治通鉴》。其他书版多存在原地印卖,或由读者赎买。因此,南宋时期地方官刻书迅速发展起来。如各地方公使库、中央在地方设置的各路使司,以及州学、军学、郡学、县学、书院等都普遍刻书、印书。

(1)公使库刻书。

公使库是宋代地方上接待中央来往官吏安寓的地方,相当于现代的招待所。这种部门,由于具有较殷实的经济力量,加之往来客寓都是政府官员,因此多附庸风雅,从事刻书印书。凡用公使库资金刻印的版本都称公使库本。影响较大的有苏州公使库刻朱长文《吴郡图经续记》三卷,吉州公使库刻欧阳文忠《六一居士集》五卷,续刻五十卷,明州公使库刻《骑省徐公集》三十卷,抚州公使库刻《礼记郑注》二十卷,鄂州公使库刻《花间集》十卷等。

(2)各路使司刻书。

路是宋代政府的行政区划单位,相当于现在的省级行政单位。政府在各路设置茶盐司、安抚司、转运司、提刑司等机构主管茶盐专卖、民政、水路转运、财政税收、提点刑狱诉讼等事务。这些机构,掌握着各地方的政治经济命脉,有较雄厚的力量和条件,也竞相从事刻书、印书。

比较有影响力的刻本有:两浙东路茶盐司刻《外台秘要方》四十卷、《资治通鉴》二百九十四卷、扬雄《太玄经》十卷等;两浙西路茶盐司绍兴二十一年(1151年)刻《临川先生文集》一百卷;两浙东路茶盐司刻宋元遽修本《周礼正义》七十卷;两浙东路安抚司刻《元氏长庆集》六十卷;江西提刑司刻《容斋随笔》一至五笔,共七十四卷;淮南东路转运司刻徐积《节孝先生文集》三十卷,等等。

除上述之外,还有以漕司、漕台、计台、庚司、仓台、漕院等官署名称刻书。如福建漕司吴坚刻《龟山先生语录》四卷、《后录》二卷,卷末有"后学天台吴坚刊于福建漕司"二行题记。

(3)各州(府、县)刻书。

宋代的府、州衙署,有条件也都刻书印书。如江宁府刻《建康实录》二十卷,杭州路刻《资治通鉴》二百九十四卷,等等。

(4)州(府、军)郡、县学刻书。

宋代教育事业发达,全国各州、府、军、县都设立学校,称州学、军学、县学。是教书育人的重要基地。《宋史·职官志》"庆历四年,诏诸路州、军、监各令立学,学者二百人以上者,许更置县学。自是州郡无不有学"。① 这些学校由较高学艺水平之人主持,又具备一定的学田财力,所以能大量刻印书籍。如江阴军学刻《国语韦昭注》二十一卷;婺州州学刻苏洵《嘉祐集》十六卷;惠州军州学刻《眉山唐先生文集》三十卷;春陵郡斋刻《寇莱公诗集》三卷;扬州郡庠刻沈括《梦溪笔谈》二十六卷,等等。

3. 书院刻本

中国古代书院是社会文化教育基地之一,它具有讲学、藏书、著书、刻书、学术研究等多种职能,刻书则是其中的重要一项。书院刻书始于宋代。南宋时书院数量的增加,使书院对书籍的需求量不断扩大,促进了刻书的发展,以后日渐成熟。元明两朝书院继续刻书,至清代为最兴盛,形成了古代刻书史上独树一帜的书院刻本,为研究中国印刷史、文化史、教育史提供了重要的凭证。

据记载,宋代书院刻书有:婺州丽泽书院重刻司马光《切韵指掌图》二卷、吕祖谦《新唐书略》三十五卷;象山书院刻袁燮《挈斋家塾书钞》十二卷;泳泽书院刻大字本《朱子四书集注》十九卷;龙溪书院刻陈淳《北溪集》五十卷,外集一卷,等等。

(二)私人刻书

私人刻书亦称私刻、家刻、家塾刻本,是指私人出资刻印图书。由于校刻人比较注重书籍底本的选择和进行精细的校订,所以这种书的质量一般是很被推崇的。

1. 私刻本

眉山程舍人宅刻《东都事略》一百三十卷;姑苏郑定刻《重校添注柳文》四十五卷,外集二卷;钱塘王叔边家刻《前汉书》一百二十卷、《后汉书》一百二十卷等,即为私刻本。

2. 家塾刻本

家塾刻本往往在刻书上印有某某家塾之印记。现存于世的,如:绍定二年(1229年)池州张洽刻《昌黎先生集考异》十卷;建安黄善夫宗仁家塾之敬室刻《史记正义》一百三十卷,等等。

(三)坊肆刻书

坊肆刻书又称坊刻,指书商刻印的书,其刻书以售卖流通营利为目的,一般书场自己有写工、刻工、印工,刻书往往也称书林、书肆、书堂、书棚、书铺、书籍铺、经籍铺等。坊肆刻书起源最早,从唐代印刷术发展以来,坊间刻书十分兴盛,入宋后,坊刻更为普遍。宋代的坊肆刻书遍布全国各地,特别是浙江、福建、四川等几个主要地区,坊肆刻书十分活跃。有些坊肆从事刻书卖书甚至几代人相继传承,如眉州的万卷堂、书隐斋,即这一时期坊肆刻书的代表。

1. 浙江

宋代坊肆刻书流传至今最多的是浙江。浙江地区坊间刻书最著名的主要是陈氏。临安府陈氏书籍铺不止一家。其所刻可视为宋代书棚刻书的代表。据知见目录和现存实物考证,陈氏刻书多在书后印有牌记。

2. 福建

闽中是宋代坊肆刻书最繁荣的地区。福建坊刻中最著名的是建安余仁仲的万卷堂,传世

---

① 陈振.宋史[M].上海:上海人民出版社,2017.

的宋刻本中,有余氏绍熙二年(1191年)《春秋公羊经传解诂》十二卷。卷一、二、四、七、十一后有"余氏刊于万卷堂""余仁仲刊于家塾""仁仲比校讫"等题记。余氏经营刻书年代悠久,世代相传,直至元、明仍以刻书为业。

3. 四川

四川的坊肆刻书也比较活跃。西蜀崔氏书肆,刻《南华真经注》二十卷,附拾遗一卷。该书序有"得宋本于西蜀陈襄之家,以授崔氏书肆命工刊行"题记。

坊肆刻书,主要为了营利售卖;官方刻书为给全国提供统一标准的经典著作读本;私家刻书多为自己读书、藏书之需要。从印书内容和品种来看,也各自有所侧重。坊肆刻印民间大众喜闻乐见、生活常用、举子应试读物等书籍为多。官方以正经、正史为主,是全国刻印书籍的指导中心。私人刻书则以自家著作、先人撰述及名贤文集为多。三个体系的刻书,互相补充,互相依存,互相制约,形成了全国的图书出版网络。宋代眉州的刻板印书,也形成了自己的体系,也有官刻、私刻、坊刻等,它们互相促进,共同发展。

三、宋代眉州雕版印刷兴盛的原因

成都从秦汉时代起就是西南的通都大邑,又是巴蜀的政治经济中心,人才荟萃,在文化方面执牛耳在情理之中。相比之下,眉州并无成都的历史积淀与区位优势,宋以前是个默默无闻、毫不起眼的小地方,到宋代却逐渐成为西蜀文化发展的中心,取代成都成为西蜀雕版印刷中心,位列宋代全国著名的三大刻书中心之一,连成都也瞠乎其后,这是很奇特的。究其原因,主要有以下几点。

(一)眉州所处的四川地区雕版印刷历史悠久

目前,有学者认为雕版印刷起源于四川。1944年4月,在成都望江楼附近的一座唐代墓葬中出土了晚唐时期印刷的《陀罗尼经咒》一件,这是现存国内最早的雕版印刷品。该印本《陀罗尼经咒》,尺寸为31厘米×34厘米。纸系唐代茧纸,为茧、桑、皮、麻加檀木浆所制。在光线下视之,表面有光泽,甚薄而有韧力,在潮湿中浸润千年(原藏骨架右臂银镯中,银质已朽,小处有破损,剖开此镯,展开中藏已固结之纸,乃得此印本),仍能将其舒展,他纸实不能也。另据《旧唐书·文宗纪》记载:"大和九年十二月丁丑,敕诸道府不得私置历日版。"此诏显然是唐王朝针对当时剑南西川及淮南道等地不待司天台颁新历即自行雕版印刷历书出售而发,但由此也可见,其时在四川地区民间自行雕版印刷历书出售已较普遍,这意味着四川地区雕版印刷术已经比较发达。当然,关于雕版印刷起源问题,目前尚无定论。但不管雕版印刷起源何处,不可否认的是,以成都为中心的四川地区是隋唐以来雕版印刷最发达的地区之一。

隋唐以来,四川地区和中原相比,社会安定,国内较大的战争基本上没有波及四川地区。四川农业发展,手工业兴盛,商业繁荣。成都是当时全国著名的最繁华的商业都会之一,时有"扬一益二"之称。社会安定,经济繁荣,自然促进了科学文化事业的发展。文化需求的旺盛必然刺激印刷事业的发展,而印刷必须要有好的纸张。四川造纸业发达,玄宗时,蜀郡所产麻纸即名闻天下,唐代官府办公文书和缮写四部书籍,向来多用蜀郡(益州)所出产的麻纸。这给雕版印刷的发展,提供了极为优越的物资条件,因此,雕版印刷业随之得到发展。

四川地区自唐代以来就是雕版印刷事业发达的地方,长期以来积累了丰富的经验。仅从宋初政府令四川承担雕刻《大藏经》这一巨大工程中,足可以看出四川地区具有的雄厚的经济基础,以及刻板、印刷技术力量。刻印《大藏经》为中国历史上第一次规模宏大的雕版印刷工程,历时十三年,直到太宗太平兴国八年(983年)竣工,共1000多部、5000余卷,共雕印版达13万块之多。

这些浩大的刻书工程还培养出了大批技艺精湛的雕印工人,促使宋代四川刻书事业不断向前发展。而眉州毗连蜀郡,田土沃野,同号"天府",因此,在成都的影响下,眉州的雕版印刷事业也逐步发展起来。宋代大型类书《册府元龟》就是由眉州刊刻,全书1000卷,目录10卷。当时的中央政府能选眉州作为国家大型刻书项目的承担者,由此也可看出当时眉州雕版印刷技术的高超。

雕版印刷出现以前,士人所需的书籍全靠借阅或抄写,借阅既不易,抄写费力又慢,同时还容易发生错误。苏轼《李氏山房藏书记》说:"余犹及见老儒先生,自言其少时,欲求《史记》《汉书》而不可得;幸而得之,皆手自书,日夜诵读,惟恐不及。近岁市人转相摹刻诸子百家之书,日传万纸,学者之于书,多且易致如此。"①从苏轼的这段话,可见苏轼年少时眉州的印书事业已经大大发展。雕版印刷事业的发展,大大方便了当时士人的读书需求。南宋之后,由于眉州的文化繁荣,四川刻书中心也由成都转向了眉州。

(二)唐、五代时期移民对眉州文化的影响

宋代,四川地区是全国文化最发达的地区之一,而眉州又是四川地区文化最繁荣的地方。眉州在宋代之所以能在文化上一度超越在西南地区长期处于文化中心地位的成都,这与唐、五代以来移民对眉州文化的贡献是分不开的。

唐、五代以来,因为关中及中原地区发生战乱,士民为躲避战乱,自发向巴蜀移民,这一场移民运动前后持续了一两个世纪,大致可分三个阶段。第一阶段是"安史之乱"期间。在长安沦陷前夕,唐玄宗带着大批人马逃到成都。随着战争的继续,入蜀的人数愈来愈多,大诗人杜甫即是其中的一个,他曾有"二十一家同入蜀"之语。第二阶段是唐末黄巢起义期间,唐僖宗再度避蜀,大批文武官员亦随之入川。第三阶段则是五代时,因中原战争频繁,有"天府之国"之称的西蜀无疑成了一方乐土,人们不约而同地翻越秦岭向南迁徙。

历史统计表明,唐末五代时这一场移民运动,眉州在四川各州中接纳移民最多。估计当时避地者的心态,盖在惊魂未定之余,依据北方的经验,不少人认为作为巴蜀首府的成都仍不安全,于是顺岷江而下,遂到了眉州这风景秀丽、物产富饶的地方。眉州移民中,如史氏,唐僖宗时入蜀,分居眉州、青神、丹棱三地,宋代,眉州苏、程、李、史都是有名的世家大族,其中史氏尤多隽才。眉州史清卿为苏轼兄弟之师,史炤著有《通鉴释文》三十卷,今存,而史尧弼有《莲峰集》传世。再如,洪雅(眉州属县,宋时尝改属嘉州)田锡,为有宋以来第一代作家,其祖先京兆(今陕西西安)人,唐末入蜀。还有丹棱(眉州属县)李氏,乃唐宗室之后,李焘父子以文学、史学显,等等。

唐末五代时的移民运动,可以说为宋代眉州地区文化的发展注入了无穷的活力。如果读宋代眉州作家、学者的史传或墓志铭,我们不难发现,他们中相当多的人,祖籍在关中或北方其他地区,大多是在唐末五代或避战乱或游宦而入蜀定居的。比如范镇在《石工部扬休墓志铭》中记述的石氏徙蜀,就是典型的例子:"七代祖藏用,右羽林大将军、员外置同正员。明于历数,

---

① 苏轼.苏轼文集[M].北京:中华书局,1986.

既致仕,召家人谓曰:'天下将有变,而蜀为最安处,又多佳山水,吾将避地焉。'乃去,依其亲眉州刺史李滈,遂为眉州人。"①这批迁徙入蜀者拥有典籍文化和仕宦文化的显著优势,读书作文、应试入官是他们的本领。因此,他们对于书籍的需求十分旺盛,这也促进了眉州雕版印刷事业的发展。

(三)宋代眉州的教育事业发达

宋代由于眉州及西蜀教育发达,读书人多,也决定了对书籍的大量需求,这是眉州成为当时全国著名的三大刻书中心之一的根本原因。

宋代眉州接纳的移民家庭多,文化高。读书、科举、文化传家的思想观念,是作为昔日"衣冠之族"的北方移民带到眉州的新的社会价值观。所以,宋代蜀中的土著大家族也产生了让子孙做官、为家族增光的愿望,如苏轼的祖父即是如此。在读书、科举思想的影响下,眉州的教育事业逐渐兴盛起来。

宋代的教育机构,官办的有府学、州县学,民办的有私学及书院等。州县立学,往往与建庙共举,即有庙便多有学。据《宋代蜀学研究》统计,四川当时所建庙学,"成都府路四十六处,渡川府路三十五处,利州路十一处,夔州路八处,总计一百处"。这个统计依据现存文献,当时恐怕尚不止此数。在四路中,成都府路庙学最多,眉州属成都府路,而据南宋末赵与时《宾退录·卷一》记载,单眉州就有庙学(乡校)、山学十三所:"嘉(嘉州,今四川乐山)、眉多士之乡,凡一成之策,必相与合力建夫子庙,春秋释奠,士于私讲礼焉,名之曰乡校。亦有养士者,谓之山学。眉州四县,凡十有三所。嘉定府五县,凡十有八所。他郡惟遂宁四所,普州二所,馀未之闻。"

所谓山学,也就是私学,在当时相当发达,生员不少。当时眉州地区有十三所山学,这在当时的四川地区是居于前列的。《爱日斋丛钞·卷四》记载:"眉州刘微之巨教授郡城之西寿昌院,从游至百人。苏明允命东坡兄弟之。"这就是山学之一例。宋代四川各地所建书院(大多建于南宋)共二十多所,眉州有著名的巽崖书院等。

因为学校众多,所以当时的眉州成为全国文化最繁荣的地区之一。各类学校的兴盛,必须由学生的数量来支撑,若没有士子的热心向学,那是办不下去的。苏轼《谢范舍人书》,称西蜀仁宗时代"释耒耜而执笔砚者,十室而九"②,可见读书人之多。还有文章记载了眉州夜晚"燃灯"诵书的风气,"其(指眉州)民以诗书为业,以故家文献为重,夜燃灯,诵声琅琅相闻。"③当时的眉州,不仅士子读书,就连普通的老百姓都常常和诗书打交道。晁公遡诗《今岁试士竟,置酒起文堂,延主司,且作诗送之》曰:"吾州俗近古,他邦那得如。饮食犹俎豆,佣贩皆诗书。""佣贩皆诗书",可理解为做工经商的都读诗书,也可理解为他们以贩卖书籍为业。总之,这生动地说明了眉州教育的普及、刻书业的发达。

四、眉州雕版印刷的特点

宋代的蜀刻本多以监本为依据翻雕、重刻,注重校勘。内容、印刷均为上乘,在当时很受欢迎。但是蜀刻本已极少流传下来。眉州刻本是蜀本的代表,具有以下几个特点。

---

① 名臣碑传琬琰之集·中集卷.
② 苏轼.苏轼文集[M].北京:中华书局,1986.
③ 苏轼.苏轼文集[M].北京:中华书局,1986.

(一)内容广泛,种类齐全

眉州刻本内容广泛,种类齐全。据统计,仅在北宋年间,眉州就为当地人刻印著作50余种,1000余卷。刻本内容涉及经史子集、天文地理、医药杂记、佛道经典、字书小说、类书文集等。眉州刻本既重视历代先贤著作的刊刻,也不忽视当地著名学者作品的付梓,上起先秦,下迄当代,各时期的作品均有涉及。眉州刻本,有史可考的,有经书《周礼》《礼记》《礼记注》《春秋》《春秋公羊经传解诂》《孟子》等,有苏洵、苏轼合著的《易传》九卷,苏轼著《论语说》五卷,《书传》《孟子解》《春秋集传》《论语拾遗》,等等,还有眉州当地学者家勤国、家铉翁、史守道、程公说、王当等研究儒家经典的大批著作。

当然,眉州刻本最多的还是史刻本,如《史记》《东都事略》《三国志》《十七史策要》《通鉴释文》《宋太常因革礼》《古史》《史汉论赞》等数十部。其中最著名的是"眉州七史"和《册府元龟》。

南宋绍兴十七年,四川漕运使井宪孟让各州学官收集《南北朝七史》缺本,后令眉州刊行,刊补《宋书》一百卷、《魏书》一百四十卷、《梁书》五十六卷、《南齐书》六十九卷、《北齐书》五十卷、《周书》五十卷、《陈书》三十六卷,世称"眉州七史"。"眉州七史"雕版后移至杭州印刷,历经宋、元、明、清四朝,多次付印,保存了近七百年,直到清嘉庆年间(1806年)江宁藩库失火,刻板始被烧毁,是世界上保存最久的雕版印刷刻板,殊为可惜。

宋代大型类书《册府元龟》也是眉州刊刻,全书一千卷,目录十卷,分为帝王、列国、宗室、外戚、宰辅、将帅、学校、刑法等三十一部,每部再分子目共一千一百零四门,自上古至五代,按人事人物分类编撰,材料极为丰富,差不多概括了全部"十七史"。每一门类前还撰有小序,属于同一门类的材料,按年代先后排列。现国家图书馆藏有眉州刻《册府元龟》残本。

(二)刻工精细,字似颜体

宋代眉州拥有一大批雕刻名匠,如雕刻《册府元龟》的王朝,雕刻《新刊增广百家注唐柳文集》的张福孙、文望之、史丙等。眉州刻本是蜀本代表,多用本地所产以桑、楮等木为原料的皮纸,纸张洁白光润,受墨效果极好,具有"蜀大字本"的特点,字大如钱,墨黑似漆,刻工精湛,版式疏朗,校勘精细。

北宋时期的刻书,浙江刻本多用欧体,福建刻本多用柳体,四川刻本字体多似颜体。欧体字形略长,瘦劲秀丽,笔画转折轻细有角。柳体瘦劲,笔画挺拔有力,起落顿笔、过笔略细,横轻竖重。颜体字体结构方正茂密,笔画也是横轻竖重,但过笔略粗,笔力雄强圆厚,气势庄严雄浑。眉州刻书作为蜀本的代表,所取字体都形似颜体。经研究,眉州所刻的《苏文忠公文集》《苏文定公文集》和《淮海先生闲居集》等与成都所刻大字本群经注的字体刀法完全相同,其特点是:字形多锋芒,字体多似颜真卿书法,笔画遒劲朴厚,结构架势雄伟壮丽,版式疏朗悦目。这种相通之处也说明,四川的刻工彼此之间影响很深,而且从牌记上的记载看,也可知四川刻工常常流动于官府、书坊之间。

(三)版式简明,刻书牌记开风气之先

眉州的雕版印刷书籍版式简明。雕版印刷术盛行之后,书籍的外在形式逐渐发生变化,由卷轴制过渡到册页制。书籍由一版一印的印版逐页印刷而成。每一块版面,雕刻一版文字,印到纸张上,成为一页。每个版面,包括不同的几部分,因而各自有自己的名称。如一块版所占有的面积,称为版面。版面上印有边栏、界行和版心。版心又称中缝。从版心折叠,成为一个对折页的前后两面,称上、下面,或上、下页。版心分作三栏,各栏之间是用鱼尾形的标志划分

出来的。中栏一般印简略书名、卷数、页数,上栏最初是刻印页数的地方,后来把书名移到此处,也有的刊刻印书家名称,下栏记刻工姓名,以后又多记出版家名称或丛书总名。这种简明的版本形式为后人所继承,影响至今。

另外,值得一提的是,刻书留用牌记的风气也是眉州开创。宋代刻书的牌记,也称木记、墨围、书牌。宋代刻本,刻书者往往把刻书家的姓名、堂号或书坊字号,刻书年、月等事项刻于书中。书内记述之事,可多可少,可详可略,地方常常在一书的序言、目录之后,或正文卷中、卷末。牌记的形式,各式各样,不尽相同,一般只刻一长方形边框,在框内简单地题录有关文字。现存宋蜀刻本《新编近时十便良方》为南宋眉州万卷堂刻本,原书四十卷,今残存十卷。书框高19.7厘米、广14.2厘米,每半叶13行,行22字,白口,左右双边。有南宋庆元元年(1195年)十月二十四日汾阳博济堂序文。书后有万卷堂刊行牌记两行:"万卷堂作十三行大字刊行,庶便检用,请详鉴。"开创了注明刊印发行印所的规例。南宋光宗绍熙年间(1190—1194年),眉州程舍人宅刻本《东都事略》130卷,目录后有牌记二行:"眉山程舍人宅刊行,已申上司不许覆板。"两行共16字,每行8字,这是我国出版史上关于保护版权、不许翻印的牌记之最早记载,是研究我国出版史的重要史料。这说明随着印书事业的深入发展,书籍印刷商业化竞争现象日渐突出,出版者保护权利的意识已经萌芽。

书籍的增多使得读书、藏书成为一种社会风气,有力地促进了眉州文化的发展。但是,从南宋端平三年(1236年),蒙古大军攻取陕西兴元府后,蒙古大将阔端率蒙军入川起,直到宋端宗景炎三年(1278年),即元世祖至元十五年,四川地区战乱方得平息。长达四十余年的战争,严重破坏了四川地区的经济文化,眉州自不能幸免。即便侥幸未毁之书籍刻板、图籍,存活之工匠,亦被元兵掳掠殆尽。自此以后,眉州元气大伤,尔后经济、文化恢复相当缓慢,雕版印刷业亦从此一蹶不振。

时至今日,宋代的雕版印刷的眉州蜀刻本已是极为稀见的绝版珍本,仅在国内的一些大图书馆存有少许残卷,更显得弥足珍贵。

思考与练习

1. 雕版印刷术在宋代获得巨大发展的原因是什么?
2. 目前,学术界有人认为四川是雕版印刷术的发源地,你赞同这种说法吗?为什么?
3. 眉山在宋代何以成为全国三大雕版印刷中心之一?试从地方文化建设的角度,结合眉山在宋代的文化发展经历,思考眉山未来地方文化发展的道路。

第三节 眉州藏书文化

自典籍产生以后,人类的藏书活动便随之出现。中国历史上的藏书系统可以分为三类:国家藏书系统、书院和寺院藏书系统(即私办公助的藏书机构)、私人藏书系统。历史上所称的藏书家,即指私人藏书者而言。本节所论眉州藏书文化,也针对眉州的私人藏书而言。

一、我国古代私家藏书的发展阶段

古代私家藏书可以追溯到春秋时期的孔夫子。孔子去世后,弟子在其所居堂室藏孔子衣冠、琴、诗、书。战国时期,诸子蜂起,为私家藏书的成长准备了适宜的土壤,从此,私家藏书逐步形成一个藏书系统,与公家藏书并行不悖,互为补益,绵延数千年至清末。古代私家藏书在两千年的进程中,经历了几个不同的发展阶段。

(一)古代私家藏书的成长期

第一阶段是古代私家藏书的成长期,相当于春秋末年到东汉结束。在这个阶段,我国古代学术思想经历了春秋战国时期百家争鸣的文化运动,产生了六艺、诸子、史学、兵家、医学、天文、地理等大批典籍,形成了各个学科的雏形。虽经秦皇焚书之劫,但私家藏书仍保留下一批图书种子,汉代由此借以恢复百家之学。武帝之后,以六艺形成的经学大为发展,经书典籍数量剧增。史学著作在两汉也有明显增加。此期典籍的形制主要为简帛书,即竹木简和帛书,由于竹木简比较笨重,书写和携带、保藏都很不方便,因此在一定程度上限制了私家藏书活动的发展速度。虽然出现了像西汉河间献王、东汉蔡邕那样收藏颇丰的藏书家,但私人藏书还是主要局限在少数学者、士大夫中间,未能形成较为广泛的现象。

(二)古代私家藏书的发展期

第二阶段是古代私家藏书的发展期,相当于魏晋南北朝至隋唐期间。此期我国学术文化得到了迅速发展,特别到了隋唐时期,出现了高峰。经、史、子、集四部典籍,包括佛道经典,比汉代大大增加。由于东汉蔡伦在造纸技术上有新的突破,纸相对竹木简来说,轻便而易于收藏、携带,相对丝帛来说成本又较低,因此,到魏晋南北朝时,纸的运用已十分普遍,典籍载体发生了巨大的变化。简帛书为写本书所代替,人们纷纷通过传抄的办法制作写本书,丰富自己的收藏。写本书简便易作的特点,引起了图书生产的革命。图书流通量的增加,激发了藏书家们收藏的积极性。到了唐代,藏书家数量逐渐增多,私家藏书在士大夫中间成为一种普遍的文化现象;藏书家个人藏书的藏量也大大增加,从文献记载上看,唐代个人藏书达万卷的藏书家有十五六人。由于私家藏书得到较为充分的发展,私家藏书的处理手段和意识——如藏书楼、校书、编目、传录等——大多发轫于此期,而图书价值和藏书观点在此期也开始有了分化。眉州的孙氏藏书楼即出现于这一时期。

(三)古代私家藏书的兴盛期

第三阶段是古代私家藏书的兴盛期,相当于宋代至清末,此期除了我国古代学术文化发展至高峰并进入总结阶段,为典籍撰写提供了丰富的思想源泉以外,雕版印刷的普及带来了图书生产上的革命,印本书代替了写本书。由于印刷术的使用,书籍复本量大大增加,图书的流通范围也相应扩大。宋、明、清三代,私家藏书这种文化现象冲出士大夫阶层,波及乡绅、豪门、商贾乃至一般读书人家,藏书人数大增。到鼎盛的清代,有明确史实记载的藏书家有近千人。在私家藏书的措理之术上,藏书家不仅积累了大量实践经验,而且出现了有关专著。私家藏书的藏书习俗和风尚蔚为大观,藏书楼、藏书印和其他藏书嗜好的流行,藏书家藏书观点的多元化发展,以及私家藏书文化对社会的反作用和影响,都反映出私家藏书文化的丰厚和成熟。私家藏书事业的发展和兴盛,对于我国文化典籍的积累、保存、整理、再造和传播贡献极大,对于促进文化教育和学术研究发挥了重大的作用。

二、眉州孙氏藏书楼历史

孙氏书楼,眉州孙氏家族藏书处,始建于唐朝僖宗年间,几经废兴,延续至南宋末年,前后有三百多年的历史。其藏书甚富,且历史悠久,闻名于世,以至眉州孙氏有"书楼孙氏"的美称。

(一)初建

眉州孙氏书楼始于出生在唐玄宗开元年间的孙长孺。孙长孺,蜀郡眉州人,祖籍浙江富春,据说是孙武后裔。年幼时,长孺父孙朴官长安,长孺随父官宦而生长于长安。后长孺摄眉州彭山令,官罢定居于眉州。

盛唐时期,政治稳定,经济繁荣,文化昌盛,为博取功名,读书之风大兴。长孺别无他好,公余好读书,买书,收藏典籍,到他任满罢居眉州,搜购的典籍已达到数千卷。为让自己所藏典籍得以代代相传,嘉惠后世,长孺遂在眉州筑楼藏书。藏书楼建好后,长孺又请名师,开学馆,教导年轻士子。至光启元年,唐僖宗为奖掖长孺,御笔亲书"书楼"二字以赐赠。封建时代,交通阻隔,孙氏书楼能引起皇帝关注,可以想见长孺藏书已颇具规模,影响广泛。长孺去世后,孙氏子孙谨遵祖训,保护书楼。但五代后蜀时,大约公元925年,书楼不幸遭战火焚毁。

(二)重建遇挫

书楼被焚毁后,孙家举家迁至岷江东岸古鱼鲰镇传灯院。此时,孙长孺五世孙降衷已近弱冠之年。降衷为人慷慨,诚挚有度量。好读书,经史子集,诗词歌赋,都在他兴趣范围内,是一位学识渊博、品德高尚的人。降衷自幼以博学多识见闻于乡里,但却不求仕进,轻于名利,以一个布衣之身,游学于名山大川,豪爽倜傥,广交朋友。后降衷游学至洛阳时,经人引荐结识了后周大将赵匡胤,二人互相欣赏,遂成至交。至宋太祖黄袍加身,平定后蜀,念及旧日情谊,拟授降衷高官。不料降衷不愿做官,请求回乡重建书楼。太祖同意了他的请求,并赐予他田地,授他一个眉州别驾闲职,让他能利用薪俸重建书院。降衷在离开京师前,遍求书市,购买了万卷诗书返回眉山,准备在孙氏故居鱼鲰镇重建书楼。正当他雄心勃勃精心筹划在故居鱼鲰镇重建书楼时,不幸溘然长逝。藏书楼重建的任务又留给了子孙。

(三)再次重建

其后,重建的任务落在了降衷之孙孙辟的身上。为充实藏书,孙辟到京都洛阳购回大量书籍,书楼于天圣初年(1023年)建成,号"万卷书楼"。据说其藏书为宋代之最。

书楼建成后,孙辟又开设书塾,延师收徒讲学,号称"山学"。一时,读书人争相前来听讲求学,书楼与山学一同闻名于世。后人写诗赞颂道:"岭头山学仿何时,唐宋文章耀古碑。"[①]可见书楼山学对后世的影响。

此后,孙氏书楼虽然多次遭灾损毁,但孙氏后人总是不遗余力搜购补缺,再兴书楼,重振山学。唐宋以来,孙氏书楼,历十余世,屡毁屡建,殊为难得。魏了翁《孙氏书楼记》云:"孙氏之传,独能于三百年间,屡绝而复兴,则斯亦不可尚矣夫!"[②]为之嗟叹不已。眉州在两宋时代文教昌盛,眉州号称"千载诗书城",孙氏书楼起了不小的作用。让人痛心的是,至南宋末,书楼被元兵战火彻底焚毁。

---

① 张玉.孙降衷:人间书痴 藏书万卷[N].眉山日报数字报,2015-12-6.
② 张文利.魏了翁文学研究[M].北京:中华书局,2008.

三、眉州其他知名藏书楼

（一）书台

石昌龄，五代末北宋初入蜀文人，为避战乱举家入蜀，构筑层台储书，用以教授子弟，号称"书台石家"。自宋真宗咸平以后，石氏宗族迭有登科者。

（二）五经楼

五经楼，北宋史大年建，位于眉州丹棱县。据说史大年屡举进士不中，于是归而教其子。因家资丰厚，又喜藏书，故筑高楼号"五经楼"，藏书万卷。五经楼，为蜀中著名藏书楼之一。史大年虽宦途不顺，可他的三个儿子却个个成才。长子史寀，为乡贡进士；次子史厚，元丰元年（1078年）进士，但不幸早死；三子史愿，元祐三年（1088年）进士，为永康军司理参军。

（三）藏书室

藏书室，位于四川眉州。苏氏父子于北宋中期建，仅藏书"数千卷"，但质量精良，为苏氏父子"手缉而校之"。这是苏家为教育子孙而建，苏洵曾教育子孙说，"读是（自身所藏之书），内以治身，外以治人，足矣。此孔氏之遗法也。"

（四）经书楼

经书楼旧称经书阁，原为文庙藏书楼，始建于康熙九年（1670年），道光二十二年（1842年）重建，光绪二十六年（1900年）补修，现基本完好。经书楼为东坡区仅存的三大古建筑之一，具有典型的清式建筑风格，是研究儒学和古建筑的重要史料。

四、眉州藏书兴盛的原因

在封建时代，私家藏书活动是一种独特的文化现象，它受到同期社会经济、政治、学术文化及科学技术的发展状况的影响和制约。

（一）眉州地区经济的繁荣

从经济基础来看，古代私家藏书活动是以我国封建社会农业经济模式和结构为其形成和发展基础的。中国封建社会生产力水平相对较低，经济基础呈现出不稳定的状态。经济基础的薄弱必然会制约私家藏书活动的藏书规模和藏书流通情况。经济发展状况对图书的生产与收藏往往起着决定性的作用。

历史上中国经济中心的转移呈现出从北到南、从西到东的总趋势。这一趋势的转折点在两宋时期。南宋以后，东南的江浙一带成为全国的经济中心，手工业和商业都出现繁荣的景象，市民经济也逐渐发展和兴盛起来。经济的繁荣带来了当地学术文化的发达和图书生产事业的兴盛，市民经济的兴盛使得私家藏书活动的行为主体逐渐波及士大夫以外的阶层，从而积极地推动了私家藏书活动的发展。所以，两宋以后，中国的私家藏书在江浙一带更加发达。这一现象充分地说明了私家藏书在很大程度上受制于社会经济的发展状况。

眉州位于四川盆地，在成都平原西南部，岷江中游。境内山峦纵横，丘陵起伏，河网密集。中部是宽阔的岷江河谷平原；北部为低山、丘陵、平原地貌，地势较缓平；南部地势陡峻，山川秀美。优越的自然条件使眉州成为蜀中的一片膏腴之地。

唐五代时期，眉州因地处四川盆地，未被战火波及，经济能够持续稳定地繁荣。经济的繁荣促进了文化的发展,促使读书人增多,对书籍的需求增大,也使藏书楼的兴盛具有了必要的经济基础。到了宋代,眉州经济进一步发展,每一个丰衣足食的小康之家都要送子弟读书,都要令其子弟去读书应考,争取功名。虽然功名只有小部分人能够争取到,但在这种动力之下,大量社会下层的人获得了受教育的机会,全社会文化素质得到提高的人日益增多。文化素质的提高导致对书籍需求量的增加,使藏书、读书成为更多人的需要,也为藏书的发达提供了原动力。

所以说,眉州经济的繁荣为私人藏书这一文化事业的发展和弘扬提供了丰厚的物质基础。

(二)眉州教育事业的兴盛

眉州教育事业的发展促进了私人藏书楼的发展。尤其在宋代,皇帝实施"文治",注重劝学,这使得眉州在两宋时代教育十分发达,两宋也是眉州藏书楼最多的时代。宋王朝十分重视人才培养,因此大力发展学校。北宋曾有三次大兴官学之举,即庆历兴学、熙宁兴学和崇宁兴学。三次兴学运动推动了社会教育事业的发展和学校教育制度的完善,也使整个社会形成了重视学校教育的风气。宋真宗曾作有《劝学诗》:

> 富家不用买良田,书中自有千钟粟。
> 安房不用架高粱,书中自有黄金屋。
> 娶妻莫恨无良媒,书中有女颜如玉。
> 出门莫愁无随人,书中车马多如簇。
> 男儿欲遂平生志,六经勤向窗前读。

这种以文治国、以名利劝学的政策,使读书在宋代形成了一种社会风尚。北宋的数次兴学运动、南宋书院和私学的发展使宋代教育获得较大发展,眉州也不例外。两宋时期,眉州官学的继续发展和扩充使学生人数也进一步增加,因而对书籍的需求亦不断增加。尽管后来随着政治混乱、战争频繁以及统治者的忽视,官学呈现了衰落之势,但在官学衰落的同时,书院、私学迅速发展,遍及府、州、郡、县。巽崖书院、鹤山书院都是眉州地区影响很大的书院,这些书院招徒授业、传播文化、切磋学问、培养人才,这对眉州文化的普及大有益处,使得眉州地区的读书人数量继续增加。

由此可见,学校的增加使眉州读书人剧增,而眉州士子考中科举的越来越多,还有像苏轼父子以文章功业闻名天下的榜样,这刺激了更多的眉州人释耒耜而执笔砚,据说当时人数已经非常多,已达十室而九的程度。但读书人并非个个都能买得起书籍,藏书在这时候就变得尤其重要,所以,可以说教育促进了私人藏书楼的发展。宋代是眉州教育最发达的时代,这个时代也成为眉州历史上藏书楼最多、藏书量最大的时代。

书籍是文化的载体,教学活动离不开对书籍的利用。书籍是读书的基本条件,不可或缺。"书院肄业生童,类多寒士,购书甚艰。使平日诵习无经籍以供其研讨,无书史以供其考证,则虽有奋志向学之士,而启迪无由,囿于闻见,终不能成其才。是经史典籍实为淑士育才之要具也。"[①]藏书与教育具有天然的联系,眉州教育的发达成为其私人藏书楼发展的内在动力与激励因素。

---

① 崔焘.捐置益津书院书籍禀文[C]//中国方志丛书.台北:成文出版社,1976.

(三)统治者对藏书的重视与奖励

中国的皇帝为稳固统治基础,都比较注重文化事业的建设,宋朝尤甚。宋朝曾多次下令搜求天下图书以充实馆阁之藏,并且形成了一套相对固定的征访民间藏书的制度,将献书及其相关活动制度化。

北宋建国之初,宋太祖就曾多次下诏搜求逸书,并对献书之人给予优厚奖励。乾德四年下诏:"凡吏民有以书籍来献者,令史馆视其篇目,馆中所无则收之。献书人送学士院试问吏理,堪任职官,具以名闻。"此后的历代皇帝均以此为榜样,重视国家藏书,并奖励私人藏书。这一传统延续至南宋,通贯整个宋代。皇帝对书籍的重视,朝廷对国家藏书的看重,使许多官员、士人、富商以及家有余财的平民对书籍产生一种敬仰及至崇拜的感情,一遇机缘便聚集图书,壮大了宋代私人藏书家的队伍。

眉州的孙氏书楼,在唐代曾获得唐僖宗的御笔题字,宋代又获得宋太祖经济的资助,两朝两个皇帝的支持,不仅使孙氏书楼名扬天下,对其他藏书家也是极大的鼓励。这对眉州藏书的兴盛也有着积极的推动作用。

(四)眉州地区雕版印刷技术发达

在印刷术发明以前,书籍流通全部依靠手抄,很大程度上制约了书籍的生产速度及流通规模。由于数量较少,手抄本更容易成为孤本,极易失传。雕版印刷术的出现则使此种情形大为改观:书籍的数量急剧增多,同一本书能产生多本复制本。书籍生产的周期变短,书籍成本大为下降,书籍流通量增大,流通范围也随之扩大,从而为私家藏书活动提供了极为重要的先决条件。

成都、眉州地区曾是中国雕版印刷三大中心之一,除了官刻和私刻,还有以营利为目的的坊肆刻书,将书籍的生产与销售相结合,使图书的流通有了市场作为依托。当时眉州繁华的市镇,均有图书贸易。书籍的大量生产以及贸易,使其价格相对低廉,使小康之家的读书人购买图书成为可能。图书贸易的繁盛也使藏书楼获得书籍相对容易。可见,印刷技术的发展不仅是读书人的幸运,亦是藏书家之幸。

五、眉州藏书楼兴盛的历史贡献

(一)带动了眉州学术文化的发展

眉州藏书楼兴盛,最突出的历史价值就是促进了眉州地方文化的发展。两宋时期,眉州私人藏书楼数量多,藏书楼规模也大,孙氏藏书楼藏书量更是长期居于全国前列,这也成为眉州历史上学术文化最发达的时期。

这一时期,在当地众多藏书楼的刺激和影响之下,眉州读书之风盛行,以至人才辈出、文风日盛。北宋政和五年,徽宗也感慨西蜀眉州学者为最多。如,宋代制策入等者只有苏轼、苏辙、吴育、范百禄、李垕五人,其中,蜀居其四而眉州又占三人,苏、范、李皆眉州人。

又如,在文学方面,宋代的眉州,除苏轼及其父洵、弟辙外,还产生了许多重要的作家。南宋后期魏了翁知眉州时,曾建"载英堂",以表彰眉州先贤共26人,他所表彰的范围是"节义""事业""学术""辞章"四方面,着眼点是大文化,不过所列四类中大多可视为作家,除"三苏"外,如朱台符、石扬休、吕陶等,都是一时的文学耆宿。而眉州的文学名家,尚远不止魏氏列图之数,文集现犹传世的,就有唐庚(有《唐先生文集》)、苏过(苏轼子,有《斜川集》)、苏籀(苏辙孙,有《双溪集》)、程垓(苏轼表兄程正辅之孙,有《书舟词》)、史尧弼(有《莲峰集》)、程公许(有《沧洲尘缶编》)、家铉翁(有《则堂集》)等。久已散佚的诗文词集就更多了,据统计,见于著录的殆不下五十部。

另外在史学方面,在两宋,尤其是南宋,眉州的史学特别发达,名著如林。如彭百川,眉州丹棱人,著《太平治迹统类》四十卷,记北宋历朝史,今本三十卷;又著《中兴治迹统类》三十五卷,记南宋前期史,今本亦为三十卷。王称,字季平,眉州人,少承家学,刻意于史,著《东都事略》一百三十卷。李焘,更是蜀人史学家的优秀代表。李焘(1115—1184)字仁甫,与彭百川同乡,史学著作有《四朝史稿》五十卷等多种,而最重要的则是《续资治通鉴长编》五百二十卷,仿司马光《资治通鉴》的编年体例,专记宋太祖开国到徽、钦破国一百六十八年的史事,为我国古代史籍中的杰作之一。史学家也多兼作家,如李焘有文集一百二十卷,其子李壁的《雁湖集》亦多达百卷,有人认为李焘父子兄弟的文学成就可上继"三苏"。

眉州的学术文化大家往往以家族的形式出现,如"三苏"父子、李焘父子、任氏(任汲、任伯雨、任希夷等)、王氏(王当、王赏、王称等)。这些家族,往往也是当时的藏书大家。这其中,必然也有其家族藏书典籍的影响。

(二)促进了眉州民间教育事业的发展

前述提到,教育的兴旺发达刺激了藏书楼的兴盛;反之,藏书楼的兴盛也有利于促进教育事业的发展。私人藏书楼在教育子弟的基础上,其功用往往还向外扩展,其服务对象也兼及乡间,尤其是乡间之读书人。而此种惠泽主要从两方面得到体现:其一,私人藏书楼向乡间之读书人提供图书借阅活动,供其读书之用;其二,藏书楼主人不拒绝乡人的求学,以此为乡间之读书人提供"问教"的机会。

眉州地区藏书最多、延续时间最长、影响最大的孙氏书楼,自孙长孺始建书楼起,便邀请当地大儒讲学其间,教育慕名前来读书的年轻学子。及至孙辟复建书楼时,仍然继承祖志,邀请蜀中名家讲学,号称"山学"。由此可见,孙氏书楼不但藏书,而且承担了民间教育、传播学问的功能。

孙氏在书楼的基础上兴办私学,建立山学,利用教育这一媒介和手段让更多的士人读书,其惠及乡阎,为眉州之读书人提供研学场所,也为眉州乃至蜀地的文化发展作出贡献。

眉州地区的私人藏书楼"书台"也有类似孙氏书楼的功能。据说,石昌龄"构层台以储书,以经术教子弟,里人化之,弦诵日闻,号曰'书台石家'",又被称为"书台石氏"。石氏藏书教子的同时亦以之教化里人,使其"弦诵"终日,其对地方教育也有着积极的推动作用。

(三)维系藏书者家族名望

藏书世家成员对藏书事业的追求,对藏书楼的尊崇,使得自身以及子孙后代均具有较高的文化素养,在科举、学术诸方面较为突出,成为世宦之家、世儒之家,或两者兼具。藏书世家较之普通大家族的这一特点与私人藏书楼的存在不无关系:藏书世家因为藏书楼的存在而地位更加稳固,其世家地位更因此而得以延伸。眉州孙氏就因书楼而被时人称为"书楼孙氏",书楼的存在亦使得孙氏能保持作为仕宦大族的家声不坠。据史料记载,书楼创建者孙长孺六世孙,孙抃(996—1064),字梦得,天圣八年(1030年)考中进士(探花),历任开封府推官、尚书吏部郎中、右谏议大夫、权御史中丞。嘉祐五年(1060年),拜参知政事(副宰相)。英宗即位,为户部侍郎。逝世以后,赠太子太保,谥文懿。有文集三十卷。孙抃还曾奉旨为北宋宰相寇准撰《寇忠愍公旌忠之碑》(《宋史》卷二百九十二·列传第五十一·孙抃传)。而重建书楼的孙辟亦"为进士及第"。

以读书起家,以藏书传家,从而维持其家族的名望,或者是保证他们的仕宦之途不断绝,这都与"书"息息相关,密不可分。因此,对于维持其家声不坠,各私家藏书楼对此起着不小的作用。

六、眉州藏书楼的损毁原因

眉州的藏书楼虽然一度获得极大发展,但最后往往难逃损毁的命运。眉州历史上的诸多私人藏书楼,至今仍保存完好的,唯有建于清朝康熙年间的经书楼,但楼中的典籍也大都已经散佚。其他的藏书楼,早已消失在历史的长河之中。藏书楼的损毁,有政治、时局的影响,也有自然灾害的威胁,还有子孙管理的不善,等等,在这多种因素的制约下,眉州的私人藏书楼逐渐走向了衰亡。

(一)政治、时局的影响

从政治影响的因素来看,私人藏书活动看似自由,其实也在国家的控制和干预之下。私家藏书的内容和范围必须符合封建统治的需要。对私家藏书,国家可以任意处置(包括禁毁和征调),在一定意义上,私家藏书活动的生存权完全掌握在国家手中。仅以禁毁为例,最有代表性的便是秦始皇的焚书之举。此后形式不同但本质无异的"禁书"活动一直未曾间断。如清代大兴文字狱,开展大规模的禁书活动。乾隆时期编纂《四库全书》,其本质是"寓禁于征"的文化专制活动。在所征集的图书中,私家藏书占了相当大的份额。在编纂过程中,对不利于清朝统治的书籍或全毁或抽毁或改窜,使得许多珍贵的著作失去了本来面目或绝迹于人间,也使得一时之间的私家藏书受到不同程度的破坏。眉州的私家藏书,自不能幸免。

(二)火灾是藏书楼损毁的主要原因

火灾是宋代私人藏书楼的一大隐忧。古代四川的建筑多为木结构,火灾的发生率极高。而书籍、纸张均属易燃物品,一旦发生火灾,则大多书与楼俱毁。孙氏书楼就被火灾损毁多次。

(三)战乱也是藏书楼损毁的重要原因

战乱则是威胁私人藏书楼生存的另一重要因素。尤其是宋朝末年,蜀中百姓抗击元兵近40年,人员伤亡重大,文化典籍遭到破坏,给四川的文化造成了沉重的打击。眉州大量唐宋年间发展起来的藏书楼也在此期间被损毁,而且此后元气大伤,藏书楼难以再现唐宋时代的辉煌。

(四)书籍的自然损毁和子孙管理失当

私人藏书楼的命运亦与藏主的子孙密切相关。藏主身后,其子孙不善守,亦造成图书的散失、书楼的衰败。多数私人藏书楼一经损毁,便永远消失于历史的长河之中。像孙氏书楼历经十余世而一再重建的毕竟只是少数。

另外,纸质书籍本身比较脆弱,易损毁、易脏污、易流失,等等,也存在自然损毁的风险。

思考与练习

1. 我国古代哪个朝代的私家藏书最为兴盛？为什么？
2. 眉山孙氏藏书楼从唐至宋，屡毁屡建，历经十余世。为什么元代以后就没有再重建，以致销声匿迹？
3. 你身边有没有藏书超万册的私人藏书家？试调查眉山当前的私家藏书情况。
4. 藏书在现代社会还有意义吗？为什么？

第五章 彭祖及养生文化

彭祖为寿星,寿星非彭祖。

寿星即老人星,西方天文学里的名字是船底座α星,位于南半天球南纬50度左右,在中国北方地区其实很难看到。

寿星,又称南极仙翁、南极老人、长生大帝,是中国神话中的长寿之神。也是道教(中国唯一的本土宗教和信仰)中的神仙,为福、禄、寿三星之一,又称南极老人星。南极仙翁因为是长寿之神,极受尊敬与喜爱。

秦始皇统一天下后,在长安附近杜县建寿星祠。后寿星演变成仙人名称。明朝小说《西游记》写寿星"手捧灵芝",长头大耳短身躯。《警世通言》有"福、禄、寿三星度世"的神话故事。画像中寿星为白须老翁,持杖,额部隆起。古人作长寿老人的象征,常衬托以鹿、鹤、仙桃等,象征长寿。

第一节 彭 祖

一、彭祖的评价

在公元前两千多年的上古三代,彭祖篯铿是位大名鼎鼎、誉满华夏的圣贤人物。

彭祖篯铿,是圣人眼中的圣人。

历代封建统治者尊孔丘仲尼为圣人,孔圣人十分景仰彭祖,并私下以彭祖自诩。《论语·述而》云:"子曰:'述而不作,信而好古,窃比于我老彭。'"集注:"述,传旧而已;作,则创始也。比,犹并之也。窃比,尊之之辞。我,亲之之辞。老彭,信古而传述者也。孔子删《诗》《书》,定《礼》《乐》,赞《周易》,修《春秋》,皆传述先王之旧,而未尝有所自作也,故其所言如此。盖不惟不敢当作者之圣,而亦不敢显然自附于古之贤人。德愈盛而心愈下,不自知其辞之谦也。然当是时,作者略备,夫子盖集群圣之大成而折衷之,其事虽述,而功则倍于作矣。"从孔子同彭祖相比,可见彭祖在孔子心目中的位置;从孔子尚不敢公开同彭祖相比,可见彭祖当时形象之光辉、影响之巨大。

从彭祖篯铿至孔夫子,两千多年;从孔夫子至于今,又两千余年矣!孔子之名,家喻户晓;孔子之言,到处流传;孔子形象,何其高大!殊不知,孔子视彭祖,亦犹今人之视孔子;从今人视孔子,亦可以想见彭祖在四千年前之煊赫地位也。

彭祖篯铿,是哲人称道的哲人。

战国时期,诸子蜂起,百家争鸣,极大地推动了文化学术事业的发展。其代表人物,都是一些博学多才的思想家。他们在著作中,多次谈到彭祖的贡献和影响。

哲学家庄周在《庄子·大宗师》中高度赞扬彭祖为得道之人:"夫道……彭祖得之,上及有虞,下及五伯。"《庄子·逍遥游》又称赞:"彭祖乃今以久特闻。"

思想家、教育家荀况在《荀子·修身篇》中称道彭祖在治气养生方面的贡献。

著名杂家吕不韦在《吕氏春秋》一书中多次肯定彭祖的医世之功,把"彭祖至寿"同"天子至贵""天下至富"相提并论。

此外,《列子》和西汉刘安《淮南子》等著作中,亦多次言及彭祖,足见彭祖影响之大。

在哲人看来,彭祖为得道之人,为集上古养生术大成之人,为罕见长寿之人。诸子百家尽管学术思想不同或不尽相同,但多引彭祖为据,以增强其立论的权威性和说服力,足见彭祖煌煌于哲人心中,长留于哲人哲言。

彭祖之道和彭祖养生术影响很大,长期流传,历代文史学家多引彭祖入史、入文、入诗、入画。战国时期史官所撰的《世本》一书,比较清楚地记载了彭祖的身世;《国语》《竹书纪年》《大戴礼》都记载有彭祖的内容;我国第一部纪传体通史《史记》,在《史记·五帝本纪》《史记·楚世家》中,为研究彭祖提供了言简意赅的珍贵资料。彭祖一而再、再而三地出现在史家笔下,说明他正是一位实有其人、不可不书、值得一书的重要角色。

彭祖篯铿,又是道家学派的先驱和奠基人之一。

道家之创立,始于老子李耳。但是,彭祖之道对道家学派的形成发挥了巨大的作用。彭祖和老子都以养生为追求目标,也多以彭聃并称。彭者,彭祖篯铿也;聃者,老子李耳也。且彭祖先于老子千余年。可见彭祖在道家学派中的位置。

从古人对彭祖的评论和出土文物看,彭祖养生言论众多。由于西汉采用董仲舒"罢黜百家,独尊儒术"的建议,把彭祖所属的道家学派"打入冷宫",并同一度受到推崇的黄老学说一起受到严厉打击。以黄老学说为指导的房中术,甚至遭到灭顶之灾。加之历代战争、水患等天灾人祸,文化遗产损失无算!即便如此,彭祖部分学说仍然得以流传下来。汉代古医书《引书》《十问》以及滥觞于六朝时期的《道藏》、梁代陶弘景的《养性延命录》、宋代曾慥的《道枢》、元代李鹏飞的《三元延寿参赞书》、明代冷谦的《修龄要旨》等古书中,都不同程度地保存着彭祖养生之道和养生术方面的知识。尽管其中不乏后人托伪之作,但也不能否认,其中仍然保存彭祖之道的不少精华。马王堆汉墓出土竹简中,保存有医书《十问·六问》,即为彭祖回答王子乔父关于养生方面的内容。由此看来,彭祖学说在古代影响巨大,千百年来也损失巨大。

彭祖篯铿,千古大贤。贤者,德才并美也。明君思贤若渴,士人见贤思齐,百姓翘首以盼。彭祖篯铿,千古明哲。哲者,明达而才智人也。他的才智丰富了人类文明,造福于子孙后代。

二、彭祖的出生

彭祖,别名卅铿,又名铿,或称篯(姓氏)铿,帝尧二十三年三月初三—帝禹二十年六月十二(也有六月六日生、六月三日终之说),是先秦道家先驱之一。也是中国神话中的长寿仙人,传说中是南极仙翁的转世化身。

关于彭祖篯铿的身世,史书虽有记载,但内容一般较简,且大同小异。

西汉司马迁《史记·楚世家》云:"楚之先祖,出自帝颛顼高阳。高阳者,黄帝之孙、昌意之子也。高阳生称,称生卷章,卷章生重黎。重黎为帝喾高辛居火正,甚有功,能光融天下。帝喾命曰祝融。共工氏作乱,帝喾使重黎诛之而不尽。帝乃以庚寅日诛重黎,而以其弟吴回为重黎后,复居火正,为祝融。吴回生陆终,陆终生子六人,坼剖而产焉。其长一曰昆吾,二曰参胡,三曰彭祖,四曰邻人,五曰曹姓,六曰季连。"据此,彭祖世系表可以列为:

黄帝—昌意—颛顼—称—卷章─┬─重黎
　　　　　　　　　　　　　└─吴回—陆终—六子(彭祖)

三、彭祖的寿命

关于彭祖的寿命,古代各种文字记载均曰长寿。但是,彭祖究竟长寿几何,说法却并不一致。战国时期的《庄子·逍遥游》,较早透露出彭祖寿长八百的信息;西汉刘向的《列仙传》,第一个明确记载,彭祖"历夏至殷末,八百余岁"。尽管后世亦有彭祖七百岁、彭祖七百六十七岁等说法,但是,比较一致的说法,公认的说法,则是彭祖八百岁。

对于彭祖寿长八百,古人多笃信不疑。据俞正燮《癸巳类稿·彭祖长年论》转述《浙江通志》和明嘉靖《临安志》,大涤山天柱峰下有彭祖墓,而彭祖寿八百,"因号其山为八百山"。

彭祖既以长寿著称,寿命当然超出常人,这是毋庸置疑的。但是,今人依靠科学,从大量社会现实出发,对人活八百岁这一怪异现象提出疑问,也不能说没有道理。

那么,我们今天究竟应该怎样认识和解释彭祖八百岁这一问题呢?

彭祖氏自尧帝起,历夏朝、商朝。商朝时为守藏史,官拜贤大夫,周朝时担任柱下史;据《史记·楚世家》载:"彭祖氏,殷之时尝为侯、伯,殷之末世灭彭祖氏。""氏"在上古多用作宗族的称号。可见,彭祖实际上是以其命名的一氏族。

清人孔广森在注《列子·力命篇》"彭祖之智不出尧舜之上而寿八百"之句时说:"彭祖者,彭姓之祖也。彭姓诸侯:大彭、豕韦、诸稽。大彭历事虞夏,于商为伯,武丁之世灭之,故曰彭祖八百岁,谓彭国八百年而亡,非实钱不死也。"就明确说明了这种情况。所谓彭祖年长八百,实际上是大彭氏国存在的年限。

另一种说法,则是因为计岁法的不同而导致的不同。

在夏朝四分历确定以前,早期流行"小花甲计岁法",小花甲计岁法源于"六十甲子日",就是古代所传六十个星宿神挨次值日一圈的时间。民间崇拜上天星宿,凡人寿命皆与星宿对应,便以六十个星宿神轮流值日一周的时间为一岁,按此计算,彭祖实际寿数合现在 130 岁。在夏朝时期,人们通过观象授时已经确定了二十四节气定时令,这是古四分历的前身。所谓四分历,是以 $365\frac{1}{4}$ 日为回归年长度调整年、月、日周期的历法。而在古时帝尧之前还没有一年 365 日的说法,这一说法是在尧时期的天文学者羲和发现的,故尧同代人之前所谓一年,即是按 60 天一甲子记年的。(摘自《古代历法计算法》刘洪涛)

四、彭祖的传说

彭祖善于养生的种种传说历代并无异议。可以推想,由于彭祖这个氏族精于养生,族中长寿之人辈出,并以此而闻名于世,于是逐渐产生彭祖享寿八百这类的传说并流布于后世。故彭祖这个氏族可以说是上古时代一个有代表性的著名长寿家族。

先秦时期,彭祖在人们心中是一位仙人。到了西汉,刘向《列仙传》把彭祖列入仙界,并称为列仙,彭祖逐渐成为神话中的人物。

王羲之《兰亭集序》:"固知一死生为虚诞,齐彭殇为妄作。"其中的"彭"指的就是彭祖。另外民间颇为流行的喜联"苏才郭福,姬子彭年",即苏东坡的才学、郭仪的福气、姬昌般多子、彭祖般高寿。

关于彭祖的出生,还带有传奇色彩。陆终与女嬇氏(鬼方氏首领的妹妹)结了婚,结婚不久,女嬇氏就怀孕了。这本来是一件喜事,到头来却令人生忧。俗话说:"十月怀胎,一朝分娩。"十个月过去了,女嬇氏腹中没有动静。又十个月过去了,女嬇氏还是没有生产。家人和世人则由喜变疑:这个鬼方妖女,怀的究竟是什么鬼胎?在世俗人的眼里,女嬇氏似乎成了一个不可饶恕的罪人,陆终也脸上无光,在人面前抬不起头来。

《大戴礼》等书中说,女嬇氏"孕而不粥三年"。快三个年头了,女嬇氏的大腹仍然有增无减,小生命还没有诞生的日子,年轻的陆终终于精神崩溃了。他望着骨瘦如柴的异族妻子,热泪横流,瞪着一双迷茫的大眼睛离开了人世。

陆终死后,女嬇氏的悲痛可想而知。她背井离乡,远嫁中原,举目无亲,唯有陆终。现在,连唯一的亲人也被苍天无情地夺走了!她哭天、哭地、哭亲人,真是痛不欲生。可能由于伤心过度,她腹中却感到一阵剧烈的躁动,似乎有无数个小生命在拳打脚踢,急不可待地奔向人间。女嬇氏盼望已久的产期,到底来临了。但是,不幸的事情又发生了:难产!走投无路时,急中生智。《世本》记载说:"陆终娶于鬼方氏之妹,谓之女嬇,是生六子,孕三年,启其左胁,三人出焉;破其右胁,三人出焉。"古书上有西方少数民族启胁生产的记载。女嬇氏启胁生子,很可能是她从鬼方部族带进中原的绝技。怀孕三年,不生则已,生则惊世,一胎六子,可说是一件奇事。据《路史》所记,女嬇氏生子这天是六月六日。生地即祝融之墟——郑。

据古书记载,女嬇氏生六子,老大叫樊(昆吾),老二叫惠连(参胡),老三叫篯铿(彭祖),老四叫莱言(邻人),老五叫安(曹姓),老六叫季连(芈姓)。

《大戴礼》也记载有女嬇氏启胁生子的史实,不过说她打开左胁生了六子罢了。这既是我国第一例"剖腹产"的记录,也是我国第一个一胎六子的记录。四千年前剖腹生子,事情虽然离奇,但是,几种古书上的确是如此记载的。他们的后代遍及天下,又叫人难以置疑。

女嬇氏生子后,她赖以生存的家庭环境和社会环境会有所改善,但是,剖腹生子给她带来的肉体创伤却是难以弥合的。刀口糜烂,疼痛割心,还面对着六个嗷嗷待哺的幼儿。启胁之创,丧夫之痛,极度虚弱的身体,加之养育孩子的操劳,女嬇氏终于承担不起生活的重担,永久地倒下去了。当时,孩子们刚刚三岁。这就是《神仙传》中所说的,彭祖"三岁失母"的故事。

女嬇氏死后,六个孩子孤苦伶仃,十分可怜,是常人意料之中的事情。原来的鬼方,这时已改名犬戎。由于女嬇氏的关系,炎黄部族与鬼方部族之间,维持了七八年的和睦相处。女嬇氏一死,双方剑拔弩张,关系又一天天地紧张起来。终于,一场不可避免的战争爆发了。犬戎之族率领铁甲之师,长驱中原大地,一路烧杀抢掠,矛头直指京城西亳(今河南偃师西)。而位于现在陕西华州的祝融之家,正是犬戎部队进攻和抢掠的首要目标。彭祖后来讲述自己的经历时,也有"遇犬戎之乱,流离西域"(《神仙传》)的痛楚之言,想来全家仓皇东逃时,他不幸落入魔掌。就这样,幼小的篯被犬戎带到西域。原来的鬼方氏,摇身变成了犬戎氏,不管怎么与炎黄部族交恶,篯毕竟是女嬇氏的亲生骨肉,与犬戎氏有甥舅关系,犬戎氏也不忍心置他于死地。篯无依无靠,只能在别人的怜悯下乞讨度日。长年忍饥挨饿,强食膻腥,牧马放羊,受尽煎熬。

篯一天天长大了。由于先天营养不足,后天养育失调,他身体极度虚弱。出于生存的本能,他便留心各种各样的养生之道,篯聪明向学,悟性又高,拜青精先生、宛丘先生为师,体魄逐渐健壮起来,并成为一位出色的养生里手。

　　身处异域,篯无时不在思念自己的故土。那里,有他的祝融之家,有他父母长眠的土冢,有他的手足兄弟。

　　岁月悠悠,寒来暑往,不觉百有余年,篯倒越活越年轻了,看上去就像五六十岁的样子。这时炎黄部族已经到了尧世。犬戎人早已放松了对篯的看管。一日,篯不辞而别,东归故土,回到阔别已久的父母之邦。

　　篯回中原,首先回到郑地。但祝融故里早已一片废墟,时过境迁,物是人非。再说,黎民涂炭,水深火热。篯虽年高,尚怀绝技,怎能坐看大水肆虐?便辗转来到彭地。

　　帝尧乘着刳木之舟,指挥人民治水。所到之处,铜鼓彭彭。原来这里过去多次发生战事,民间还保存着许多战鼓。现在,铜鼓却用来抗洪了。哪里有险情,哪里就有鼓声。帝尧顺获水而东,至二水交流处再顺泗水南北巡察。这里有三处急流险滩,就是后来所说的秦梁洪、百步洪和吕梁洪。浪高十丈,流水湍急,波涛澎湃,令人惊惧。帝尧伫立岸边,耳中听到不尽的彭彭之声。

　　那时,黎民生活都比较艰苦。但是比较起来,这里的人们身体比较健壮,可谓四体彭彭。尧很是奇怪,经打听,方知是篯的功劳。自从篯来到这方土地,便着力推广养生之术,并设法调和滋味,改善饮食。帝尧长年操劳,心力交瘁,早已食不甘味,想不到吃了篯做的饭菜,食欲大增,内心对篯自有说不出的感激之情。

　　铜鼓彭彭,波涛彭彭,人体彭彭,给尧留下了极为深刻的印象。尧于是命名这方土地为大彭。篯不愧是祝融的子孙,在前辈以火熟食的基础上,又发明了调和滋味的办法,可谓功不可没。尧于是责成篯负责开发这片土地,称彭祖。

　　彭祖,也就是大彭始祖、其道可祖、彭氏之祖的意思。因为彭的本义是击鼓发出的声音,吕梁以南又多磬石,扣之铿铿然,如钟鼎之声,篯又得到一个铿的名字,称为篯铿。

　　彭祖建都于获水南岸,南依青山,名大彭山。在沧海横流之时,彭祖首先考虑的,是如何保证大彭百姓的身体健康,这是大彭自立强盛的根本所在。洪水遍地,人们饮水往往随处取用,而饮用水又很不干净,所以诱发很多疾病。彭祖便带领人民群众掘土为井,并从山上取来石块,砌成井筒。百姓食用井水后,患疾病者大大减少。为表示对彭祖的一片感激之情,大家又把这井称为彭祖井。

　　大彭之土,群山连绵,兽迹鸟道遍布,不时对人们的生命造成危害。彭祖便发动大家,沿聚居之地周围,挖成深沟,沿沟内筑土墙,并架上树枝、石块之类,使人们增加了安全感。这便是原始大彭之城。

　　由于连年大水不退,夏秋又多淫雨,空气多阴湿之气,许多人长期浸泡水中,骨节、心脏患风湿性疾病。彭祖认为,这是阴气过重造成的结果。他集各种养生术之大成,又结合自己的切身体验,编排了一套动作,名之导引术。现在看来,彭祖导引术实际上属保健体操之类。它是通过呼吸和运动使人驱除风湿,保持五脏和四肢健康的运动形式。因食物匮乏,困于水中饥饿而死者不乏其人。彭祖又教给大家服气术。一旦远离人群,食物无着,人们可以对着阳光吸气咽气,从阳光和空气中攫取营养。这也就是今天所说的辟谷术,运用一定方法,多日不吃东西,不仅可以生存,并能保持精力旺盛、体力不减。此外,彭祖还指导百姓进行正常的性生活。他反对禁欲,认为男女交接是合乎自然规律的阴阳结合,但应注意有所节制,认为淫欲无度不仅有害于健康,而且势必短命。

彭祖虽然对大彭情有所钟,对治理大彭山水不遗余力,但对于做官管人实在不感兴趣。他把主要精力都用到养生方面去,一有空闲,就到深山去采灵芝;有时,又跑到几百里外的历阳云母山上采云母……归来时,经常闭目静坐,不恤事务,不与人争。天刚蒙蒙亮,彭祖就起了床,披发在庭中散步,迎晨露之清气,受日月之精华。冬夏都喜沐浴,夏天爱食青菜,冬天保持手寒足温、面寒身温。稍有不适,他就闭气以攻所患,以气疗病。早晚之间,他都注意按压四肢,摩搦身体,心平气和,无思无欲。

彭祖爱民如子,导民有方,迎来了大彭大治的好时光。大彭国常年风调雨顺,五谷丰登,国泰民安,一片祥和。到了商代,大彭国竟成了五霸之一。

《太平广记》写他:"遗腹而生,三岁而失母,遇犬戎之乱,流离西域,百有余年。加以少怙,丧四十九妻,失五十四子,数遭忧患,和气折伤。"彭祖养生有方,据说娶了四十九位妻子,生了五十四个儿子。数次遭遇妻子、儿子过世,而和气折伤。不过儿子生了孙子,孙子又有了儿子,子孙成群,俨然一个大家族了。

五、彭祖养生术

彭祖养生之道,是原始社会后期医疗保健的学问。当时,人们赖以生存的环境比较恶劣。他们既要尽量适应这种环境,又要努力改造这种环境。由于当时生产力极其低下,虽然适应与改造都十分重要,但在某种程度上讲,适应客观环境不能不放在重要位置,甚至于不适应就谈不到改造。为了生存和发展,古人从实践中摸索出一些养生方法。彭祖着眼于人的健康长寿,将这些养生方法进行搜集、归纳、整理,形诸文字,昭示后人。

由于种种原因,彭祖的学说没有完整地流传下来,而历代道家或医学著作中,却零零散散地保存着彭祖养生的内容。过去,也有人怀疑其可靠性。如清代严可均《全上古三代文·彭祖摄生养性论》曰:"此秦汉以后养生家言,托之彭祖。"但何时何人所托,则缺乏可靠依据。且如《摄生养性论》中"不远唾",东汉王逸注《楚辞·天问》亦言:"彭祖至八百岁,犹自悔不寿,恨枕高而唾远也。"可资印证。再说,近年出土汉代医书《引书》《十问》等,亦有彭祖关于养生言论记载。所以,对于史传彭祖养生之道,亦不容轻率否定。即便是后人在彭祖学说基础上的整理和发展,亦应作为彭祖遗产的一部分加以研究。养生之道滥觞于彭祖。从这点上说,彭祖又可称为民族养生文化之祖。

彭祖养生之道大致可以分为彭祖摄养术、彭祖导引术、彭祖服气术、彭祖房中术、彭祖烹调术等几个部分,以下进行简单介绍。

(一)彭祖摄养术

摄养术是讲究修身养性的长寿之法,彭祖在《摄生养性论》中认为"神强者长生,气强者易灭。"所以,主张神强畏威,反对鼓怒骋志;主张量才而思,量力而行,不积忧悲,节制喜怒,明确爱憎,欲思有度。彭祖还提出十二忌:"久言笑则脏腑伤,久坐立则筋骨伤,寝寐失时则肝伤,动息疲劳则脾伤,挽弓引弩则筋伤,沿高涉下则肾伤,沉醉呕吐则肺伤,饱食偃卧则气伤,骤马步走则胃伤,喧呼诘骂则胆伤,阴阳不交则疮痍生,房事不节则劳瘵发。"注意这些,则可以强神健体。

但是,客观地来看,人生百岁,不可能一日无损伤。所以,摄生养性,是一件比较困难的事情。尽管困难,事关身体健康,仍须慎之又慎。为便于操作,彭祖又明确了具体要求:"是以养生之法,不远唾,不骤行,耳不极听,目不久视,坐不至疲,卧不及极,先寒而后衣,先热而后解。不欲甚饥,饥则败气,食诫过多;勿极渴而饮,饮诫过深。食过则症块成疾,饮过则痰癖结聚气风。不欲甚劳,不欲甚逸,勿出汗,勿醉中奔骤,勿饱食走马。勿多语,勿生餐,勿强食肥鲜,勿沐发后露头。冬不欲极温,夏不欲极凉。冬极温而春有狂疫,夏极凉而秋有疟痢。勿露卧星月之下,勿饥临尸骸之前,勿睡中摇扇,勿食次露头,勿冲热而饮冰水,勿凌盛寒而逼炎炉,勿沐浴后而迎猛风,勿汗出甚而便解衣,勿冲热而便入冷水淋身,勿对日月及南北斗大小便。勿于星辰下露体,勿冲霜雾及岚气。此皆损伤脏腑,败其神魄。五味不得偏耽……志士君子,深可慎焉!犯之必不便损,久乃积成衰败。"《神仙传·彭祖》述彭祖养性之法曰:"入道当食甘旨,服轻丽,通阴阳,处官秩耳。骨节坚强,颜色和泽,老而不衰,延年久视。长在世间,寒温风湿不能伤,鬼神众精莫敢犯,五兵百虫不可近,嗔喜毁誉不为累,乃可贵耳。人之受气,虽不知方术,但养之得宜,常至百二十岁,不及此者伤也;小复晓道,可得二百四十岁;加之可至四百八十岁。尽其理者可以不死。"看起来,做法比较烦琐,实际上,彭祖之目的是想通过这点点滴滴,教人慎之又慎,切忌大意,以陶冶性情,旺神宣气。看似平常淡泊,即得摄养精神矣。

(二)彭祖导引术

导引又称道引,为中国古老的医疗体育和养生方法。导引术是适应当时社会环境需要而产生的。据《吕氏春秋·古乐》记载:"昔陶唐氏之始,阴多滞伏而湛积,水道壅塞,不行其原,民气郁淤而滞著,筋骨瑟缩不达,故作舞以宣导之。"《素问·异法方宜论》亦述:"中央者,其地平以湿,天地所以生万物也众,其民食杂而不劳,故其病多痿厥寒热,其治宜导引按跷。故导引按跷者,亦从中央出也。"王冰注曰:"导引谓摇筋骨、动支节,按谓抑按皮肉,跷谓捷举手足。"即是说,导引包括躯体运动、呼吸运动和按摩三个部分。李颐注《庄子·刻意》"此道引之士、养形之人、彭祖寿考者之所好也"句曰:"导气令和,引体令柔。"彭祖导引术是上古导引术中之一种,影响较大,春秋战国时期成为流行的疗病保健和养生方法。

彭祖导引术分坐引、卧引两种。

彭祖坐引法主治:令人目明,发黑不白,治头风。《道藏》尽字三号《彭祖导引图》记有方法:"导引服,解发,东向坐,握固,不息,一通;举手,左右导引,以手掩两耳,以指掐两脉边,五通。"

彭祖卧引法又称彭祖谷仙卧引法,须夜半至鸡鸣平旦为之,禁饱食、沐浴。作用:除百病,为延年益寿要术。其法凡十节,五十息,五通,共二百五十息。《道藏》尽字三号有《彭祖谷仙卧引法》,《古仙导引按摩法》书中亦有《彭祖导引法》,二者内容大体相同,文字略有出入。据《彭祖谷仙卧引法》,十节为:

解衣被,卧,伸腰,填小腹,五息,止。引肾,去消渴,利阴阳。
伸左脚,屈右膝,内压之,五息,止,引脾,去心腹寒热、胸臆邪胀。
挽两足指,五息,止,引腹中气,去疝瘕,利九窍。
仰两足指,五息,止,引腰脊痹,偏枯,令人耳聪。
两足内相向,五息,止。引心肺,去咳逆之气。
踵内相向,五息,止,除五络之气,利肠胃,去邪气。
掩左胫,屈右膝,内压之,五息,止。引肺,去风虚,令人目明。
张胫两足指,五息,止。令人不转筋。
两手牵膝,置心上,五息,止。愈腰痛。
外转两足,十通;内转两足,十通,止。复诸劳。

后人在彭祖导引术等我国早期导引术的基础上,发展成八段锦等保健功,为促进人们身体健康发挥了很大的作用。

(三)彭祖服气术

历史上的彭祖不仅是一位保健专家,而且是一位医学专家。《吕氏春秋·情欲》曰:"耳不可赡,目不可厌,口不可满,身尽府种,筋骨沉滞,血脉壅塞,九窍寥寥,曲失其宜,虽有彭祖,犹不能为也。"这不仅肯定了彭祖在保健方面的地位,也肯定了彭祖在治病方面的作用。彭祖发明的吐纳服气疗法也是中国原始的养身医病方法,葛洪《神仙传·彭祖》述彭祖言:"次有服气得其道,则邪气不得入,治身之本要。""人受精养体,服气炼形,则万神自守其真;不然者,则荣卫枯悴,万神自逝,悲思所留者也。"其法大致分为闭气、服气、导引闭气、以气攻病四个步骤。梁代陶弘景《养性延命录·服气疗病篇》对此做了专门介绍。彭祖曰:

"常闭气纳息,从平旦至日中,乃跪坐,拭目,摩搦身体,舐唇咽唾,服气数十,乃起行言笑。其偶有疲倦不安,便导引闭气,以攻所患,必存其身、头、面、九窍、五脏、四肢,至于发端,皆令所在。觉其气云行体中,起于鼻口,下达十指末,则澄和其神,不须针药灸刺。凡行气欲除百病,随所在作念之。头痛念头,足痛念足,和气往攻之,从时至时,便自消矣。时气中冷,可闭气以取汗,汗出辄周身则解矣。"

导引闭气以攻所患的气功疗法,沿袭至今。中央电视台一九九二年采访东北一百零五岁老人,询问长寿秘诀,老者所答与彭祖服气疗病法无有二致。

彭祖所说的服气,是中国最早的辟谷术。辟谷,亦称断谷、绝谷,即不食五谷的意思。这是我国古代的一种休养方法。辟谷时,仍食药物,并须兼做导引等功。以后,辟谷成为道教修炼方法之一。其理论根据为:人体中有一种叫作三尸或三彭、三虫的邪怪,靠五谷而生,危害人体。经过辟谷修炼,可以除去三尸,达到长生不死。不过彭祖服气,主要还是疗病。

彭祖服气术,即气功疗病术,是从大气、日光中吸取营养的办法。汉代古医书《引书》亦载彭祖之道:"春日早起之后,弃水,澡漱,洒齿,泃,被发,游堂下,逆露之清,受天之精,饮水一杯,所以益雠也。"所说"逆露之清,受天之精"亦类于服气也。辟谷服气之法,应来自各种动物。清代余叟所辑《宋人小说类编》有《辟谷说》:

洛下有洞穴,深不可测。有人堕其中,不能出,饥甚,见龟蛇无数,每旦辄引首东望,吸初日光咽之。其人亦随其所向,效之不已,遂不复饥,身轻力强。后卒还家,不食,不知其所终。

这可作为对彭祖服气术的形象注解。彭祖在仿生健体方面无疑做过有益的尝试和可贵的努力。服气疗病法是其刻苦实践的心血结晶。彭祖被称为我国早期气功大师,实属当之无愧。

(四)彭祖房中术

所谓房中,是指房内男女接触而言。所谓房中术,亦称交接术、御女术等,是指导男女如何进行性生活的方法。房中术包括性保健、性医药诸内容。我国古代对性保健十分重视,甚至把它放到与饮食相等的位置。《礼记·礼运》云:"饮食男女,人之大欲存焉。"《孟子·告子上》云:"食、色,性也。"《汉书·艺文志》则将"房中"与"医经""经方"并列,著录房内著作八家一百八十六卷。房中术对民族保健与民族繁衍起过重大作用,单纯视房事为追求享乐是不公正的。

彭祖房中术是其养生术的一个重要组成部分,是从延年益寿的角度指导人们进行性生活的性科学。葛洪《神仙传·彭祖》中,采女问延年益寿之法于彭祖,彭祖曰:"欲举形登天,上补仙官者,当用金丹……其次当爱精养神。服饵至药可以长生,但不能役使鬼神,乘虚飞行耳。不知交接之道,虽服药无益也。""男女相成,犹天地相生也。所以导养神气,使人不失其和;天地得交接之道,故无终竟之限;人失交接之道,故有残折之期。能避众伤之事,得阴阳之术,则不死之道也。天地昼离而夜合,一岁三百六十交,而精气和合有四,故能生育万物不知穷极。人能则之,可以长存。"可见交接之道对人寿命影响之大。在彭祖看来,男女交接是非常必要的,也是很正常的行为。按照彭祖之道,大致有如下原则:以时、有度、戒暴、戒滥。

(五)彭祖烹调术

彭祖作为烹调的创始人,受到代代厨师的尊重。厨行奉籛铿为其祖师,代代有传人。彭祖首创的名菜做法,虽然不少失传,但也有不少流传下来,羊方藏鱼、雉羹等菜流传至今,不仅列为高级宴席珍馐,而且受到广大人民群众的热爱。据彭祖菜系特级厨师胡德荣先生在《徐州古今名馔》一书中所记,就有多味彭祖首创名菜,现列举四味如下。

1. 羊方藏鱼

这道菜因将鱼置于割开的大块羊肉之中同炖,故此得名。羊方藏鱼系彭城古典菜,始于彭祖。此菜世代相传,已有四千年历史。

其做法:先将羊肉煮至断生,四面修齐。再从侧面用平刀推进一洞,用姜盐汁抹擦均匀,稍腌。再把鳜鱼刮鳞去内脏洗净,剔除骨翅,鱼肉片成大片,用姜盐汁拌匀,稍腌(鱼骨备用)待用。把腌制过的鳜鱼片填入羊肉洞中,铺平后用竹签封口。火腿蒸熟切片,蒲菜截断,香菇去梗,与青菜一起焯水待用。火上置锅,倒入原汤,放入鱼骨,大火烧煮约五分钟,见汤呈白色,捞出鱼骨,把汤另倒一处。稍停,倒入砂锅中(弃净底渣)。再把羊肉放砂锅中,使汤浸过羊肉,同时下食盐、白酒、老姜、橘皮、花椒、元茴(后面四种香料装纱袋中)。大火烧开,撇去浮沫。移文火温炖至酥烂为度,拿出香料袋,配上青菜、蒲菜、火腿片、香菇,溜进白酒,起锅即成。

古之技法属清炖,味道以鲜为主,一般用于高档筵席。除用砂锅上桌外,亦可用汤盘。四季皆宜。今法多是把鱼肉藏羊肉下面蒸,将鱼头、鱼尾分别置于羊方上下,以表羊方中有鱼。加上衬料,不仅味道鲜美,而且形状美观,更胜一筹。另有鱼腹中抱羊块的烧法与爆炒鱼羊肉法,另有一番风味。不过,这均出自"羊方藏鱼"的变化。

2. 麋角鸡

彭祖食疗菜之一。麋角即麋鹿头上的角。据《列仙传》:"彭祖善和滋味,好恬静,惟以养神治生为事,并服麋角、水晶、云母粉,常有少容。"李时珍《本草纲目》记载,初生的麋角入药,功力胜过鹿茸。彭祖的食疗养生术,被先秦道家继承,传至清代道家厨师刘勤膳并有发展。徐州玄妙观、真武观中的道士与城隍庙的当家,都奉彭祖食疗菜为养生佳品。

其做法:先将洗净母鸡从左肋下开刀,除去内脏洗净,剁去爪,剔去管丁骨与腿骨,经沸水焯过清洗干净。香菇、菜荚,均经沸水焯过待用。把鹿茸洗净,猪肋肉切条,从鸡左肋填入腹中,陈皮、花椒、大葱、老姜均装入袋中,与鸡同放砂锅中。倾入鲜汤,大火烧开,小火温炖至酥烂,再放入食盐、料酒、香菇、菜荚,整形离火,捡去料袋,原锅上桌即成。此菜营养丰富,医、食兼优,具有温肾壮阳、生精补血、补髓健骨、壮气大补之功效。

3. 雉羹

雉羹亦称野鸡汤。当时的烹饪始祖彭铿,为帝尧制此羹,开辟了中国烹饪之道,对后世产生深远影响。屈原《天问》诗句:"彭铿斟雉,帝何飨?"首将雉羹载入史册。因此羹源于上古,被誉为"天下第一羹"。据《扈从赐游记》说,清朝皇帝每年"秋狝大典",都要在澹泊敬诚殿特赐王公大臣"野鸡汤"一份。据《大彭烹事录》记,雉羹被历代皇帝视为珍品。

其做法:野鸡除内脏洗净,放沸水中烫透捞出洗净,另用砂锅着精汤,放入野鸡小火煮烂,再把野鸡捞出剔去骨,随即撕成丝,复下砂锅中待用。把稷米淘净放入砂锅中,与野鸡同熬,再下精汤,同时放入食盐、胡椒粉、葱姜汁。文火熬至鸡酥,大火收汁,米烂时,再把爆腌肉、香菇、青菜心切丝分摆上面,浇入料酒。另把蛋黄糕刻"雉羹"二字,放入砂锅居中,原锅上桌即成。滋味浓郁,鲜香宜人。此菜制法是因循古法。如今改用母鸡与薏米熬制,亦不减古法,别有一番风味。

4. 云母羹

云母羹为彭祖食疗菜之一。云母,是云母族矿物的总称,商业上多称"千层纸",工业上用途广泛,其中白云母石可供药用。云母羹即选取白云母石为主要原料,配以薏米同熬成羹,故此得名。

把沸水焯过的薏米、鲜肉丁和云母粉、芝麻粉、姜汁同放砂锅中,倾入鲜汤,大火烧开,小火熬至汤汁滋浓味厚时,着食盐,原锅(或盛于品锅中)上桌即成。此羹滋浓味鲜,清香醇郁,具有下气、补中、止血、虚损及开胃等功效。

总之,彭祖养生术虽然散见他书,支离破碎,但统而观之,亦自成体系。其道其术一脉流传四千余载,说明亦有其存在的必要性和合理性。当然,在科学比较发达的今天来看,彭祖养生术一些方面不够科学,且不乏糟粕。但是,客观地、历史地分析,其中仍有不少内容是很有价值的,是值得批判地借鉴和继承的,当吸取其中合理的部分、对人类有益的部分,发展养生科学,提高人们的健康水平。

六、彭祖的墓地

关于彭祖的墓葬地,计有江苏徐州(古称彭城)、浙江临安、河南鄢陵、陕西宜君彭镇彭村、四川彭山、山东临清等地六处彭祖墓。据史学家考证,浙江临安彭祖墓、四川彭山彭祖墓、陕西宜君彭祖墓等均属商武丁灭大彭后彭祖后裔南迁、西迁时所留。唯有徐州彭祖墓才是掩埋篯铿寿体的真墓,其余几处仅是篯铿衣冠或后裔之坟。此外,福建(武夷山)、甘肃(天水)、浙江孝丰广苕等地也有彭祖的遗迹。

如今眉山市境内仍保存有彭祖墓园、彭祖墓、彭祖祠、彭祖仙室。此外,徐州市境内仍保存有彭祖庙、彭祖祠、彭祖楼、彭祖井、彭祖墓等历史遗迹。

思考与练习

1. 深入了解彭祖生平,分析其养生术产生的原因。
2. 结合现今的科学,在彭祖养生术的基础上,总结出科学的养生术。
3. 查阅相关文献,了解更多彭祖的传说。

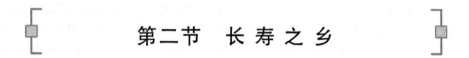

第二节　长寿之乡

彭山区地处成都平原半小时经济圈和生活圈核心层,是眉山市的北大门,至今已有2300多年的历史。彭山是中国老年学学会命名的"中国长寿之乡",也是流传千古的《陈情表》"孝"文化的发祥地,也是中华寿星始祖彭祖的主要生栖地,素以"忠孝之邦""长寿之乡"著称。彭祖长寿养生文化历经四千多年的积淀,被视为中华民族的瑰宝、东方养生智慧。彭山人世代总结,使彭祖长寿养生文化哺育着一代又一代人,成为传播长寿文化的圣地。

一、眉山情缘

从《山海经》《史记·楚世家》《竹书纪年》等历史古籍,可知彭祖的祖辈们的活动范围。昌意娶蜀山氏之女昌仆为妻,在若水生下颛顼。颛顼在四川留下一支后人:卷章(老童)→吴回→陆终→篯铿。

《华阳国志》记载:"彭祖本生蜀","彭祖家其彭蒙"。明朝人曹学佺在《蜀中广记》中说:"(彭祖)自尧历夏,殷时封于天彭。周衰,始浮游四方,晚复入蜀,抵武阳家焉。"武阳,就是现在的四川省眉山市彭山区。

这里的"本生蜀""复"说明原来彭祖就居住在彭山,"家"说明彭祖的根在彭山,彭祖是彭山生长人氏。由此可知,彭祖生在彭山,受封于彭城,历经800年国破后,后人又回到故乡,并带回先祖的衣冠,葬于彭山。

《华阳国志》《水经注》中,都提到武阳有彭祖冢。

《后汉书·郡国志》记载:(武阳)县东十里有彭亡山,"周末彭祖家于此而亡,因名"。

《辞源》对"彭亡"的注释是:"彭亡,山名,也称彭蒙,在四川彭山东,山上有彭祖祠,下有彭祖冢。"彭山区江口镇古名彭亡聚,镇后的山叫彭亡山。

《后汉书·岑彭传》中说,东汉建武十一年,岑彭讨伐公孙述,在武阳宿营,公孙述派刺客杀死岑彭。彭亡,似乎暗示了岑彭之死,显得有些不吉利,所以后来把彭亡改为彭蒙。《太平广记钞·彭祖》载:"彭祖卒于夏六月三日,葬于西山(今彭山彭祖山)下,号曰彭山。举柩日,社儿六十人皆冻死……"。《神仙传》中说,彭祖出走后70年,有人在西域看到他骑着骆驼在沙漠上行走。到周康王三十六年,彭祖"入蜀定居,卒葬彭山"。

二、彭祖山

彭祖山,原名仙女山,古称彭亡山、彭女山。因彭祖及其女儿在此生息、修炼成仙而得名。

彭祖山位于四川省眉山市彭山区,是省级风景名胜区,海拔高度610米,垂直高差158米,因是养生术创始人彭祖修炼和陵寝之地而闻名四海,被尊为中华养生文化第一山。

眺望彭祖山,一脉自谷底微微隆起,渐隆渐高渐大,蜿蜒直上,最后隆成一座高大的山峦,便戛然而止。高高的山峦之下,又一脉山埂微微隆起,渐隆渐高渐大,与上升之脉互为环抱,蜿蜒而下,最后隆成一座硕大的山丘,又戛然而止,刚好与上升之脉的微微隆起互相呼应。地气旋激,仿佛是两山相抱互为旋转带动天地阴阳之气所致。

彭祖山风景区,是国内独有、世界唯一以长寿养生为特色的文化旅游风景名胜区。景区沿府河、岷江岸边,北起净皇九股泉,南到关刀山公园,总面积约30平方千米。区内山峦环抱、溪流逶迤,有修竹滴翠、果园飘香、四季空气清新、气候宜人;有神秘奇绝、举世无双的天下第一地——天然太极地;有全国养生文化最丰富齐全、最成体系的陈列馆——中华养生文化第一殿——养生殿;有坐高28米、立高32米的世界第一大双佛——齐山双佛。彭祖山稀有的原生态之美和自然朴素风情、源远流长的历史文化和美丽动人的民间传说、绿色健康的身心环境和丰富多样的旅游价值,获得了越来越多的都市人的青睐。"放眼皆为怡人美景,举目尽是奇趣景观"的彭祖山,正成为人们休闲、旅游、领悟和体验养生之道,追求健康和谐生活的好去处。

山顶的寺庙,叫慧光寺,殿宇金碧辉煌,气势不凡,寺内香火旺盛,佛像众多,是朝山拜佛的好地方。顺慧光寺北面而下,可见天下第一"双佛"。站佛为释迦牟尼佛,高32米;坐佛为多宝如来佛,高28米。这一立一坐的佛像略与山齐,故称为齐山双佛。双佛依山就势建造于唐开元年间,早于乐山大佛。就站佛高度来说,居世界第六位,而两座如此大的佛像并肩一处,可谓独一无二。两座佛像庄严、肃穆、慈祥,阐释了佛教的诸多隐语。这里,是独具特色的采气场,是按照天圆地方64柱格局,配合立体天然太极地的灵气而建筑的,是气功爱好者梦寐以求的采气圣地。养生殿,形象生动地诠释了彭祖长寿养生之道的精华。殿外有自然生的"夫妻树",又名阴阳树,为同根香樟树与乌桕树,香樟伟岸挺拔,乌桕娇小玲珑,相拥于此,暗合彭祖阴阳之道。殿内有几十龛浮雕像,再现了彭祖的"房中术",揭示了彭祖养生的奥秘。彭祖是最早的性科学大师,他主张"阴阳各顺",健康的性生活有益于身心。

穿过"仙山胜景"牌坊,顺着999道台梯拾级而上,彭祖祠便在眼前了。彭祖祠是根据原貌而重建,祠内以承师殿为主体,是祭祀凭吊彭祖的重要场所。祠内有彭祖像、彭祖之妻像,两边是彭祖8大弟子的塑像,手执罗盘者为青衣乌公,他是中国阴阳风水学的创始人,留有《葬经》传世。走出祠门,顺级而上,"高山仰止"牌坊赫然在目,这是对彭祖高尚道德情操的赞誉。彭祖有生之年,炼丹采药,扶危济贫,救死扶伤,广积善行,深得山民爱戴和后人景仰。越过牌坊,便是彭祖仙宝和彭祖墓的所在地。室前有太极图,供人打坐调息。有碑文三通,其一刻屈原《楚辞·天问》句,推崇彭祖为古代美食家和烹饪术的鼻祖;其二录自《彭祖养性经》,阐明了彭祖的"房中术";其三录自庄子《刻意篇》,诠释了彭祖的"导引术"。室内有彭祖塑像,有彭祖煮羹图和彭祖参师图等,还有一无头石像,系出土的唐代文物。据鉴定推断,至少在唐代,彭祖墓陵就曾有多人凭吊。室壁上有五组现代雕塑,为浮雕五步功,供人仿习。上得平台,有"商贤大夫老彭之墓"墓碑,系清人所立。站在碑前平台上,但觉气血通畅,心静神凝,环顾四周,孤峰兀立,寿泉、九龙、将台诸山组成一个圆周,彭祖墓处其中心,构成左"青龙"、右"白虎"态势。

登临山顶，一览众山小，足下绿荫如毯，远望两江如带，满目田园风光，一派清明景象。这里，可见彭祖的炼丹洞高悬于绝壁之上，半岩上架现3桥，分别为凌云、飞升、迎仙桥，相互连接，下临绝壁。据说，每年农历三月三日，是彭祖生日，生日前或当天子夜便有若干火球，从山底盐井沟一带，飘飘悠悠成一路纵队向仙女洞飞去，约半个时辰，又从仙女洞飞出，渐渐消失于来路。这一奇观，不少远处香客及近邻人家常年亲眼看见，无不感到惊奇。1985年农历三月三日庙会，几十种蝴蝶聚集于洞中，游客驱之不去，直到星散。种种奇观异景，更增添了炼丹洞的神秘色彩。

农历三月三，彭祖山香客四方云集，庙会空前，该民俗活动已持续四百多年，已形成了独具特色的"三月三朝山会"这一地方特色文化。

"道道非常道，生生即永生。"彭祖的长寿之道惠泽了彭山人民。如今，彭山境内孝子成群，高寿者众，百岁老人很多。目前，全区90~100岁老年人1400余人，100岁以上老年人60余人，"高寿者众、百岁者多"的区域长寿现象成为彭山的一大城市形象。

思考与练习

1.彭祖及其女儿为何会选择彭祖山进行修炼？在眉山、在彭山，你还发现哪些体现养生文化的事物？

2.查阅相关文献，了解眉山彭山关于彭祖的传说还有哪些。

3.试结合彭山区的经济发展，谈谈未来如何打造长寿文化。

第六章 李密及孝文化

第一节 李密生平

李密(224—287),本名李虔,字令伯,犍为郡武阳县(今四川眉山市彭山区)人,西晋初年大臣,散文家。

李密祖父李光,曾任蜀国朱提郡(郡治为今云南昭通)太守。李密出生后4个月,父亲亡故;4岁时,舅父强迫母亲何氏改嫁。李密则由祖母刘氏养大。祖母刘氏抚养李密成人,祖母对他关怀备至,他对祖母也十分孝敬,远近闻名。据《晋书·李密传》和《华阳国志》载:"祖母有疾,痛哭流涕,夜不解衣,侍其左右。膳食、汤药必先尝后进。"即祖母刘氏有病,李密悲伤哭泣,衣不解带,昼夜侍候。祖母饮膳汤药,密必先口尝而后进献。

李密幼时体弱多病,但甚好学,年轻时曾随当时名儒谯周学习,服膺儒家,《华阳国志》载李密"治《春秋左传》,博览五经,多所通涉","著《述理论》,论中和仁义、儒学道化之事"。他涉猎儒家五经,尤攻《左传》,甚至著书讲学阐述儒家道义,谯周门人把他比作孔子门下以文学见长的子游和子夏,可见其在儒学领域颇有建树。

少仕蜀汉,担任郎官、主簿、太子洗马等职,有辩才,《华阳国志》载李密"博览多所通涉,机警辩捷",多次奉命出使东吴,在东吴也有一定名声。

晋灭蜀后,征西将军邓艾敬慕他的才华,请他担任主簿,李密以奉养年迈祖母为由拒绝了。泰始三年(267年),晋武帝司马炎立太子,因慕李密之名,下诏征李密为太子洗马(官名,是辅政太子,教太子政事、文理,也掌图籍的三品官),是年,祖母96岁。"诏书累下,郡县逼迫",所以,他又以"祖母年高,无人奉养"为理由,以《陈情表》来陈述不去赴任的理由,"上疏陈情,辞不应征"。武帝读《陈情表》后,被表中至真至诚的言辞和他的一片孝心所感动,感慨地说:"宓(密)不空有名也。"不仅没有因为抗旨去处罚他,而且还褒扬他的一片孝心。千百年来,《陈情表》因其言辞恳切、华丽而流传至今。鲁迅先生将古语"妇人弱也,而为母则强"扭转、彰显为"孺子弱也,而失母则强"。此语用在李密身上则非常恰当。或许是"多病之人早熟,早熟之人敏感",或许是先秦时期"蜀人多斑采文章"的文化氛围造就了李密。

李密在祖母百年归世之后,再也没有理由拒绝出仕了。他先后担任过温县(今河南)县令、尚书郎、汉中太守等职。在任温县(今河南温县)令时,政令严明,政绩显著,刚正见称。过去,中山诸王每过温县,必苛求供给,当地人民以此为患。李密到任后,中山诸王进过境仍苛求如故。李密以理力争,使诸王过境不敢苛求,为百姓办了件好事。

他年轻时很有才能,原本希望有所作为、能在朝廷大展宏图,施展自己的聪明才智。可惜因为朝中无人举荐,反而外派为官。因此,可以说在他的内心是不满的,那股积压在胸中的怨气也就时不时地还要冒出来。如早在任温县县令时,就曾与人书写、谈论"庆父不死、鲁难未已"这样的典故来暗喻朝廷,这岂能不激怒晋武帝!更为直接的是在宴会上奉命赋诗时,在诗中表露出"人亦有言,有因有缘,官中无人,不如归田,明明在上,斯语岂然!"这样的不满情绪,岂是皇帝老儿所能容忍的?因此,被罢官也就在所难免了。

坦白地说,这既是西蜀浓郁的文化氛围和"君子精敏"的蜀人智慧造就了李密,也是蜀人的"开门见山、直来直去、敢说敢为"的言行风格害了李密。

李密在任汉中太守之职仅一年之后,即被罢官归田。他于公元287年病逝于保胜龙安的老家,终年64岁。著有《述理论》十篇,不传世。

他的好友安东将军胡熊与皇甫士安为其主持了葬礼。然而他的墓葬却不在龙安,而在眉山市彭山区凤鸣镇的龙门桥村。根据民国时期的《彭山县志疆域》载:"治北龙门桥去不一里,即晋李密墓。碑为咸丰六年(1856年)知县李吉寿所题。"李密墓经过历代维护,直至1954年该县文管所还在修葺墓碑。据当地人讲,其墓地已于1965年的改土工程中被毁。

李密逝世后,他的师弟陈寿在其所著《三国志》为其列了传。

附《三国志·晋书》李密传:

密祖父光,朱提太守。父早亡。母何氏,更适人。密见养于祖母。治《春秋左氏传》,博览多所通涉,机警辩捷。事祖母以孝闻,其侍疾则泣涕侧息,日夜不解带,膳饮汤药,必自口尝。本郡礼命不应,州辟从事尚书郎,大将军主簿,太子洗马,数使吴,有才辩,吴人称之。蜀平后,征西将军邓艾闻其名,请为主簿,及书招,欲与相见,皆不往。以祖母年老,心在色养。晋武帝立太子,征为太子洗马,诏书累下,郡县逼遣,于是密上《陈情表》请辞,武帝嘉其诚款,赐奴婢二人,下郡县供养其祖母奉膳。及祖母卒,服终,从尚书郎为河内温县令,政化严明。中山诸王每过温县,必责求供给,温吏民患之。及密至,中山王过县,欲求刍茭薪蒸,密笺引高祖过沛,宾礼老幼,桑梓之供,一无烦扰,"伏惟明王孝思惟则,动识先戒,本国望风,式歌且舞,诛求之碎,所未闻命。"自后诸王过,不敢有烦。陇西王司马子舒深敬友密,而贵势之家惮其公直。密去官,为州大中正,性方直,不曲意势位。后失荀勖、张华指,左迁汉中太守,诸王多以为冤。武帝念之,于是都官从事奏免密官,年六十四,卒于家。著述理论十篇。

译文如下:

李密,字令伯,犍为武阳人(今四川省眉山市彭山区)。他的一个名字叫虔。父亲很早就去世了,母亲何氏再嫁。当时李密只有几岁,他恋母情深,性情淳厚,思念成疾。祖母刘氏亲自抚养他。李密侍奉祖母以孝顺和恭敬闻名当时。祖母刘氏一有病,他就哭泣,侍候祖母身旁,夜里未曾脱衣。为祖母端饭菜、端汤药,他总要尝过后才让祖母食用。有空闲的时候就讲学忘记疲劳,并且像对待老师一样侍奉拜谯周,被谯周的学生把他和子游和子夏并列(认为是很有才华的人)。

他年少时在蜀汉做郎官。多次出使吴国,颇有辩才。吴人称赞他。蜀汉平定后,泰始初年,晋武帝委任他为太子洗马。他因为祖母年高,无人奉养,没有接受官职。

皇帝看了(李密写的陈情表)以后说:"(这个)读书人高雅的名声,不是徒有虚名啊。"于是就停止征召(他)。后来(他的祖母)刘去世了,(他)服完丧,又以洗马的身份被征召到洛阳。当时(有个叫)张华的司空问他说:"(你认为)安乐公这个人怎么样?"李密说:"可以与齐桓公相并列。"张华问其中的原因,他回答说:"齐桓公得到管仲(的辅助)而称霸,任用竖刁而使自己死了不得埋葬,尸虫流出户外。安乐公得到诸葛亮的帮助而能抵抗魏国,任用黄皓而亡国,从这可知成败的原因是一样的。"又问"孔明的规劝提醒的话为什么那么琐碎?"李密说"过去舜、禹、皋陶在一起谈话,所以能够简洁高雅;《大诰》是说给普通人听的,应该具体琐碎一点。孔明和对话的人水平不相等,他的言论教导因此具体琐碎。"张华认为他的道理很好。

(后来他)到外地做温县的县令,很讨厌下属官吏,曾经给人写信说:"庆父这种人不死,鲁国的灾难不会停止。"下属官吏把他的信上报给司隶,司隶因为李密在县城的名声清廉谨慎,没有弹劾他。李密有才能,常盼望转回朝廷做官,可是朝廷中无人作后盾,于是被调到汉中升作太守,他自己因为不如意而心怀怨恨。等到皇帝在东堂赏赐酒席,让李密作诗时,他在诗的末尾说:"我这人也有心里话,说来话长。做官却朝中无人,不如回家种田。圣明的皇帝高高在上,(我的)这番话哪会正确啊!"武帝对此很生气,(识相的)都官从事马上奏请罢免李密的官职。(李密)后来死在自己家中。

思考与练习

1. 简述李密的生平。
2. 了解《陈情表》创作的历史背景。
3. 谈谈你对李密的认识和评价。

第二节 李密故里

眉山市彭山区,自古誉为"忠孝之邦","忠"讲的是张纲,"孝"指的就是李密。彭山区彭祖大道旁的雕塑——忠孝之邦。立者张纲,侍奉祖母者是李密。

李密故里在今眉山市彭山区保胜乡西南约七千米的龙安村。保胜乡位于彭山区西北部,至彭山25千米,这里虽然是一个丘区农业乡,但据说矿藏资源丰富,有天然气、页岩、红石、矿泉水和芒硝等。保胜乡西南约7千米的龙安村。成(都)雅(安)高速公路与这个小村擦肩而过,这里四面环山,九峰罗列,左有青龙山、右有白虎山、前有龙眼睛山、后有逗宝山。虽说这些山都不是很高(海拔高度500米,相对高度却只有50米左右),但却一直被堪舆家们看作是一块风水宝地。该村之所以叫龙安村,是因为这里有一座龙门寺,且在大雄宝殿弥勒佛坐像的右侧有一个幽深的石洞,洞的四壁都呈鳞甲状,当地人认为这就是"龙"的居所,既然如此,当然也就希望"龙"在这里安居了,这也许正是被称之为"龙安"的缘由之一。这座始建于唐代的龙门寺,正是李密故居的所在地。

龙门寺的大雄宝殿前,有一块雕刻着精美龙纹图案的石碑,其上刻有大清道光二十八年(1848年)的一道圣旨,说明重修龙门寺的有关事宜。

据说,在祖母百年之后复归仕途的李密,任太守期间,在自己的故里,主持修建了这座寺庙。但事实是,龙门寺创始于北齐天保年间,地处山峦耸峙、峭壁悬崖的龙门山上,山因谷内夹石凸起,形如龙首而得名,寺因龙门山得名龙门寺。寺四周三山一水环绕,景致幽雅。有龙口吐水、石谷龙门、金灯流油、幡杆圣脑、五檀闹槐、透灵石碑、菩萨迎宾、峭壁石佛等景点,素有"八宝龙门"之美称。

龙门寺兴建于唐朝贞观年间,明朝成化二年(1866年)重建,后不幸被毁,直到清末,道光皇帝颁发圣旨,龙门寺得以再次重建。据说,那时的龙门寺,八座寺庙连起一个群落,气势磅礴。后来,寺庙在20世纪60年代"文化大革命"中再次遭遇毁灭的厄运,庙里的佛像也惨遭摧毁。直到20世纪80年代,龙门寺仅剩一尊失去了双手的释迦牟尼石刻孤独地坐在那里,现在的寺庙是1994年才重新修建的。

左边的大雄宝殿,依山而建,在22米长的岩壁上,有唐代摩崖造像10龛,共计佛像60多尊,1984年列为县级文物保护单位。

佛像头部及双手有的在"文革"中被毁,有的风化。其中,第二龛为长方平顶敞口龛,内列三菩萨二供养,像高1.63米,全部是半立雕。正中者刻宝珠形头光,身着左旋通肩纱衣,腰束带,下着长裙,衣纹流畅,体态潇洒。左右两菩萨,身着圆领通肩纱衣,腰系带,饰华丽璎珞,长裙曳地,薄纱透体,肌肉丰满。此龛被选入《中国石窟艺术》(海外版)。

第四龛是长方平顶敞口龛,内刻一弥勒坐像。通高5.85米,胸宽2.65米,着双领下垂佛衣,斜披袈裟,袒胸束腰,左手抚于膝,右臂上举,赤足。龛左右有小佛,风化严重。其余还有舍利、小佛等,每龛内大小多少不等。

在弥勒座像右侧,有一石洞,洞口只有30厘米大,但其洞幽深,洞内四壁呈鳞甲状,十分奇特。据说六里开外的眉山东坡区某村一处烧火,烟却从这龙洞口冒出来。当地传说,这是上古时一条龙的栖居处。

在殿前道光圣旨炻碑的旁边,还竖立着李密像。据说,寺外原是李密故宅的荷塘,荷塘上还有一座三孔古石桥,但现已没于荒草丛中。龙门寺虽是李密的故居,但李密于晋太康八年(287年)逝世后,却是葬于今天彭山区凤鸣镇的龙门桥村,可惜的是李密墓在1965年改土中被毁去。

中华民族"百善孝为先",孝文化源远流长,催人泪下的《陈情表》让李密以孝行扬名天下,得享"天下第一孝"的美名。大雄宝殿右侧的山崖上刻着"李密故里"四个大字和一个巨大的"孝"字,这个"孝"字,高4.9米、宽3.3米,取意"事久见人心,三三见九,九九长寿。"

在这200多米长的天然绝壁上,镌刻着历代文人墨客颂扬李密孝笃的诗句、辞章和他的《陈情表》,还有再现李密生平和他孝顺祖母的浮雕组图。

来到此地,当你放眼那葱翠的四野时,你似乎会看见一对祖孙亲密地行走在这乡间小道上,那瘦小的身影总是时前时后、时左时右地始终跟随在老祖母的身旁;当你流连忘返于这故居的房前屋后时,那书案上苦读典籍的少年的身影会在你的脑际时隐时现;当你在这幽静的环境中泡上一杯清茶坐下来歇息时,只要稍稍微合双眼:老祖母抚养、教育小李密,以及成年后的李密为老祖母端茶、送饭、捶背、捏脚、洗脚以及斜坐在老祖母的床沿上端着药碗、手拿汤勺侍奉老祖母吃药等祖孙两人的身影,将会一幕幕浮现在你的眼前……

宋代学者赵与时在《宾退录》中写道:"读诸葛亮的《出师表》而不坠泪者,其人必不忠;读李密的《陈情表》而不坠泪者,其人必不孝;读韩愈的《祭十二郎文》而不坠泪者,其人必不友。"千百年来,李密写的《陈情表》以其真诚的孝心感动了许多人。

毛泽东也十分喜爱这篇文章,多次引用文中的语句。如在《新民主主义论》中形容帝国主义时说,帝国主义已是"日薄西山,气息奄奄,人命危浅,朝不虑夕";在《别了,司徒雷登》一文中,这样描述司徒雷登:"茕茕孑立,形影相吊"。

当你与好友或知己来到这里游玩、凭吊时,你也许会感受到这里的山水就是一幅美丽的图画,而这幅画就好比是一部书,这部书就是一个动人的故事,而这个故事恰恰又是一曲千古传颂的"孝"字之歌!

千古绝唱《陈情表》,以侍亲孝顺之心感人肺腑,婉转凄恻,真情沛然,被后人誉为"千古散文绝唱",广为传诵,影响深远。其人性光芒、孝思功用、文化魅力,使之成为中国古代散文名篇,并成就其在中华文化遗产中的重要地位。

思考与练习

1. 参观龙门寺,并记录自己的所思所感。
2. 调查当地人民对李密和《陈情表》以及其所代表的文化象征的认识。
3. 简述李密故里的现代意义。

第三节　李密与孝文化

一、李密与《陈情表》

作为一封奏表,李密的《陈情表》通常被冠以"至孝之文",是我国孝文化中的名篇。泰台三年(267年),晋武帝立太子,慕李密之名,下诏征密为太子洗马(太子属官)。诏书累下,郡县催促。时李密祖母已96岁,年老多病。于是他向晋武帝上表陈述家里情况,说明自己无法就职的原因。这就是千古名篇《陈情事表》(简称《陈情表》)。

李密原是蜀汉后主刘禅的郎官(官职不详)。公元263年,司马昭灭蜀汉,李密成了亡国之臣。仕途已失,便在家供养祖母刘氏。公元265年,晋武帝司马炎请李密出来做官,先拜郎中,后又拜为洗马(即太子侍从官),即文中说的"诏书特下,拜臣郎中,寻蒙国恩,除臣洗马"。晋武帝为什么要这样重用李密呢?第一,当时东吴尚据江左,为了减少灭吴的阻力,收拢东吴民心,晋武帝对亡国之臣实行怀柔政策,以显示其宽厚之胸怀。第二,李密当时以孝闻名于世,晋武帝承继汉代以来以孝治天下的策略,实行孝道,以显示自己清正廉明,同时也用孝来维持君臣关系,维持社会的安定秩序。只因为如此,李密屡被征召。

李密为何"辞不就职"呢?他在《陈情表》中首先自述身世之不幸和目前的困难:"臣密言:臣以险衅,夙遭闵凶。生孩六月,慈父见背;行年四岁,舅夺母志。祖母刘,愍臣孤弱,躬亲抚养。臣少多疾病,九岁不行;零丁孤苦,至于成立。既无伯叔,终鲜兄弟。门衰祚薄,晚有儿息。外无期功强近之亲,内无应门五尺之僮。茕茕独立,形影相吊。而刘夙婴疾病,常在床蓐。臣侍汤药,未曾废离。"

这些话说得真挚动情,说明他不能应征的原因是祖母卧病床蓐,无人照料,他必须侍奉汤药,须臾不离。像文中说的"祖母无臣,无以终余年",即他要尽孝。

但晋武帝方面却催逼得很紧:"诏书切峻,责臣逋慢,郡县逼迫,催臣上道;州司临门,急于星火",李密陷入进退两难的困境,"臣欲奉诏奔驰,则刘病日笃,欲苟顺私情,则告诉不许。臣之进退,实为狼狈"。

司马炎称帝后,力推"以孝治国",所以为了摆脱这个困境,李密高举颂扬孝治天下的大旗,陈述晋朝司马氏"以孝治天下"的国策如何泽润故老,"凡在故老,犹蒙矜育",像他这种孤苦尤甚的特殊情况,更应受到照顾,"况臣孤苦,特为尤甚"。

但李密是蜀汉旧臣,"少仕伪朝,历职郎署",古人讲"一仆不侍二主","忠臣不事二君"。如果李密不出来做官,就有"不事二君"的嫌疑,"不事二君"就意味着对晋武帝不满,这就极其危险了,所以李密说自己"本图宦达,不矜名节。今臣亡国贱俘,至微至陋,过蒙拔擢,宠命优渥,岂敢盘桓,有所希冀",以消除晋武帝对自己的猜忌:我也想官职显达,没有清高,不讲名节,本就是个亡国的俘虏,受到格外提拔,怎敢再有非分之想呢?

然后,笔锋一转,情形立变,"但以刘日薄西山,气息奄奄,人命危浅,朝不虑夕。臣无祖母,无以至今日;祖母无臣,无以终余年。母孙二人更相为命,是以区区不能废远。"他再次说明,之所以不肯应征,是由于祖母年迈多病,奉养无人,是为了孝。但这里又产生了一个问题,事父为孝,事君为忠。李密供养祖母是孝,但不听从君主的诏令,不出来做官,是不忠。古人云"忠孝不能两全"。为忠臣不得为孝子,为孝子不得为忠臣。李密很巧妙地解决了这个矛盾,最后,他以典雅清丽的笔调,倾泻出凄恻悲怆的感情,委婉地流露出先尽孝、后尽忠的想法。他向晋武帝说:"臣密今年四十有四,祖母刘今年九十有六。是臣尽节于陛下之日长,报养刘之日短也。乌鸟私情,愿乞终养。"

为祖母养老送终之后,再向君主尽忠,"庶刘侥幸,保卒余年,臣生当陨首,死当结草"。《陈情表》言辞恳切,委婉动人。表到朝廷,晋武帝看后,为李密对祖母的孝心所感动,不禁赞叹道:"密不空有其名也"。不仅同意暂不赴任,还嘉奖其孝敬长辈的一片孝心和诚心,赏赐奴婢二人,并指令所在郡县专门发给他赡养祖母的费用。

李密所上《陈情表》,说明情由委婉曲折,感人至深,以侍亲孝顺之心感人肺腑,千百年来一直被人们广为传诵。《陈情表》泣血成文,有人将此文与诸葛亮的《出师表》并称为天地间难得之至真至诚文字,迄今1700多年,凡读之者,听之者,无不为之揪心动容。作为文章,它情辞理俱佳,但不只是"文章"二字所能概括。它的人性光芒,穿透载字之纸页;它的忠孝功用,彰显于一纸之外,影响深远。对后世影响很大。直到今天,文中的一些词句还常被人引用:如"急如星火"形容情势急迫;以"狼狈"形容进退两难;以"茕茕孑立,形影相吊"形容孤苦伶仃、无依无靠;以"日薄西山、气息奄奄、人命危浅、朝不虑夕"形容岌岌可危、濒于绝境等。

李密的孝行,流芳百世,众口乐道。宋代赵与时《宾退录》有"读李密《陈情表》而不流泪者,其人必不孝"之说。明清时期,彭山县频繁重建修葺"晋李密故里碑""李密墓""忠孝祠""忠孝桥",以供官民祭祀,骚人墨客赋诗撰文凭吊,留下不少情深意切的华章。

附李密《陈情表》:

陈 情 表

臣密言:臣以险衅,夙遭闵凶。生孩六月,慈父见背;行年四岁,舅夺母志。祖母刘悯臣孤弱,躬亲抚养。臣少多疾病,九岁不行,零丁孤苦,至于成立。既无伯叔,终鲜兄弟,门衰祚薄,晚有儿息。外无期功强近之亲,内无应门五尺之僮,茕茕孑立,形影相吊。而刘夙婴疾病,常在床蓐,臣侍汤药,未曾废离。

逮奉圣朝,沐浴清化。前太守臣逵察臣孝廉,后刺史臣荣举臣秀才。臣以供养无主,辞不赴命。诏书特下,拜臣郎中,寻蒙国恩,除臣洗马。猥以微贱,当侍东宫,非臣陨首所能上报。臣具以表闻,辞不就职。诏书切峻,责臣逋慢。郡县逼迫,催臣上道;州司临门,急于星火。臣欲奉诏奔驰,则刘病日笃;欲苟顺私情,则告诉不许:臣之进退,实为狼狈。

伏惟圣朝以孝治天下,凡在故老,犹蒙矜育,况臣孤苦,特为尤甚。且臣少仕伪朝,历职郎署,本图宦达,不矜名节。今臣亡国贱俘,至微至陋,过蒙拔擢,宠命优渥,岂敢盘桓,有所希冀。但以刘日薄西山,气息奄奄,人命危浅,朝不虑夕。臣无祖母,无以至今日;祖母无臣,无以终余年。母、孙二人,更相为命,是以区区不能废远。

臣密今年四十有四,祖母刘今年九十有六,是臣尽节于陛下之日长,报刘之日短也。乌鸟私情,愿乞终养。臣之辛苦,非独蜀之人士及二州牧伯所见明知,皇天后土,实所共鉴。愿陛下矜愍愚诚,听臣微志,庶刘侥幸,保卒余年。臣生当陨首,死当结草。臣不胜犬马怖惧之情,谨拜表以闻。

译文如下:

臣子李密陈言:我因命运不好,很早就遭遇到了不幸,刚出生六个月,父亲就弃我而死去。我四岁的时候,舅父强迫母亲改变了守节的志向。我的祖母刘氏,怜悯我年幼丧父,便亲自抚养。臣小的时候经常生病,九岁时不能走路。孤独无靠,一直到成人自立。既没有叔叔伯伯,又缺少兄弟,门庭衰微、福分浅薄,很晚才有儿子。在外面没有比较亲近的亲戚,在家里又没有照应门户的童仆,生活孤单没有依靠,只有和自己的身影相互慰问。但祖母刘氏又早被疾病缠绕,常年卧床不起,我侍奉她吃饭喝药,从来就没有停止侍奉而离开她。

到了晋朝建立,我蒙受着清明的政治教化先前有名叫逵的太守,察举臣为孝廉后来又有名叫荣的刺史推举臣为优秀人才。臣因为供奉赡养祖母的事无人承担,辞谢不接受任命。朝廷又特地下了诏书,任命我为郎中,不久又蒙受国家恩命,任命我为太子的侍从。我凭借卑微低贱的身份,担当侍奉太子的职务,这实在不是我杀身所能报答朝廷的。我将以上苦衷上表报告,加以推辞不去就职。但是诏书急切严峻,责备我怠慢不敬。郡县长官逼迫我,催促我立刻上路;州县的长官登门督促,比流星坠落还要急迫。我很想奉旨为皇上奔走效劳,但祖母刘氏又早被疾病缠绕,想要姑且顺从自己的私情,但报告申诉不被允许。我是进退两难,十分狼狈。

我想晋朝是用孝道来治理天下的,凡是年老而德高的旧臣,尚且还受到怜悯养育,况且我孤单凄苦,程度更为严重呢。况且我年轻的时候曾经做过蜀汉的官,担任过郎官职务,本来希图宦达,不顾惜名声节操。现在我是一个低贱的亡国俘虏,十分卑微浅陋,受到过分提拔,恩宠优厚,怎敢犹豫不决,有非分的企求呢?只是因为祖母刘氏寿命即将终了,气息微弱,生命垂危,早上不能想到晚上怎样。我如果没有祖母,无法达到今天的地位;祖母如果没有我的照料,也无法度过她的余生。祖孙二人,互相依靠而维持生命,因此我不能废止侍养祖母而远离。

我现在的年龄四十四岁了,祖母现在的年龄九十六岁了,这样看来我在陛下面前尽忠尽节的日子还很长,而在祖母刘氏面前尽孝尽心的日子已经不多了。我怀着乌鸦反哺的私情,乞求能够准许我完成对祖母养老送终的心愿。我的辛酸苦楚,并不仅仅是蜀地的百姓及益州、梁州的长官所能明白知晓的,天地神明,实在也都能明察。希望陛下能怜悯我愚昧诚心,满足我微不足道的心愿,使祖母刘氏能够侥幸保全她的余生。我活着应当杀身报效朝廷,死了也要结草衔环来报答陛下的恩情。我怀着像犬马一样不胜恐惧的心情,恭敬地呈上此表来使陛下知道这件事。

二、《陈情表》忠孝外表下君臣的政治博弈

李密"先尽孝、后尽忠"的想法,正中晋武帝的下怀。东汉以来,品评士人以乡间清议为基础,而乡间清议则以儒家的道德为标准,儒家的道德的核心为"仁""孝",与"仁""孝"相关的乃是"忠""孝"。做官与养亲,忠君与孝亲,孰先孰后,孰轻孰重?一直处于讨论之中。

(一)历史背景

公元263年,曹魏灭蜀汉。265年,司马炎通过禅让称帝,夺取曹魏政权,改国号晋,史称西晋,司马炎即晋武帝。晋武帝追封司马懿为宣帝、司马昭为文帝。至此,经过三代的努力,司马家族完成了政权的夺取。在史学家陈寅恪先生看来,晋、魏政权更迭,不是司马、曹两姓的胜败问题,而是儒家豪族和非儒家的寒族的胜败问题,这就明确了"西晋政权是儒家豪族的政权"这一性质[1]。

在司马家族夺取政权的过程中,往往充斥着残忍的杀戮,由此造就了中国历史上最黑暗的时期之一。对那些不依附自己的名士,司马氏常常用自己的阴毒残忍手段将其杀害。这其中最为有名的当属嵇康的遇难,也因此,嵇康的好友向秀被迫臣服,只能在《思旧赋》中隐晦地表达自己的伤感。《世说新语·尤悔》中记载晋明帝问温峤自己祖上得天下的原因,温峤具陈司马懿、司马昭"诛夷名族,宠树同己"[2]的事,以致明帝把脸埋在座位上,羞愧地说,若是如此夺取天下,那么晋朝的国祚又如何长久呢!

司马氏夺权的过程就是一部血腥屠戮史。但现在晋武帝已经坐定天下,既然自身是儒家豪族,西晋是儒家豪族的政权,那么自然就必须修复先前大规模杀戮造成的士人及社会的恐慌局面,对名士不再行残忍杀戮之事,而是变为对名士的拉拢和平衡名士之间的争斗,以维持政权合法、稳定。于是,为了得到士人的普遍支持,使这个政权获得道义上的力量,晋武帝不得不依靠名士群体。

同时,晋武帝标榜儒家名教,提倡儒家以孝义、礼法等为核心的道德标准。服膺儒教即遵行名教。其学为儒家之学,其行必须符合儒家用来维系名教的道德标准与规范,即所谓孝友、礼法等。在儒家看来,忠孝一体,孝于亲才能忠于君。士人自身的道德优劣成为能否受到朝廷征召及入仕与否的重要条件。因此,一个士人必须大力崇德,让自己的孝义礼法闻名乡里,才会受到朝廷的重视和征辟;另一方面,朝廷通过察举征召这些"德"之名士,既能为朝廷发现、使用,也能通过他们为天下士子树立楷模。于是,尽管两晋政权动荡不安,但于孝义的追求却是

---

[1] 万绳楠.陈寅恪魏晋南北朝史讲演录[M].贵州:贵州人民出版社,2001.
[2] 徐震堮.世说新语校笺:卷三十三[M].北京:中华书局,2001.

一以贯之的。"晋氏始自中朝,逮于江左,虽百六之灾迨及,而君子之道未消,孝悌名流,犹为继踵。"①

就晋武帝本人来说,虽晚年未能善终,但总体也可谓一代贤君。其为晋朝开国之君,又于279年灭吴,三国归晋,完成统一大业。作为君王,晋武帝"宇量弘厚,造次必于仁恕;容纳谠正,未尝失色于人;明达善谋,能断大事,故得抚宁万国,绥静四方"②。为了稳定统治,在儒家教义下,他多次下诏要求举荐符合道德标准的人才加以任用,"孝弟忠信,清白异行者,举而进之"③;并且要求惩处那些违背孝义的人,"有不孝敬于父母,不长悌于族党,悖礼弃常,不率法令者,纠而罪之"④同时,对于魏、蜀、吴三国政权中的"旧望",多采用开明政策,随德、随才擢用,以期获得更广泛的人心支持,维护稳定统一的局面。由蜀汉入晋的大臣文立曾上言晋武帝对于蜀汉人才"各宜量才叙用,以慰巴、蜀之心,倾吴人之望",而晋武帝"事皆施行"⑤。

由此,我们就可以清晰地看出晋武帝征召李密的政治意图了。在灭蜀未久、立国之初,基于儒家孝义礼法,亦是拨乱先前对名士残忍地杀戮,同时为笼络蜀汉人心,并对尚未统一的东吴士人起到示范作用,晋武帝"过蒙拔擢""诏书特下""急于星火",下令征召任过蜀汉官员、标榜儒家孝义并在蜀汉及东吴有一定名声的李密。

(二)政治博弈

如果说当初司马氏杀嵇康,是借用这位有声望的名士性命,用武力迫使名士群体就范的话,那么现在晋武帝征召李密,则是借助名士李密的声望影响,用怀柔政策笼络名士群体,同时验证魏、蜀、吴名士群体之心,以强调晋朝政权的合法性。在这样的前提下,李密上表"辞不就职",就不得不考虑到底什么才能够触动晋武帝。他面对的不是普通人,依靠着相依为命的祖孙孝情就能让人泪流满面?他面对的是一代帝王晋武帝,只有拨动武帝的政治心弦,才会获得准奏。

李密先是正名。他恭维晋武帝的晋朝是"圣朝",而把自己侍奉过的蜀汉称为"伪朝",一圣一伪,立场鲜明。其次称臣。在《陈情表》中,李密使用了27个"臣"字。这样的称谓符合奏章的要求,但值得注意的是,李密此时尚未在晋朝为官。俯首称臣,身份鲜明。三则标榜孝义。抓住晋武帝以孝义治天下,表明自己尽孝祖母恰是天下孝义礼法的典范。以孝攻孝,政策鲜明。接着妥协退让。先说自己热衷为官,不存效忠蜀汉的名节;然后言明为晋武帝尽忠,只是尽忠之前先为祖母尽孝,皇帝需要暂行等待。尽节尽忠,态度鲜明。最后感恩戴德,诚惶诚恐。亡国贱俘,蒙受国恩,自当生当陨首,死当结草。临表涕零,情感鲜明。

这其中,我们明显看到,李密"辞不就职"的用力之处并不全然在于强调对祖母的孝义。孝名已有,孝道也符合朝廷提倡,以孝为名不出仕是再自然不过的事情。但偏偏李密是侍奉过蜀汉"伪朝"的名士,晋武帝之于李密的征召,怀柔笼络之余,也是对其名节的考验。皇帝最为猜忌的恰是李密以孝为借口的"矜名节",眷恋旧朝,蔑视新朝,忠臣不事二主,这实际上是否认晋

---

① 房玄龄.晋书[M].北京:中华书局,1974.
② 房玄龄.晋书[M].北京:中华书局,1974.
③ 房玄龄.晋书[M].北京:中华书局,1974.
④ 房玄龄.晋书[M].北京:中华书局,1974.
⑤ 陈寿.三国志:卷四十二[M].北京:中华书局,2006.

朝的合法性。李密深谙此理,着眼于皇帝的政治利益,暗中极于"名节"处用力,努力强调晋武帝的正统合法以及自己尽忠皇帝的决心。《陈情表》可谓字字扎中晋武帝的帝王之心,完美体现了晋武帝的政治诉求,维护了晋武帝一统天下的政治形象。或者说得更通透些,晋武帝对李密的征召只是一次名士"示众"行为,他可以无视李密的孝情,无视李密忠孝进退的狼狈,却不可以无视李密对晋朝合法秩序的挑战。而李密正是站在晋武帝的立场,表达了对晋朝神圣合法秩序的认可,这才是《陈情表》让晋武帝阅后唏嘘感叹且痛快恩准的根本原因。

历史上许多人"矜名节",不惜牺牲生命维护忠义,成就自我忠臣名声的同时也气恼了皇帝。也有许多人隳名节,然而一时风光后却也往往被钉在"贰臣"的耻辱柱上。至于李密有没有为蜀汉"矜名节"的一面,我们无从得知。不过更可能的是,李密确实是出于至孝而辞不就职,因为这封奏表留下了"尽忠"的铁证,把他推到了将来辞无可辞的境地。事实上,在其祖母逝去后,李密也的确出仕,兑现了尽忠的诺言。不过客观上,为祖母尽孝替李密赢得了一个政治上的"缓冲期",使得他没有像他的老师谯周那样,被后世放在道德的火架上炙烤。

而晋武帝对于李密陈情的恩准赏赐,除体现出自己"宽惠仁厚"[①]外,又别出机杼地彰显了皇帝对天下士人的皇恩浩荡,也可谓机关算尽了。晋武帝强调"孝",提出"以孝治天下"的国策,一方面是巩固和强化已经确立的门阀制度,另一方面以标榜孝行为武器来控制士大夫。李密的孝行,符合晋武帝的主张,正可树一典范。

三、《陈情表》评价

李密的《陈情表》在发表之初似乎并未为世人所重,直到两百多年后被萧统收录于《昭明文选》才得以载入史册,并不断地为历朝历代文人学者所收录、评价与模仿。南朝有沈炯模仿其写《陈情表》,唐朝分别有陈子昂《为人陈情表》、柳宗元《为户部王叔文陈情表》吴少微《为任虚白陈情表》、张说《让起复黄门侍郎》三表等对李密《陈情表》进行不同程度的模仿,有骆宾王评价李密存不得已之衷情,并有《晋书》和《六臣注文选》对其进行收录。宋人对《陈情表》留有诸多评价,主要有真德秀、李格非评价其真情谆笃、感人肺腑;赵与时、王炎尝、包恢、李耆卿高赞其孝道;杜范、徐铉、刘辰翁评其有不得已之苦情,宋祁点出"尽节于陛下之日长,报刘之日短"为关键句等,另有《古今事文类聚》《古文集成》《通志》《册府元龟》等对《陈情表》进行了收录。《陈情表》在元代的影响力有增无减,陶宗仪给予其高度评价,另有《氏族大全》《续后汉书》收录其文,且经常作为典故或材料为宋代文人墨客所援用。

明代分别有王祎给予《陈情表》高度评价;薛瑄评其饱含真情;胡翰评其符合君子道义并指出其出处;郑文康指出"舅夺母志"句是刻意展现其母之丑;吴俨指出祖母刘之不易;杨慎考证"伪朝"原作"荒朝"等,有陈献章、海瑞、陈茂烈、简祖英、程通等人对其进行模仿创作,有《和邵二泉申诏许终养韵》《双节篇为参戎郭云屏二母》《明梦魂飞遗越王台》等诗对其援引,并有《经济类编》《文编》《西晋文纪》《文章辨体汇选》《读书义》《何氏语林》等对其进行收录。在清朝,有林云铭、吴楚材、吴调侯、浦起龙、余诚、过珙、唐介轩等人从真情与动人方面对其加以评价,有《御览经史讲义卷》《圣祖仁皇帝御制文集》等书及唐德宜给予其高度评价,另有姜炳璋指出其出处及何焯对其进行细读,梁成楫对其进行引用,《为某君求不戒烟对妾陈情表》《拟沈佩珍狱

---

① 房玄龄.晋书[M].北京:中华书局,1974.

中陈情表》《戏拟妓女陈情书》《那相最后之陈情表》对其进行模仿,及《四川通志》《御定渊鉴类函》《御选古文渊鉴》等对其进行收录。

现代时期既有余诚格、张维对其进行模仿,有念麟在《自修》上对其进行收录,有买舟、王超一对《陈情表》进行辩护,更有芸斋认为《陈情表》多为托辞。在教材收录方面,既有将其收录于小学课本,也有将其收录于中学课本。

四、中国孝文化

"孝"是中国古代社会一个十分重要的问题。历代统治者为稳固其统治政权,安定社会秩序,无不大力提倡和推行孝举,嘉勉孝子。经过封建文化的长期浸淫熏陶,"孝"的观念也深刻地影响了上至达官贵显、下至普通民众的伦理价值标准。

我国现存的最早文字甲骨文中即有"孝"字,殷商时代也已有厚葬之俗,这表明至少到那时,先民们已经开始崇敬祖先。把孝作为一种伦理道德规范,赋予孝以特定含义,至少到周已经开始了。《尚书·酒诰》有言:"肇牵车牛,远服贾用,孝养厥父母。"显然,周人已经认为孝的标准起码是要赡养父母。

先秦时代,儒家以孔孟为代表,把孝提到了前所未有的高度,儒家学派大大丰富了孝的内涵,使之体系化、完整化,把它视为一种基本的伦理道德规范。随着后世儒家占据正统地位,它关于孝的观念深深地影响了此后的中国社会。孔子至少在五个方面为孝道的完善和丰富做了贡献,一是强调"敬",二是强调"无违",三是强调忠、孝结合,四是视孝为包括各个阶层的伦理道德标准,五是把孝推向社会,并上升为治国安邦之本。孟子更进一步提出了"亲亲"原则,极力反对所谓的不孝,把孝扩充为评价一切是非的最高标准。经过以孔孟为代表的儒家学派的努力,以战国末期问世的《孝经》为标志,孝的观念、学说已成体系化,孝的地位得到奠定,含义日益明细、条理,一整套对孝的提倡、实行、约束机制得以提出,并在日后得到实施。

儒道法三家都主张行孝,儒家是文化主义的,诉诸立德和教化,而道家和法家却有不同观点。道家反对过度用力,认为孝作为一种天生的感情和行为,自然会在每个人身上体现出来,自然而然地去做就是了,认为的强调反而会造成负担,导致虚伪,疏远人们之间的关系。法家着眼的是不尽孝的那一面,说跟这样的逆子讲道理是没用的,因为其人性特别不好,对付这种人只有一个办法,就交给官府。执法吏腰里挂着锁人的链子,手里提着刀戈棍棒上门来,不孝子马上就老实了,再也不敢忤逆,因为等着他们的是监禁和刑罚,悖逆或违法的成本太高。综上,道家是自然主义的,遵从个人的自觉自愿;法家是国家主义的,依赖权利对生活的全面干预。

由于忠与孝的内在联系,人们常把二者放在一起说,曰孝子忠臣。基于血缘关系建立的宗法制社会中,孝的观念得到较早发展和成熟不足为奇,相比之下,"忠"似乎并不显得那么迫切和重要。据考,西周以前没有"忠"字,"忠"最早出现于春秋晚期的《论语》和《左传》,"其最初的内涵是一种人们内向的自我修养、自我完善的彻底追求,以及由此产生出的一种自觉地对他人、对社会的责任心和道德行为,而不是一种外向的名分行为的表现。"至战国末期以至秦、汉初,与中央集权的确立相适应,"忠"被赋予了臣下对君主顺从、效忠的含义。而一旦忠的观念得以明晰,就势必要和已有的基本观念"孝"发生关系。汉代重孝,"忠君观念刚刚形成,还没有在人们思想中牢固地扎下根来,沿用宗法制的宗族观念的孝道与忠结合,成了忠的有力支柱",《孝经》:"故以孝事君则忠。"(《孝经·士章第五》)以侍奉父母的孝心来对待君主就是忠心,又说："君子之事亲孝,故忠可移于君"(《孝经·广扬名章第十四》),对君主的忠诚是对父母孝敬的转移,同一个东西,在家为孝,在国为忠。为什么说忠是由孝移过去的呢?因为孝在前,忠在后;父子关系在前,君臣关系在后。人是出生在家里的,先做人,长成后才走上社会,做国家公民。《孝经》说："夫孝,始于事亲,中于事君,终于立身。"(《孝经·开宗明义章第一》)即孝道从事奉双亲开始,经过为国家忠诚服务,终止于做人的最后成就。忠只是孝行的一个表现形式。这就告诉我们,臣子尊崇君主、民众尊崇国家是子女尊崇父母的推移和延伸,是孝道在其他关系中的运用。两者并行不悖,相辅相成,人们自小接受孝的教育,善事尊长,长成以后,移孝于忠,建功立业,是所谓"欲求忠臣必于孝子之门"《后汉书》卷二六《韦彪传》记："孔子曰：'事亲孝,故忠可移于君,是以求忠臣必于孝子之门。'唐李贤等注曰：'《孝经纬》之文也'。")

《韩诗外传》卷二记载："楚昭王使石渚为理道,有杀人者追之,则父也。渚曰：'不私其父非孝也,不行君法非忠也。'于是刎颈而死。"说的是春秋时期,楚国有个叫石渚的人,很受国君楚昭王的赏识,给了他一个职位。一天路上发生凶杀,案子报到石渚那里,他立刻跳上车子去追捕逃犯。追上一看,罪犯竟是自己的父亲。石渚立即调转车头,返回城里。他来到朝堂,说:杀人凶手是我的父亲,然而运用刑罚冒犯自己的父亲,我下不了手;但这样一来就包庇了罪犯,等于徇私枉法,这又是我所不齿的。作为一个官吏,我执法不当,应该受到惩处,这是臣子必须恪守的道义。于是伏下身子,趴在刑具上,请求国君下令处死自己。楚昭王不忍心杀掉这样一个人才,为他开脱道:追捕罪犯,怎么可能每次都不失手呢?没有抓到人也不能就地处死啊!你回去继续做官吧。石渚不起来,说:不遵从自己的父亲,不可以叫孝子;侍奉君主而违法,不可以叫忠臣。大王您赦免我,是国君的恩惠;不敢违背刑法,是臣子的操行。说罢拔剑自杀了。

与石渚遭遇相似的人不少。东汉灵帝时,辽西郡太守赵苞的母亲和妻子被鲜卑人劫持,押着她们攻打辽西。赵苞在阵前见到已经成为人质的母亲,悲恸号哭,说儿子罪大恶极,害了母亲,但自己现在是国家大臣,大义不能顾私恩,只能拼死一战。母亲说生死有命,我儿岂能损害忠义!于是赵苞发动攻击,全歼鲜卑,然而母亲、妻子也被鲜卑杀害。事后赵苞受到朝廷褒奖,允许他护送母亲和妻子的棺柩回乡安葬。赵苞对乡亲说:食朝廷的俸禄而逃避灾难,不是忠臣;害死母亲而保全忠义,不是孝子。我还有脸活在世上吗?吐血而亡。

到这里我们可以明白《史记》为什么说"尊先祖而隆君师了"。隆,凸显,光大。在维护秩序的三大关系中(加上天地为五大关系),尊父第一,忠君和敬师是尊父精神的发扬。尊父精神就是孝道。由此可以说,只要抓住了孝道,就不会出现大乱子,孝道是秩序之本。《论语》中的一句话说得非常透彻："其为人也孝弟,而好犯上者,鲜矣;不好犯上,而好作乱者,未之有也。"(《学而》)做人讲究孝敬父母和遵从兄长的人,却喜欢犯上,是很少见到的;不喜欢犯上的人,却喜欢作乱,还不曾有过。

唐长孺先生指出:从东汉以来由于辟召的制度,君臣的关系可以在汉室以外别自在府主和掾属间建立,因此履行"忠"的义务也不限于对汉室而言。同时在汉末门阀业已形成,家族的联系极为密切,"孝"为家族间的基本道德,而乡间清议主要的标准也在于家族间的道德行为,"孝""悌"二事,所以对于孝道的履行在社会上有严格的要求与热心的鼓励。这种道德标准是建立在当时的社会基础上的,由于个人与乡里与家族不可分割,仕宦之始在乡里,进身之途在操行,所以"忠""孝"义务不能规避,同时也乐于负担。但是忠孝之间却难免产生矛盾。"自晋以后,门阀制度的确立,促使孝道的实践在社会上具有更大的经济上与政治上的作用,因此亲先于君,孝先于忠的观念得以形成。同时,现实的政治也加强了,并且发展了这种观点,……"

唐长孺进一步指出,这种观念"自晋开始而下及李唐"乃与当时实际的社会风气及政治背景有关。"然而孝道的过分发展必然要妨碍到忠节。一到唐代,一统帝国专制君主的威权业已建立,那种有害于君主利益的观点随着旧门阀制度的衰落而趋于消沉,……"[①]唐长孺先生的上述论断给我们以多方面的启示,其中之一乃是揭示出这种观念及行为上的变化有一个过程,并有其特殊的历史背景。

五、孝文化的传承

孝,是子女对父母的感恩,是人类最普遍、也最朴素的情感。正如唐代诗人孟郊《游子吟》中所说:"谁言寸草心,报得三春晖。"父母在我们生命之初为我们的无私付出,我们是难以回报的。在民间,百姓也通过自己日常所见的"羔羊跪乳""乌鸦反哺"的现象来教育子女要懂得尽孝。

(一)成为孝子的五个条件

从孔子创立儒家学派伊始,就将孝作为儒家的核心价值,给予了高度的重视,并将其作为儒家诸多核心价值的原点。《孝经·纪孝行章第十》中对孝子之行进行了细致入微的描述:

子曰:"孝子之事亲也,居则致其敬,养则致其乐,病则致其忧,丧则致其哀,祭则致其严。五者备矣,然后能事其亲。事亲者居上不骄,为下不乱,在丑不争。居上而骄则亡,为下而乱则刑,在丑而争则兵。三者不除,虽日用三牲之养,犹为不孝也。"

这里的"五备"和"三除"具体而明确地告诉我们,在日常生活中什么样的行为才能称为孝。这是孝行的具体表现,也是孝与不孝的分界线。

我们只有做到了如下五方面,方能称为一个孝子:

居则致其敬——日常生活中,要表达出对父母的恭敬。

养则致其乐——供奉饮食时,要表达出照顾父母的快乐。

病则致其忧——父母生病时,要表达出对父母健康的忧虑。

丧则致其哀——父母去世时,要表达出天人永隔的悲伤哀痛之情。

祭则致其严——祭祀父母时,要表达出事死如事生的追慕怀念之情。

(二)五等之孝

"百善孝为先",孝道是最基本的道德操守,孝行是最重要的道德行为。但儒家强调"君子思不出其位"(《论语·宪问第十四》)。即使是尽孝之举,对居于不同地位身份的人也有不尽相同的要求。

这种差别就是礼的精神所在。《孝经》将天子、诸侯、卿大夫、士、庶人对待父母的孝做五等区分,拥有的地位越高,所要承担的责任越重,对他人的态度也要越恭敬,对礼的奉守也要越严格。

1. 天子之孝,垂范天下

子曰:"爱亲者不敢恶于人,敬亲者不敢慢于人。爱敬尽于事亲,而德教加于百姓,刑于四

[①] 唐长孺.魏晋南朝的君父先后论[M].北京:中华书局,1983.

海。盖天子之孝也。《南刑》云,'一人有庆,兆民赖之。'"

——《孝经·天子章第二》

即使贵为天子,依然要谨言慎行,丝毫不敢被人所厌恶、所怠慢。同时,也不敢厌恶和怠慢他人。这正是尊亲和弗辱中应有之义。天子不是高高在上的,而是通过事亲的爱和敬,以身作则,躬行孝道,使自己成为人民的榜样,以此来教化百姓。"施德教于人,使人皆敬其亲,不敢有慢其父母者,是广敬也。"(《孝经注疏》)这也是孔子所谓"己欲立而立人"之意。出于对父母的感恩,天子才会有如此的孝道和孝行;出于对父母的孝敬,天子才会如此推己及人。

2. 诸侯之孝,安身立命

在上不骄,高而不危;制节谨度,满而不溢。高而不危,所以长守贵也;满而不溢,所以长守富也。富贵不离其身,然后能保其社稷而和其民人。盖诸侯之孝也。《诗》云:"战战兢兢,如临深渊,如履薄冰。"

——《孝经·诸侯章第三》

诸侯,是天子所分封的各国的国君。此章对诸侯进行劝孝,要求诸侯"在上不骄""制节谨度",方可"长守贵""长守富""保社稷"。为什么这么说呢?

身居高位但不骄傲自满,那么即使高高在上也不会有倾覆的危险;俭省节约又能慎守法度,那么即使财富充裕也不会僭礼奢侈;高高在上而且没有倾覆的危险,这样就能长久地保住尊贵的地位;财富充裕也不会僭礼奢侈,这样就能长久地守住财富。先要能够把握住富与贵,然后才能保住自己的国家,这样才能使自己的人民和睦相处。所以说像诸侯这样身处高位的人,要想消灾免祸、长守富贵、保住国家,就要用"战战兢兢,如临深渊,如履薄冰"的心态来对待自己、约束自己。

3. 卿大夫之孝,言行中道

非先王之法服不敢服,非先王之法言不敢道,非先王之德行不敢行。是故非法不言,非道不行。口无择言,身无择行。言满天下无口过,行满天下无怨恶。三者备矣,然后能守其宗庙。盖卿大夫之孝也。《诗》云:"夙夜匪懈,以事一人。"

——《孝经·卿大夫章第四》

不合乎先代圣王礼法所规定的服装不敢穿;不合乎先代圣王礼法所规定的言论不敢说;不合乎先代圣王道德规范的行为不敢做。因此,不合礼法的话不说,不合道德的事不做。所有言行都能自然而然地遵守礼法道德,所以开口说话不需要字斟句酌,行为举止不用考虑什么该做、什么不该做。这样就不会因言语多而有过失,自己的行为也不会招致别人的怨恨。

功名利禄动人心,卿大夫是国家的栋梁,是朝廷的肱股。他们的所作所为代表了国家的形象、国家的意志。对他们而言,谨言慎行尤为重要。他们的职责,是必须要效法先王,遵道而行。

4. 士之孝,移孝作忠

资于事父以事母而爱同,资于事父以事君而敬同。故母取其爱而君取其敬兼之者父也。故以孝事君则忠,以敬事长则顺。忠顺不失,以事其上,然后能保其禄位而守其祭祀。盖士之孝也。《诗》云:"夙兴夜寐,毋忝尔所生。"

——《孝经·士章第五》

用侍奉父亲的态度去侍奉母亲,这种爱心是相同的;用侍奉父亲的态度去侍奉国君,这种敬心也是相同的。

士阶层是国家的低级官员,是朝廷中的新进之官。他们离开父母去朝廷中做官,刚刚成为国家统治阶级中的一员,那么他们以什么样的态度来对待国君,怎么去忠于职守,这是他们是否可以成功的重要因素。

《孝经》从孝亲入手,条分缕析,讲明了忠和孝之间的关系,明确提出了:

以孝事君则忠——有孝行的人为国君服务必能忠诚;

以敬事长则顺——能敬重兄长的人对上级必能顺从。

若能做到以上两点,那么:忠顺不失,以事其上——忠诚与顺从都做到没有什么缺憾,然后用这样的态度去侍奉国君和上级。然后能保其禄位而守其祭祀——就能保住自己的俸禄和职位,维持对祖先的祭祀。移孝作忠,以忠顺之心事其上。这是士的为官之道,同时也是士的孝亲之举。

5. 庶人之孝,谨身节用

用天之道,分地之利,谨身节用,以养父母。此庶人之孝也。故自天子至于庶人,孝无终始,而患不及者,未之有也。

——《孝经·庶人章第六》

由据此可知,庶人之孝主要体现为以下三个方面:

首先要顺应天时——春生、夏长、秋敛、冬藏;

其次要分别五土——山林、川泽、丘陵、坟衍、原隰,视其高下,各尽其宜;

最后做到持身恭谨,远离耻辱;勤俭持家,免于饥寒。

以此三者来奉养父母,就已然超越了"养口体",而达到了儒家所奉守的"养志"之孝。

"故自天子至于庶人,孝无终始,而患不及者,未之有也。"也就是说,上自天子,下到百姓,孝道是不分尊卑、超越时空、永恒存在、无始无终的。孝道也是人人都能够做到的,只要有孝心,每个人,不论地位尊卑,能力高下,家境好坏都可以从当下做起,用自己的言行举止,很好地发扬孝道精神。

《孝经》对天子、诸侯、卿大夫、士、庶人对待父母的孝做了详尽而明确的区分,我们感受到的绝不是贵族的特权和对庶人的歧视,恰恰相反,而是对在上位者的责任的强调和对在下位者的最人性化的保护。也就是说这五等之孝的要求是递减的,下位者不要求做到上位者应尽的孝道,但上位者却要做到自己等级以下的所有的孝行。这些标准虽然与我们隔着两千多年的时间,但是如果我们用心去体察,每一句话都可以作为我们当代人尽孝心、明孝道的思想基础和精神依归。

(三)孝风传承

文化的魅力在于影响一代又一代人的精神走向,如今,"孝风"普吹李密故里,仿佛一朵传承千年而始终盛开不败的精神之花。

由眉山市首任市长、中国书法家协会会员余斌所书的巨幅"孝"字,与"李密故里""中华第一孝"等书法镌刻于天然绝壁之上,相互辉映。200米长的石刻艺术长廊形象生动、美仑美奂……这里的一切,都在无声的渲染着一个主题——孝。正所谓山是一幅画,画是一部书,书是一部动人的故事,故事是一曲千古传颂的"孝"之歌。

54岁的鲜家祥,家里是"四世同堂",日子过得乐融融。他的父亲鲜春明已经83岁了,每逢老人过生日时鲜家祥五兄妹都要聚到一起祝寿。"每个人都会老,我们对老人应该孝敬,龙安村是忠孝之乡,老人普遍受到尊重,谁要是给这忠孝之乡丢脸,不骂死他才怪",鲜家祥说。

龙安村村支书李银同告诉我们,全村80岁以上老人有40多人,民风淳朴,尊老爱幼蔚然成风。兼任民事纠纷调解员的他,如今基本上没事可做。"我们这里是忠孝之乡,现在谁家发生纠纷我就罚他们背一遍《陈情表》",李银同笑着说。

孝与不孝,是衡量一个人道德好坏的重要标准。在以德治国,构建和谐社会的今天,孝,应该成为社会主义精神文明的重要内容。百善孝为先,有"孝",才有仁义;有"孝",才有忠信。一个人从小能孝敬父母,长大才能把仁爱之心推广到社会。试想,一个连自己父母都不孝敬的人,如何能关心他人,热爱祖国?

据介绍,目前仅保胜乡全乡上就有100岁的老人有2人,五保老人有100多人,县民政局每月发给百岁老人生活补助,乡上逢年过节慰问五保老人,还帮助一些五保老人修缮危房。如今,一股孝风如春风吹拂着"忠孝之乡"。这难道不是李密及其《陈情表》所传扬的伦理精髓吗?在老无所养、老无所乐、子女不孝的地方,老人可能长寿吗?彭山老人长寿的现状正是孝文化魅力的最好体现。

目前,李密忠孝文化这个专题申报眉山市第一届非物质文化遗产已经获得批准,相信在政府和大家的努力下,李密孝文化将得更好的发扬光大。

翠秀葱茏的山脚下,几株高耸入云的香檀桢楠,似中华第一孝子李密高大的身影,高高举起手臂向我们频频招手……

思考与练习

1. 结合相关历史背景,再读《陈情表》,你如何理解其中体现的孝文化?
2. 结合当前的社会实际,谈谈如何传承与发扬孝文化?
3. 谈谈李密及孝文化对彭山区社会发展的作用。

第七章 丹棱大雅文化

第一节 观丹棱之美,登大雅之堂

一、大雅文化之源头

天下大事,凡事都有大道理、大背景,大雅文化之于中国,是顶天立地的文化大事。

说大雅文化之前,不能不先说大雅之堂。凡事都有来龙去脉,大雅之于眉山文化,是最近的文化源头。

一座高屋华堂在眉山丹棱拔地而起,黄庭坚最后琢磨着为它起了名字。其实,这名字他早已胸有成竹、烂熟于心了。蘸墨、提笔、悬肘、运气,三个大字,惊天动地降临人间:大雅堂。

20世纪50年代以后,西方学界称神话是文学起源的观点居世界主流,典型的例证便是希腊神话。中国的文学源头又是什么呢?

20世纪以前,都说中国文学的源头是六经,即孔子整理的《诗经》《书经》《礼记》《易经》《乐经》《春秋》六部远古留存典籍。鉴于西说东渐,2015年8月,光明日报《国学》版和《文学遗产》版为此组织了专门的辩论会。迄今为止,主流的观点是以六经为中国文学之始,而把神话纳入战国时代来讨论。

孔子(公元前551年9月28日至公元前479年4月11日),名丘,字仲尼,生活在东周春秋末期,鲁国陬邑(今山东省曲阜)人,大思想家、大教育家,是中国儒家学派的创始人(见图7-1)。孔子在古代被尊奉为"天纵之圣""天之木铎",被后世统治者尊为孔圣人、至圣先师、万世师表。21世纪之初,孔子荣登"世界十大文化名人"之一。

图 7-1 孔子像

从公元前3世纪开始,世界文明史上出现了学术思想的空前活跃、文化成就异彩纷呈。德国思想家卡尔·雅斯贝尔斯在《历史的起源与目标》一书中,第一次把这数百年间同时出现在中国、西方和印度等地区的人类文化突破现象称为"轴心时代",认为世界各个区域的文明经过早期发展之后,形成了中国、印度、希腊三大古典文化中心,其显著标志是一批非凡的先知式文化大智者的出现,包括孔子、孟子、老子、墨子、庄子、荷马、赫西俄德、巴门尼德、希罗多德、赫拉克利特、修昔底德、苏格拉底、德谟克里特、柏拉图、亚里士多德和阿基米德等。

轴心时代的孔子，堪称天赐中华的文化播火者。"天不生仲尼，万古如长夜"，并非妄语。

大雅堂在丹棱拔地而起并非偶然，丹棱，"山不高而秀，水不深而清"，地理位置优越，美丽宜居，又极具文化历史底蕴。

丹棱青山绿水，湖光山色，春来十里桃红，初夏万顷橙香，四季花果飘香。丹棱，像一颗璀璨的明珠，镶嵌在广袤的成都平原边缘。丹棱风光秀丽，有"成都南来第一峰""佛教入蜀第一山"之名的老峨山，有"花田生龙脊、金牛分阴阳、翠珠落玉盘"的大雅花涧，有"晓雨不湿衣、九月瑞雪飞、夜半闻琴声"的黄金峡，亦有蒋大为先生誉之为"真正桃花盛开的地方"的丹棱桃花源。

游走在丹棱的土地上，你会不由自主地沉浸在丹棱美丽的自然风光和深厚的人文底蕴之中。不知不觉中，你便会被它打动，收获一丝纯净，一缕超脱，一丝喜悦。

二、浩瀚长河寻文化之旅

在岷江以西，青衣江以东，邛崃山支脉南麓，眉山东坡区与丹棱毗邻；南与乐山夹江县接壤；西与眉山洪雅县、雅安名山区相通；北与成都蒲江县相融。丹棱其名，得之于城北赤崖山，据《今县释名》记载，"县北有赤崖山，高耸赤色有棱，如鸟游之状，拱翼县治，丹棱之名，盖取诸此。"

丹棱地处四川盆地西缘低山丘陵区，有平坝、台地、宽谷浅丘、低山浅谷，呈现出一派"半山"风貌。今县城以西30千米的老峨山、城南15千米的九龙山、城北7千米左右的龙鹄山，在宋代就是闻名于世的丹棱三山。老峨山与峨眉山同属邛崃山脉，虽海拔只有1000多米，但山中名胜古迹金顶、舍身崖、万年寺、一线天等，均与峨眉山同名。民间传说先有此山，后有峨眉，故称老峨山。

丹棱的人文景观和自然景观融为一体，展示了天然的人文自然风光，如境内的白塔、龙鹄山、九龙山、老峨山、梅湾湖等风景名胜，瑰丽多彩，具有较高的文化研究价值和广阔的旅游资源开发前景。

丹棱白塔，位于县城西门，建于唐大中年间，历经1100多年风雨剥蚀，至今保存完整，是四川境内最悠久的密檐式砖塔（见图7-2）。白塔高27.5米，为正方四角砖尖14层密檐式塔。塔中间设有蹬道，可螺旋式上顶，造型雄伟，与今西安小雁塔，乐山唐代灵塔造型极为相似。

龙鹄山，距丹棱县城约3千米。自南宋孝宗皇帝手书"龙鹄山"三字赐史学家李焘后更名，龙鹄山山势奇特，恰似一个巍巍巨人，端坐于环绕的群山之中，有人说它像莲台打坐的佛祖，左手拈决，右手抚膝，神态肃穆（见图7-3）。据当地人说，足有48座"磕头山"像朝圣的信徒，围绕龙鹄山虔诚地拱伏于地。远远望去，似有千人拱首，万山来拜之势。

龙鹄山是天府西南道教圣地，佛教于此也有道场。山中的龙鹄院，同时供奉太上老君和释迦牟尼像，院内配殿，左侧9个道室，右边9个佛堂，如此布局，全国都十分罕见。龙鹄山中的摩崖造像和松柏铭碑，更是龙鹄山山水与人文深度融合的见证。

第七章 丹棱大雅文化

图7-2 丹棱白塔

图7-3 龙鹄山

九龙山的主峰龙脊山海拔仅468米,但季节分明,景观各异。暮春,奇花异草,争奇斗艳;盛夏,绿荫翡翠,凉风轻拂;金秋,白云红叶,层林尽染;严冬,偶有大雪纷飞,玉树冰花,银装素裹。九龙山的竹林寺,是闻名遐迩的千年古刹,始建于晋武帝时期(见图7-4)。

老峨山,海拔1142米,辖区面积11.8平方千米。雄踞于成都平原西南边缘,突兀一峰独峙,时有烟云在半山飘浮,蔚为壮观。山形酷似峨眉,雄秀奇险幽,颇有峨眉山的架势(见图7-5)。

图7-4 竹林寺

图7-5 老峨山

自隋唐以来,四川盆地和中原相比,社会安定,没有受到国内较大战争的波及。四川农业发达,手工业兴盛,商业繁荣。社会安定,经济富足,自然促进了科学文化事业的发展。文化需求的旺盛必然刺激印刷事业的发展,而印刷必须要有好的纸张。四川造纸业的发达,玄宗时,蜀郡所产麻纸即名闻天下,唐代官府办公文书和缮写四部书籍,向来多用蜀郡(益州)所出产的麻纸。五代时期,以成都为中心的雕版印刷事业十分发达,这为文化的传播提供了极为优越的物资条件。

丹棱历史上大多数时期隶属于眉州,位于成都与眉州治所眉山之间。得天独厚的优越的地理位置,使丹棱既能受到成都文化发展的影响,也能受到眉山文化发展的辐射。成都和眉山两地的文化的发展,带动了位于两地之间的丹棱的文化发展。

公元593年,丹棱置县,迄今已有1500多年的历史。丹棱古称南安。南朝齐明帝时期,又名齐乐郡。因县城之北有一红岩石,岩高色赤有棱,隋文帝开皇十三年,始定名丹棱。唐武德二年(公元619年)以来,丹棱隶属眉州。辛亥革命以后,1913年丹棱隶属上川南道,1914年隶属建昌道,1928年辖四川省。

20世纪50年代,丹棱隶属川西行署区眉山专区,1952年隶属四川省眉山专区。1953年隶属乐山专区。1959年并入洪雅县,1962年复置。1963年隶属乐山地区,1985年隶属乐山市。1997年隶属眉山地区,2000年眉山撤地设市,隶属眉山市。由此可见,丹棱在历史上大多数时候隶属于眉山。

丹棱毗邻成都、眉山这唐宋时期四川盆地两大文化中心,所以在文化上也深受其影响。丹棱历史上人文荟萃,文化积淀厚重,蔚为壮观:五代诗僧可朋、北宋文学家唐庚、南宋史学大家李焘父子、清代文学家彭端淑兄弟等人,都是丹棱人氏。

李焘,丹棱人,史学界著名的人物。巴蜀史家、史著记述山川、物产、族类、风俗、人物、史事等,多从本土文化史入手,上溯"人皇之际",极言"黄帝之后",这促成了巴蜀史学的蓬勃兴盛,使其成为中国史坛的奇葩。丹棱人李焘,既是史学川军翘楚,也是一座标志性史学高峰。

丹棱彭端淑,也是丹棱人民的骄傲。但他的成就并不是靠先天的才气,而主要是得力于后天的踏实勤学。他曾写过一篇著名的散文《为学一首示子侄》,说四川有一穷一富两个和尚,穷和尚对富和尚说:"我想到南海(指佛教圣地普陀山,属浙江舟山群岛)朝圣。"富和尚问:"你凭什么前去?"穷和尚回答说:"我带一瓶一钵就够了。"富和尚说:"几年来我想雇船去,还未能实现呢,你凭什么去得了!"第二年,穷和尚从南海回来,去告诉富和尚。富和尚深感惭愧。这个故事,生动扼要地论述了做任何事情其难与易、主观与客观之间有着辩证的关系,特别强调它们是可以转化的,转化的条件就是人们主观上刻苦努力、顽强奋斗的精神。彭端淑正是从立志苦行的僧人那里,敏悟到具有普遍性的道理。从而工苦力学。彭端淑在这篇文章中提到了他对"聪与敏""昏与庸"这些先天条件的看法。他说:"天下事有难易乎?为之,则难者亦易矣;不为,则易者亦难矣。人之为学有难易乎?学之,则难者亦易矣;不学,则易者亦难矣。"此文被收入了语文课本,简称《为学》。也因为这个原因,彭端淑可以说是当下中国最知名的一个丹棱历史名人。

三、五代移民的文化影响

唐五代原因,最主要的就是战乱。安史之乱、唐末黄巢农民起义,五代战乱,这些战乱主要发生在关中及中原地区。这一时期,士民为躲避战乱,开始自发向巴蜀移民。

这一场移民运动前后持续了一两个世纪,大致可分三个阶段。第一阶段是"安史之乱"期间。在长安沦陷前夕,唐玄宗带着大批人马逃到成都。随着战争的继续,入蜀的人数愈来愈多,大诗人杜甫即是其中的一个,他曾有"二十一家同入蜀"之语。

第二阶段是唐末黄巢起义期间,唐僖宗再度避蜀,大批文武官员亦随之入川。

第三阶段则是五代时,因中原战争频繁,有"天府之国"之称的西蜀无疑成了一方乐土,人们不约而同地翻越秦岭向南迁徙。

唐五代移民运动促进了巴蜀地区文化的发展,使巴蜀地区逐渐成为全国最重要的文化中心之一。

历史统计表明,唐末五代时的移民运动,眉州在当时四川各州中接纳移民人数最多。估计当时避地者的心态,盖在惊魂未定之余,依据北方的经验,不少人认为作为巴蜀首府的成都仍不安全,于是顺岷江而下,遂到了眉州丹棱这些风景秀丽、物产富饶的地方。

眉州移民中,如史氏,唐僖宗时入蜀,分居眉州、青神、丹棱三地。宋代,眉州苏、程、家、史都是有名的世家大族,其中史氏尤多隽才。眉州史清卿曾为苏轼兄弟之师;史炤著有《通鉴释文》三十卷,今存;而史尧弼有《莲峰集》传世。移居丹棱的李氏,乃唐宗室之后。宋代,丹棱李焘父子以文学、史学闻名宇内,成为丹棱人的骄傲。

唐末五代时的移民运动,可以说为宋代眉州丹棱地区文化的发展注入了无穷的活力。如果读宋代眉州作家、学者的史传或墓志铭,我们不难发现,其中许多人祖籍在关中或北方地区,大多是在唐末五代或避战乱、或游宦而入蜀定居的。

唐五代迁徙入蜀者的这一批人,都拥有典籍文化和仕宦文化的显著优势,读书作文、应试入官是他们的本领。因此,他们对于书籍的需求十分旺盛,这也促进了巴蜀地区文化事业的发展,丹棱也是这场移民运动的文化受益者之一。

四、文教发达的唐宋丹棱

首先,唐宋时期丹棱接纳的移民家庭多,文化高。读书、科举、文化传家的思想观念,是作为昔日"衣冠之族"的北方移民带到丹棱的新的社会价值观。

其次,宋代是一个十分重文轻武的时代。宋代的文化教育事业较前代有了较大的发展,它不仅继承唐朝以来的科举取士制度,而且不论出身门第,也会激发了中下层人民子弟发奋读书、以求出人头地的愿望,从而促进了教育事业的进一步发展。加之皇帝及各级臣僚的重视,全国从中央到地方,太学、律学、宗学、武学、道学、算学、州学、郡学、军学、县学,以及民间富户办的私学,比比皆是。

再次,经济的发达。在唐宋时期,由于社会长期繁荣稳定,经济进一步发展,丹棱也凭借优越的自然条件成为一片膏腴之地。仓廪足而慕礼义。那时,丹棱每一个小康之家都要送子弟读书,都要令其子弟去应考,并且争取功名。虽然只有小部分人能够功成名就,但在这种动力之下,大量社会下层的人群都能够获得受教育的机会。这大大提高了丹棱人的文化素质,也在丹棱民间形成了越来越浓厚的文化氛围。

在读书、科举思想的影响下,丹棱的教育事业逐渐兴盛起来。与教育事业相伴而兴的藏书楼在丹棱县也发展起来。"五经楼",为四川著名藏书楼之一,也是宋时全国知名的藏书楼。五经楼就位于丹棱县,是北宋史大年建造。据说史大年屡举进士不中,于是归而教其子。因家资丰厚,又喜藏书,故筑高楼号"五经楼",藏书万卷。史大年虽宦途不顺,可他的三个儿子却个个成材。长子史宷,为乡贡进士;次子史厚,元丰元年(1078)进士,但不幸早死;三子史愿,元祐三年(1088)进士,为永康军司理参军。

社会的繁荣稳定,教育事业的兴盛,文化事业的发达,使丹棱这山川形胜、人文荟萃之邦,具备了成为大雅堂家园的资本。这大约就是清代丹棱"三彭"之一的彭肇洙,在《大雅书院碑记》一文中所问大雅堂"不置他郡而置丹棱"的原因吧。

思考与练习

1.说说丹棱的地理位置和历史建制变迁情况。

2. 丹棱当地有哪些风景名胜？各有什么特点？
3. 为什么唐宋时期丹棱的文化教育事业能获得长足的发展？
4. 丹棱历史上有哪些杰出的人才？他们各有什么贡献？

第二节　千古杜诗书大雅之魂

杜甫在世时并不很为世人看重，杜甫被封为"诗圣"的地位，与宋人的大力宣传有密切关系。

宋人在国势积贫积弱的背景下，在文学上选择具有强烈忧国忧民意识的杜甫作为一面旗帜，这是很自然的事情。在宋初，穆修、苏舜钦、梅尧臣等人无不为杜诗的挖掘、重现于世而努力。之后的欧阳修、王安石、刘敞等人都为此进一步做出贡献。到黄庭坚时，杜甫作为"诗圣"在诗人心目中崇高地位已经确立，剩下的是如何继承和发扬的问题。而宋人对杜甫的推崇，是与反对西昆诗派的诗风紧密联系在一起的。

一、西昆诗派蓬勃兴起

宋真宗景德二年九月（1005年），杨亿、刘绮、钱惟演等秘阁学士奉旨编纂《册府元龟》（原拟名《历代君臣事迹》），编书之余，学士们诗酒唱和。后来，杨亿将他们的作品结集为《西昆酬唱集》（见图7-6）。

酬唱集中的作者，都是当时的上层人物，有的是宫廷文学侍从，如丁谓后来任宰相，钱惟演后来任枢密使。西昆派诗人熟悉宫廷生活，歌唱的内容也以内廷侍臣的优游闲趣为主。他们标榜学习李商隐，主要写作近体诗，也写骈文。诗文形式华美艳丽，注重雕镂骈俪的技巧；由于雕采太甚，失之浮艳，忽略诗文的思想内容，成为台阁体的典型。

图 7-6　杨亿及《西昆酬唱集》

杨亿（974—1020年）(《西昆酬唱集》册页)《西昆酬唱集》中互相唱和的各位诗人，具有鲜明的团体意识、谱系意识和风格意识，有意组成一个流派，该诗集其实就是这一流派创作的结集。在宋初的众多诗歌流派中，西昆诗派产生了一定的影响，但是，同时它也是一个颇有争议的诗歌流派。《西昆酬唱集》编成后仅隔一年，御史中垂王嗣宗就向朝廷指控它"述前代掖庭事,词涉浮靡。"真宗即下诏反对"属词浮靡,不遵典式"。此后大约二十多年,古文家石介著《怪说》,猛烈地批判西昆派,指责杨亿是"穷妍极态,缀风月,弄花草,淫巧侈丽,浮华纂组。刘搜圣人之经,破碎圣人之言,离析圣人之意,蠹伤圣人之道,"从捍卫儒道的角度对西昆派予以彻底的否定。同时,西昆体在艺术上也颇遭时人嘲讽。刘放在《中山诗话》中记载说:"样符、天禧中,杨大年、钱文僖、晏元献、刘子仪以文章立朝,为诗皆崇尚李义山,号'西昆体'。后进多窃义山语句。赐宴,优人有为义山者,衣服败敝,告人曰:'我为诸馆职得扯至此'。闻者欢笑。"宋代以后,欣赏西昆诗派的人很少,多数批评家都对它持否定态度。那为什么西昆诗派会在后世引起那么多争议,它的诗歌到底有什么特点呢?

要了解西昆诗派的诗歌,首先要了解其形成的背景。晚唐五代,战乱频繁。除西蜀、南唐、吴越远离中原,社会较为安定外,整个中原地区的社会经济、教育、文化都遭到了巨大的破坏。宋王朝建立后,太祖、太宗两朝继续进行削平诸国的战争,大体上实现了全国统一。社会环境随之也相对稳定,这使五代以来凋敝的社会经济开始恢复。

据《东京梦华录》记载,在宋太宗时,全国共有680万余户,到真宗时已增加到1029万余户,以至于都城东京已经是"人烟浩攘,添加数万不多,减之不觉少;所谓花阵酒池、香山药海,别有幽坊小巷,燕馆歌楼,举之数万"。宋初统治者还采取了许多措施来发展经济。比如在农业方面,统治者多方招诱农民垦荒,太祖时垦田数未足三百万顷,到真宗时已增至五百二十四万多顷。宋代手工业如纺织、印染、瓷器、冶矿、造船等也都有显著发展,各种手工作坊规模之大远远超过前代。同时,商业经济也逐渐繁荣起来,至仁宗时代,已呈现出了"市列珠玑,户盈罗绮,竞豪奢"的繁荣的城市经济景象。总之,至真宗朝,宋初的经济已基本复苏。

宋太祖、赵匡胤是靠兵变得天下的,为了防止部下仿效,太祖采纳了宰相赵普"杯酒释兵权"的提议,解除了石守信等功臣的兵权,开始提拔一些读书人来主持朝政。于是文官政治便成为宋代社会的政治基础。

但是,许多年的战乱,已经使宋文化发展十分萧条。文人因战乱所伤而不愿外出做官,失去了以学问而求入仕的热情。据《宋史·路振传》记载:"淳化中举进士,太宗以词场之弊,多事轻浅,不能该贯古道。因试《危言日出赋》,观其学术。时就试者凡数百人,咸忘其所出,虽当时驰声场屋者亦有难色。""危言日出",语出《庄子·天下篇》,就试者数百人,都不知其出处。此时宋已建立三十余年,士子文化水平还颇不如人意,由此也可见宋初读书人学问还不够深厚。

宋太祖赢得了天下,但他深刻认识到"作宰相须是读书人",并劝"习吏事,寡学术"的宰相赵普读书。为了扭转文化萧条的局面,同时也出于进一步巩固自身统治地位的需要,宋代统治者采取了积极的文化政策。太宗本身有较高的文化修养,宋代四部大书,有三部都是他下令编纂的,即《太平御览》《文苑英华》《太平广记》。据《中山诗话》记载:"太宗好文,每进士及第,赐闻喜宴,常作诗赐之,累朝以为故事";淳化三年(992),太宗又下诏天下:"尔等各负志业,效官之外,更励精文采,无坠前功也。"另外,他还告诉臣僚说:"联欲博求俊彦于科场中,非敢望拔十得五,止得一二,亦可为致治之具矣。"为了给"致治"提供充足的后备力量,宋代的人才选拔数量可谓空前绝后。据《宋史·选举志》载,太平兴国二年(997),因郡县缺官员,一次选拔人才"凡五百余人,皆赐袍纷",这与唐代每次取士二三十人相差甚远。并且,"仁宗之朝十有三举,进士四千五百七十人"。这种大规模的人才选拔,为大批的寒士进身仕途提供了机遇,更促进了宋代文化的普及和繁荣。另外,宋初统治者自身也读书重文,《续资治通鉴长编》载:"上(太祖)性严重寡言,独喜观书,虽在军中,手不释卷,闻人间有奇书,不吝千金购之"。太祖的《咏月》诗云:"未离海底千山黑,才到中天万国明。"颇具帝王的宏大气魄,这在创作实践上为士人们做了一个良好的榜样。

宋初不仅重文,而且对士大夫采取了较为宽松的政策。太祖曾制定不杀士大夫及上书人的戒律,所以"终宋之世,文臣无欧刀之辟"。(王夫之《宋论》)并且,宋代实行厚俸养廉的政策,"于奉钱、职钱外,复增供给食料等钱"。鼓励他们"多积金、市田宅以遗子孙,歌儿舞女以终天年"。宋代统治者为官吏们提供了尽享荣华富贵的充足物质保证,且为他们安于享乐提供了冠冕堂皇的理由。于是这种中央集权控制下的文官政治使得文官武将沉醉于太平之中,公私宴会络绎不绝。当时,"天下无事,许臣僚择胜宴饮,当时侍从文馆士大夫为燕集,以至市楼酒肆,皆供祖帐为游息之地"(沈括《梦溪笔谈》)这种奢侈之风,使得宋初文学创作沾染上明显的贵族习气,因而他们的诗作便显得典雅婉丽,吟咏富贵气象而气度雍容不落鄙俗,诗句中间或流露出诗情画意与书卷气。故而,陆游曾说:"国初尚文选,当时文士专意此书,故草必称王孙,梅必称骚使,月必称望舒,山水必称清晖。"至庆历后,恶其陈腐,诸作者始一洗之。方其盛时,士子至为之曰"文选烂,秀才半"。《文选》作为前代文章的代表,以对偶、用典、丽字、协声为特色,对文学形式有所追求。当这些标准同士们求取功名的要求联系在一起,作为衡文的标准时,自然便成为他们孜孜以求、日夜揣摩的为文之道。"吴王好剑客,百姓多疮痍。楚王好细腰,宫中多饿死",上有所好,下必甚之。苏轼就曾说过:"昔祖宗朝崇尚词律,则待赋之士曲尽其巧"。

宋统治者对文人的礼遇及科举制度的要求,使文人们对以科举入仕途趋之若鹜,宋代文化中弥漫着浓郁的书卷气息。加之活字印刷术的发明,使知识的流通与普及速度大大提高,一些重要典籍的流传更为广泛。这为文人读书提供了很好的社会氛围,也使文人读书的需要也能得到极大的满足,宋人的整体文化素质得到提高。统治者的提倡使读书成为社会风气,活字印刷术的发明使知识的普及成为可能,加之文人自身追求仕进的基本要求使宋代的士人具有了官僚、学者、诗人复合一体的文化品格。他们的社会地位较高,又有着广博的才学,公事之余,诗酒唱和便成为一种普遍的生活状态。在这种社会文化背景之中,《西昆酬唱集》的出现便也是自然而然。

《西昆酬唱集》的出现也源于具体时代的需要。宋真宗时,宋朝已建立四十余年,社会经济已得到一定发展,统治者生活日益骄奢淫逸。为了粉饰太平、宣扬圣德,每逢宫内有宴会、赏花游园等活动,皇帝大臣、馆阁学士都要有诗作奉和,这种作品没有很强的现实意义。但是,在形式上却比较华赡典丽、冠冕堂皇。文坛状况一如汉之大赋,唐初之宫掖诗。从诗歌内容上看,西昆派诗歌多歌功颂德之作,咏史、咏物之作。

《西昆酬唱集》中的许多诗作流露出作者对物质生活的追求和赞美,对现实生活的陶醉和满足,这种风格在一定程度上反映了北宋初期国家统一的堂皇气象。正如《四库全书总目提要》中所说:"时际升平,春容典赡,无唐末五代衰飒之气"。西昆诗人作为政治地位较高的馆阁之士,身处皇家图书馆中,他们既接触不到民间疾苦等社会现实,又没有在野文人寒酸的牢骚与不平,因而《西昆酬唱集》中便出现了一部分如刘熙载《艺概》中所言的"五代以来未能有其安雅"的作品。这部分安雅诗作主要表现为华美、繁富、雍容的艺术风貌,甚至过分的粉饰就产生出了浮靡、堆砌之嫌。比如"已近黄金印,兼临白玉堂"、"铀绎资金匮,规模出玉除"(杨亿《受诏修书》)、"直干依金阙,繁阴复绮楹"、"彩毫闲试金壶墨,青案时看玉字书"(李维《休沐端居有怀希圣少卿学士》)、"玉树开天苑,银潢水贯都"(杨亿《上巳玉津园赐宴》)等。《西昆酬唱集》是杨亿等人在编书之余的唱和之作,不难看出由于自身生活环境的约束,使诗人们接触社会现实的广度、深度都受到了局限,因而咏物、咏史便成为他们创作的主要题材;运用典故、雕琢词句便成了他们争新斗奇的主要手段。西昆体诗人可谓是躲在象牙塔中写诗,这不能不说是一个很大的缺憾。

我们也不能将他们的诗作一概斥为无病呻吟之作。他们的一些暗寓社会现实的咏史诗具有讽喻意味;他们的一些咏怀之作直抒胸臆,也表达了个人的真情实感;他们的一些咏物诗继承了前人的比兴传统,寄托了一定的现实内容,即使是有些缺乏现实内容的咏物之作,也呈现出比较清新雅正的格调,绝少有奢靡淫艳之作。

从艺术形式上看,西昆派诗人在创作中追求精致细腻,形式主义倾向严重。

严羽在《沧浪诗话》中说:"杨文公、刘中山学李商隐"。杨亿评论李义山诗歌主旨在于"措辞寓意"的深妙。李商隐的诗歌深情绵邈,典丽精工、巧于用事、富含比兴手法等。李商隐的诗歌兼顾到内容和形式两方面,并不完全单纯地着眼于对艺术技巧的追求。这种在艺术上精致细腻的追求,符合诗歌成熟后进一步发展的规律。宋代王安石曾说,"晚年亦喜称义山诗,以为唐人知学老杜而得其藩篱者,唯义山一人而已"。当然这其中不免有过誉之嫌,但也可以看出李商隐诗歌在宋代所受到的肯定。西昆体作家学习李商隐,他们有不少诗篇内容和形式都受李商隐的影响。

西昆派大多数诗歌缺乏李商隐诗歌的深情内蕴。西昆作家学习李商隐,虽然取得了一定的成绩,但是主要还处于一种情韵格调的模仿阶段,并没有创造出新的诗歌境界。就像王安石说李商隐"学老杜而得其藩篱"一样,西昆派诗人学义山也未能登堂入室。有时候,华丽的辞藻,工整的对偶、丰富的典故,这些形式主义的外表反而更加衬托出他们诗歌内容的单薄与空虚。比如说西昆体诗人学习李商隐使用一些华丽辞藻,但那些瑰丽意象和绮艳色彩与诗的情感表现却没有深刻的内在联系。他们只是一味地对事物进行夸张性描摹,在绚丽的外壳下面,实际上缺乏实质性的内容。

《四库总目提要》说,《西昆酬唱集》"宗法唐李商隐。词取妍华,而不乏兴象。效之者渐失本真,惟工组织,于是有优伶得扯之戏。"这种批评切中要害。由于西昆派的领导者都是当时的文学词臣及上层官僚,他们凭借自己的政治地位扩大文学的影响。欧阳修在《六一诗话》中指出:"自西昆体出,时人争效之,诗体一变。"

西昆体的形式主义文风,笼罩宋初文坛达三四十年之久。尽管西昆派诗风风行天下,但在当时就有一些创作态度严肃认真的作家,对西昆派持否定的态度。这部分作家,开始时并未能从理论上抨击西昆派,仅在自己创作上采取不合作的态度。如王禹偁、范仲淹、柳开等的古文,寇准、林通、魏野等的诗,以他们平淡质朴的风格,表现自己对社会生活的真情实感,在一定程度上克服了西昆派的浮艳文风,在创作上倡导一种质朴无华的艺术境界。

由于西昆体诗歌影响比较深远,就连当时提倡诗文革新运动的欧阳修(见图 7-7)也未尝不在某些方面受西昆体的影响。在天圣年间,欧阳修和梅尧臣在西京留守钱惟演帐下任职,与钱惟演诗歌往还,他的诗风明显受到了西昆体影响。比如欧阳修的诗《柳》:"绿树低昂不自持,河桥风雨弄春丝。残黄浅约眉双敛,欲舞先夸小垂手。快马折鞭催远道,落梅横笛共余悲。长亭送客兼

图 7-7 欧阳修(1007—1072 年)

迎雨,费尽春条赠别离。"这首诗几乎句句用典,具有西昆诗派的特点,不过,你却很难从中看到西昆派的堆砌之病。

所以,尽管北宋诗文革新运动针对的是西昆体诗歌,作为这场运动领袖的欧阳修还是能以冷静客观而又全面分析的方法来看待西昆体诗歌。他在《六一诗话》中有一段比较中允的评论西昆体的话:

杨大年与钱刘数公唱和,自《西昆酬唱集》出,时人争效之,诗体一变。而先生老辈患其多用故事,至于语僻难晓。殊不知自是学者之弊。如子仪《新蝉》云:"风来玉宇乌先转,露下金茎鹤未知。"虽用故事,何害为佳句也。又如"峭帆横渡官桥柳,叠鼓惊飞海岸鸥。"其不用故事,又岂不佳乎? 盖其雄文博学,笔力有余,故无施而不可,非如前世号诗人者,区区于风云草木之类,为许洞所困者也。

由这一段文字可以见出,欧阳修在整体上,宋初诗歌演变的过程中出现的西昆诗人是给予了肯定的。西昆体的某些作品,如杨亿的《汉武》,刘摛的《明皇》等声韵铿锵,格律工整,已开后来欧阳修、苏轼一路诗风。所以,欧阳修之论诗旨趣并不与西昆对立,明代张蜓在《西昆酬唱集序》中说:"杨刘诸公唱和《西昆酬唱集》,盖学义山而过者,六一翁恐其流靡不返,故以优游坦夷之辞矫而变之,其功不可少,然亦未尝不有取于昆体也。"这个评价就比较中肯地指出了欧阳修对西昆体诗歌的态度。

北宋随着社会的安定,土地兼并加剧,暴露出各种社会矛盾,政治斗争日趋尖锐,一些开明的中下层士大夫文人主张革除社会弊病,因此要求文学要反映现实。而当时风靡文坛的西昆体根本无法担当这样的历史使命。于是推崇韩愈、白居易,反西昆成为政治改革派们在文学上的反映。到了北宋仁宗时期,以欧阳修为首的诗文革新运动,对宋初白体、晚唐体、西昆体做了总结性的反拨。北宋诗文革新运动是指中国北宋继唐代古文运动而起的文学革新运动,主要目的就是反对以西昆体为代表的浮靡文风,主张对诗、文进行革新。而具有强烈忧国忧民意识的诗人杜甫,就成了北宋诗文革新运动中的一面旗帜。宋人不断加强对杜甫诗歌的研究,并逐渐把杜甫推上了千古"诗圣"的神坛。而黄庭坚在宣传杜诗,宣传杜甫诗圣地位方面,作出了极大的贡献。而他所做的最重要的工作,就是与杨素一道,"尽刻杜子美东西川及夔州诗,使大雅之音久湮没而复盈三巴之耳。"

江西诗派一代宗师黄庭坚对杜甫的崇敬爱戴自然影响至后人,他曾亲自为杜诗作笺,有《杜诗笺》,可惜没有全部流传下来。从留存下来的笺语来看,黄庭坚的杜诗笺一字不苟,注引广博,下语谨慎,可见黄庭坚对杜诗的深入研究。而在贬谪黔州的时候,黄庭坚更是下决心要把杜甫在巴蜀的诗作刻石。这件事在他的文章中有详细记载,《刻杜子美巴蜀诗序》云:"自予谪居黔州,欲属一奇士而有力者,尽刻杜子美东西川及夔州诗,使大雅之音久湮没而复盈三巴之耳。"那黄庭坚为什么要尽刻杜甫"东西川及夔州诗"呢?下面,我们简要介绍杜甫两川及夔州时期的诗歌。

二、 杜甫的两川夔峡诗

杜甫一生,足迹遍布大半个中国,但他的创作作品数量最多,成就最高的时期,就是其在两川及夔州生活的时期。或许我们可以说,是巴山蜀水成就了诗圣杜甫。图7-8所示为夔州小景画作。

图 7-8　夔州小景画作

  杜甫在"安史之乱"后，四处颠沛流离，最后被迫翻越艰险奇崛之蜀道，携家人入蜀避乱，流连盘桓于巴山蜀水之间，最后来到成都，在浣花溪畔筑草堂定居下来。成都远离长安，隔绝战乱，它偏居西南一隅，不仅气候温润，物产丰富，而且又是被誉为"天府之国"的繁华大都会，成都以其得天独厚的自然生态、繁荣安定的经济社会、悠久深厚的历史文化以及闲适安逸的生活方式，为流离失所的唐代诗人杜甫提供了温暖的港湾。

  多年离乱之后，杜甫来到成都定居草堂的一年多时期，遍游了名胜古迹，观赏草木虫鱼，朋友往还，诗章唱和，心情比较安适愉快，所作诗颇有云日晴明的景象，在原有的沉郁顿挫诗风外，又新添闲适清新的风格，将杜诗推向新的高度，而且也以诗的韵笔记载了唐代成都的田园山水、风物民俗，为这座古老的城市留下了丰厚而隽美的文化记忆。

  可惜，好景不长。杜甫入蜀后不久，徐知道叛乱，杜甫不得已再次流亡梓州、阆中之间，感伤乱离。及至叛乱平定，杜甫重又回到成都，才重新过上闲适的小日子。杜甫流寓两川时的作品，清新自然，明媚疏淡，辞采清腴，神形兼备，思绪深邃，神韵独具。学界一般都认为，杜甫在滞留两川期间的诗歌创作，无论从数量或质量着眼，都是丰收期。

  后来，杜甫的庇护者严武离世，失去依靠的杜甫不得不离开成都。大历元年（766年）春夏之间，移居夔州。其间，他还多次辗转于西阁、赤甲、瀼西、东屯之间，终于在大历三年（768年）正月离开夔出三峡，离开巴蜀地区，客死在渡船上。在夔州将近两年的时间里，杜甫度过了他一生中最为"漫长"而痛苦的日子。

  其实，杜甫在夔州的生活还算安定，当时任夔州都督兼御史中丞的柏茂琳待杜甫不错，杜甫在瀼西有果园四十亩，又主管东屯公田一百顷，并有好几个奴仆。从物质生活上来说，此时的杜甫应该是生活无忧的。但是事物总是充满矛盾的，作为一位诗人，一位有远大政治理想而又不能实现的诗人。这种自身的矛盾是无可避免的。他在这种生活无忧的状况下，在相对闲适的环境中，反而更觉失落与忧愁，内心没有得到丝毫的满足。物质生活的暂时安定舒适没能弥补内心精神生活的缺陷，甚至更放大了这个缺陷。他来往于西阁、赤甲、瀼西、东屯之间，这种奔波与忙碌让他接触到当地的风土人情，也使他对夔州总的感受是"形胜有余风土恶"。

  与成都草堂相比，杜甫感觉夔州人情薄、风俗异，简直是一个天上一个地狱。因而在杜甫夔州诗歌中，便有了不少批评夔州风土人情的诗句。在诗人看来，这里的一草一木一人，都是不如意的："江草日日唤愁生，巫峡泠泠非世情"，已经全然没有成都草堂时期"黄四娘家花满蹊,千朵万朵压枝低"的繁荣景象与欣喜的心情,也没有与邻居把酒言欢的自由与洒脱,正是"锦江春色逐人来,巫峡清秋万壑哀"。在这里,取而代之的是诗人身体性命的衰残、政治理想的破灭、环境的陌生、人情的冷漠、朋友的相继离世。

一次又一次的打击、一层又一层的忧虑,让诗人觉得夔州的生活度日如年,竟让诗人有了会老死夔州的预想。山水险恶、民俗荒蛮、人情淡薄,处处都让诗人有一种独在他乡为异客的孤独寂寞的心情。他觉得自己是一个与此处格格不入的他乡过客,虽有自己的果园,也建起了草堂,但诗人从未把此地看成一个家,丝毫没有成都草堂时期那种建立新家园的短暂希望与期待。杜甫在夔州的诗歌中,"故园""故国""无家""作客"等字眼特别多,真是"泊舟楚宫岸,恋阙浩酸辛",眼前的每一景物都能引起他对故乡的思念。这种浓厚的乡关之思、渴盼回归的故乡的急切心理与长期滞留夔州、不得回归的现实形成鲜明激烈的矛盾。尽管诗人心急如焚,但又不得不强压住内心欲望,因而诗句表现出一种看似表面平淡,实则感情澎湃深沉的意味。这种悲伤、孤寂的情调让人不禁唏嘘。

在这样的心境下,杜甫的创作进入了一个爆发期。在夔州短短的一年多的时间,他竟然作了410首诗,占了他一生创作的近三分之一。从其艺术水平来看,夔州时期的创作也达到了一种浑涵汪茫、登峰造极的境界,代表了杜诗的最高成就。

杜甫一生颠沛流离,备尝艰辛。随着其生活环境与生活状况的变化,其思想情感也发生了很大的变化;相应地,其诗歌创作也呈现出很强的阶段性,亦即在其生活的不同阶段其诗歌的特色和成就也各不相同。其中,诗歌创作数量最多,艺术成就最高的,是他在由秦入川之后,在巴蜀地区生活的日子。

杜甫一生写了1400余首诗,仅在成都就作了约475首,占总作品数的三分之一,后到夔州(现重庆奉节),他又做了410首诗,因此在巴蜀,他所创作诗歌总数885首,占到了他一生诗歌总量的近三分之二。

从诗歌选材上看,杜甫在巴蜀时期创作的题材范围也有所拓展,相较于前期的关注时事政治、社会现实,杜甫在两川开始创作关注百姓生活的农事诗,比如《为农》《种莴苣》《刈稻了咏怀》等。入川以后,杜甫创作山水诗也逐渐寄情于名胜古迹,比如司马相如的琴台、李冰的都江堰。可见,四川的农耕生活和人文景观,都给他的创作带来了源源不断的灵感。

北宋黄庭坚《与王观复书三首》之一中云:"观杜子美到夔州后诗,韩退之自潮州还朝后文章,皆不烦绳削而自合矣",由此可见,黄庭坚认为杜甫入蜀后诗成就很高,但其夔州诗作成就更高。

明人胡应麟认为杜甫"凡诗初年多骨格未成,晚年则意态横放,故惟中岁工力并到,神情俱茂,兴象谐合之际可嘉赏。如老杜之入蜀,篇篇合作,语语当行。""夔峡以后,过于奔放,视其中年精华雄杰,如出二手。盖或视之太易,或求之太深,或情随事迁,或力因年减,虽大家不免。世反以是为工者,非余所敢知也。"胡应麟的观点与黄庭坚有所不同,他认为杜甫中年时期,即入蜀之后的诗作成就为最高,他并不看好杜甫在夔州以后的诗作,认为夔峡以后因情随事迁,力因年减,艺术水平已有所下降。

明末清初著名学者仇兆鳌《杜诗详注》引用李长祥语曰:"少陵诗,得蜀山水吐气;蜀山水,得少陵诗吐气";清代黄子云说:"少陵早年所作,瑕疵亦不少,……盖公于是时学力犹未醇。至入蜀后,方臻圣域。"

历史上,各时期的学者对杜甫的诗歌评价虽有不一,但有一点是可以肯定的,即杜甫入蜀以后,诗歌创作水平的思想水平和艺术水平都达到了一个前所未有的高度,"方臻圣域"。这也正是黄庭坚要尽刻杜甫两川及夔州诗,使之复盈三巴之间的原因所在。

三、因缘际会成就刻诗梦想

世之因缘际会,让黄庭坚来到巴蜀之地,让黄庭坚尽刻杜甫"东西传及夔州诗"的梦想在丹棱落地。这件善事,不仅使黄庭坚得以圆梦,也成了丹棱历史上一件极为重大的文化盛事。

黄庭坚之所以选择杜甫"东西川及夔州诗",是因为这时期的诗作代表了杜诗艺术上的最高水平。而黄庭坚在贬谪黔州时再读到杜甫这些诗作,更有"同是天涯沦落人"的艺术共鸣。不过,黄庭坚看重的,不仅仅是这一时期杜诗在艺术上的精工,还有这些杜诗思想的深厚博大,在他眼中这才是真正的"大雅之音"。所以,当刻石完成后,黄庭坚还作了《大雅堂记》和《刻杜子美巴蜀诗序》。这些作品并随黄庭坚的精妙书法而留存在当地,这对杜甫诗歌艺术成就的传播起到了很大的作用。

据《宋史·黄庭坚传》记载,宋神宗熙宁年间,王安石变法激起朝政巨大风波。后来王安石罢相,神宗去世。14岁的哲宗即位,由皇祖母宣仁太后垂帘听政。宣仁太后(英宗皇后,神宗生母)是位难得的贤明太后,对王安石、苏轼、司马光等新派、旧派一视同仁。但宣仁太后起用司马光为相,司马光尽去新法,而复旧制,连练兵的"免役法"也要改回老旧的"差役法"。为此,苏轼在朝堂与马司光抗争,气得直骂司马光是"司马牛"。不过,那时候,司马光与苏轼等人的党争还算是君子之争,苏轼在此时并没有受到什么打击,作为苏轼门生的黄庭坚也在仕途上一帆风顺,平步青云。"哲宗立,召(黄庭坚)为校书郎、《神宗实录》检讨官。逾年,迁著作佐部,加'集贤'校理。《实录》成,擢起居舍人"。

不过,当司马光、苏轼,宣仁太后均不在位后,那些希图借变法以谋利的新党后起政客,却拿出当年新旧党争作为整人由头。黄庭坚成了其中第一个牺牲品。

新党余孽章惇、蔡卞从《神宗实录》中摘出千余条"无验证"的"诬"记文,交国史院逐条查阅核验。而黄庭坚在任著作郎期间,曾执笔书写得"用铁龙爪治河,有同儿戏"就成了罪状。从理论上讲,黄庭坚敢于秉笔直书,殊为可贵。治水患,不疏河筑堤,而是在河中置放'铁龙爪'吓阻龙王不要涨水,这难道不是儿戏吗?但黄庭坚这种"直辞以对"党阀,给自己惹出了惩罚。

于是,黄庭坚被"贬涪州别驾,黔州安置"。既然贬出汴京,到巴蜀地方上任"涪州别驾",按理当在"涪州安置",为何又要指定到相邻的"黔州"安置?这其实是新党"精巧"的整人之术。

因为涪州属于汉区,在当时还是经济文化繁荣的长江流域交通要道,唐朝就设置了涪州,治所在石镜县(今重庆合川),辖境大体相当于今天的涪陵、南川、长寿、武隆等地。而黔州治所在彭水,辖境相当今彭水、黔江———即今酉阳、秀山、黔江、彭水土家族苗族自治州,属于少数民族地区。其实彭水也是个文化历史悠久的名城,经济也并不落后。因为章惇这些人不学无术,历史地理知识薄弱,才会对黄庭坚有如此喜剧式的安排。黄庭坚职为涪州别驾,却不许在涪州安置。他的抗议,便是给自己取号为"涪翁"以记录此事。

在贬谪黔州期间,黄庭坚对杜甫诗歌,特别是杜甫在巴蜀期间所作的诗章更有了深入的体会和认识。在黔州的日子里,黄庭坚爱上了当地的自然风光与人文历史。黔州濒临长江支流乌江(亦称黔江),乌江支流彭水为众多武陵山脉溪流之一。本为武陵蛮、五溪蛮旧乡,多"桃花源"式溪流及洞穴景观,人民淳朴,属古巴人旧乡。饱学之士黄庭坚身临此境,生出许多感慨,从而激发了他想为此地父老乡亲做点好事的强烈愿望。他希望能在此地实施诗文教化。他要引入杜诗,教化民众,振奋自己。

于是,黄庭坚发出了在巴人旧乡黔州彭水发起了尽刻杜甫东西川及夔州诗于碑的倡议。之所以要刻杜诗,是因为黄庭坚认为杜诗是真正的"大雅之遗"(或"大雅之音"),他"欲属一奇士而有力者,尽刻杜子美东西川及夔州诗,使大雅之音久湮没而复盈三巴之耳。"他希望像杜甫一样的"大雅之遗"能重新占据诗坛的主导地位;而同时他也开始书写杜甫在东川、西川、夔州期间所作的全部诗歌,他盼望着有一天能将这些杜诗全部刻在石碑上,但这已任务的最终完成,需要一位"奇士而有力者"的无私协助,即今天所说的有钱而且乐意投资文化事业的人来完成这一任务。

黄庭坚在黔州彭水县时,便有了刻杜甫居两川夔州诗的梦想,即将杜甫居留巴蜀近十年间全部诗作尽刻碑石的梦想。当然,他的表面原因是不要"使大雅之音湮没",要让其"复盈三巴之耳",但其实,这背后或许还有更深层次的原因。

首先大约是明志,黄庭坚或许想要借此表明自己亦如杜甫,位卑未敢忘忧国,身居巴蜀,上忧其君,下悯其民。与杜甫当年流寓西蜀与巴西、巴中、巴东之乡一样,时时忧君国,处处怀民生,从未颓唐,从不放弃独善与兼济并行的修身原则。所以,黄庭坚倡议刻杜甫两川夔州诗碑,无异乎誓志,纪念杜甫,学习杜甫,传承杜甫,始终秉持报国济民志向,虽百折而不回。

其次是表明自己能屈能伸的精神,以杜甫应对挫折的精神自励。作为儒生,他秉持孔子教诲,坚持善政原则,不向政治宵小们妥协。孔子说:中原失礼,吾愿居九夷之中。黄庭坚倡刻杜诗碑让大雅之声复盈三巴之耳,就犹如说,章惇鼠辈,我黄某宁居巴乡之中,也不向你们妥协。当年欧阳修写《醉翁亭记》主题为"醉翁之意不在酒,在乎山水之间"。其实也不在山水之间,而在乎证明范仲淹等倡导的"庆历新政"是正确的,已在滁州试验成功,人民熙熙然安乐,致有条件游赏醉翁亭山水风光。乱离饥饿之民,哪有条件游赏寻乐?范仲淹《岳阳楼记》主题也不是为了赏洞庭湖与岳阳楼气势风光,而是借一湖一楼,讲读书人应永远与家国、人民前途共命运;进亦忧退亦忧,先天下之忧而忧,后天下之乐而乐。黄庭坚倡刻杜甫巴蜀诗碑,其志同于当年杜甫、范仲淹、欧阳修、苏轼等前辈。除此之外,黄庭坚大约也希望能以杜甫巴蜀诗教诲巴人乡亲子弟修习五伦情志,做"位卑忧国"之民;并以此纪念自己漂泊西南天地间的生涯。

黄庭坚的刻杜诗的倡议,在所安置的黔州及之后安置的戎州都没有获得回应。但好在黄庭坚当时声名赫赫,虽然黔州、戎州无人响应;但几百里之外的眉州丹棱,却有一个人听说了。他就是杨素。

黄庭坚的刻诗梦想传到丹棱人杨素的耳中后,素翁闻风而动,跋山涉水,前往戎州拜会黄庭坚。黄庭坚刻杜诗碑的愿望终于获得了回响。在杨素的襄助之下,黄庭坚的梦想终于实现了。这就是丹棱大雅堂的来历。

四、杜诗荟萃大雅之堂

杨素远道造访黄庭坚,当面听取黄庭坚的想法,然后就主动要求承揽大雅堂杜诗碑工程,这令黄庭坚非常感动。之后,二人商议了石刻杜诗碑事宜:杜甫两川夔峡诗由黄庭坚书写,诗碑的制作和石刻,以及陈列诗碑的高屋大堂,由杨素办理,并约定施工期为三年,黄庭坚命名为"大雅堂"。二人相约,三年之内做成此盛事。果然,黄杨携手,如期完成浩繁工程。

据记载,元符三年(1100年)七月,黄庭坚从戎州(宜宾)乘船到青神拜望嫁到青神县的姑妈,同年11月才从青神回到戎州,历时四月。其间还去了眉州老师苏轼的故乡,游览了眉州城东的铁罗汉寺,写有《铁罗汉颂序》。虽然历史没有记载黄庭坚是否到过丹棱,但是眉州治所距丹棱只有35千米,那是建造大雅堂的地方,推想起来应该是必去无疑的。

大雅堂所需的几百方碑石,来源于大雅堂20里外的梅湾桥一带。碑石的开采、运输、清打、磨平、拓字、刻字,建房材料的筹办和建房,泥工、石工、木工、搬运工、杂务工的安排,是一项庞大的系统工程,皆由杨素统一指挥;大雅堂建设所需资金,皆由杨素全额承担,所以有专家说"杨素建大雅堂,是倾其所有家财而投入丹棱的文化建设,杨素是大雅堂建设的功臣"。

今天,我们已不能知晓杨素建造的大雅堂的模样,但通过对零星史料的甄别,我们对这座大雅堂的轮廓也形成了一个大致印象:宋式庙堂斗拱建筑,内外流金溢彩,围墙足有1华里长。最初内设6个大殿,殿堂为红墙碧瓦,300多方诗碑陈列其间。正殿门楣上,镌刻着黄庭坚题字"大雅堂"。

杨素是隐于乡野,有知识、才华,并且才智卓越的人物,同时也是家底殷实的乡村富户。杨素以一己之力,倾其所有家财,完成了大雅堂建设工程,值得后人景仰。正是他与黄庭坚合作,才成就了流芳百世的旷世伟业,因为大雅堂不仅是丹棱的,更是全国的,且具有其唯一性,所以后来杨素因为此举被朝廷追封为"朝散大夫"。杨素之后,丹棱境内投资学校、教书育人者代不乏人。

南宋《方舆胜览·眉州》境内"胜览·堂榭"中,丹棱的"堂榭胜迹",第一便是这"大雅堂"。

大雅堂的杜诗碑又称黄字杜诗碑,是中华文化史上的一座丰碑。大雅堂内珍藏的诗圣杜甫之诗和大书法家黄庭坚之字,可谓诗书双绝,是人们心目中的文化圣殿。更进一步说,大雅堂已不再是简单的物质的文化建筑,而更是其所承载的中华民族博大精深的文化内涵,及历代所提倡和推崇"大雅之遗"的大雅文化精神。

大雅堂内保存的杜诗书碑,均为黄庭坚书写。黄庭坚是中国书法史上少有的极富创新意识的书法家之一,因此大雅堂黄字杜诗碑也是为中国书法史留下了浓墨重彩的一笔。黄庭坚在楷书、行书、行楷及草书方面都有很高的造诣。年轻时,他学习颜真卿,褚遂良,王羲之等人书法,形成了具有自己独特风格的大字楷书。人到中年的黄庭坚仕途不顺,遭遇一贬再贬,但是就是在这样的人生境遇中,黄庭坚反而在书法上渐渐地摸索出一套属于自己独有的书风。在被贬黔州后,他的心境慢慢开始归于平淡,再加上时间的积淀,生活地磨炼,黄庭坚在书法上也逐渐形成了自己独有的"山谷体"。"山谷体"的特色就是结字中宫收紧,而四周又是呈发散的态势。在笔画的运用上也是刻意的拉长,使得字形瘦劲有力。中晚期的黄庭坚用笔已经非常随意,并不会为了求新求奇可以的改变字形的结构或者是整体的布局。当时的黄庭坚已经完全摆脱其他书家的书风。而他这些书法的成就,在大雅堂中的石刻作品中被很好地保存了下来,成为后世书法临摹学习的楷模。所以,大雅堂还是中国书法家们曾经膜拜的圣地。

公元1100年,大雅堂工程顺利竣工,黄庭坚挥笔写下《大雅堂记》。在这篇记里,黄庭坚明确宣称,杜诗与《诗经》《离骚》乃一脉相承,只有这些作品才是"大雅"之作,才有资格登堂入室。书写杜诗,刻碑建堂,是为了使"后之登大雅之堂者,能以余说而求之"。此说一经传扬开来,震动诗坛文苑。此后,人们遂以能不能"登大雅之堂"来评说一件作品的高雅或粗俗。成语"难登大雅之堂"也典出于此。

大雅堂建成后,经历了宋元明三朝,丹棱县因大雅堂而闻名全国。来自各地的文人士子学习被誉为"大雅之遗"的杜甫诗歌、观摩研习堪称"龙蛇妙笔"的黄庭坚书法之后,还题写了很多吟咏大雅堂的诗章。

建成大雅堂,对丹棱的影响意义深远。自此以后,在"大雅遗音"的熏陶下。在杜诗黄书的潜移默化中,丹棱人因感而生慕,因慕而生奋,因奋而生起。"其时人争自奋,士知学古,若李文简、唐子西诸君子,与三苏后先相望,吾乡人文之盛,几甲天下。"可见,大雅堂建立以后,读书科举在丹棱蔚然成风。自宋至清,丹棱进士及第者就有37人,其中文科进士33人。武科进士4人。文科进士中,北宋年间12人,南宋年间15人,明代1人,清代5人。如北宋著名诗人、文学家唐庚,谏议大夫唐文若,抗金名将刘汲,南宋著名爱国、廉洁官吏孙道夫,谏官唐文若,史学家、《续资治通鉴》作者李焘,清代教育家彭端淑,史学家、《蜀故》《蜀碧》《丹棱县志》作者彭遵泗,教育家李昶元等等,都是从丹棱走出的进士。可以说,大雅堂建成以后,大大促进丹棱甚至整个眉山的教育事业的发展。

大雅堂建成之后,立即成了丹棱的文化名片,成为丹棱一个重要的人文景点。明代中叶,各州县为标榜自己的旅游资源,将域内著名的人文景观或自然景观归纳或提炼为八大景观,"大雅遗音"等优秀诗篇连同大雅堂本身,被选入"丹棱八景"之首。这在后来的多部《丹棱县志》中均有记载。

明弘治十年,即公元1497年,巡按御史荣华巡视至丹棱,瞻仰大雅堂后,拨付专款将大雅堂整修一新,还增修了1个大殿,增塑杜甫和黄庭坚像于堂内,又新立石碑刻石纪念。整修竣工之日,知县江谦率领县内官员及绅士前往大雅堂祭祀。后来,此举后来成为丹棱县之惯例。清嘉庆《四川通志》卷五十六《舆地志·古迹》于"眉州直隶州"条下,将丹棱县的大雅堂,与眉州的卧牛城(州城)、三苏故里、蚕市、江乡馆、书楼、远景楼、景苏楼、起文堂等并列。按今天的说法可以理解为:丹棱大雅堂与眉州三苏祠等,同为市一级的旅游景点。据说文徵明、祝枝山等明代的大书画家也曾不远万里,来到大雅堂,观摩、学习杜甫的两川与夔州诗歌及黄庭坚的书法。

  思考与练习

1. 西昆诗派为何兴起?又为何消亡?
2. 杜甫两川及夔州时期的诗歌有什么特点?在杜诗中占有怎样的地位?
3. 黄庭坚刻诗梦的实现对你有什么启示?
4. 丹棱首富杨素为什么要斥巨资兴修大雅堂?你认为当代大学生该秉持怎样的经济观?

第三节　唐宋文坛三人行

一、蜀中诗圣铸诗魂

"清代蜀中三才子"之一的李调元,在夔州特地去拜谒了杜甫祠,"一朝诗史为唐作,万丈文光向蜀留"的赋诗,道出了诗圣生平的两道光焰。

天宝五年(746年),35岁的杜甫带着家人到京都长安(今陕西省西安市)赶考,满以为会谋个一官半职,但这一年的科举考试被奸相李林甫把持,竟无一人被录取,他只好把家人送到附近的奉先县(今陕西省蒲城县)暂住。

安史之乱起,杜甫赶回家,《自京赶奉先县咏怀五百字》中记录了当时他遭遇的一片凄凉:

> 老妻寄异县,十口隔风雪。
> 谁能久不顾?庶往共饥渴。
> 入门闻号啕,幼子饥已卒。

唐至德元年(756年)七月,杜甫得知肃宗在灵武(今宁夏灵武县)即皇帝位,便把家小安顿在鄜州(今陕西省富县)的羌村,只身投奔灵武,不料途中为叛军所俘,押往长安,次年春天才得脱身。在被迫留居长安的日子里,他的《春望》反映了战乱中的处境与心境。

> 国破山河在,城春草木深。
> 感时花溅泪,恨别鸟惊心。
> 烽火连三月,家书抵万金。
> 白头搔更短,浑欲不胜簪。

乱世里能生存下来,感觉像是做梦一样。安史之乱后,唐肃宗乾元二年(759年),杜甫弃官离开关中,在秦州(今甘肃省天水市)、同谷(今甘肃省康县)短暂停留后,追随唐玄宗避乱入蜀的路线,携家带口,长途跋涉,经木皮岭、白沙渡、飞仙阁、石柜阁、桔柏渡、剑门、鹿头山,历尽千辛万苦,终于摆脱了中原战乱,岁末到达成都。

48岁的杜甫远离大唐文化的中心,置身巴蜀这个陌生的世界,开始了全新的感受与认知。

巴蜀地处中国西南长江上游流域地区,大致范围包括四川盆地及其附近地区,即今四川省、重庆市及陕南、黔北、滇东北、鄂西等地,主要有汉、藏、彝、苗、回等民族。其主体四川盆地,素称"天府之国"。

巴蜀是相对封闭的一个地理单元,文化上具有整体性,为古巴国、蜀国所在,是古代封建王朝必争之地。

杜甫的知己诗友、出生于岷山脚下成都平原川北边缘江油的李白,为巴山蜀水写过不少神奇瑰丽的诗篇,他的《上皇西巡南京歌》10首组诗,记录了唐朝天宝年间安史叛军攻陷京师、唐玄宗逃往蜀地避难、以成都为"南京"的历史故事。其中第二首"九天开出一成都,万户千门入画图。草树云山如锦绣,秦川得及此间无"流传甚广,而"九天开出一成都"一语,更为人耳熟能详。

在唐代,四川地区经济、文化得到快速发展,玄宗天宝元年(742年),四川地区已约有200万户1000万人,成都平原又成为当时全国经济最发达的地区,成都重新成为全国最著名的商业都会。

成都在唐朝的经济领域中地位非同小可,是全国财政极为重要的一大支柱,盛唐时期,剑南两川道的财赋收入占到全国的一半左右。

锦绣河山、繁华都市,引无数文人雅士心驰神往。

"自古文人皆入蜀",唐、宋尤甚。

初唐的王勃、卢照邻,盛唐的高适、岑参、杜甫,中唐的白居易、刘禹锡,晚唐的李商隐,五代的韦庄、温庭筠,宋代的张咏、宋祁、黄庭坚、范成大、陆游等几乎所有当时中国文人的"十佳"

"一百强""五百强",都如过江之鲫,蜂拥入蜀。巴蜀与成都这特殊的地理环境,给入蜀文人的生命轨迹打上了鲜明的印记,他们在蜀中意气风发的佳作名篇,也为中华文明与巴蜀文化增添了绚丽的光彩。

> 我行山川异,忽在天一方。
> 但逢新人民,未卜见故乡。
> 曾城填华屋,季冬树木苍。
> 喧然名都会,吹箫间笙簧。

——《成都府》

这是杜甫对成都的第一印象。

杜甫一家先在浣花溪边古寺里暂住下来。

靠故人和亲友的接济,第二年秋天,杜甫的草堂茅屋落成。搬进新家,"故人供禄米,邻舍与园蔬",《江村》描绘了诗人好久不曾享受过的惬意生活:

> 清江一曲抱村流,长夏江村事事幽。
> 老妻画纸为棋局,稚子敲针作钓钩。

天府之国成都给这位漂泊中的穷困诗人提供了滋养精神和才思的人文生活环境,并浸润了杜甫的诗才,极大地成就了他走向中国诗歌艺术顶峰的不朽。

杜甫在成都先后居住了3年另9个月,留下诗作247首,约占他全部诗篇1439首的六分之一,其中,以成都内外蜀地乡村风貌、城市景观、民生民俗等为题材的诗不下百首。

散落在杜诗中的成都记忆,为后世留下了唐代成都极为珍贵的别样记录。

深入研究成都历史和地理时,常常遇到史料不足的问题。成都建城虽久,但偏于西南一隅,正史载之不详。流传至今的旧方志虽达一百余种,元代之前的多散佚不存,仅见于其他文献的零星引录,因此,文学作品等的佐证十分重要。杜甫长于客观描写,"凡出处去就、动息劳佚、悲欢忧乐、忠愤感激、好贤恶恶,一见于诗,读之可以知其世(宋胡宗愈《成都草堂诗碑序》)。"所以当代历史学家范文澜说:"杜甫诗写当世时务,号称诗史……,可以作为正史的佐证,可以补正史所未载。"

为人熟悉的一首《绝句》中:

> 两个黄鹂鸣翠柳,一行白鹭上青天。
> 窗含西岭千秋雪,门泊东吴万里船。

就是诗人在成都凭窗看到的当时景象,信息量极为丰富。

垂柳、黄鹂、白鹭这些动植物构成的美丽不必说了,大邑西岭雪山的皑皑白雪,以往被今人当作是夸张的想象。直到2008年汶川大地震之后,连续的雷暴过去,雨后大晴,成都市区终于有了重新目睹这一情景的机会,媒体纷纷刊发照片,人们这才明白杜甫的描写是纪实而非虚构。

没有绝佳的空气状况,怎能看到一百千米之外的西岭雪山,成都这城,古时的生态环境竟是如此迷人,而"门泊东吴万里船",也是当时成都与外地水路交通的真实写照。据西南大学历史地理学者蓝勇教授研究,唐代成都平原气候温暖湿润,气温和降水量都比现在高得多,大江宽阔、江水清亮,当时的岷江正流即史书所谓的"大江"绕成都城流过,在城南的一段则是杜甫在诗中经常歌咏的锦江。"万斛之舟""行若风",真是令人神往!

此外,杜甫《水槛遣心二首》的"城中十万户,此地两三家",这是对唐代成都城市人口有明确数字的唯一表述,成为今天推测唐代成都人口的重要参考资料。杜甫的成都诗还有数十首涉及了蜀酒,唐代成都酿酒业的发达,早有诗圣为证。

如此等等,杜诗对成都的记载,"无一字无来处",何其珍贵。

今天成都的作家、诗人,喜欢渲染杜甫在远离中原战乱的成都的暂时安乐,虽然如此,但这仅仅是他成都生活的一部分。

二、杜甫峥嵘岁月

杜甫到成都后,没有一官半职,后来挂了个工部员外郎的虚衔,没多久也辞去了。生活上,基本靠在蜀中做高官的文友高适、严武等接济度日,"百年已过半,秋至转饥寒。为问彭州牧,何时救急难?"这样的求助诗信不知道写过多少。

杜甫在蜀中仍需奔走讨生活,先后辗转于阆州、绵州、汉州、梓州。高适、严武相继去世后,为了生计,他不得不离开成都。

永泰元年(765年),杜甫年届54岁,五月携家离成都南下至嘉州(今乐山市),六月至戎州(今宜宾市)。再从戎州至渝州(今重庆市)下峡,入秋至忠州(今重庆市忠县),九月到云安县(今重庆市云阳县),因病留居。第二年(766年)移居夔州(今重庆市奉节县),得到夔州都督柏茂琳的资助,留了下来,直到768年正月出峡东下,一叶孤舟顺江漂流。

从48岁到57岁,杜甫在巴蜀九年,离蜀两年后去世。

蜀中及夔州期间,虽有短暂安宁,但因时局动荡、生活困窘,诗人奔波辗转各地,漂泊无定,如他《旅夜抒怀》所言:

飘飘何所似?天地一沙鸥。

杜甫晚年的"蜀漂"、"南漂"、"江上"生活的特殊环境,造就了诗人特殊的思想情感与诗歌意象。

多水的蜀地与南方水路纵横交错,漂泊途中,杜甫辗转于嘉陵江、岷江、长江、湘江流域。舟行、岸泊,江边的送别、宴饮、临行的赋诗,常常是以船为家,天不见亮出发,直到夜幕降临。在空旷的江面感受孤独,在起伏的波浪中沉浮心境,一路村庄、原野、市集、沿途风景、名胜、古迹……

诗人现在来到的地方是长江三峡的西大门。

长江三峡由巫峡、瞿塘峡、西陵峡组成,又名峡江,位于重庆与湖北恩施州、宜昌境内的长江干流上,全长193千米。

其中瞿塘峡别名夔峡,西起奉节县的白帝城,东至巫山县的大溪镇,全长8千米,是三峡峡谷入口处。隔江对峙的绝壁,组成了一道天造地设、最为险峻的"夔门",自古就有"天下雄"之称。瞿塘峡在三峡中虽然最短,两岸却密布着奉节古城、八阵图、鱼复塔、古栈道、孟良梯、犀牛望月等风景名胜。

三峡是长江的诗眼。

长江三峡险峻、雄壮、幽深、秀美,可谓天下山川奇观,但从先秦到魏晋南北朝的很长时间里,它在文人笔下很少溅起绚烂的文化浪花。

四川盆地因"蜀道难,难于上青天"显得神秘莫测,其实,那是指陆路,三峡水路早已是进出巴蜀的大通道。人流、物流来来往往,多少巴蜀精英将走出夔门作为成年大礼,伸展自己人生的无限空间。与之相应,入川则因逆水行舟,不进则退,要用人力的持久坚韧同自然的强大蛮横作抗争。

自然三峡同文学三峡回环往复,重重叠叠,把三峡表现得浓墨重彩,日益成为中华民族自然界美感的大动脉,也成为每一位文学家绕不过去的美学大辞典。

唐代伊始,三峡波涛浸润着唐诗,影响着唐诗,几乎唐代的每一位诗人,都与三峡有过不解之缘。《唐诗三百首》中,就有12首与三峡有关。

　　剑外忽传收蓟北,初闻涕泪满衣裳。
　　却看妻子愁何在?漫卷诗书喜欲狂。
　　白日放歌须纵酒,青春作伴好回乡。
　　即从巴峡穿巫峡,便下襄阳向洛阳。

出川的旅程,因顺流直下,猛浪若奔、一泻千里。广德元年(763年)春,杜甫听到安史之乱结束的消息,惊喜欲狂,手舞足蹈,在梓州(今四川省绵阳市三台县)冲口唱出上面这首"生平第一快诗"《闻官军收河南河北》,借顺流直下的轻快,激荡那久违的兴奋与不可遏止的归乡之情。

还是杜甫,矗立在白帝彩云之中、被称为"古今七律之冠"的《登高》,则借江水浩荡,将生生不息的阔大悲情贯穿在诗思血液中。

　　风急天高猿啸哀,渚清沙白鸟飞回。
　　无边落木萧萧下,不尽长江滚滚来。
　　万里悲秋常作客,百年多病独登台。
　　艰难苦恨繁霜鬓,潦倒新停浊酒杯。

夔州位于重庆东北,临荆楚,控巴蜀东门,形势险要,为通吴要塞。

杜甫在夔州居住近两年,创作了400多首诗,涉及夔州的山川、历史、人物、风土、神话等诸多独具特色的地域因素,在唐宋时期的夔州诗中占有巅峰地位。

四川盆地东部边缘的高山峻岭是杜甫以往不曾涉足过的,《峡中览物》所言"形胜有余风土恶",可以看作是他对当时夔州地理文化的总体评价。

与成都相比,这里不仅与京城相距更远,而且"夷夏混杂"、文化杂糅的程度更甚。"绝"与"塞"二字,常被杜甫用来表达对夔州僻远的认识。此地形势险要,"峡口大江间,西南控百蛮",主要部族有五溪、巴、僚等,其中,僚是包括苗、瑶、越等部族在内的一个宽泛的称呼。杜甫在夔州时的两个家童阿段、阿稽,皆为僚人。

杜甫对夔州的地理文化体验,是一个儒家知识分子以中原文化为本位对"边地"的观察。对一地风土人情这样大量的描写,在杜甫其他诗作中并不多见。夔州文化形形色色的"特异",在杜甫笔下表现得细致入微:

> 异俗吁可怪,斯人难并居。
> 家家养乌鬼,顿顿食黄鱼。
> 旧识能为态,新知已暗疏。
> 治生且耕凿,只有不关渠。
> 西历青羌板,南留白帝城。
> 於菟侵客恨,粔籹作人情。
> 瓦卜传神语,畲田费火声。
> 是非何处定,高枕笑浮生。

《戏作俳谐体遣闷二首》记录了夔人喜食粔籹(古食品,以蜜和米面搓成细条,组之成束,扭作环形,用油煎熟,如今天的馓子)、烧畲(畲,火耕地,指粗放耕种的田地)耕种与独特的龟卜和瓦占习俗;"山田饭有沙(《溪上》)"、"苦厌食鱼腥(《奉赠薛十二判官见赠》)"及"敕厨或一味,求饱或三鳝(《秋日夔府咏怀奉寄郑监李宾客一百韵》)"等饮食,是诗人极为不适的;《雷》《火》二诗描绘了夔人放火烧山以祈雨的祀俗;"殊俗状巢居,层台俯风渚(《雨二首》)"、"峡人鸟兽居,其室附层颠(《赠李十五丈别》)",反映的是当地人巢居野处的居住习惯;在《负薪行》中,杜甫记叙了夔州的两类妇女:一类是男丁入伍、抱恨独处,一类是在外从事体力劳动养家糊口而丈夫闲居在家的;《最能行》则描写了江中讨生活的水手"蛮歌犯星起,空觉在天边"、"夷音迷咫尺,鬼物倚朝昏"(《奉汉中王手札》),"渔艇息悠悠,夷歌负樵客(《雨二首》其二);"野哭千家闻战伐,夷歌几处起渔樵(《阁夜》)"、"南翁巴曲醉,北雁塞声微(《社日两篇》其一)",则是诗人对夔州民歌的感受。

三、本色诗圣的生命乐章

杜甫行至巴蜀,已年近半百。"放荡齐赵间,裘马颇清狂"的少年意气已渐渐消磨,寓居夔州时健康日益恶化,反映到诗中,叹老嗟病的生命感慨油然而生,"病""暮年""衰翁"等字眼,反复出现多达 50 余次。久寓异地,思乡忆亲的情怀愈发浓厚,常对秋风、江梅而生客愁。

虽然如此,毕竟诗圣本色。杜甫入蜀特别是寓居夔后后,诗歌艺术取得了突破性的发展,"晚节渐于诗律细(《遣闷戏呈路十九曹长》)"、"老去诗篇浑漫与(《江上值水如海势聊短述》)",可见杜甫对自己晚年诗歌的"自得"。

时人、后人对此皆有口碑,如南宋王十朋所言:

> 子美稷禼志,空抱竟无用。
> 夔州三百篇,高配风雅颂。

方回所说:

老杜上元元年庚子年四十八至成都,大历元年丙午年五十四至夔州。山稗论老杜诗必断自夔州以后。试取其庚子至乙巳六年之诗观之,秦陇剑门,行旅跋涉,浣花草堂,居处啸咏,所以然之故,如绣如画。又取其丙午至辛亥六年诗观之,则绣与画之迹俱泯。赤甲、白盐之间,以至巴陕、洞庭、湘潭,莫不顿挫悲壮,剥浮落华。

入蜀之后,杜甫进入"凌云健笔意纵横"的自由境界,两川夔峡诗挥洒如意,已臻老成。而他到夔州后的古律诗,特别是七律,真正达到了"诗律细"与"浑漫与"的辩证统一,"无一篇不妙","不烦绳削而自合"（黄庭坚语）。

被誉为丰碑之作的《秋兴八首》，是杜甫夔州诗中惨淡经营的一组七律。

八首诗是一个完整的乐章，命意蝉联而义各首自别，羁旅之感、故园之思、生民之难、君国之慨浑然一体，悲壮苍凉、意境深闳，被公认为杜甫抒情诗中沉实高华的艺术经典。

第一首是序曲：

玉露凋伤枫树林，巫山巫峡气萧森。
江间波浪兼天涌，塞上风云接地阴。
丛菊两开他日泪，孤舟一系故园心。
寒衣处处催刀尺，白帝城高急暮砧。

开门见山抒情写景，波澜壮阔，感情强烈，诗意落实在"丛菊两开他日泪，孤舟一系故同心"两句上。

第二首写诗人身在孤城，从黄昏坐到深宵，翘首北望，长夜不寐，上应第一首；第三首写晨曦中的夔府，是第二首的延伸。独坐江楼，秋门的宁静给诗人带来的却是烦扰不安，感叹一生的事与愿违。

第四首是组诗的前后过渡：

闻道长安似弈棋，百年世事不胜悲。
王侯第宅皆新主，文武衣冠异昔时。
直北关山金鼓振，征西车马羽书驰。
鱼龙寂寞秋江冷，故国平居有所思。

前三首诗的忧郁不安，至此接触到"每依北斗望京华"的核心：反复不定的长安棋局。诗人历时十年如此熟悉的长安景象，一一浮现，从"故国平居有所思"，又跳出后面四首。

第五首，描绘长安宫殿曾经的巍峨壮丽；第六首怀想王室曲江的繁华，佚乐游宴引来了无穷的"边愁"，轻歌曼舞断送了"自古帝王卅……"；第七首忆及长安的昆明池，展示一去不复返的巍巍大唐；第八首表现诗人当年春日郊游的诗意豪情，"彩笔昔曾干气象"刻骨铭心。

《秋必八首》是不可分割的整体，犹如一个大型抒情乐曲的八组乐章。

前三首由夔州而思及长安，后五首则由思长安而归结到夔州；前三首由现实引发回忆，后五首则由回忆回到现实..这种忧思并非诗人一时一地的偶然触发，而是自经丧乱以来忧国伤时感情的集中倾泻、喷发。目睹国家残破而不能有所作为，其中曲折，诗人不忍明言，不能尽占，所以望长安，忆长安，思长安，婉转低回，反复慨叹。

有人以为杜甫入蜀之后，诗歌不再有前期那样火气磅礴、浓烈炽人的感情。其实，诗人在这时期并没消沉，只是生活处境不同，思想感情更复杂、更深沉了。而在艺术表现方面，经历长期生活的砥砺和创作经验的积累，比起前期大有提高，更加丰富。

清代蜀中名流、丹棱彭端淑在其《题杜工部入蜀后诗》《题杜工部草堂》中说得很到位：

少陵入蜀后，数岁且频移。
不缘经胜处，焉得发奇思。
公倘不来蜀，胸襟何由阔。
蜀中得公诗，山川为增色。

明末清初学者仇兆鳌在其所编《杜诗详注》中,收录被确认的杜诗共计 1439 首,其中杜甫的两川诗 470 多首、夔州诗 467 首,"两川夔峡诗(所谓两川,是指唐代曾分剑南节度使为剑南东川、剑南西川两节度使,以此泛称巴蜀)"在数量上占到杜甫全部诗作近三分之二。这些诗无论思想内容与艺术造诣,都已达到出神入化、炉火纯青的境界,代表了其诗歌的最高艺术成就,为后世所器重,研究、追仿者代有其人。

思考与练习

1. 请阅读杜甫诗中对成都的最尊贵的记忆
2. 请分析杜甫远离大唐文化的中心,置身巴蜀后,是怎样开始全新的感受与认知的?
3. 请熟读《唐诗三百首》,选出 12 首与三峡有关的诗歌点评其艺术特色。

第四节 毁明末战火,惜碑碣无存

一、张献忠挥师入巴蜀

北宋元符年间(公园 1100 年前),丹棱人杨素创建了中国历史上唯一的大雅堂。大雅堂内珍藏北宋大书法家黄庭坚手书诗圣杜甫两川夔峡诗之 300 方石刻诗碑。因杜甫诗碑诗书双绝(杜诗、黄书),从而使大雅堂名扬四方,历代名人学士登堂览胜者不计其数。流风所及,丹棱人争自奋,士尚崇学,若李焘、唐庚诸君子,与三苏后先相望,丹棱人文之盛,几甲天下。

然而,如此伟大的文化建筑,大雅堂中珍藏的几百方杜甫诗碑,自"明弘治中,巡按御史荣华重新祠宇、立像勒石,知县江谦率绅士往祭焉,遂为故事"后,就没有了消息。迄今 500 多年来,多少学者、官吏遍访遗迹遗物而不可得。大雅堂里的杜诗黄字碑哪里去了?

丹棱人彭遵泗说:"献逆后,堂毁,碑碣无存。"彭端淑说:"继而是堂亦埋没荒烟蔓草中,欲访当年遗迹,残碑断碣无有存者。或曰为前明邑侯载之而去;或曰土人欲利其地,沉其石于沧浪江中。"彭端淑、彭遵泗二人,是丹棱古代研究大雅堂最为深入和全面的乡贤。彭遵泗只说明末"张献忠剿四川"那场兵燹后,大雅堂毁掉,碑碣不见了。

1640 年,张献忠率部入川,利用官军将领之间的矛盾,分化瓦解官军,在四川大获全胜。接着挥师出川,直指鄂州。

1644 年,张献忠率领马步水军数十万,由武昌经岳州(今湖南岳阳)再次入川,在巫山击败守将曾英部及明援兵。次年二月到达万县,待机西进。四月,水陆并进,直奔重庆。原四川巡抚陈士奇在重庆东南的铜锣峡设重兵固守。张献忠采取声东击西的战法,令部分水军与明军交战,自率精骑迂回其侧后,两面夹击,先后攻克佛图关(今重庆西南)、铜锣峡,进抵重庆城下。令勇士凿穴爆破,打开通路,六月二十一攻克重庆。七月初四,乘胜率军直趋成都,沿途州县望风迎降。八月初九,攻占成都。尔后,分兵攻取未附州、县。十一月十六,张献忠在成都称帝,国号大西,年号大顺,改成都为西京。

张献忠称帝以后,一方面颁行《通天历》,设钱局铸"大顺通宝",开科取士,赢取了部分士人的忠心。为了稳固统治,大西在成都实施了严格的保甲和言论管制,"每日夜差官请令巡查,巡役则昼扮闲人。混入兵民中省视;夜则听篱察壁,入户逾垣。凡有日间偶语、夜间开言者,不论兵民是非,一概谓之说乱话,立刻锁解皇城"。另一方面,大西也实施了鼓励百姓开荒,采用酷刑杜绝贪污的手段缓和军民关系,民间还流传着"张家长、李家短"这种张献忠管理成都民政时留下的趣话。

后来,随着明朝将领的反抗,人民的起义,以及清军的入侵,这使得大西政权失去了对四川大部分地区的控制权,只有成都、保宁二府还能有效控制。战局的不利使张献忠将仇恨错误地扩大到了四川(主要是成都)百姓的身上。对周边府县反抗的镇压越发严酷,乃至伤及无辜。不仅如此,还对那些不能按时完成"剿匪"任务或者出现士兵逃亡的将领动辄军棍打骂,甚至于实施剥皮酷刑。抚南营中有人逃去敌方,张献忠居然除将军都督外,将南路全营大小官全都杀了。将军抚南被打一百军棍,都督各打一百五十军棍。

最为残暴的是,张献忠杀了数千名读书人。由于张献忠的残暴,引起部分成都士人的不满,他们打算去投靠李自成。不幸被大西边关守将截获,彻底激怒了张献忠。1645年底,留在成都的数千名士子以考试为名被全部集中起来后处死。这就是赫赫有名的大慈寺(另一说为青羊宫)事件。查继佐《罪惟录》里记载,"县榜取士,士争乞生,复以兵围之,数千人咸振笔携策而死。"

从此,张献忠彻底走上了疯狂之路,也注定了成都府许多百姓最终悲剧性的结局。对蜀地士人的不信任,再加上张献忠帐下汪兆龄等阴附文人的策动,张献忠开始有针对性的清整军队中新招募的蜀地士兵及其家属,将其逐步从军队中去除。另一方面,他放弃了经营蜀地的决心,开始大开杀戒,打算坚壁清野后离开四川,命令部将四出成都邻近各县,强掠财产和粮食为军资军粮,稍有不从即连坐处死。

明末清初学者王夫之在《永历实录》写道,"献忠之在蜀也,杀掠尤惨,城邑村野,至数百里无人迹。民逃入深山,不得食而死者委填岸谷;或采草木叶食之,得生者久乃化为野人,裸处林栖,体生白毛,遇人则搏杀之而吮其血。"

当时亲身在蜀的士人的笔记性质的记载中,也有不少关于此事的记载。韩国相《流离传》云,"会献贼欲尽杀川兵……会献贼前锋猝至,初九日城陷焚杀无遗。"而当时先后在大西政权、摇黄军阀、川南明军、蜀王刘文秀、晋王李定国幕府工作过,直到永历远走缅甸才退入深山隐居的欧阳直留下的《欧阳氏遗书》,可以说是所有第一手资料中叙述详尽,记载了张献忠尽屠四川的许多罪恶。

吴伟业《绥寇纪略》中也有记载,"献贼欲屠成都民,孙可望谏曰:'其名等随王多年,身经数百战,所得之地即行杀戮,不留尺寸以作根本。士民既杀,地方取之何用?苟不修王业,将士随王亦无益矣。必欲屠民,其名愿刎颈以代民死。'由是马元利、李定国、孙可望、艾能奇、白文选、张化能、刘文秀、张能第等,皆俯伏流涕谏,乃止。"张献忠的残暴,可见一斑。

大西政权虽有意改善军民关系,笼络士人,但倨傲的态度让他们并未收到预想的效果。大西当时虽然得到了成都府士人群体一定的支持,但外县的士人依然顽固地不与大西合作。另一方面,大西虽然有意缓和军民关系,但严厉的保甲制度及言论管制也使军民关系不是那么融洽。差官经常混入兵民之中,暗中监视老百姓和底层的士兵,甚至晚上去偷听老百姓的墙角,只要稍有不慎,说了张献忠政权的坏话,立刻会被捉拿,关进监狱。所以老百姓小心翼翼,人人自危。在这样的情况下,反抗大西政权的人自然越来越多。

大西政权建立不久,四川各地的明朝将领曾英、李占春、于大海、王祥、杨展、曹勋等就纷纷聚集兵马,袭击大西农民军,屠杀大西政权地方官员,给大西政权很大威胁。对此,张献忠进行了严厉的镇压。

但张献忠残暴的屠杀引起了人民更加剧烈反抗。成都平原上,老百姓扛起锄头,群起而杀贼;而张献忠的大西政权所置郡县官吏守、牧、令、判等,也被揭竿而起的百姓消灭,"或刺于庭、或投之水火,一时殆尽"。

在这样的屠杀与反屠杀的过程中,四川的经济遭到了巨大的破坏,四川的人口急剧减少,四川的文化也大伤元气。而大雅堂的消失,也正是在这一时期。

二、大雅堂诗碑黯然落下

明末后,大雅堂诗碑神奇地消失在历史的长河之中。

明朝著名学者、丹棱人彭端淑曾引用两则民间传说,说明大雅堂诗碑的下落:一是说,明末的丹棱县令爱其诗碑之可贵,所以载之以去,但石非珠玉,且数百块巨大的诗碑,如何载去? 即使载去,也不可能悄无声息,所以此说似不可能。

另一种说法是,当地农民为了垦种,所以将诗碑沉入了丹棱河中。但几百年来,丹棱河遭遇过很多次特大干旱,河水断流,但碑石却从未有现过,所以,这种说法似乎也不可信。

为此,丹棱县部分人士中比较倾向于下面这种说法:彭端淑六弟彭大泽后裔彭旭(庠生),曾参与编纂清·光绪版《丹棱县志》。彭旭之子彭述(1881—1956)是丹棱片区资深文史研究者。在参与编纂民国37年(1948)《丹棱县志》时,在其主编的《丹棱县简明志》中,对大雅堂作了这样的记述:"杨素,好学不倦。尝至戎州敦请黄山谷书杜子美两川夔峡诸诗,刻诸石,立屋护之。山谷名之曰'大雅堂'。……大雅堂,在今县南三里余之白鹤林。碑石凡三百余方,经过三年之写刻乃成,实集山谷书学之大成。明代设山谷与素翁像,春秋二祀,由邑令率邑人士祀之,垂为例。张献忠之乱,邑人惧碑被毁,乃埋诸土中。'邑令载去'与'沉诸沧浪江中',皆系讹传。"由此可见,彭述更倾向于大雅堂的诗碑被埋入丹棱土地之中的传说,他认为诗碑并未被带走,也未沉江,而是埋在丹棱的土地之中。

1950年,川西区文史馆聘彭述为馆员,负责丹棱片区的文史资料工作。其中对大雅堂的研究有其独到见解。据说,他曾带儿子彭厚德在县城南郊拱背桥上,举手指着桥上方某处对儿子说:"那些田里埋有很多珍贵的诗碑,是杨素请黄庭坚书写的杜甫诗歌。明末张献忠剿文化四川时.听说乱兵要来了,县人怕那些诗碑遭受破坏,就把诗碑埋在那些田里。"

20世纪九十年代,丹棱县曾斥资30万元人民币,欲动土挖掘黄字杜诗碑,西南民族大学教授祁和晖亲赴其动工现场,并坚决劝止其工。不知碑埋何处,空挖无益。21世纪后,待丹棱县经济实力略宽裕,丹棱县委县府决定重建大雅堂再储杜诗碑,虽无黄字碑,但有今人书家书杜诗碑,亦可堪慰藉。

三、精神长存颂大雅

丹棱大雅堂,自北宋历史以来,成为传统文化的重要标志,明末毁于兵燹。人们提出了疑问"杜甫诗碑还在不在?"、"诗碑哪里去了?"其实,今天这个问题已经不重要了。

彭端淑曾经说过，"余每爱山谷知诗，杨公好义。故其时人争自奋，士知学古，若李文简、唐子西诸君子，与三苏后先相望，吾乡人文之盛，几甲天下，今已不可复。可胜慨哉！虽然子美之集具在也，后之君子有能崇尚子美如山谷，使大雅遗音复见于今日者乎？当亦不关堂之兴废也已。"

黄庭坚、杨素修建大雅堂，倡导学习杜甫和钻研历史遗产，对革新当时西昆体的诗风产生了积极的作用，这对提倡文雅大方的社会风气也产生了积极的社会影响。从大雅堂建成到如今已有900多年的历史，不管它存还是毁，它都熏陶着一代又一代的丹棱人，激发群英，使丹棱县这一小县人才辈出，仅宋代有四唐、七李彪炳史册。

所以，对丹棱来讲，大雅堂诗碑是否存在并不是最重要的，最重要的是要继承大雅堂的精神，弘扬大雅堂的文化。

所以，对丹棱来说，大雅堂消失了，但对"大雅"的追求一直都在。

思考与练习

1. 你了解张献忠屠川的历史吗？这段历史给你什么启发？
2. 如果你的家乡遭遇外敌入侵或其他灾难，你会怎么做？
3. 大雅精神究竟是一种什么样的精神？

第五节　精神命脉浸润大雅文化

一、前世文化今世大雅

在纪念孔子2565周年诞辰国际学术研讨会上说，习近平主席阐述："优秀传统文化是一个国家、一个民族传承和发展的根本，如果丢掉了，就割断了精神命脉。"他同时强调，要努力实现传统文化的创造性转化、创新性发展，使之与世界文明、现实文化相融相通。

孔子晚年整理的六经（其中《乐经》已失传，所以又有"五经"之说）是中国最早的文献丛辑，上古很多东西都由它记载了下来，包括一些神话、传说与口头文学。中国文学在这里拉开了它的序幕，由此影响着2500多年来中国文学的进程，直到今天。中国最普及的大众读本《三字经》中，朗朗上口的"诗书易，礼春秋，号六经，当讲求"，也是把它作为中华文化最基本的DNA来传播的。

孔子编六经最初是作为教科书来用的，是学习中必须背诵的典籍。

六经中的《诗》是中国历史上第一部诗歌总集，收集了从西周初年到春秋中叶的诗歌三百零五篇，其中的作品都可以用乐器伴奏演唱，所以也称为古代第一部乐歌总集（见图7-9）。梁启超说："现存先秦古籍，真赝杂糅，几乎无一书无问题。其真金美玉，字字可信者，《诗经》其首也。"

子曰："诗三百，一言以蔽之，曰：'思无邪'。"（《论语·为政》第二），意思是：《诗经》三百篇，可以用一句话来概括它,就是"思想纯正"。而它的特点,则是"温柔敦厚,诗教也",即读后足以澄清心灵,堪为教化的工具。

孔子培养学生时非常重视诗教,甚至说"不学诗,无以言",显示出《诗经》对中国古代文学的影响何等深刻。《诗经》的作用呢,"小子何莫学夫诗? 诗可以兴,可以观,可以群,可以怨。迩之事父,远之事君,多识鸟兽草木之名。""诵诗三百,授之以政,不达;使之四方,不能专对,虽多,亦奚以为?"

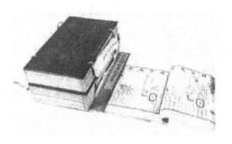

图 7-9 古本诗经之一

诗三百是中国历史上留下来最早的诗歌,从商朝的末年到西周灭亡,其时间跨度有六百年。诗经研究,已经是长盛不衰的一门显学,见仁见智。当代学者、作家流沙河解释说,"诗"字最初被造出来的时候,它右上的字形、现在写成"土"的那部分,实际上是动词"之",表示由此到彼。"诗者,志之所之也",即某种志向、愿望,把它语言化,用恰当的形式从内到外表达出来。

什么时候《诗》又叫"经"呢?

经历了春秋、战国、秦,汉代初年,从汉武帝时期起就把《诗》称之为"经","经者,常也",织布机上面的线,直的叫"经线",横的叫"纬线"。一个社会提纲挈领的东西是"经",以《诗经》为名,表明了它崇高的地位与价值。

《诗经》中的诗从何而来呢?

一是王室派"行人"到民间"采诗",如《礼记·王制》所言"命太史陈诗以观民风"。官至内史的周宣王大臣尹吉甫(尹是官名,也称兮伯吉父),据说是《诗经》的主要采集者,被尊称为"诗祖",尹吉甫是西周房州青峰(今湖北十堰市房县青峰镇)人,一说为古蜀国江阳石洞(今四川泸州市龙马潭区石洞镇)人;

二是公卿大夫给周天子的"献诗"。这两大类诗歌,最后由周王室设在家庙的"守藏室"即国家图书馆删定。春秋时期,诸侯宴飨、会盟,莫不赋诗,可见其盛,丝毫不亚于当今的主流歌曲。

《诗经》分风、雅、颂三个部分,是按音乐的不同而划分的。

风即十五国风,是各地的音乐曲调,包括周南、召南、邶风、鄘风、卫风、王风、郑风、桧风、齐风、魏风、唐风、秦风、豳风、陈风、曹风十五部分,共一百六十篇;雅分为大雅和小雅,是朝廷正乐,共一百零五篇,其中大雅三十一篇、小雅七十四篇;颂分为周颂、鲁颂和商颂三个部分,分别有三十一篇、四篇、五篇,为郊庙祭祀之乐。

《诗经》"六义"对后世影响深远,它是指风、雅、颂、赋、比、兴,其中前三者为《诗经》的体式,后三者指《诗经》的表现手法。《诗经》"六义"形成了我国诗歌史上的"风雅传统",赋、比、兴的手法也被后世诗歌所继承,如汉大赋中的"铺陈"就是由"赋"发展而来,《楚辞》中多"隐喻",是受了"比"的影响,"兴"的手法则为《古诗十九首》等汉魏诗歌所承袭。

二、小雅背后见大雅

借民国大学者章太炎的一双慧眼,我们来掂量这个非同小可的"小雅"与"大雅",章先生对此可是专门下功夫作了研究的。

按照《说文》记载,《诗·大雅》的"雅"字,古文写作"疋",雅是疋的假借。章先生认为,雅字训正,是后起之义。一般人以为以"正"训雅是因为"正"与"疋"字形接近,章先生认为这也是误解。他据《说文》解释道,"疋"字的上半部是腿肚子和髌骨的象形,而下半部"从止",有走的意思,所以说"问疋何止",即走到哪儿去。又有训"疋"为记的,意为记录:古代"王官采诗",天子命官员到民间采集歌谣,以观民风。他们到下面走来走去,把民间的歌谣记录下来,献给天子,天子就根据这些歌谣了解民风民情。

章太炎"其治小学,以音韵为骨干,谓文字先有声然后有形,字之创造及其孳乳,皆以音衍"(梁启超)。具体到"雅"字,章先生以为,《说文》称"楚乌也",这种楚地的鸟,由于它的叫声很像"雅"的发音,居住在秦地的人用秦地方言便称这种鸟为"雅"。章先生进一步指出"雅即雅乌",它的命名与它的叫声有关,所以说"以其声调言也"。后来,逐渐演变成为"秦声"(秦地方言与音乐)的代称。

章太炎先生甚至认为:"所谓乌乌秦声者,即今之梆子腔也。"

源自鸟鸣的"雅"声,如何成为文化正统的象征了呢?

西周尊雅,是因为西周王畿曾是夏人故地的缘故。

古时夏、雅二字互通,雅即是夏的转借,在夏的故地发展壮大的周,拿了"雅"字为夏这个地方的诗歌和音乐命名。因此,不仅《诗》有大雅、小雅,另外还有雅音和雅言。朱自清先生也认为:"当时言语,方言之外有'雅言','雅言'就是'夏言',是当时的京话或官话。"《论语·述而》也记载了"子所雅言(孔子讲学),《诗》《书》、执礼,皆雅言也。"

可见,雅被定于一尊,成为中国文化中正统、高贵的象征,"使夷俗邪音,不敢乱雅",首先是沾了王畿之地的光。雅就是夏,就是中央权力机构所在地。此外则属于"风",前述十五园风,是王畿之地的外延,那里的诗都不能称"雅"。旧训雅为正,就是说诗歌之"正声"即雅。

相传为西汉毛苌(赵人,古文诗学"毛诗学"的传授者,世称"小毛公",今天我们读到的《诗经》,就是汉学大儒毛亨、毛苌注释的"毛诗")所作的《诗大序》(又称《毛诗序》)说:

一国之事,系一人之本,谓之风;言天下之事,形四方之风,谓之雅。

雅者,正也,言王政之所由废兴也。政有大小,故有小雅焉,有大雅焉。

这意思是:诗歌吟咏一个邦国的事,表现作者一人的内心情感,就叫作"风";如果是说天下的事,表现的是四方风俗,就叫作"雅"。"雅"讨论的是王政之所以衰微兴盛,就是"正"。政事有大小,所以又分小雅和大雅。

风和雅,都源于事,情动于中,关乎于风化。所谓"上以风化下,下以风刺上",而雅包括的范围更广,是天下王政。

大雅的核心是儒家的仁爱与忠义。

由于儒家文化的强调,诗歌的价值和功能受到高度重视,"正得失,动天地,感鬼神,莫近于诗。先王以是经夫妇,成孝敬,厚人伦,美教化,移风俗也。"类似的说法还有诗言志、诗关教化、诗无邪等。

与此同时,诗歌还必须讲究艺术和方法,所谓发乎情止乎礼,结合比兴手法形成典雅含蓄的风格,从而达到以诗干预时政、美刺讽喻的效果。

经过屈原离骚与汉魏乐府的直接继承和发展,关注民生、心系天下的风雅精神,成为中国文化的主体意识,大雅与风骚,成为评判文学优劣的最高标准。

雅最初是由王权独享的,春秋之后,礼崩乐坏,周王室衰微,诸侯做大做强,"士"这个阶层乘机崛起，文化权力下移。雅的所有权和解释权部分地转移到文人士大夫手中，他们以自己的趣味和好恶，作为区别雅俗的重要标志，地域概念则退居其次。雅以群分，意义的领地被大大扩展了。

再后来，更形成了相对独立于王官文化的士林文化。

从士大夫中分化出来的这些文人雅士，以清静平和、自然闲适的生活意趣和遗世独立、超凡脱俗的个性表达，作为其社会存在的文化标志。他们是从"雅正"中解放出来、具有新人特征的雅士、雅人。不过，作为对德高而有大才者的特指、对学识渊博者的泛指、对高尚雅正的代称，以及中国琴、棋、书、画、诗、酒、花、茶之类"八雅"，缘时而进陆续引申出的文明、美好、有文化等诸多含义，这些"雅"，虽然自有其源，但与它的本意已经是与时俱进、别开生面了。

数千年来，中国士大夫继承中国文学的优良传统，为大雅文化的传承而欢欣鼓舞，为大雅精神的背离缺失而痛苦嗟叹，孜孜以求，吟咏不绝。

四川省杜甫学会副会长、西南民族大学文学与新闻学院院长徐希平教授，将一部唐诗的发展史，视为追求大雅、追求至善至美的心灵史，并收集了唐诗里直接吟咏大雅的相关诗句。其中最具代表性的是李白《古风》五十九首，其第一首开宗明义地写道："大雅久不作，吾衰竟谁陈。"第三十五首又称"大雅思文王，颂声久崩沦。"李白批评前代文风"陈王徒作赋，神女岂同归。好色伤大雅，多为世所讥。"（《感兴六首》其二），在《鸣皋歌，送岑征君》中则表达其"扫梁园之群英，振大雅于东洛"的期盼和自信。

在整个唐诗中，以大雅为准绳的咏叹和礼赞不绝如缕。

或自述其怀抱志向：

"一生自组织，千首大雅言。"——孟郊《出东门》；

"落落出俗韵，琅琅大雅词。"——孟郊《答友人》；

"残篇续大雅，稚子托诸生。"——方干《过朱协律故山》；

或以之表达对名篇佳作的赞美欣赏：

如王建《送张籍归江东》："君诗发大雅，正气回我肠"；

杜荀鹤《读友人诗》："君诗通大雅，吟觉古风生。外却浮华景，中含教化情。"

再如：

"能搜大雅句，不似小乘人。"——裴说《湖外寄处宾上人》；

"一室贮琴尊，诗皆大雅言。"——齐己《过陈陶处士故居》；

"礼乐中朝贵，文章大雅存。"——徐凝《送李补阙归朝》；

此外，还有惭愧自谦之词：

刘得仁《山中舒怀寄上丁学士》"五字投精鉴，惭非大雅词。"

陆龟蒙《奉酬袭美先辈吴中苦雨一百韵》"歌谣非大雅，捃摭为小说。"

如此等等，不一而足。

由上不难窥见大雅作为诗歌标准的性质。

唐诗是中国诗歌的阿尔卑斯山，诗仙李白、诗圣杜甫的诗是唐诗中的珠穆朗玛峰。最直接传承、弘扬大雅精神和大雅文化的标杆人物是杜甫，杜甫和他的作品是如何得以彰显的，自有后文。

思考与练习

1. 请结合实例阐述大雅堂与大雅文化的关系。
2. 请阐述为什么由于儒家文化的影响,诗歌的价值和功能受到高度重视。
3. 为什么大雅文化被定为中国传统文化中最正统、最高贵的象征?

第八章 仁寿"二冯"艺术

第一节 "二冯"艺术生平

一、仁寿"二冯"艺术概述

仁寿"二冯"艺术,其中的"二冯"指的是出身于眉山市仁寿县的一宗同门兄弟(冯建吴、石鲁),二兄弟拥有相同的家庭背景、社会关系、家学教育。所谓艺术则因"二冯"不仅同门且皆为现代中国画发展史上的重要人物,石鲁是长安画派的领军人物,冯建吴是川渝地区现代中国画的开创人之一。冯建吴是石鲁的绘画启蒙老师,而石鲁是冯建吴艺术变法的关键影响者,他们在艺术创作的道路上相互影响相互促进。

一门二子两大家,这在中国书画史上比较少见。万里长空得纵眸,冷风吹散古今愁——冯建吴的一生坎坷而艰辛,但是致力于探索创作和美术教育的脚步从没有停止过,他为中国美术教育事业作出了巨大的贡献。石鲁虽没有在艺术院校任教,但他对培养艺术人才,倾注了不少心血,当今仍活跃在陕西及全国画坛的长安画派代表人物如催振宽、王子武、王宝生、王西京、徐义生、侯声凯等均得到过石鲁的倾心教授。两位艺术大家为中国的艺术视野发展做出了突出的贡献,他们是艺术界的骄傲,更是仁寿人民的骄傲,目前当地正在深入挖掘其文化内涵,传承和弘扬"二冯"精神,进一步挖掘、整合仁寿文化资源,推进仁寿文旅大发展大繁荣。两位艺术大家为中国的艺术视野发展做出了突出的贡献,他们是艺术界的骄傲,更是仁寿人民的骄傲,目前当地正在深入挖掘其文化内涵,传承和弘扬"二冯"精神,进一步挖掘、整合仁寿文化资源,推进仁寿文旅大发展大繁荣。

二、冯建吴生平

冯建吴(1910—1989),四川仁寿人。字太虞,别字游,斋名蔗境堂、小徘徊楼;中国著名书画家;擅国画、书法、篆刻;生前曾当选为中国美术家协会四川分会理事、中国书法家协会理事、重庆国画院副院长、成都画院顾问、杭州西泠印社社员、四川省政协常委、四川美术学院教授、硕士生导师等。冯建吴先生是20世纪川渝地区中国画的奠基者、传播人,是百年来川渝地区少有的艺术大师之一;半个多世纪以来,太虞艺术,成就斐然,山川之雄浑,阳刚之壮美,浩瀚之云海,耸峙之峰峦,危乎高哉,浑茫无际,沉稳、刚健的线条,浓烈鲜艳的色彩在他的画作中表现得酣畅淋漓,深厚的文学功底使得冯先生的画作更是意境悠远,诗画相融。"几穿云界上层巅,漫倚高寒览大千。雪岭峥嵘天忍破,银潮浩瀚海无边。""我收图画稿,奇观豁五脏。登临一俯仰,旅思如春涨。"都是随境所生的诗情。万里长空得纵眸,冷风吹散古今愁——冯建吴的一生坎坷而艰辛,但是致力于探索创作和美术教育的脚步从没有停止过,他为中国美术教育事业作出了巨大的贡献。

  冯建吴1910年生于四川省仁寿县松林湾,祖父、父亲都善诗文书画的书香世家,从他刻的一方印章里,知道他有一位"有万卷藏书,十亩花园之父",幼时随族叔学诗文,受到中国传统文化的熏陶。少年就读于四川美专,像方旭、刘咸荥等人学习。三年后乘舟东下,到上海考入由吴昌硕后人创办的昌明艺专。在昌明艺专他师秉王一亭、潘天寿、诸乐三等诸家称为吴门再传弟子。他与友人在成都创办成都东方美术专科学校,任国画系主任、校长等职,曾聘黄宾虹先生入川讲学,抗战期间因经费紧张学校解散,他便以卖画为生。小他十岁的胞弟长安画派创始人石鲁(冯雅珩)受其影响,就读该校,走上了学画之路,在此后长达半个世纪的时光里,他的命运和画艺总和石鲁紧紧地联系在一起,如果没有冯建吴,石鲁不可能成为画家,而没有石鲁,冯建吴也许将在传统中终其一生。抗战时期,冯建吴在办学期间曾以卖画办学,浪迹巴蜀。有诗所云:"蹄迹纷纷四寨途,万人海里寂藏驱。绸僇怀单酬哀乐,摩荡江山润画图。却辅金魂尊几榻,风摇尘梦舞甋甀。侵胸冷暖多伤体,一舸闲思泛五湖"表现了他当时的行迹与心迹。中华人民共和国成立前的时光,除在家习诗学文外,是"学画十年,卖画十年"他用20年时光学习传统,探寻艺术真谛。他上溯殷商,下至明清,学习研究马远、夏圭、李思训、王维、董源、巨然的技法特点,在诗书画印的长河里探源索流。

  中华人民共和国成立后,他即成为成都美协会员,有作品《青山魂》《奔腾》参加成都第一届美展,1954年他的工笔画《蔬菜丰收》参加全国第一届美展。此画后来为外文秀收购送日本展出。1956年西南美术专科学校(四川美术学院)聘他任教,看重的正是他深厚的传统学识功力。在校他担任山水、诗词、书法、篆刻四门课程的教学。美术教学的直观性很强,他既能讲的生动,又是师范作画的老师,自然深受学生欢迎。他的艺术发展,每时每刻都在"逆水行舟"之中,他在进入传统之后,并没有固守传统的城池,而是努力寻求新的突破。50年代至60年代初,学术思想比较活跃,石鲁在西安带领大批热心中国画改革的老中青画家,为探索中国画的推陈出新"创造合乎新内容的新形式",进行着勤奋的实践,开长安画派之先河。1960年至1961年冯建吴利用寒假到西安,与胞弟石鲁切磋画艺,共商创新大计。同时沿秦岭经三峡到武汉转桂林、云南等地写生,每月作画十余幅。既对景写生,又不拘于对景的绝对真实。冯建吴还把这种写生法运用在教学中,让学生感受到驾驭描写对象的自由。他在1963年举办了"冯建吴书画展"在四川、成都、西安、福州等地巡展反映俱佳,名噪画坛。他终于冲破一家一派之藩篱,以写生为依据,自拓堂庑,个人风格初见端倪。一两年间画风突变,换了一个人似的。实则学识积聚、修养提高的结果。正如火山爆发,早已蕴蓄多年,一旦时机成熟,自然喷薄而出。石鲁以"一手伸向传统,一手伸向生活"思路,探索着表现新生活的新绘画语言,为表现黄土高原地貌,石鲁创造了那拖泥带水、似皴似染、连皴带染的黄土高原歌。冯建吴数次上西安推崇石鲁"生活为我出新意,我为生活传精神"的主张。冯建吴始终奔着"出新意于法度之中"的原则。他反对为变而变,他视那种笔墨游戏似的所谓"心"为"野狐禅",认为那都是"无根"之作,不会有生命力。

  "文革"结束,他抱病登黄山、九华山,遍游富春江、新安江等地。驾山走白云,江海翻巨浪,"我行拼老命,回来才舒畅"的题画诗真实地反映了他丹青不知老将至的精神状态和创作热情。

1989年2月去世的前十年里,他忍受了"后我生,先我死,哀哉季子"失去胞弟石鲁的悲痛。全身心地融进了他的艺术之中,多次应邀赴北京作画,曾为联合国大厅创作了宽四米、高两米的巨幅山水画,《峨眉天下秀》,为钓鱼台国宾馆、国务院、中国国画院等作画百余幅。他的画还作为国家领导人出访的礼品,赠送给外国朋友,中国美术馆、中国画研究院、四川省博物馆、江苏省博物馆、深圳博物馆等都有他的作品收藏。生命的最后几年,他日出而作,日没不息。作画、写字、作诗、刻印,除整理冯建吴诗词稿、篆刻稿、书法稿、谈艺录、谈诗等著作外,还出版冯建吴画选、山水画技法基础等书。冯建吴深厚的传统动力,以融化进纤巧的神韵之中,作品《黄山猴子观海》《月涌大江流》等是这方面的代表作。诗书画印得心应手,运用自如"长期积累、偶然得之"。他的创作灵感泉涌,为当代中国画坛留下了一大批杰作。

三、石鲁生平

石鲁(1919—1982年),原名冯亚珩,1919年12月13日出生在中国四川省仁寿县文宫镇松林湾。因崇拜清初大画家石涛和现代革命家、文学家鲁迅而改名"石鲁"。石鲁祖籍江西景德镇,其高祖因避税迁四川,贩药售棉成为巨商,遂家仁寿县大化镇松林乡,成为当地第一大粮户。建冯家大庄园,藏书十余万册。鲁少时,家庭文化氛围颇佳,这使他具有一定的文化基础,但石鲁一直具有抗争精神,反抗私塾先生,反抗家庭。

1934年,冯亚珩跟随三哥冯建吴到"东方美专"从事正规的传统学习。在校期间石鲁将主要的精力放于中国画的学习上,系统学习传统绘画,临习石涛、八大山人的山水花鸟,摹写扬州画派及吴昌硕等人的绘画作品,为后来的国画创作打下了基础,抗战爆发,投身革命行列。其中也旁及西洋画的素描和色彩写生等课程。在文学上,石鲁深入研究巴金、鲁迅创造的艺术作品,因而他十分关注现实生活。在传统绘画上,他非常推崇石涛、朱耷、吴昌硕及其他们的独创精神,尤其是十分喜欢石涛笔下丰满空灵的水墨世界并对此向往不已。在"东方美专"的学习使石鲁确立了一种"为艺术而艺术"的创作思想和通过寻求中西结合探索中国画新的表现形式的伟大抱负。

1938年肄业于四川华西大学文学院历史社会学系,就在这民族危亡的时刻和社会动荡的现实,石鲁毅然决然地投身于红色圣地"延安",开启了他的革命美术事业。石鲁实现了从一个膏粱年少,蜕变为有着革命理想的美术家。1940年投奔延安入陕北公学院,开始以画笔为宣传工具献身革命,因慕石涛和鲁迅,易名石鲁。在延安历任西北文艺工作团美术组长、陕甘宁边区文化协会美术干部、《群众画报》编辑、延安大学文艺系美术班主任。

1949年,新中国诞生,社会百废待兴、生机盎然,使石鲁更加明确自己的艺术追求。石鲁在早期形成的创作观念发生了改变,由"为人民服务"的艺术观更多地转向了对艺术本体的探索与实践,并开始深入研究传统绘画,是一位有激情、有热血的红色艺术家,革命理想与创新精神融入了他的血液与身体。在整个50年代里,石鲁的艺术事业可谓是旭日东升,他充分借鉴现实主义的创作手法和浪漫主义的革命精神,创作了许多豪迈有力的山水画和人物画。其间曾历任西北美术工作者协会副主任、《西北画报》社社长、中国美术家协会陕西分会主席、陕西国画院名誉院长、中国美协常务理事等。1959年,石鲁创作了《转战陕北》,奠定了他在美术界的地位。

20世纪60年代初,石鲁在北京举办"西安美术家协会国画研究室习作展"。石鲁创作的探索精神带动了整个西安群体的活跃,以石鲁为首,他们将西北高原的壮美和新笔墨以大规模方式展现在人们面前,给当时的画坛一次相当大的震撼,人们称之为"长安画派"。《学画录》等手稿也在这一时期相继出炉,石鲁对待艺术上,表现出了他个性风采和独特的见解,这都彰显了他绘画艺术思想走向成熟。十年浩劫中备受摧残,仍顽强斗争、坚持作画。正当石鲁创作旺盛之际,他创作的电影剧本《刘志丹》被批,那年是1964年,他仅四十五岁。他遭到批判,受到强大的压抑,他得了精神分裂症。"文革"中又被逮捕,差一点判死刑。他的艺术生命也基本上结束了。所以,他的正式创作生涯不过十几年。石鲁除几幅精心创作的名作外,其他的画,如《秦岭山麓》(1961年)、《秋收》(1960年),以及很多山水、竹子、梅花、人物等,虽然风格别致,与众不同。有人说总结石鲁随意而作的画是"野、怪、乱、黑",石鲁写打油诗反驳:"人骂我野我更野,搜尽平凡创奇迹。人责我怪我何怪,不屑为奴偏自裁。人谓我乱不为乱,无法之法法更严。人笑我黑不太黑,黑到惊心动魂魄。野怪乱黑何足论,你有嘴舌我有心。生活为我出新意,我为生活传精神。"

一直到1971年石鲁重新开始创作。1979年中国美术家协会在北京举办"石鲁书画展"。石鲁虽没有在艺术院校任教,但他对培养艺术人才,倾注了不少心血,当今仍活跃在陕西及全国画坛的长安画派代表人物如催振宽、王子武、王宝生、王西京、徐义生、侯声凯等均得到过石鲁的倾心教授。他创作的书画世界中,透露着特殊的风骨,这在那一切被颠倒的时代里,他最热烈的情感得不到应有的认可,因此他效仿明末清初的八大山人,于时代的变幻中疯掉了。他虽然饱受挫折,但仍坚持作画。石鲁的艺术之路是短暂的,或许在他弥留之际有无尽的不甘心,但他的艺术创作理论与创新精神却是永恒的。

思考与练习

1. 仁寿"二冯"艺术概述是什么?
2. 仁寿"二冯"的生平共同之处在哪里?
3. "二冯"两位大家的人物性格是什么样的?

第二节 "二冯"艺术风格形成脉络

"二冯"艺术风格的探索、变法和形成与家庭、社会、人格、传统、现实主义等多方面因素相关,家庭环境、启蒙时期和求学时期决定了"二冯"的鲜明人格特点。而艺术风格的形成与时代的艺术思潮也密切相关,同时更与他们建树的个人风格的冲动有关。强烈的个性所产生的人格力量,加上清醒的艺术史意识,玉成了他们的艺术变法,成就了"二冯"艺术的个人风格。因此,这里通过四个人生成长阶段来阐述仁寿"二冯"艺术风格形成脉络。

一、启蒙时期

虽然当时五四新文化运动席卷全国,但是在"二冯"兄弟两的家乡四川仁寿县松林湾这个小地方,接受新事物、新文化的能力还是相对较慢。其祖父、父亲都善诗文书画,可谓是的书香世家出生,从冯建吴刻的一方印章里,即可知他们有一位"有万卷藏书,十亩花园之父",他们幼时随族叔学诗文,受到中国传统文化的熏陶。每天的功课就是背诵《三字经》《诗经》《尔雅》。对于艺术的启蒙有其家中所藏的卷轴册页,还有家中庄园做装饰彩绘的工匠们的影响,每每看到这些工匠们的手艺都惊叹不已,可谓是儿时埋下的艺术种子。

冯建吴自幼颂诗习文,临帖摹画。五岁始入家塾发蒙,接受传统的中国文化教育,学习《三字经》《千字文》《四书五经》等传统国学,并开始学习书法且表现出极高的悟性,习书法为他以后以遒丽秀劲、富含金石气息的书法打下了扎实的基础。塾中有徐先生者,工书绘,晓音律,受其影响,渐对书画产生浓厚的兴趣,祖父甚为高兴将家中之古今名画拿给冯建吴临摹学习,并且为他请来徐姓老师教习琴画。在徐老师的指导之下冯建吴绘画技术进步神速,年仅五六岁的石鲁也表现出了对绘画的浓厚兴趣和绘画天赋。

石鲁六岁发蒙先读《三字经》,教过他的先生都说,九少爷虽然格外顽皮,但天资却特别聪颖。他在家塾念书的九年间,苦读了不少的书,有《龙文鞭影》《说文》《尔雅》《诗经》《左传》《四书》《古文观止》《古诗源》等,还有唐诗宋词。直到12岁以后石鲁才开始接触新学科,如英语课、地理课、图画课等等。"他自学画画,成效显著,以至他的兄长冯健吴假期回仁寿,看到小弟永康所作六尺整纸的水墨中堂时大为惊异,决心请母亲准许小弟随他去学画。"石鲁天赋异禀,被其兄长冯健吴发现,经过耐心劝说,最终勉强说服了母亲让石鲁去自己创办的东方美专学习画画。1934年石鲁便来到了成都,进入其兄创办的东方美专学习。

二、求学时期

(一)冯建吴求学时期

冯建吴十五岁冯家里为其安排了一门亲事,后在亲家的鼓励下,他前往成都国立美专学习。在国立美专冯建吴接受了系统的历代书画学习、碑帖、金石、文字,尤其是在瘦金书方面获得巨大收获。对传统的深入研究和学习,为他今后绘画创作打下了扎实的基础。

随着学业的进步和眼界的开阔,以及时风影响,1927年冯建吴放弃四川美专尚未完成的学业前往上海学艺。十七岁赴上海深造,初投考新华艺大,考试时校长余济凡亲临考场,画稿未竟,既已宣布录取。十八岁闻王个簃、潘天寿、诸乐三等诸先生在中华艺大任教,遂报考时年转入中华艺大学习。十九岁时遇中华艺大较为进步常有革命宣传活动时,遭当局查封,闻吴昌硕门人创办昌明艺专遂转学昌明艺专。师从王个簃王一亭、诸乐三、朱屺瞻诸师继续深造。这一路求学受教于上海吴昌硕系统之昌明艺专,远淑缶庐遗风,近接王个簃、潘天寿、王一亭之再传,于诗书画印奠定雄厚根基。这期间他除了对书法篆刻的研习以外更是在绘画上苦下功夫,通过大量的观察写生,对传统追溯寻源,继续探索艺术的真谛。

(二)石鲁求学时期

冯建吴师从潘天寿、王一亭诸大家,精通字画。其对石鲁艺术思维、价值观的确立有深远的影响。在东方美专学习期间,石鲁开始临摹清朝石涛、八大山人、扬州八怪等人的字画,并把这些大家们定为自己的学习目标。由于石鲁绘画天赋异禀,进步自然很快。在临摹了一段时间后,石鲁深感自己中国传统文化的匮乏,虽然之前在接受私塾教育时背诵了不少书籍,但教书先生大多不加以讲解,"那时的家塾先生授课,多数是只教会背诵,不加以讲解。"正如鲁迅在他的《朝花夕拾》记载中所说"读的书多起来,画的画也多起来"。石鲁认识到了这一点临摹字画的同时也开始发奋读书。总的来说,石鲁在东方美专学习期间,冯建吴对他在艺术上的影响有三点:第一,使石鲁精通了中国画的笔墨方法。第二,受家风影响,冯建吴将儒家文化、精神传递给石鲁,有着默化之功,注重文化修养使石鲁后期艺术的追求更加倾向"道"的感受与表达。第三,书法、篆刻对石鲁的熏陶,冯建吴师从王一亭、潘天寿等人,这些人都是书法高手,对石鲁书风的形成有着直接的关系,"石鲁对王一亭的画也极为欣赏,他托二哥带去他的画作,请求王一亭指点。"冯建吴可以说是石鲁艺术道路上第一位老师。

三、艺术风格探索形成时期

(一)冯建吴艺术风格探索建立时期

作为巴蜀地区具有代表性的画家,冯建吴在现当代中国画坛具有重要影响力。他在诗书画印上都取得了巨大成就。深厚的传统功底和国学功力让他对中国画有独到认识,为艺术创新、时代精神的表现、传统继承与突破的探索与创造,都做出了重要贡献,取得卓越成就。在其对中国画艺术的探索与创造中,他对绘画艺术的认知与表现具有全面性、独特性、创造性和开拓性。作为一代名家,冯建吴的绘画创作具有鲜明的个人与时代绘画特点。根据不同时期冯建吴的经历以及绘画风格,可以从其早中晚三个时期进行把握与研究。

1. 早期:研习传统,取众家长

1930年,冯建吴以优异的成绩毕业归乡,归乡半年后在家人的张罗下完婚,而后怀着远大抱负前往成都闯荡准备大干一番事业。初到成都冯建吴自己经营了一间浣花草堂书画社,一面经营笔墨文具的小本生意,一面以此为据点作为以文会友的地方,而后冯建吴接受母校四川美专的聘请成为美专国画系的教师。然而在美专的日子并不快乐,处处受到排挤的生活让冯建吴心生退意。而后与段虚谷、李尧光、胡镇南、刘楚秋等人筹办私立学校东方美专,自立门户,开堂授课。东方美专的建立让冯建吴、段虚谷等蜀中少壮画家得到了一展宏图的机会,他们斗志昂扬地将全部精力投入到教学之中,短短几年便为四川书画界输送了许多优秀人才。然而由于经营不善,东方美专债台高筑举步维艰,冯建吴家中甚至出卖五十亩田地为其还债。虽然如此,东方美专仍然在这种艰难的条件下继续开办,冯建吴等人前往重庆等地卖画筹集资金,用以学校开支。

1934年石鲁跟随冯建吴到东方美专学习绘画,冯建吴对石鲁严格要求,在冯建吴的指导下,石鲁开始对中国画的学习,并且进步神速。在石鲁的倔强要求下,他在冯建吴带领下前往峨眉写生,并且取得了不错的成绩,这让冯建吴倍感振奋。冯建吴和段虚谷接受友人的邀请前往重庆卖画。在此期间除了表现传统翠竹、海棠、水仙、杏花、桃花、绣球、梅花等花卉画外,冯建吴画得最多的就是时装仕女画。

1935年又因为学校债务所逼前往上海卖画筹款,其间因为胃病发作返回家乡养病。1936年冯建吴离开东方美专来到重庆,在重庆做参议。1937日本发动全面侵华战争,国民政府内迁重庆,冯建吴失去参议职务转而以卖画为生。时局变迁,重庆成为陪都,大量知名画家迁往重庆,在这样的氛围下冯建吴获得了与一众同仁交流切磋的机会。冯建吴、李剑鸣等人发起组织国光书画社,举办画展等艺术交流活动。精湛的画艺为冯建吴赢得了声誉,在重庆书画市场打开了局面,作品成为抢手货。自此定居重庆而往返于成都、宜宾、自贡、乐山等地之间以卖画为生。1938年为救国难,在成都与重庆之间奔走忙碌筹集善款,救济灾民,因为劳累过度病发。在这几年间冯家经历了种种变故,祖父与妹妹的离世,弟弟石鲁的出走,都让他的心灵受到了巨大打击。

1943年日军轰炸重庆,冯建吴寓所被炸毁,而后离开重庆辗转于自贡、宜宾、成都等地卖画。经过多年的江湖行走卖画生涯的积累,冯建吴有了一些积蓄,而后便回到老家自建花园别墅"抱一庐"。在"抱一庐"待了数月之后又觉不适,于是离开老家回到成都继续卖画生涯。直到1950年,因为时代气息的变化,冯建吴结束了他十余年的卖画生涯回到仁寿老家,在仁寿一中教书。教书之余在"抱一庐"中整理多年来的各类手稿,整理出《抱一庐诗稿》《蜀中画人传》《山水设色研究》《谈艺琐录》等文稿。因为战乱,时代背景引发的种种事件,冯建吴这一时期作品难寻下落。因此只能够通过他的杂记诗集等文字记录了解当时的绘画题材,根据他的经历来判断当时的画面风格。可见当时冯建吴的作品多为传统花卉题材以及仕女图,还有峨眉山的写生作品。这一时期冯建吴主要学习传统,以传统绘画方式为主,这一时期他的作品较为中规中矩技艺精湛,还没有形成明显的个人风格。

2. 中期:冲破樊篱自创蹊径

1951年,石鲁邀请冯建吴前往延安工作,但受到重重阻挠。最后冯建吴遭人诬陷,被公审批斗,并被抄家,其书斋"抱一庐"多年苦心经营的心血化为乌有。而后1953年土改运动让冯建吴由一介书生沦为农民,在承受沉重的体力劳动的同时,他依然坚持自己的艺术追求,白天劳动,晚上画画,不曾荒废自己的艺术。时代的变迁带来了时代气息的变化,而作为反映时代气息的艺术来说,每一个时代的艺术都具这个时代特有的气息,正所谓"笔墨当随时代",笔墨就是画面的气息。面对新中国新生活这样的一个时代背景,冯建吴的绘画风格与表现题材也发生了改变。此时石鲁在中国画艺术上已经取得了巨大荣誉,通过与石鲁的交流冯建吴的绘画思想有所改变,特别是石鲁提出的"一手伸向传统,一手伸向生活"的艺术创作主张,引起了美术界的重视,对美术界产生了深远影响。而冯建吴的绘画题材也发生了改变,他开始描绘新中国新农村,歌颂社会主义新面貌成了这一时期主要绘画题材,描绘繁荣的农村丰收场面的《蔬菜丰收》更是入选了第二届全国美展并被国家对外文化交流委员会收藏。此外,《蜀江帆影》《峨眉华严顶》等一些优秀作品都给他带来了巨大荣誉,也让他的窘境稍有好转。

1956年冯建吴迎来了人生转机,受邀前往四川美术学院任教,结束了长达五年的田间躬耕生活,重新走上讲台从事美术教学工作。回到重庆之后与之前的老友相会让冯建吴倍感欣慰,在这样一个环境下冯建吴更加珍惜这个机会,将全部热情投入到教学之中,因为教师缺乏的原因他同时教授四门课程,教务之繁重可见一斑,而在繁重的教务之余,他依然坚持在课余时间进行书画创作和对艺术创新的探索。由于教材缺乏,冯建吴还自己编写了《诗词学讲稿》《诗词学杂谈》《篆刻讲稿》《山水画讲稿》《书法讲稿》等厚厚的十几本教材讲义。在美院的教学让冯建吴有了稳定的生活,教学中他常带着学生外出写生,深入大自然之中寻找体悟大自然之美,在大自然之中寻找搜寻创作素材与灵感。在此期间冯建吴多次利用假期前往西安和石鲁等人到延安等革命老区写生,创作了一批具有时代特征的作品,例如《陕北风光》《宝塔晨辉》《瓜棚小息》《红粮》等作品。

在与石鲁和长安画派的碰撞交流之中,冯建吴逐渐形成自己的绘画思想。他说:"艺术要反映生活,就得以描写新生活、新景物和搞具有主题性的创作为主,要与时代同步,而不能违背时代。"他认为,艺术创作不能闭门造车而要深入生活,在生活中寻找能够表现时代面貌的素材,用艺术表现时代面貌是艺术的主要任务。只有回归生活,从时代生活中产生出来的艺术才是真正的艺术,否则不过是毫无价值的"背时"之作。在处理传统和现实生活、外来文化之间的关系上冯建吴采取的是把握传统、深入生活,同时积极吸收外来艺术的营养,从而在创作中超越传统,回归生活,实现突破的态度。主张艺术创作过程中"能入、能出、能化","学习传统第一要钻进去,第二要钻出来,第三要师造化,钻进去就是要达到登堂入室,之后必须要钻出来,这就靠生活了,没有生活必然会做古人的俘虏",由此可见他的艺术创作思想受到了长安画派的影响,并且形成了指导自己艺术创作的理论主张。在这一主张的指导之下,冯建吴多次深入农村和山区,深入人民中探索新的笔墨语言。从而开始了自己新的艺术风格探索活动,开始了自己的艺术创新之路。《蜀江水碧蜀山绿》可以说是冯建吴艺术创作的转折点,也是其山水画反映时代精神的代表作之一。画题出自白居易《长恨歌》之名句,虽然略显清淡的设色未能达到诗中"碧"之神韵,然而画面的构图,画中的元素都充满了时代的新意,招展的红旗、宏伟的大坝、冒着浓烟的工厂烟囱都反映出新时代建设的一片繁荣景象。

时代新潮为冯建吴提供了全新的创作视角,同时也为他的艺术创新提供了强大动力。在全新的艺术创作理论指导下,冯建吴更加入深入生活体验。对于从小研习国画的冯建吴来说,"钻进去"那是早已经完成的事情,现在他要考虑的便是"钻出来"和"师造化"的问题。因此在1962年暑假期间冯建吴开始了长达两个月的长途漫游,足迹遍及四川、湖北、广西、云南、贵州五个省区并带回三百多张写生稿,积累了丰富的创作素材。此次写生对冯建吴艺术创作上的创新影响是巨大的,这过程中冯建吴气象顿开、画风突变,形成了被誉为"天风朗朗,海山苍苍"的大气磅礴,吞吐八荒的绘画风格,成为西南地区独树一帜的画坛名家。两个月三百多幅的作品,如此巨量的创作实在惊人,而后四川美院为冯建吴举办了个人画展,展出了《南桐山区》《青城道上》《丰收在望》《瓜棚小息》等一大批优秀的作品,而后又在西安、成都等地巡回展出,在全国范围内引起了很大的轰动。

在对现实生活的探索过程中,冯建吴努力寻求艺术创新的道路,在自我全面而深厚的传统积淀与现实的影响下,终于冲破传统的束缚,在艺术创新上完成了自我蜕变,形成了具有鲜明个人特征的绘画风格。对绘画反映时代风貌与精神作出了卓有成效的探索和创造。

3. 晚期:笔墨雄浑老辣意浓

正当冯建吴在艺术创作上形成了自己的绘画风格,并处于上升和趋向成熟的阶段时,命运又与他开了一次玩笑,1967年开始了"文化大革命"。"文革"十年,在这十年中,冯建吴从未放弃艺术创造上的追求。直到1971年9月林彪集团被粉碎,周恩来开始主持中央工作,政治气氛有所放松,知识分子处境有所好转。在接受关押批斗的牛棚岁月里,冯建吴中断了艺术创作,一旦处境有所好转,立即又投入到了艺术创作之中,继续着艺术创作的变革与创新探索。

1972年冯建吴响应学校号召,远走襄樊铁路工地,深入矿山、农村、建设基地写生,积压多年的创作热情喷涌而出,一年多时间便创作出《四海为家》《天堑变通途》《一代青松》《绿水青山代代春》等一大批歌颂社会主义事业的名作,此时他的绘画技术更为成熟,将他那遒丽秀劲、富含金石气息的书法用笔引入画中,并取得巨大成功。

文革结束后,冯建吴获得平反,而后接受文化部中国画创作组的邀请,同李可染、陆俨少、黄永玉等一批一流的国画大师赴京为中央有关部门作画。为了完成这一任务,冯建吴在段七丁的陪同下,前往北京,一路经安徽、南京、上海等地,游历了各处名山大川,并在这一过程中,积累了大量的创作素材。此时年近古稀的他艺品、人品已经接近"从心所欲不逾矩"的境界,诗书画印都俱达化境。因此,这一时期的作品可谓精品多多,例如《猴子观海》《急峡轻舟》《白帝城》《小孤山》等这一时期具有代表性的作品。到达北京之后,同来自全国各地的著名画家齐聚一堂,相互交流绘画经验,创作新画。在京完成了《峨眉天下秀》《峨眉金顶》等一系列作品后返回重庆。

1980年,因为前期的过度劳累,身体健康状况出现问题,经检查为胃癌,后在成都接受胃部切除手术,而后身体状况大不如前。1982年由四川省美协、四川美院、成都画院等部门联合举办"冯建吴书画展",展览取得巨大成功,《美术》《中国画》《中国书法》等专业权威杂志发表了专题文章,而后受邀又在重庆、西安展出。在参加西安展览时候冯建吴前往看望石鲁,石鲁此时已经处于病危状态,展览成功的喜悦一扫而空。7月17日展览结束,冯建吴带着满怀愁绪回到重庆。8月25日,石鲁因病逝世,冯建吴闻讯,悲痛不已,竟呆坐半日,一言不发。足见所受打击之沉重,心中之悲痛。

进入80年后,丰富的人生阅历,深厚的艺术积淀,让冯建吴的艺术愈发老道,技法运用炉火纯青,达到了艺术创作的巅峰状态。《峨眉天下秀》《横绝峨眉巅》《黄山仙桃石》《月涌大江流》《山城组画》等一大批精品问世。冯建吴用色鲜明、单纯,富丽而清雅,深刻传达出了其绘画语言与风格的视觉审美特征,具有区别于其他绘画创作者艺术风貌的一个明显风貌与特征。冯建吴的画作不仅气象浩大,气韵雄强,而且意境悠远,以诗心入画,诗心与画魂相濡;以画言诗,诗画相融,铸就了他别具一格的意境之美。

4. 小结

冯建吴艺术风格从时代背景上来说同样受到了时代背景更迁的影响,在不同时期都有不同的艺术表现形式。在不同时期的艺术风格转换上,都受到了时代背景的影响,不同时期不同生活状态,其艺术思想也都有着不同的转变。相比于石鲁艺术创作初衷的转变,冯建吴的艺术创作初衷并没有如此巨大的转变。在笔墨技法上,冯建吴的艺术创作之路是从传统中来,由传统中突破而出,他在深厚传统基础上突破创新,并且形成了自己极具鲜明个性的艺术风格。

(二)石鲁艺术风格探索建立时期

石鲁的一生可谓是充满传奇和坎坷的一生,这让石鲁的艺术充满了令人震撼的感染力。艺术上孜孜不倦的追求和大胆创新的探索,让他取得了巨大的艺术成就,并且极大地推动了当代中国画的发展。石鲁具有强烈个人精神风貌的艺术可谓达到了时代的巅峰,鲜明的个人艺术风格对中国画的创新探索和发展产生了深远影响。为后来学习中国画的后学留下了宝贵的学习经验和艺术财富。石鲁艺术风格的形成和他的自身生活经历有着密不可分的关系。少年时期石鲁在冯建吴的指导之下开始学习国画,而后石鲁来到长安,接受了版画训练,这对他后来的中国画创作具有重大影响。而冯建吴从小就学习传统中国画,并且得到了多位著名画家的指点,注重对品德的修养,对生活的深入感受,在艺术上深入传统,而后突破传统束缚,将传统与创新完美结合。而石鲁由于受到冯建吴的影响,他的山水画中也有许多冯建吴的笔意,例如大气磅礴的气象、雄浑厚重的笔墨、苍劲有力的线条。五十年代起石鲁基本不再从事版画创作而专攻国画,而之前版画创作技法的学习对石鲁的中国画创作带了巨大的影响。而后在与"长安画派"的其他领军人物一道对黄土高原题材的长期研究创作,使石鲁的山水绘画风格得以最终形成。"长安画派"在关注现代社会的同时经常走进生活,以自然为师,以生活为师。"生活为我出新意,我为生活传精神""一手伸向传统,一手伸向生活"正是石鲁的艺术观点,他的艺术成长修行之道。也是"长安画派"坚持的艺术创作指导思想。在石鲁、赵望云、何海霞等领军人物的共同努力和探索下,"长安画派"在历史上取得了重要地位。从石鲁不同时期的艺术风格来看,基本可划分四个阶段。

1. 从艺初期阶段

1939年,石鲁十九岁,因为不满家中对自己婚姻的安排,石鲁与家庭决裂,出走延安。然而对于自己的授业老师三哥冯建吴石鲁还是依恋的,在出走之后只与冯建吴一人保持联系,并且让他为自己保密。1940年,石鲁到达延安之后进了位于杨家湾的陕北公学五十八队学习,在那个特殊的战时学校里,他开始了抗战文艺生涯,并因为对石涛和鲁迅的崇拜而改名石鲁。这一时期,石鲁作为一个革命战士,将他所有的热情都投入到了革命事业之中。他的主要工作便是在文工团从事舞台美术工作,同时兼搞宣传工作,勤恳工作,积极为革命宣传事业尽心尽力。工作之余石鲁更是将大量时间用于素描和速写的练习,并且开始学习木刻板画的。在这期间石鲁娶妻生子,组建家庭,过着幸福的生活。

1948年,收复延安,石鲁随部队回到延安,出任《群众画刊》主编。1949年调任延安大学文艺系美术班班主任,后赴京出席第一届全国文代会,当选中华美术工作者协会执行委员。调入陕甘宁边区文化协会创作部工作,从此定居长安。

参加土改工作,并根据工作中所看到的场景创作了版画《打倒封建》。纪念中国新兴版画运动五十年的时候,《中国版画五十年》出版问世,但有规定:凡是现在不再从事版画创作的画家的作品一律不收入此展和集册。然而五十年代起,石鲁便专攻国画而不再从事版画创作,那么按照这样的标准对照,石鲁的版画是不能入编的。但是编委会对石鲁的作品确实难以割舍,便破例将石鲁的《打倒封建》和《说理》这两幅版画作品收入《中国版画五十年》之中,因为这两幅作品的历史地位引人注目,以致任何时候谈起延安时期的版画成就都不能忽略这两幅作品。在延安版画创作时期,石鲁的作品大致有《娃娃兵》《毛主席在群英会上》《民主批评会》《打倒封建》《胡匪劫后》《说理》等,而其中以《打倒封建》和《说理》的影响最大。这一时期石鲁的创作激情全是为无产阶级的革命而燃烧,是一名不折不扣的革命战士。《打倒封建》描绘的是农民武装向地主高大的地主庄园发起猛烈攻击并占领庄园的场景。人民武装像长龙般沿着阶梯而上冲击高耸山上的地主庄园,而高耸的地主庄园层层叠叠直插天际,在气势上极具象征意义。而画面中的人物并没有进行着重表现,均为简单的人物形象概括,而队伍走向直指地主庄园的大门,直点画面主题:向封建阶级发起冲击,革命队伍勇往直前。而这样的构图和表现手法让画面产生了强烈的气势冲击效果,以画面的形式感营造一种氛围。以场景渲染气氛突出主题的表现手法让石鲁的作品在延安众多以人物为主要表现对象的作品中脱颖而出。以场景的渲染为主代替了以刻画人物为主的手法令人耳目一新,他对典型环境的刻画是他日后成为优秀山水画家不可或缺的因素。这一时期虽然石鲁创作出具有巨大影响力的《说理》《打倒封建》等版画作品,但在他个人艺术风格上,还没有形成强烈的个人面貌。在这些版画作品中,我们还未能体会到石鲁"野、乱、怪、黑"这些极具个人风格的端倪。

2. 艺术变法时期

1950年起石鲁就不再从事版画的创作而转攻中国画,也是从这时期开始,石鲁前往青海、甘南藏族地区写生,并创作了《变工队》《侦查》《剪羊毛》等彩墨画作品,在专攻国画初期,石鲁主要以彩墨画的创作为主。1951年石鲁出任西北美术工作者协会副主任,兼任《西北画报》社社长。石鲁想要将此画报办好,急需出色的人才,而在当时美术人才奇缺的年代,石鲁自然想到了远在仁寿老家当初中美术教员的三哥冯建吴,以冯建吴的绘画才华在报社当美编那是绰绰有余的,于是石鲁派人到仁寿想将冯建吴调到西安工作。然而这个事情却给冯建吴带来了厄运。由于家庭成分原因,工作调动受到重重阻挠。1952年石鲁亲自出马也未能得到组织同意将冯建吴调到西安工作。而后兄弟二人商量决定不经组织同意而私自出走,在取得自由职业者身份后毅然前往西安。冯建吴的私自出走惹怒了仁寿县的有关领导,于是乎仁寿县政府出具有关冯建吴是大地主的证明,由于成分问题西安方面只能将冯建吴送回原籍。而后受到区干部的陷害接受公审锒铛入狱,并且派人抄了冯建吴的家,致使冯建吴多年苦心收藏的无数古玩字画以及手稿被抄走,多年心血一扫而空。冯建吴大受打击变得有些木然,而后一家老小也被赶到了一所狭小的小屋。1953年土改冯建吴家因为成分问题分到了几亩土地,面对这样的境况,冯建吴却还要担起养活一家九口人的生活重担,至此冯建吴由一介书生沦为为一家生计而躬耕田间的农民。因为家中孩子多,冯建吴辛勤劳作却仍然生活拮据,好在弟弟石鲁时常从西安寄钱接济才能勉强度日。在这段艰难的岁月里,冯家兄弟血浓于水的亲情关系也让冯建吴倍感欣慰。这阶段的石鲁有美满的家庭,稳定的工作,正享受着新中国带来的幸福生活。所以这一时期石鲁的创作方向与创作动机便是以饱满的激情描绘新中国建设成果、美好的新生活、广大劳动人民的生活场景,以及对美好事物的歌颂。他在这一过程中积累沉淀了自己的艺术创作经验。这期间石鲁潜心研究了石涛、八大等人的艺术风格和绘画理论,并着重对石涛的绘画理论进行深入研究。如石涛所言"古者识之具也,化者识其具而弗为也。具古以化,未见夫人也"、"无法而法,乃为至法,凡事有经必有权,有法必有化"。石涛在艺术创作中不断开拓创新的艺术思想对石鲁一生的创作都产生了深远影响。石鲁画论中有明显对石涛画论观点的继承延伸。古有古法,今有今法,其之贵在于各家有各家之法。艺术思想的逐渐成熟,不断沉淀积累,石鲁开始了自己的中国山水画创作生涯。在不断的学习创作过程中,石鲁的艺术风格形成了具有个人英雄主义及叙事性的现实主义。因为国家建设的需要,艺术家需深入到人民群众中去,下厂下乡体验生活,改造思想。在拥有了不同的生活感受之后,石鲁开始运用彩墨结合的技法进行创作。绘画题材主要以人物为主,山水为配景,创作具有强烈革命乐观情怀的作品。这一时期石鲁的艺术创作宗旨以生活入手、以生活为师。他认为"如果所经不多、所见不广,自然无从比较、想象和概括",因为"艺术作品的主题思想总是寓于生活形式里"这一时期的作品主要表现了中华人民共和国成立以来广大人民的美好生活,主要题材为劳动人民建设新生活、建设新中国的建设劳动场面。

1951—1959年间石鲁多次深入人民中间,和劳动者一同参与建设劳动,在宝成铁路、兰新铁路建筑工地上与工人们一起劳动,同吃同住。之后又到青海、西藏等地区进行生活体验,采风写生。全新的生活体验为石鲁积累了丰富的创作素材,从而创作出《兰新路上》《王同志来了》《幸福婚姻》《古长城外》等作品。

1955年出访印度,在这期间创作了大量的人物肖像画和和风景画,如《天竺古风》《印度舞》《印度人家》《顶水女》等作品,而后1956年同赵望云出访埃及并且画了大量的写生,创作了《沙漠之舟》《亚历山大港》《赶车人》《椰枣》《守望者》《渔家》《尼罗河上》等一系列具有异域风情的中国画。

1957年到1958年多次奔赴陕南、陕北农村写生,并创了《东引丹江水》《劈山开渠》《商洛龙王庙》《高山放牧》《延安故居》《睡莲》《击鼓夜战》等国画作品。这一时期的彩墨画在表现上受到了西方光影明暗表现因素的影响,中国画的笔墨趣味并未在画面中得到酣畅表现。这一时期的彩墨画创作当属《古长城外》最具代表性。

3. 个人风格形成时期

1959年到1964年是石鲁艺术创作的高峰时期，在这期间石鲁完成了从艺术思想到笔墨技法上的完善升华。这一时期他在山水画的创作探索上表现出了极高的热情。这一时期他的艺术创作主要是由"外化"的写生状态转变到"内化"的心灵创作状态，正是"外师造化，中得心源"的转变升华过程。在与三哥冯建吴的重逢以及与有传统笔墨修养的西安美协中国画研究室画家的切磋中，石先生逐渐感受到了笔墨的魅力。他意识到真正要用中国画表现黄土高原的现实和历史，"笔墨"这个中国画传统的精髓是根本绕不过去的。石鲁把西方对景写生的绘画方式与中国画的绘画方式进行结合，在作品中更多融入个人的情感。通过对中国画传统笔墨技法的吸收、消化、提炼、改造，形成了极具个人风格的笔墨技法特征。作品中更是流露出了浓重的抒情意识，作品中洋溢着浪漫的气质，笔墨浑厚朴实，品格高雅。这一时期石鲁的艺术风格已趋于稳定，个人艺术风格达到成熟时期。石鲁通过对黄土高原的长期写生和生活体验，对山水画的不断探究，对西北山水气象的深入探索，创造了大刀阔斧的拖泥带水皴法，色墨混用、干湿并施、气到势合，创造出独树一帜的西北山水画表现形式，更是在笔墨技法上开辟了新天地。

1959年石鲁接受为革命历史博物馆创作的任务，创作了著名的代表作《转战陕北》。这一作品标志着石鲁的中国画创作进入了第一次创作高峰时期。而后主持人民大会堂陕西厅的布置画工作，为人民大会堂创作《高山仰止》《黄河龙门口》等具有鲜明的个人风格的中国画。创建并主持了美协西安分会国画创作研究室，提出"一手伸向生活，一手伸向传统"的中国画创新原则。

1960年到1963年间可谓石鲁艺术创作的高峰时期，石鲁的精品大部分都产生于这一时期，如《延河饮马》《南泥湾途中》《种豆得豆》《赤崖映碧流》《山雨欲来》《高原放牧》《逆流过禹门》《东方欲晓》《家家都在花丛中》《树大成荫》《榕荫》《葵荫道上》等一大批作品。

1961年国庆期间"美协西安分会中国画研究室习作展"赴京展出，一经展出作品引起中国画坛巨大轰动，而后《美术》发文提出"野、怪、乱、黑"说法，引起美术界一片争议。而"野、怪、乱、黑"也成为石鲁作品的一个标签。直至今日人们说起石鲁的作品便会想到"野、怪、乱、黑"这一标签。而所谓的"野、怪、乱、黑"是对石鲁的中国画创新的一种否认，认为石鲁的作品没有传统中国画的痕迹，没有十八描，全是胡乱为之，全无古法。说石鲁的作品没有传统国画中应有的传承元素。有说"野"就不合传统，没有传统功底，不师古法，"怪"就是不符合大众的审美习惯与审美趣味。"乱"就是用笔用墨毫无条里，线条毫无规律，"黑"便是墨色没有变化用墨功力不足。然而当时更有人指出，"野"指的是石鲁，其笔墨脱离传统，不合传统笔墨规律；"怪"指的最林风眠，其山水画太过古怪，水墨非水墨，水彩非水彩，难以区分归类；"乱"指的是傅抱石，他的山水画皴法太乱；"黑"指的是李可染，用层层积墨的方法来画山水，画面黑乎乎的一片。然而这几位艺术家都在中国画艺术上取得了巨大的成就。正所谓"木秀于林风必摧之"，正是他们的大胆创新让他们在艺术之道上取得了巨大的成就，同时也引来他人对他们的种种非议与指责。然而最终他们的创新都极大推动了中国画的发展。

"野、怪、乱、黑"在大家眼中大多时候还是偏指石鲁，再到后来便成了石鲁的专有标签。对于这样的叫法石鲁并不以为然，欣然接受这样的叫法，并以诗明志，表达了个人的美学追求与态度。只是他并没有想到正是"野、怪、乱、黑"这四个字在日后给他带来了几近毁灭性的灾难。

石鲁在中国画的学习过程中，并没有像冯建吴那般以"最大的功力打进去，以最大的勇气打出来"，冯建吴从小研习国画，接受了最传统的中国画临摹学习，其之一生大部分时间都在传统绘画之中经营，诗书画印都具有深厚功底，因为他的艺术成长过程允许他有这样的条件进行学习，从小与书画为伴，年轻时期所从事的工作也与书画打交道。而石鲁少年时期在冯建吴的指导之下学习中国传统书画，而后投入到革命之中并开始学习版画，并在版画上取得了不小的成就，后才攻国画。从经历、时间、精力上说，石鲁没有条件像冯建吴及其他画家那样"花最大的力气打进去，用最大的力气打出来"。然而之所以会造成这样的结果，与两人的性格有莫大关系。因此艺术个性和艺术风格的形成与艺术家本身的性格有很大的关系。不同的性格让人有了不同的人生阅历，受到不同的社会因素影响。石鲁的艺术风格也受到自身性格和社会经历的影响。黄土高原作为一种自然存在，古来有之，然而纵观前史，中国画经历了北宋的繁荣时期也没有一位画家描绘黄土高原的。北宋时期已经有很多文人赴陕北戍守，但是无论范仲淹还是沈括都没有描绘过黄土高原，抑或是季成范宽都没有将黄土高原这一景物入画，因为在古人看来，这并不是一种美的景色。然而到了石鲁的手下，这一片未曾有人描绘的景色，却被他淋漓尽致地将其之雄美表现出来。正是石鲁对于传统可以"为我所用"和大创新的精神开拓了中国画的新领域，对黄土高原的描绘开拓中国画的表现领域，进而延伸到了西部的全部地区。石鲁这种豪放、粗野、雄浑的绘画风格引起了时代的重视，得到了提倡，成了一种时尚。他主张的阳刚之气开时代风气之先，在中国画坛开创了新的表现题材，刮起了西北画风。

在创作《转战陕北》的过程中，石鲁更是用心研究，多次小稿修改推敲之后，终于确定了构图。而毛主席的形象在画面中更源于延安宝塔的灵感，延安宝塔是延安的地标性建筑，由宝塔山和延河组成的图景常常作为延安的象征图像出现在美术或摄影作品中。或者说，高雇耸立的延安宝塔在心怀圣地意识的人们心目中就是革命圣地延安的标志，其崇高感远远超越了一座明清古塔本身的审美价值。缘于此，在飞机上石鲁为黄土高原上高耸的延安宝塔所感动，幻化成了处于画面视觉中心位置的、屹立在苍莽原野之上的毛泽东的伟岸身躯。这不仅是一种造型形式同构性的迁想，更是一种与圣地意识密切关联的深刻寓意。在画正稿之前石鲁反复研究推敲每一个局部，为了刻画好毛主席的形象，石鲁更是将《毛选》上的毛泽东浮雕头像进行了大量的临摹刻画。还找个朋友泥塑了一个毛主席的站立全姿，反过来转过去地对着画，直到心中有数、胸有成竹，才开始在正稿上进行创作。通过长时期的准备，石鲁对画面的构图、构成、表现形式等都有了全面的把握，最后一气呵成创作出《转战陕北》。

《东方欲晓》是石鲁与李梓盛，李琦等人到延安体验生活的时候创作的。有天晚上众人相约到枣园散步，在这期间，众人并未发现枣园夜色有何特别，然而石鲁敏锐地发现了枣园中透出明亮灯光的窑洞，并从中获得灵感，回屋后创作了《东方欲晓》这幅作品。作品巧妙运用了抒情的手法表现革命题材，画中那坚如金石的树枝以及独特的特写般的构图，那窗子上透出的灯光，以及窑洞墙面的大面积染法，无不体现出石鲁的匠心独运。

这一时期石鲁的山水画作品具有很大的现实性，这些作品充满了生活气息，注重实地写生和生活中的生活情感体验，注重表现山川地貌所具有的独特个性。在题材无前人可鉴的情况下，自己探索前行。对黄土高原的探索表现是具有开创意义的，这填补了中国画的空白。经过多年努力石鲁终有大成，解决了将黄土高原的自然丑转化为艺术美的问题。在大量的写生创作之中，石鲁逐渐形成了自己的艺术风格，并在这一时期完全摒弃了前一阶段的彩墨绘画形式，而形成了具有鲜明个性的绘画语言，并且走向成熟。

4. 后期阶段

1963 年，石鲁因病入院，此时石鲁便已经开始了另一巨作《东渡》的构思和创作素材的搜索。也是在这个时候，他的代表作《转战陕北》因为一位将军的个人解读而让石鲁大受批判。此事一出便在广大人民群众和艺术界产生了巨大反响。而后《转战陕北》从美术馆取下，被打入"冷宫"。石鲁的艺术遭到不公平待遇，甚至是带有文字狱性质的曲解。遭受如此不公的待遇，对于石鲁来说实在是一个巨大的打击。

1964 年可以说是石鲁人生的巨大转折点，在《转战陕北》被批之后，《石鲁作品选集》的发行又受到重重阻碍，只因为作品集中有《转战陕北》这一幅具有争议的作品。后因石鲁的坚持，作品集取消发行。社会上关于《转战陕北》的流言四起，让石鲁倍感压力。在这期间石鲁抱病坚持《东渡》的创作，在与病魔抗争之中石鲁断断续续完成了《东渡》的创作，然而病痛的折磨让石鲁在最后时刻无法坚持下去。这个时候石鲁又想到了二哥冯建吴，邀请当时在四川美术学院当教授的冯建吴前往西安，帮他完成最后的题词工作。冯建吴将《东渡》草稿带回四川美院让同学和同仁观摩，美院师生被草稿深深折服。冯氏兄弟合作的这作品能够产生如此巨大的影响，兄弟二人自豪无比。然而事情的发展总是让人始料不及。正可谓"天妒英才"，《东渡》一经刊物发表便遭冷遇，而且在选送庆祝建国十五周年全国美展的时候被一些极"左"分子诬陷为"丑化领袖"而遭到封杀。这一作品给石鲁带来了巨大厄运。

1971 年时代背景有所转变，环境压力有所减轻石鲁重新投入到创作之中，画风大变。这也是石鲁艺术风格的最后一次探索，他的风格在前一时期的"野、乱、怪、黑"上更进一步，同时作品中具有了神秘、狂放且具有强烈现实批判性的艺术气息。这一时期的石鲁已然改变了自己艺术创作的创作方向，不再对大自然纯情歌颂，更多地在笔端注入个人主观情感表达。对"野、怪、乱、黑"这四项大帽子，他不仅没有了顾忌，相反却觉得唯有这样才能表达自己的思想，他已获得了极大的自由。此后越来越偏离现实主义的创作之路，而向传统文人画宣泄激情和沉郁顿挫的方向回归，笔墨语言也越来越纯熟，最终形成了其晚期的典型风格。

此时石鲁进入了他的后期艺术创作的黄金时期，这时期石鲁创作了大量书画作品，而这一时期的作品质量都极度精湛，包括《华岳之雄也》《峨眉山树》《莽林红鹿》《黄河两岸度春秋》《黄河飞荡》《与世无争》《陕北夕照》《红桃》《秋意》等作品。这一时期的代表作有《陕北夕照》《黄河两岸度春秋》《华岳之雄也》。

5. 小结

石鲁的艺术风格在不同时期都表现不同的面貌特征，从上文的梳理中可以看出，石鲁的艺术创作很大程度上受到了时代背景的影响。总体上来说，石鲁的艺术发展在个人主观意向上来说是从为革命服务到后来的个人情感的表达，这期间的作品充满了石鲁对革命事业的饱满激情以及对新生活的美好愿望。而后期在经受了人生巨大磨难之后，转变为对个人情感的表达，这一时期的作品已然达到了新的完全自我而不受束缚的高度。在创作技法上来说，石鲁从西方绘画方式转变到中国画的绘画方式上，并且取得了巨大成就。从早期以版画、人物画为主，到后来的以中国画山和花鸟为主，在不断探索的过程中，他找到了自己的艺术之道，而对中国画的大胆创新更是极大推进了现代中国画的发展。"野、怪、乱、黑"的艺术特征成了个人鲜明的艺术特点，如果没有石鲁的大胆创新与坚持，没有他的对艺术的独到理解又如何能有中国画"野、怪、乱、黑"这磅礴浑厚之美的另一种表现。罗丹曾经过："美的风景所以使人感动，不是由于它给人或多或少的舒适的感觉，而是由于它引起人的思想；伟大的风景画家，如鲁易斯达尔、居易柏、柯罗、罗梭他们在树木的阴影中,在天地的一角中,觑见了与他们的心意一致的思想……"石鲁四个时期的艺术经历,恰恰印证了这一观点。

思考与练习

1. 冯建吴晚期的艺术风格是什么?
2. 标志着石鲁的中国画创作进入了第一次创作高峰时期的代表作是什么?
3. "二冯"艺术风格形成脉络中的共同之处是什么?

第三节 "二冯"艺术的价值及其影响

一、驾山走白云——冯建吴

中国画是我国的优秀传统艺术。在学习国画艺术的众多能人高手之中,冯建吴能取得如此成就,是他注重提高品德修养,注重生活体验的收获,亦是他穷毕生精力,"进传统、出传统、化传统"的结果。其艺术价值离不开对作品的分析和人生经历的追溯,故以此为脉络,阐述他的艺术思想价值及其影响。

(一)以最大的功力打进去

抗日战争爆发之后,东方美专迫于经济压力难以为继。冯建吴在办学的间断之中以卖画为职,浪迹巴蜀。当时所作七律:"蹄迹纷纷四塞途,万人海里寂藏躯。绸缪杯单酬哀乐,摩荡江山润画图。劫辅金魂尊几榻,风摇尘梦舞观能。侵胸冷暖多伤体,一舸闲思泛五湖。"表达了他当时的行迹与心迹。他中华人民共和国成立前的时光,除在家习诗学文之外,是"学画十年、卖画十年","用了二十年的时间来学习传统",这使他有充分的时间和精力登堂入室,探寻艺术真谛。同时,他上溯殷商,下至明清,学习研究马(远)、夏(圭)、李(思训)、赵(干)、王(维)、张(璟)、董(源)、巨(然)的技法特点,在诗书画印的长河里探源索流。

建国之后,他即成为成都市美协会员,有作品《青云颂》《奔腾》参加成都市第一届美展,1954年,他创作的工笔画《蔬菜丰收》参加全国第一届美展,此画后来为对外文委收购,送日本展出。1956年,西南美术专科学校(后改名为四川美术学院)聘他任教时,看中的正是他深厚的传统学识功力。在四川美术学院,他担任了山水、诗词、书法、篆刻四门课程的教学。美术教学的直观性很强,既能讲得生动,又能示范作画的老师自然深受学生的欢迎。

(二)以最大的勇气打出来

他的艺术发展,每时每刻也都处在"逆水行舟"之中。逆水行舟,不进则退。他在进入传统之后,没有固守传统城池,而是努力寻求着突破。

20世纪50年代末60年代初,是我国学术空气比较宽松,学术思潮比较活跃的一段时期。石鲁那时在西安带领一大批热心中国画改革的老中青画家,为探索中国画的推陈出新,"创造合乎新内容的新形式",进行着勤奋的实践,开长安画派之先河。1960年至1961年,冯建吴利用寒暑假到西安,与胞弟切磋画艺,共商创新大计。同时沿秦岭,经三峡,到武汉,转桂林、云南等地写生,每日作画十余幅。既对景写生,又不拘泥于对象的绝对真实。冯建吴还将这种他戏称为"移山倒海"的写生方法运用于自己的教学中。当年,我们在他带领下外出写生时,也曾移过"山"、倒过"海",感受到驾驭描写对象的自由。

1963年举办的《冯建吴书画展》是他走出传统的转折点。那次画展先以汇报展览的形式在四川美术学院陈列馆展出,用时下流行的话来说,在学院内产生了"轰动效应"。然后在成都、西安、福州等地展出,所到之处,反应俱佳,名噪画坛。冯建吴终于冲破了一家一派之藩篱,以生活为依据,个人风格初见端倪。

常言说"瓜熟蒂落""水到渠成"。冯建吴变法革新,冲出传统也正是如此。

二年间,画风突变,换了个人似的。看似轻而易举,实则是多年技法研习、学识积聚、修养提高的结果。正如火山爆发,早已蕴蓄多年,一旦时机成熟,自然喷薄而出。这时机,是时代的赋予,是生活的启示。具体化为以石鲁为代表的长安画派变法给予他的激励。石鲁以"一手伸向传统,一手伸向生活"的"两手",探索着表现新生活的新绘画语言。冯建吴数上西安,推崇石鲁"生活为我出新意,我为生活传精神"的主张。如果说"移山倒海"写生法是走出"传移摹写"传统的初步尝试,那么在他此后的写生过程中,"因景立意,因意生法"就已进入了写生的"自由王国"了。在他一生创作的作品中,那期间他画的写生小斗方,有许多用笔用墨境界绝妙,很有分量,是"小中见大"之作,从中不难捕捉到他对传统技法进行的变革。

(三)出新意于法度之中

冯建吴的变革活动,始终本着"出新意于法度之中"的原则。他反对为变而变。他视那些笔墨游戏似的所谓"新"作为"野狐禅",认为那都是"无根"之作,不会有生命。他是以十分严肃认真的态度来对待传统,对待创新的。正当他冲出传统,在生活源泉中不断汲取营养,准备大变特变,大画特画的时候,"文革"开始了,他的诗书画印章被破了"四旧",几乎丢失殆尽。

"文革"结束时,他已年近古稀,立即续着中断了十年的变法探索,迫不及待深入到湘渝铁路沿线写生。尽管他年迈体弱,仍和筑路的解放军、民工生活在一起,画了大量的写生画稿。此后创作的《四海为家》《天堑变通途》等山水画面貌又一新。古稀之年,他动了一次大手术,切除了癌变的大部分胃脏。病体稍好,他又抱病登黄山、九华山,遍游富春江、新安江等地。"驾山走白云,江海翻巨浪……我行拼老命,归来自舒畅"的题画诗,真实地反映了他"丹青不知老将至"的精神状态和创作热情。

从粉碎"四人帮"到他1989年2月去世的十来年里,他忍受了"后我生,先我死,哀哉季子",失去胞弟的悲痛,全身心地融进了他的艺术之中。他多次应邀赴北京作画。曾为联合国中国厅创作了宽4米、高2米的巨幅山水画《峨眉天下秀》,为人民大会堂绘制金碧重彩山水《峨岭朝辉》,为钓鱼台国宾馆、国务院、中国画研究院等单位作画百余幅;他的画还作为邓小平等党和国家领导人出访的礼品赠送外国朋友;中国美术馆、中国画研究院、四川省博物馆、江苏省博物馆、深圳博物馆等都有他的作品入藏。

他生命的最后几年,赶上了天时地利人和的好日子。他将自己的画室题名为"蔗境堂",分外珍惜这难得的宝贵时光。那些年他日出而作,日没不息。画画、写字、作诗、刻印不辍。除整理了《冯建吴诗词稿》《篆刻稿》《书法稿》《谈艺录》《谈诗》等著作之外,还出版了《冯建吴画选》《山水画技法基础》等书。

《老骥出枥,志在万里》专题电视片精炼地介绍了他的艺术生涯,电视片《冯建吴教授的山水画技法》记录了他的教学成果。

为了纪念他半个世纪的教学、创作成果,在1982年隆重举办了《冯建吴诗书画印展》。那次画展展出的150余件山水、花鸟、诗词、书法、篆刻作品,表明他的艺术创造已臻佳境。王国维《人间词话》论诗的第三境界为"回头蓦见,那人正在灯火阑珊处。"冯建吴画到时,深厚的传统功力,已化进奇巧的神韵之中。作品《黄山猴子观海》《月涌大江流》《春江野凫》等是这方面的代表作。他在"蔗境堂"里,于诗书画印之间纵横挥阖,画得得心应手,运用自如。"长期积累,偶然得之"。他创作灵感泉涌,忍受着病痛的折磨挥毫作画,为当代中国画坛留下了一大批佳作。

冯建吴的艺术发展轨迹为我们揭示了这样的一个过程,入传统、出传统、化传统,实现着他对国画艺术美——笔墨当随时代,中国画需变革创新——的追求。通过这一过程,他也把美的成果奉献给了广大观众。这一过程,没有因他生命终结而结束。他在晚年刻了两方印章,一曰"翰墨姻缘",一曰"艺无止境"。他的大半生岁月,几乎是一人独处,与之相伴的只有丹青。在他生命垂危之时仍不忘他的画事,还在病榻上修改诗稿,与翰墨确是结下了不解之缘,但他又始终在探索,进行着新的艺术尝试。他的艺术价值仍在继续发酵中,还将一直继续下去,融进中华艺术的发展长河之中,融进人类文明发展的长河之中。

(四)溯源文脉,薪火相传

20世纪初,中国知识界的精英普遍倾向热情学习西方,对民族文化采取了激烈批判与否定的态度。但随着"一战"的爆发,西方精英阶层开始反思现代科技对人类自身的伤害,斯宾格勒所著《西方的没落》即是一例。梁启超等一批先哲游历欧洲后,便希望能从中国遗产中获得一种智慧,来纠正自己文明发展中的缺失,他的《少年中国说》一文即是体现。当时留学日本的陈师曾先生提出:"美术者,所以代表国民之特性,其重要可知矣,但研究之法宜以本国之画为主体,舍我指端,采人之长",力主反叛科学主义唯写实画风,回归东方。1921年,黄宾虹先生在上海成立以"保存国粹,发明艺术,启人爱国之心"为宗旨的贞社;1922年,又成立了以"挽救国粹之沉沦"为目标的"上海书画会",会员包括吴昌硕、王一亭等海派名流。刘海粟先生发起了"古美术保存会",他大倡国画,认为"世界艺术,实起源于东方,东方艺学起源于中国"。东方美专的教学宗旨和《太阳在东方》杂志,正是在这种大的历史文化背景下产生的。东方美专的大部分发起者曾有在上海求学的经历,如段虚谷、冯建吴、胡镇南、吴一峰等。学校的学科门类齐全,以中青年老师为骨干,呈现出蓬勃的朝气。1932年夏,冯先生去上海邀请黄宾虹先生入川讲学,此为当时四川美术教育界一大盛事。随黄先生入川的吴一峰先生,后执东方美专教席,随后定居在四川。在东方美专不太长的办学历史中,培养出了一批优秀的艺术人才,包括石鲁、李琼久、吴雪、陈戈、戴碧湘等。

20世纪五六十年代,冯建吴担任了四川美院国画专业众多课程的教学,把全部精力投入到教学工作中。由于当时师资匮乏,他担任了山水、书法、篆刻、诗词等多门课程,每周要上三四十节课。由于没有教材,他亲自编写出了《诗词学讲稿》《篆刻讲稿》《山水画讲稿》《书法讲稿》和《书体演变》,大部分讲稿由他亲自刻蜡油印,讲义中的历代书法篆刻作品则亲手摹写出来,可谓倾尽了心力。对教学的情形,他曾在一首诗里如是描写:"子夜秉灯备课,鸡鸣伏案习文。热情辅助后生,严谨刻苦治学。"

在教学理念上,冯先生力倡中国画"诗、书、画、印"的结合,重视传统中国画的临摹与研究,强调以宋画为基础,夯实造型能力,工写兼备,兼学南北宗。他提倡"一手伸向传统,一手伸向生活",曾在诗中写道:"生活为我出新意。"在他逝世13年后的2002年,冯先生与中央美院的李可染教授、西安美院的刘文西教授、鲁迅美院的朱鸣岗教授一起被《美术报》评为中国美术高校名师。

冯建吴先生早年接受过严格的传统文化教育,同时又在20世纪的风云激荡中成长为一位现代的中国画家和美术教育家,他代表了20世纪这一漫长的传统向现代转型世纪中的一种典型人格。从某种意义上说,他所赋诗句"驾山走白云"可视为一种象征,"走白云"是传统的一种意象,"驾山"则代表了20世纪的一种积极用世的人生态度,在传统与现代之间,冯建吴先生纵横开阖,苦心经营,确立了其雄肆崇高的典型风格,既承继了文人画的传统,同时又实现了文人画艺术的现代转型。

二、艺道长青——石鲁

石鲁是20世纪中后期中国绘画的大家。他早年在其兄长创办的成都艺术专科学校学习中国传统绘画,后到延安投身革命,开始进行艺术创作。石鲁的艺术价值及其影响大体分为三个阶段。第一为"师造化"阶段(20世纪40年代和50年代),为无产阶级的革命而燃烧,是一名不折不扣的革命战士,提出"一手伸向生活,一手伸向传统"的中国画创新原则,奠定了"长安画派"的艺术思想基础,立足社会生活以写实手法进行创作,寻求宣教和艺术并存;第二为"迹化"阶段(60年代),以象征和表现主义手法创作了《高原放牧》《东方欲晓》和《东渡》等一批新作品,"笔墨当随时代","生活为我出新意,我为生活传精神"才是石鲁的真正目的;第三为"神遇"阶段(70年代),石鲁在所发表的的文章《学画录》中提出"以神造形"的说法,在美术界掀起了轩然大波,产生了一批极具个性和精神性的作品,具有强烈的主观表现性,以强烈震颤的提按用笔和激奋抒情的品格构成了对传统文人绘画的变革,成为中国绘画由传统形态向现代形态转变的代表性艺术家。

(一)外师造化

石鲁的艺术道路是从20世纪40年代的延安时期开始的。他热情洋溢地为老红军、小八路、儿童团、女战士,头上裹着毛巾的农民、石匠、赶脚汉、牧羊人、老汉、婆姨们写照,令观者感受到时代的动力和脉搏。他体会到,要真正懂得世界就要潜入时代生活的深处,让生活去点燃自己的创作热情,去孕育自己的艺术细胞,以期提炼出属于自己的美。

20世纪50年代初,石鲁与赵望云等画家坚持"一手伸向生活,一手伸向传统"的原则,大胆改造中国画。他说"余能以一画具体而微,意明笔透……信手一挥,山川、人物、鸟兽、草木、池榭、楼台,取形用势,写生揣意,运情摹景,显露隐含,人不见其画之成,画不违其心之用……余认为愈矛盾愈美,愈变化愈精。此即谓有立必有破、先破后立、破而再立之法则也。故艺术法则虽以统一为定法,然矛盾变化则为活法,笔趣之谓即在于求活矣。我故曰:'吾道一以贯之,不为野。'"

石鲁认为绘画的题材应是广阔无垠和千变万化的,同样,作品的思想也是广阔无垠和千变万化的。他认为凡是生活,甚至是日常生活,均有艺术的素材和原料,只要是人的足迹能到的地方,亦都有丰富的艺术创作素材,都有等待艺术家去发现、去挖掘的艺术原料,看你有没有艺术家的敏锐眼力和炽热的感情。如果你是一个有心之人、有情之人,一定会触景生情,有感而发。在平凡的生活中,发现美,再加以提炼和改造,创作出感人至深的绘画作品。《秋收》《山花幽潭》《冬山如睡》《秦岭山麓》等作品,使观者好像看到石鲁是插翅的骏马,纵横驰骋在情感的原野里。他积极热情地赋予这些看起来平凡至极的景象以不容忽视且不平凡的画意诗情,同样也使观者既熟悉又陌生、既亲切又感人。石鲁所追求的真实,就是生活。生活在石鲁那里,是宽广无垠奔涌不息的海洋,其主流为时代之脉搏。"画蒙生活为营养,生活借画以显精神",他的真实,是艺术中的真实,而不是生活的简单反映。在《学画录·生活章》中石鲁指出:"从生活到艺术自有一番内历,非以模仿为能、如实为真。盖如实之实,小实也;模仿之能,小能也。而艺之为艺,乃在大真大实、至情至感上分高下、深浅、邪正矣。"

(二)迹化

这一阶段石鲁的绘画被贬斥为"野、怪、黑、乱"。石鲁曾为之争辩:"人骂我野我更野,搜尽平凡创奇迹。人责我怪我何怪?不屑为奴偏自裁。人谓我乱不为乱,无法之法法更严。人笑我黑不太黑,黑到惊心动魂魄。野怪乱黑何足论,你有嘴舌我有心。生活为我出新意,我为生活传精神。"他说:"中国画最要紧的是'活',要'活'就要在运动里面观察人、观察事物,从发展过程中来掌握事物。""观物当面面观,变动观,上下观,远近观,四时观,表里观,无所不观,无微不至,必孰才'活'。"这种观察思维方式,就是四面八方、地下天上,视通万里、气包洪荒的全方位观照。这种观物思想应用于创作,意象造型并加以宏观把握。

"余画有笔墨则思想活,无笔墨则思想死。画有我之思想则有我之笔墨,画无我之思想则徒作古人和自然之笔墨奴隶矣,故但仿某家笔墨乃无笔墨之验也。若既有我之思想情意确笔墨在也,思想为笔墨之重现,依意活而为之则一个万样,依死法而为之则万个一样。笔墨画者性情风格之语言,严忌虚情假意,无情无意。"人们在日常生活中,常常把与众不同、超乎习惯的表现视之为"怪",说石鲁"怪"是嫌他不合前人之规矩,但石鲁却认为"不屑为奴偏自裁",恰好是石鲁艺术创作上大胆的革新精神之所在。他"古为今用""洋为中用",但绝不把因袭当创作,不让别人的眼睛长在自己的脸上,艺术贵在别出心裁,"怪"才是我。石鲁早就接受了石涛的"法无障,障无法","无法之法乃为至法"的辩证观点。他认为应充分地去学习前人技法传统和规律,但绝对不能墨守成"法"。为此,石鲁既不赞同"如实"描写客观对象,更不赞同如法炮制,他追求的是意、理、法的和谐统一。生活和艺术、主观和客观、传统与革新的和谐统一。说石鲁的画太"黑",石鲁笑答"人笑我黑不太黑,黑到惊心动魂魄"。"十年浩劫"石鲁便因"黑"而被定为"反革命黑帮",他仍坚持自己独特的见解,说"中国画就是要讲究墨,从古到今均如此","画要黑白分明"。问题的实质不在于"野、怪、乱、黑"是贬义还是褒词,而在于怎样使中国画能够随着时代步伐勇往直前。"笔墨当随时代","生活为我出新意,我为生活传精神"才是石鲁的真正目的。完成于1963年2月的《学画录》,是石鲁艺术思想较为成熟完整的理论表达,从中可窥见这位艺术大师的艺术精神。他在《概言》中提出了"物我相融"的辩证观点,强调"物为画之本,我为画之神"。"有物无我不足以通理想,有我无物不足以达其实。"真实与理想、客观性与主体性,成为我们理解石鲁艺术创作的关键。在艺术中出现的世界,绝非仅仅是一个日常现实中的既定世界,但这又不仅仅是一个幻想的世界。艺术世界中所有的东西,在现实中都存在,但艺术由于其包含对现实的超越,它又意味着艺术中包含着比日常现实更多的真实,比日常情感更强烈的情感。艺术中保留着美和真的表现,都比现实中的美和真更为精粹、更为强烈,从而与现实相对立而呈现。

在石鲁的作品中,我们看到的正是对这种美和真的浓郁而集中表现,从而石鲁完成了从画意到诗意的升华。他在对陕北革命历史和风景的创作中,黄土高原和陕北风情既寄寓着石鲁对那段历史的深情追忆,也表达了他在革命胜利后对那段历史的重新认识,对美和美的价值的重新理解。庄子云"能因婴儿乎""恍兮惚兮"等美学概言,影响了中国传统绘画的审美理念。"似与不似"只求"迹化"的造型精神,在石鲁的这一时期不断得以实践和研究。他最终实现了不求形似而"迹化"的艺术审美理想。

(三)神遇

在艺术思维上,石鲁一反古论之"以形写神"说,提出"以神造型"说,赋予"神"这一传统绘画上的形而上学观念以现代辩证的再阐释,并以大胆的笔墨探索实践这一文化理念以当代意义。

然而,残酷的"文化大革命"无情地撕裂了画家的精神梦想,但同时也激发了他重构生命价值的契机。在进入20世纪70年代之后,石鲁将表现题材收缩在一个较为稳定集中的表现意域,如他反复进行具有回归传统题材的梅花、华山、荷花和兰草等创作。孔子《论语》中说:"诗,可以兴,可以观,可以群,可以怨。近可事父,远可事君;多识于鸟兽草木之名。"广而言之,中国之花鸟画,虽不能像诗那样具有"识""观"的教育功能,"事父""事君"的伦理功能,以及"群居相切磋"的功能,但它的根本性却在于审美、娱乐乃至心理治疗的功能,有托物寄志的功能。石鲁之《华山图》等,笔势奇崛,浑然豪壮,无疑是其百折不挠的精神写照。而荷花的高洁、兰花的素雅、牡丹的富丽、青竹的苗壮、黄菊的凌寒不折,则从不同侧面描写了画家冰清玉洁的人格魅力。艺术家以特有的组织结构完全按照主体生命的固有节律和精神秩序在完成着生命意义的追述。文学家韩愈有"不平则鸣"的说法。不平,就是心理能量的过度郁积而造成的精神紧张,心态不平衡。"鸣",则是要加以畅发、抒泄从而缓解和释放精神能量。石鲁这一阶段的创作中明显的"主体显现化"倾向,正是他在历经了生命与艺术双重涅槃后的一次重新沉淀、整合与升华。看石鲁这一时期所创作的《龟蛇图》和《石榴图》等,我们便不难观测到石鲁心灵深处的生命"秘结",这种对自然生命的讴歌,无疑是对人的生命意义所做的"形上"之思,是真正地从"生命的根底发出来的个性力量"。石鲁在《学画录》中说,"画之形象必可视、可想,方可谓艺术之诗意形象,可视以通真,可想以通情。"

艺术就是他的自由的形式和表现,他后期作品中有一种高度紧张的情绪,一种和现实不和谐的点、线、面。那跌宕不平、苍渴奇崛的笔墨,生涩凝重、斩钉截铁的书法,正反映着他在现实中的不自由。他企望以艺术中的大变法、大自由来反抗现实中给予他的迫害。在他的后期作品中,尽管表面上看"文人画"的气息更加浓厚,更多的是梅、兰、竹、荷、菊、松树与华山,但实质上更多的是对人性与人格尊严的呼唤。从《与世无争》《兰宜瘦士》等作品中,我们可以看到石鲁那倨傲不羁的性格以及对不公正待遇发出沉重而不屈的低吟,在石鲁那些缄默不语的画面中,有着深不可测的美。所以,石鲁的作品具有吸引人、感染人、启迪人的魅力。若将70年代的《荷花》与60年代初期的花草作以比较,不难看出石鲁从清丽虚和而走向老笔纷披,这种笔情墨致的转换是与其生命律动同频共振的,若再参读其时之菊花、幽兰以及人物画中金石崩裂式的"石鲁标志",则更见其在艺术思想上的卓尔不群以及艺术实践中的远见卓识和探索精神。

他还认为"在艺术创作上,个性是风格的主要因素。任何时代、任何阶级,值得赞美的个性,都是部分代表着全体的意义"。风格不但是对生活的独特发现和独特表现,而且也是画家本人高尚的精神、情操、人格美的轨迹,是他的审美实践留下的脚印。生活阅历浸染着个性,个性孕育了自己的艺术风格。颖悟和追求,使他在艺术上越前进,越有个性,艺术作品也越来越人格化、风格化,越来越有民族气派,越近晚年越写意,在他的画中神韵主宰着整体画面。

(四)生活为我出新意,我为生活传精神

1. 石鲁对长安画派的影响

长安画派于十九世纪五十年代成立,在当时艺术界名声大噪,长安画派中每一位画家都对当代山水画创新有杰出的贡献。在石鲁、赵望云、何海霞、康师尧等人的带领下,长安画派在共同深入传统、生活的基础上,形成了一套系统的理论体系,即"一手伸向传统,一手伸向生活",这也成为长安画派的艺术精髓。

石鲁对长安画派的影响主要有三点。第一是使长安画派情系革命,这就意味着长安画派不断地在内容与形式方面进行探索,使得绘画内容从未脱离人民的生活与对人民的情感,笔墨技法以及创作方法极具大众美术风貌,从而使其作品带有普遍性意义。第二,在石鲁写意精神的带领下,使得长安画派画家在笔墨与立意方面极具写意性,与当时流行的情节叙事式绘画形成了鲜明的对比。如赵望云的《深夜行》,此作是用水墨来描绘夜景,山体用泼墨晕染,墨色对比强烈,笔触大胆巧妙,凸显画面的幽深意境,在幽深意境的衬托下使此作具有"深山藏古寺"的诗意。何海霞的《长城万里图》,此作在继承传统的笔法基础之上,师法自然,立意奇雄,笔力千钧,墨色浑厚,将古老的长城描绘得极为雄浑。由此可见长安画派画家的笔墨风格与构思立意基本一致,这是在对深入传统深入生活的基础上所形成的独特风格。第三,重视传统。石鲁从不深陷于某家某派的技法中无法自拔,他说"向传统学习,不是局限于某家某派的模仿,重要的是理解传统形成的一般规律,追本求源,对于传统的形式和技法,我们要重视。"石鲁认为,传统是要学习的,要把传统作为艺术规律,在传统的基础上自出新意,继往开来。同时石鲁反对西方素描的画法,主张书法是中国画的基础。从长安画派各画家的作品中不难发现,毫无西方笔法的痕迹,传统笔墨风格格外凸显。"石鲁对长安画派的影响是不言而喻的。长安画派不断创新的精神在这里也一直被传承和延续着,从未中断。当我们考察长安画派画家绘画审美取向和绘画发展,就会发现影响长安画家的主要方向不是来自横向的参照因素,而更多的是石鲁对他们的纵向影响。"可见石鲁对长安画派的影响极其深远。

"一手伸向传统,一手伸向生活"(以下简称为两伸)作为长安画派的艺术宗旨,其意义无外乎就是以上三点,简单来说传统是对艺术规律的遵循,生活是石鲁所说的"生活为我出新意,我为生活传精神",传统与生活的结合使长安画派极具时代意义。虽然长安画派的大家们已相继逝去,但"两伸"对我们当下的艺术创作依然有重要的启示意义,继承传统是我们民族薪火相传的使命,如果传统都不复存在了,谈何民族气派、民族风格?在继承传统的同时我们也要自出新意,用新的笔墨技法来表现我们当下新的时代风貌,石涛说"笔墨当随时代",这就包含了传统的创新问题,如果依旧用前人的笔墨技法来表现当下的内容题材,恐怕会道貌岸然,新时代就要有新的题材与内容表现,如果不以传统为基础而乱创笔法只会使中国画越来越空洞。而对于生活,我们要全身心地投入其中,只有这样才会创作出真情真意的艺术作品,古人对生活与艺术讲求"外师造化,中得心源",即生活对立意构思的重要性,如果徒有一身技巧,不尊重生活,没有真情实感,无病呻吟,用虚情假意立意构思只会使作品缺乏情感内涵,空洞乏味,欣赏者看了也不会感同身受。传统与创新是矛盾又统一的关系,"两伸"为我们当下提供了"两条腿走路"的宝贵经验,我们要在石鲁与长安画派的创新精神、上下求索的艺术精神的引领下,继往开来,推陈出新。

2. 石鲁对后世画家的影响

石鲁对后世某些画家影响巨大,这些画家无论是艺术思想、笔墨风格、艺术精神都受其石鲁感染,如今石鲁已去,但从他们的作品中以及言论中依旧可以看到石鲁的影子,下面便列举一二。

李世南,当代大写意画家,一九七一年拜于石鲁门下,受石鲁大写意绘画影响极其深远。《长安的思念》作于1985年,此作大写意风格明显,墨色雄浑,挥洒自如,率意而为,线条纤细,用笔顿挫有致,颇显金石气,画面上方则擦染并用,虚实结合凸显深沉意境,画面右部的人物造型极其抽象,神情哀怨仿佛在哀悼故人。人物下方的野草则用粗笔浓墨写出。此作笔墨风格、构图造型跟石鲁极为相似。"在我的艺术跋涉中,石鲁始终伴着我,激励着我,可以这样说,没有石鲁就没有我……他不愧为中国画坛上最耀眼、最富有个性的一代大家,在思想深度、艺术创造、人格精神、综合成就上,石鲁是独一无二的……石鲁不屈的灵魂引导我走出人生的低谷。"

郑砚生,石鲁弟子,新长安画派画院院长,画风以中西结合见长。郑砚生深受石鲁写意风格影响,《欲避喧嚣地,且到岩上居》极具石鲁的笔墨神韵,此作立意构思独特,仿佛在寻求着精神的栖息地。画面中枯树的树干纯以浓墨染之,树枝以及房屋的结构线则以瘦金体的线条写出,笔笔见骨力,用笔洒脱,如行云流水一般,树叶用浓墨点出,远处天空的乌云用淡墨掺清水晕染。构图由近至远,由实至虚,使观者身临其境。笔墨形式以及位置的经营烘托出"长途野草寒沙"般的深沉意境。王金岭,当今长安画派领军人物。"谈到用意,必然涉及意匠,从石鲁的大量习作中可以看到他的匠心独运。我恋念上六十年代以来那些轶作,一则是因为那些作品遭到冷遇而感到不平,更多的则是因为那些作品充满着神秘感,使你久久不能忘怀……画面单纯来自清醒的用意,强烈的形式感是意匠经营的结果又检验了意的真切程度……得意之作,不在笔墨繁简,而在于独到的发现,并能将这个发现形象地表现出来,然见诸于意、理、法、趣各方面的发现都能成其为好画。"这段言论显然是受石鲁"以神造型"论的艺术思想影响。当代受石鲁影响的画家不计其数,在他们的言论与作品中我们可以感受到石鲁的气息,他们深受石鲁人格与艺术精神的感召,从未停止对当代新国画的探索,他们同时也成为石鲁人格精神与艺术精神的守护者与传递者。

当评论界对石鲁的作品发出质疑声时,石鲁用自己的笔墨语言诠释了他眼中的艺术。石鲁笔法的"野"是在成法的基础上求"变法",并掺杂着个人对生活与革命的情感;"乱"与"怪"是在遵循艺术规律与生活规律的基础上自出新意;"黑"是对现代中国画气韵表现方法的创新。石鲁上下求索的创新精神在当时是难能可贵的,他通过研习古代画论与名家作品,总结并抓住了传统与生活两个方面,衍生出了"一手伸向生活,一手伸向传统"的艺术创作方法论,作为长安画派的艺术精神,影响着后世。

三、结语

艺术风格的形成一般来说受到两个因素的影响,一是个人性格,一是社会因素,同时,这两个因素又相互之间产生影响。纵观冯氏兄弟的艺术道路,二人在相同的家庭背景出身下,接受了相同的家学教育,而因为性格的不同走上了不同的人生道路。同样是面对包办婚姻,一个选择接受,一个选择逃跑。生性桀骜的石鲁在少年时期便表现出了更为大胆的行径,而冯建吴相对来说性格更为温和,因而在学习艺术之道上,两人表现出来的学习方法是截然不同的。冯建吴循规蹈矩地按照传统"最大的功力打进去,以最大的勇气打出来"进行学习,而后受到石鲁影响突破创新,在中国画艺术上取得了巨大成就。而石鲁则是将传统为我所用,不受传统束缚,大胆创新,开拓了中国画,填补了中国画的空白,同样取得了巨大的艺术成就。

  两位先生都经历了不同的人生,然而在这些经历中又有相似之处,例如他们的出身,以及在"文革"中同样受到批斗并对他们的生活造成巨大影响,对艺术家的身心都产生了巨大的伤害。在此之后他们的画风都出现了重大转变,这与他们遭受这一历史劫难之后心境上的变化是分不开的,因此时代背景历史事件对于个人的影响也是巨大的。

  从"二冯"艺术风格的脉络来看,他们的艺术修行道路是截然不同的,而最后都殊途同归,取得了巨大的艺术成就。

思考与练习

1. 冯建吴对四川美院中国画教学体系的贡献是什么?
2. 石鲁对于长安画派的影响主要有哪三点?
3. "二冯"艺术思想的共同之处是什么?

第九章 青神竹编文化

第一节 竹与竹文化

一、竹

(一)竹的简介

竹(学名,*Bambusoideae*;英文,bamboo),又叫竹类或竹子,属禾本目竹亚科植物,分布于热带、亚热带至暖温带地区,对水热条件要求高,性喜富含有机质、水分充足的土壤环境。

竹是一种速生型禾草本植物,它的地上茎木质而中空(我们称为竹秆),是从竹的地下茎(根状茎)呈簇状生出来的。有的竹低矮似草,有的竹高如大树。最矮小的竹种秆高 10 至 15 厘米,最高大的竹种秆高达 40 米以上。竹笋长 10 至 30 厘米,成年竹通体碧绿,节数一般在 10 至 15 节之间。虽然某些种的茎秆生长迅速(每日可生长 0.3 米),但大多数种类仅在生长 12 至 120 年后才开花结籽。某些种一生只开花结籽一次,开花后竹秆和竹叶都会枯黄。

(二)竹的形态特征

竹叶,呈狭披针形,长 7.5 至 16 厘米,宽 1 至 2 厘米,先端渐尖,基部钝形,叶柄长约 5 毫米,边缘之一侧较平滑,另一侧具小锯齿而粗糙;平行脉,次脉 6 至 8 对,小横脉甚显著;叶面深绿色,无毛,背面色较淡,基部具微毛;质薄而较脆。

竹的地下茎,俗称竹鞭,是横着生长的,中间稍空,也有节并且多而密,在节上长着许多须根和芽。一些芽发育成为竹笋,钻出地面长成竹子;另一些芽并不长出地面,而是横着生长,发育成新的地下茎。因此,竹都是成片成林地生长。嫩的竹鞭和竹笋可以食用。用种子繁殖的竹子,很难长粗,需要几十年的时间才能长到成年竹的粗度,所以一般都用竹鞭(即地下茎)繁殖,只要 3 至 5 年,就能长到成年竹的粗度。

竹笋,长 10 至 30 厘米。秋冬时,竹芽还没有长出地面,这时挖出来就叫冬笋;春天,竹芽长出地面就叫春笋。冬笋和春笋都是中国菜品里常见的食物。春天时,竹芽在干燥的土壤中等待春雨,如果下过一场透雨,春笋就会以很快的速度长出地面。

竹子花,是像稻穗一样的花朵。不同种类的竹子花颜色是不同的,主色为黄、绿、白色,有的配有红色、粉色等。但由于是风媒花,竹子花都不太鲜艳。每朵花都有 3 枝雄蕊和 1 枝隐藏在花朵内的雌蕊。雄蕊的花粉落到雌蕊的柱头上,就能形成种子,经繁殖,就能长出新的竹子。

开花后竹子的竹秆和竹叶都会枯黄。

(三)竹的种类

竹的种类是根据它的生长特点来鉴别的,主要是从繁殖类型、竹秆外形和竹箨的形状特征来识别。按繁殖类型,竹分为三大类:丛生型、散生型和混生型。

丛生型由母竹基部的芽繁殖新竹,民间称"竹兜生笋子",如硬头黄竹、麻竹、单竹、佛肚竹、凤尾竹、青皮竹等。青神的优质竹种慈竹、四季青也属于此种类型。

散生型由鞭根(俗称马鞭子)上的芽繁殖新竹,如毛竹、斑竹、水竹、紫竹、淡竹、墨竹等。

混生型既能由母竹基部的芽繁殖新竹,又能以竹鞭根上的芽繁殖新竹,如箭竹(大熊猫最喜爱的食物来源)、茶竿竹、苦竹、棕竹、方竹等。

(四)竹的分布

竹类大都喜温暖湿润的气候,盛产于热带、亚热带和温带地区。竹子是森林资源之一。全世界竹类植物有70多属1200多种,主要分布在热带及亚热带地区,少数竹类分布在温带和寒带。竹子是常绿(少数竹种在旱季落叶)浅根性植物,对水热条件要求高,而且非常敏感,地球表面的水热分布支配着竹子的地理分布。东南亚位于热带和南亚热带,又受太平洋和印度洋季风汇集的影响,雨量充沛,热量稳定,是竹子生长理想的生态环境,也是世界竹子分布的中心。目前全世界竹林面积约2200万公顷。竹子的地理分布可分为3大竹区,即亚太竹区、美洲竹区和非洲竹区,欧洲、北美则为引种区。意大利、德国、法国、荷兰、英国已从亚、非、拉引进了大到毛竹、小至赤竹的十几个属100多种竹子,大量用于庭园绿化,且尤以从中国和日本引进的较耐寒的刚竹属、苦竹属、赤竹属竹种为主。

竹原产中国,主要分布在南方,像四川、湖南、浙江等,类型众多,适应性强,分布极广。在中国,竹有37属约500种,以四川地区为主。在中国,有熊猫之家和竹林深处的典故。在浙江的安吉、临安、德清等地,都有漫山的竹海。中国的竹种分布全国各地,以珠江流域和长江流域最多,秦岭以北雨量少、气温低,仅有少数矮小竹类生长。

亚太竹区是世界最大的竹区——南至南纬42°的新西兰,北至北纬51°的萨哈林岛中部,东至太平洋诸岛,西至印度洋西南部。本竹区竹子有50多属900多种。本竹区既有丛生竹,又有散生竹,前者约占3/5,后者约占2/5,其中有经济价值的约有100多种。本竹区主要产竹国家有中国、印度、缅甸、泰国、孟加拉国、柬埔寨、越南、日本、印度尼西亚、马来西亚、菲律宾、韩国、斯里兰卡等。

(五)竹的价值

1. 装饰观赏价值

在庭院中,竹是点缀假山水榭不可缺少的植物。常见的庭院栽种有毛竹、凤尾竹、淡竹、早园竹、刚竹等。在家中,常常放置的室内盆栽竹类有富贵竹、文竹、龙竹、观音竹等。另外,安吉大竹海、蜀南竹海与赣南竹海是中国有名的竹海景观。

2. 日常生活用品价值

由于竹子生长快,加之低碳环保的践行,近些年大量家具与纸改用竹子制造。竹子也可用来制作各种工艺品、乐器等。竹也常作为建材用于建造棚架(搭棚),也可以编制箩筐、背篓、菜篮、席子等日常生活用品。

将竹材用工程化方法,经物理和化学作用制成的竹纤维,被用作纺织品,做成毛巾和衣物等。将竹材通过烘焙,制成竹炭,被用在许多场合,包括去除环境气味,以及制作特殊风味食品。竹炭经过粉碎和活化制成的活性炭,有很好的吸附和净化作用,被用在汽车和家居以及污水处理等方面。

此外,用竹配以海盐、黄土等,以类似炼钢的方法,加工成青竹盐(或称竹盐),可作为调味料,甚至加进个人卫生用品之中。竹盐牙膏就是当中较知名的产物。据称,竹盐牙膏有消炎抗菌、防敏抗蛀、保持牙龈胶原以预防牙龈退化及牙周病的效果。

3. 药用价值

竹的每一个部分都具有药用价值,竹叶、竹沥、竹实、竹茹、竹菌、竹根、竹笋、竹青、竹叶心都可以入药,在《本草纲目》《本草经》《食疗本草》《食经》《齐民要术》《唐本草》等古典名著中均有入药的相关记载。竹主要具有去火清凉、镇咳祛痰的效果。

4. 科技价值

早在商周时代,中国已发明并使用竹钻。

战国时水利家李冰任蜀郡守时,便带领民众修筑了世界上第一座农田水利灌溉工程——四川都江堰,其中使用了大量的竹子。

世界上最古老的自来水管是用竹子制作的,古时称为"笕"。

在盛产竹子的四川,汉代时人们已用竹缆绳打出了深度达1600米的盐井。到19世纪,这种竹缆绳打井技术才传到欧洲。1859年,美国采用该技术在宾夕法尼亚州钻出了第一口油井。

中国早在9世纪就已开始用竹造纸,造纸术成为中国四大发明之一。对于作为文房四宝之一的毛笔来说,竹枝是上等材料。久负盛名的湖笔已发展成羊毫、兼毫、紫毫和狼毫四大类250余个品种,既是人们得心应手的书写工具,又是赏心悦目的工艺品。算盘是中国古代科学发明的成果,而它的前身筹策,就是用竹签做筹码来进行运算的。

随着火药的发明,南宋时人们采用竹管制造出突火枪;明代的万户在自己坐的椅子的四条腿上各绑一个大竹筒,里边装上火药,想点燃后利用火药喷射的反作用力,将自己送入空中,最终被火药炸死。他虽异想天开,却是最早的"载人火箭"的构思者。明代,人们用竹筒制作成一种"二级火箭",名叫"火龙出水",发射升空时极为壮观。

随着科技的进步与发展,20世纪末,人们成功地利用竹子生产出竹纤维。经过化学处理生产的竹纤维手感柔软,悬垂性好,染色后色彩亮丽,而且具有天然的抗菌功能。竹子高温炭化后形成竹炭,竹炭具有强大的吸附能力,可以清除周围空气中的有害物质。竹炭加入涤纶纤维就形成了竹炭纤维。竹炭纤维不仅具有除臭能力,还具有很好的释放远红外线、负离子的功能。

二、竹文化

竹与人类关系密切,在与竹共生共存共发展的人类文明之路上,随处可见竹的影子。中国人民历来喜爱竹子,中国也是世界上研究、培育和利用竹子最早的国家。在长期生产实践和文化活动中,竹子在中国历史文化发展和精神文化形成中产生巨大的作用。中国逐渐形成了以竹为中心的独具特色的竹文化,并把竹子的形态特征总结为一种做人的精神风貌,并赋予深刻的寓意。中国由此被誉为"竹子文明的国度"。鲜有植物能够像竹子一样对人类的文明产生如此深远的影响。青青翠竹,古往今来吸引了无数文人墨客,他们以竹做题、作喻,托物言志,创作了数以千计的竹子神话、诗歌、书画,形成了中国竹文化的一个重要组成部分。

(一)竹文字

"竹"字追溯到甲骨文、金文,都像竹叶纷披的样子。篆文为使其整齐化,用垂直的线条表现,仍像竹叶之形。字经隶书,稍失其形,而楷书即沿之而定体。以上诸形,都属据具体的实像造字。"竹"在六书中属象形字。"竹"字的演变图如图9-1所示。

图9-1 "竹"字的演变图

从汉字中竹部文字的情况来分析,也可看出中国竹子利用的古老历史。古人把"不刚不柔,非草非木。小异空实,大同节目"的植物称为竹。从形态认识开始,把竹子进行加工,制成物品,又以"竹"字衍生出竹部文字。随着人类对竹子的认识不断加深,竹类利用日益广泛,竹部文字随之增加。我国《辞海(1979年版)》中共收录竹部文字209个,如笔、籍、簿、简、篇、筷、笼、笛、笙等。历代各类字典收录的竹部文字更为可观。另外,诸如"竹报平安""衰丝豪竹""青梅竹马""日上三竿""胸有成竹"一类的成语也都包含着与竹子有关的有趣典故。这些竹部文字和成语涉及社会和生活的各个领域,一方面反映了竹子日益为人类所认识和利用,另一方面反映了竹子在中国几千年的历史中在工农业生产、文化艺术、日常生活等多方面起着重要作用。

(二)竹的象征

英国学者李约瑟说,东亚文明乃是"竹子文明"。中国文人墨客把竹子空心、挺直、四季青等生长特征赋予人格化的高雅、纯洁、虚心、有节、刚直等精神文化象征,画竹成为中国花鸟画的一个重要画种,我国清代的郑板桥以画竹天下闻名。

古往今来,"人生贵有胸中竹"已成为众多文人雅士的偏好。他们常借竹来表现自己清高拔俗的情趣,或作为自己品德的鉴戒,如当代诗人周天侯的《五古·颂竹》:"苦节凭自珍,雨过更无尘。岁寒论君子,碧绿织新春。"

竹子特殊的审美价值,使得它的象征意义繁多且深厚。

竹,彰显气节,虽不粗壮,但却正直、坚韧挺拔,不惧严寒酷暑,万古长青。竹是君子的化身,是梅、兰、竹、菊"四君子"中的君子。

竹、梅和松是"岁寒三友",竹象征君子之道,梅象征冰清玉洁,松象征常青不老。

竹有十德:竹身形挺直,宁折不弯,曰正直;竹虽有竹节,却不止步,曰奋进;竹外直中通,襟怀若谷,曰虚怀;竹有花深埋,素面朝天,曰质朴;竹一生一花,死亦无悔,曰奉献;竹玉竹临风,顶天立地,曰卓尔;竹虽曰卓尔,却不似松,曰善群;竹质地犹石,方可成器,曰性坚;竹化作符节,苏武秉持,曰操守;竹载文传世,任劳任怨,曰担当。

司马迁说:"竹外有节理,中直空虚。"白居易说:"水能性淡为吾友,竹解心虚即我师。"亦有"竹死不变节,花落有余香","玉可碎而不可改其白,竹可焚而不可毁其节"。

唐张九龄咏竹,称"高节人相重,虚心世所知"(《和黄门卢侍御咏竹》)。淡泊、清高、正直,是中国文人的人格追求。元杨载《题墨竹为郑尊师》："风味既淡泊，颜色不妩媚。孤生崖谷间，有此凌云气。"

古人认为竹本是草的一种，也许是它的中直、虚空、有节，才使它超然挺拔于其他草类之间，而且凌冬不凋，叫作冬生草。司马光曾感慨竹子顽强的生命力，作《独乐园七题·种竹斋》诗云："雪霜徒自白，柯叶不改绿。"

魏晋之后，竹从一种文化意义演变到了一种民俗的意象，例如"竹报平安"常用来祝福平安吉祥。国画中，竹与梅花、喜鹊画在一起，有爱情长久、幸福美满的美好寓意。

总之，在中国传统文化中，竹子象征着生命的弹力、平安吉祥、幸福美满和精神真理。

（三）竹与园林景观艺术

竹子是我国古典风格园林中不可缺少的组成部分，在我国的造园史中可追溯到公元前11世纪周文王"筑灵台、灵沼、灵囿"。当时的种竹、建竹园大多只限于营建狩猎场和战略物资基地，竹子造园还处于萌芽状态。《尔雅·释地》有记载"东南之美者，有会稽之竹箭焉"，说明古人很早就懂得欣赏秀丽的竹林风光。秦始皇统一六国后大兴土木，为建云明台从山西云冈引种竹子到咸阳（见《拾遗记》"始皇起云明台，穷四方之珍木，搜天下之巧工。南得烟丘碧树，郦水燃沙，贲都朱泥，云冈素竹"），这是竹子用于造园的最早记载。

到了魏晋南北朝，中国园林从萌芽期进入了发展期，竹子开始有意识地融入造园之中，皇家园林和官宦私家园林中的竹子造景得到相应的发展。当时的文人、士大夫受政治动乱和宗教处世思想的影响，崇尚玄谈，寄情山水，游访名山大川成了一时之风尚，讴歌自然景物和田园风光的诗文及刚萌芽的山水画刺激了园林，产生了有别于皇家宫苑的自然山水园，竹子随即融入造园之中。北魏郦道元撰写的《水经注》在介绍北魏著名的御苑"华林园"时称："竹柏荫于层石，绣薄丛于泉侧。"《洛阳伽蓝记》也记录了洛阳显宦贵族私园"莫不桃李夏绿，竹柏冬青"。

唐宋时期，竹文化进入了全盛时期。唐朝是一个诗歌大普及的时代，也是当时全世界各类文化发展的巅峰时代，竹文化不仅更加完美地运用在园林当中，而且还刺激了唐朝的一些文坛巨擘，促使其写出流传万世而不朽的佳作名篇，竹子与作品相辅相成、俱得声名。唐代文人王维规划的"辋川别业"中有"斤竹岭""竹里馆"等竹景；艮岳是北宋皇帝宋徽宗赵佶亲自参与规划的宫苑，从宋徽宗本人所写的《艮岳记》中可知是北宋山水宫苑以竹造景的典型。南宋定杭州为行都，改称杭州为临安，贵族、官僚、富商聚居江南，皇家宫苑、私家园林之盛不言而喻，为后来发展的江南园林起到了推动作用。竹子在唐宋两代运用较为广泛。北宋李格非所写的《洛阳名园记》共评述了19座私园，对其中的归仁园、董氏西园、富郑公园、苗帅园等10座宅园做了专门的竹子景观描述。从南宋周密《吴兴园林记》也可了解到吴兴的宅园"园园有竹"。竹子造园进入了全盛时期。

明清园林继承了唐宋传统，且逐渐形成地方风格，其中以宅园为代表的江南园林是中国封建社会后期园林发展的一个高峰。竹子与水体、山石、园墙建筑结合及竹林景观，是江南园林、岭南园林的最大特色之一。沧浪亭、狮子林等苏州六大名园及扬州个园、惠州逍遥堂等对竹子造园运用得相当成功，许多造园手法仍为今人造园所采用。明清时期刊行多册造园技术理论书作，如李渔的《闲情偶寄·居室部》、计成的《园冶》以及文震亨的《长物志》等，都对竹子造园做了详尽、精辟的论述，被后人推崇、仿效。明清园林，特别是竹子园林的发展进入成熟阶段。

随着诗、书、画及造园艺术、技术的发展，人们已不满足于庭院造景，于是，就产生了能在屋宇内随时欣赏、赏玩的自然风景缩影——盆景。中国盆景的出现，据考证可追溯到唐代。以竹子为材料制作的盆景从宋代的诸多名人画卷上可以见到。到明清年间,"岁寒三友"类盆景广为流传。

此外,成片的竹海,也是人们心驰神往之地。竹海由漫无边际的竹林组成,四周青山环抱,湖水常年清澈如镜,水在峦间绕。宜宾蜀南竹海、安吉中国大竹海、宜兴竹海、溧阳南山竹海、蔡伦故里耒阳蔡伦竹海、屈原故里湖北秭归三峡竹海、桃江双溪竹海等是中国比较著名的竹海景区。

(四)竹与诗画艺术

从文学艺术的角度来讲,自《诗经》以"瞻彼淇奥,绿竹猗猗。……。瞻彼淇奥,绿竹青青","秩秩斯干,幽幽南山。如竹苞矣,如松茂矣"开创颂竹的诗句以来,几乎没有一个文人墨客不咏赞竹,咏竹赞竹的传世佳句数不胜数。如我国伟大的爱国诗人屈原在《九歌·山鬼》中有"余处幽篁兮终不见天,路险难兮独后来"的诗句,幽篁,即竹林也。王维在《竹里馆》一诗中也有"独坐幽篁里,弹琴复长啸"的诗句,咏及的是竹林;唐代诗人韦应物"新绿初苞解,嫩气笋犹香",杜甫"远传冬笋味,更觉彩衣春",赞美的是新竹嫩笋;韩翃《秋斋》里有云"山月皎如昼,霜风时动竹",描写的是竹子在霜风中的动态之美;柳宗元的《茅檐下始栽竹》里有云"谅无凌寒色,岂与青山辞",把竹子坚韧挺拔、不畏风雪的铮铮傲骨表达得淋漓尽致,这也是清高的政坛斗士柳宗元"独钓寒江雪"的真实写照。除此以外,李益的"开门复动竹,疑是故人来",把盼望老朋友相聚的心情写得惟妙惟肖。

据《太平御览》记载,晋代大书法家王徽之(字子猷,王羲之之子)曾"暂寄人空宅住,便令种竹"。"或问:'暂住何烦尔?'王啸咏良久,直指竹曰:'何可一日无此君!'"他平生爱竹,可算是竹子的知音。

我国传统的绘画艺术自古就重视画竹,这不是偶然的,竹子高尚的精神风貌和特殊的审美价值,不但可以激发艺术家的创作灵感,而且成为艺术家推崇的楷模。

画竹艺术在我国传统绘画艺术中具有相当高的地位。唐代画竹已经盛行。中唐时期,竹已形成专门的绘画题材。宋代以后画竹更具成就,画竹名家层出不穷。北宋大诗人苏东坡是画竹的艺术大师,他的第三子苏过是画竹名手,他的挚友文同(字与可)也是画竹的大家。文同在画竹方面有高超的技艺,开创了湖州竹派,被后世尊为墨竹绘画的鼻祖。元代的柯九思、高克恭,明代的王绂、夏昶、徐渭,清代的"扬州八怪"、蒲华、吴昌硕,都是树一代画竹新风的画竹大家,促进了画竹艺术的发展,对画竹技法和理论的发展以及完善做出了重要的贡献。我国绘画的传统要求是真实地反映自然景物的客观形态,而郑板桥画竹不但表现了客观对象的天然特征,而且表现了作者的人格、思想和对社会的态度。他不仅留有许多绝妙的翠竹图,还留下了《题画竹六十九则》,丰富多彩,独领风骚。他赞美"竹君子,石大人。千岁友,四时春"。他在《竹石》图的画眉上题诗曰:"咬定青山不放松,立根原在破岩中。千磨万击还坚劲,任尔东西南北风",高度赞扬竹子不畏逆境、蒸蒸日上的秉性。

在国画中,常以水墨表现竹的形象与气韵。墨竹画在写意花鸟画中占有重要的位置,其笔墨特征是以书入画、骨法用笔。画竹要"成竹在胸",才能在运笔用墨时挥洒自如,表现出竹的神韵与气节。竹子亭亭玉立,婆娑有致,不畏霜雪,四季常青,且"未出土时先有节,及凌云处尚虚心",有君子之风。画竹的关键在于对竹枝叶的取舍、概括,用笔自然、一气呵成,表现竹的无限生机,浓淡相映,妙趣横生。

各朝代画竹名家各有特色,在绘画实践中形成了各种流派。他们画竹都十分传神而逼真,因此唐代白居易曾在《画竹歌》中称赞"举头忽看不似画,低耳静听疑有声"。时至今日,中国的画竹艺术仍保持长盛不衰的势头,当是中国特有的文化现象。

在中国革命史中,先辈们以竹题诗作画也颇多,其中以方志敏烈士较为典型。他自撰对联挂于卧室以自勉——"心有三爱,奇书骏马佳山水;园栽四物,青松翠竹白梅兰",甚至自己的儿女也以松、竹、梅、兰命名,足见竹子在他心中的地位。他在革命的艰难关头写下了气贯长虹的史诗:"雪压竹头低,低下欲沾泥。一轮红日起,依旧与天齐。"

(五)竹与其他艺术

竹与中国的音乐文化有着重要的联系。竹是制作乐器的重要材料,中国传统的吹奏乐器和弹拨乐器基本上都是用竹制造的。竹子对中国音律的起源产生了重要的影响。历史文献和考古资料证实,自周朝以后,历代使用竹定音律,故此,晋代就有以"丝竹"为音乐的名称,有"丝不如竹"之说,唐代把演奏乐器的艺人称为"竹人"。可见,竹是中国音乐文化中不可替代的物质载体。

竹对中国的宗教文化也产生了很大的影响。古人奉竹为图腾,视其为图腾崇拜物,把竹作为祭祀的工具和祭品。道教和佛教出于教义崇奉竹子,追求竹子所构筑的环境。

竹子在民俗文化中具有极为重要的作用。竹文化联系着口承文艺和游乐活动以及信仰习俗,进入了人类的礼仪制度之中,在祭祀、婚丧、交际、节日等社群文化中构成民间竹文化的重要元素。

其实各类艺术之间没有严格的界限,文学艺术、绘画艺术、诗歌艺术、园林艺术、音乐艺术、竹文化等,它们本身就有着千丝万缕的联系。中国文化博大精深,竹文化源远流长,在各类文化日益发展的今天,竹文化将会拥有一片越来越广阔的天空。

三、苏轼与竹

苏轼与竹最深厚的渊源,对竹最高的评价,源自《于潜僧绿筠轩》:"可使食无肉,不可居无竹。无肉令人瘦,无竹令人俗。人瘦尚可肥,士俗不可医……"这首诗既道出了竹子的高风亮节,又道出了文人雅士追求的环境居所。特别是"不可居无竹""无竹令人俗",成了苏轼爱竹的代言词。在精神与物质的倾向性选择上,苏轼显然指向了前者。但他并不因为竹之雅,就排除肉之俗,二者得兼,才是真实的苏轼,所以他又说"不俗又不瘦,竹笋焖猪肉","好竹连山觉笋香"。肉与竹,正代表了苏轼性格的本我。他的身上既有大吃"东坡肉"的洒脱、率真,也有"风来竹自啸"的超然、安闲。

在苏轼的生活和诗文中,更是随处有竹:"门前两丛竹,雪节贯霜根。""官舍有丛竹,结根问囚厅。"甚至到了黄州,"绕舍皆茂林修竹","竹杖芒鞋轻胜马"。竹俨然成了他生活里不可缺失的伙伴,"岁寒三友"见证了他的人生际遇。苏轼一生颠沛流离,但是他无论何时何地都能洒脱逍遥、乐观自在。

苏轼对竹十分偏爱。在他的诗作中,竹诗不下百首。在各个时期,他对竹子的态度有所不同。年轻时,"门前万竿竹,堂上四库书",抒写抱负;中年时,"疏疏帘外竹,浏浏竹间雨",转向闲适;老年时,"披衣坐小阁,散发临修竹",已达超脱……纵观苏轼写竹之变,似乎看到先生对人生的思考,对世事的感叹。

诗词书画样样精通的东坡,不仅爱竹、写竹,画竹也是继承与创新齐飞。

大诗人苏轼是画竹的艺术大师,他的第三子苏过是画竹名手,他的挚友文同也是画竹的大家。文同在画竹方面有高超的技艺。苏轼的著名文章《文与可画筼筜谷偃竹记》中写道:"故画竹必先得成竹于胸中,执笔熟视,乃见其所欲画者,急起从之。""画竹必先得成竹于胸中",既是苏轼画竹心得的高度概括,也是成语"胸有成竹"的本源出处。苏轼关于"胸有成竹"的绘画理论,为千古墨竹画家所趋尚、传统绘画创作所遵循。苏轼、文同画墨竹,光大了湖州竹派。后世画家,从元代赵孟頫、顾安到倪瓒、夏昶等,凡画墨竹,无不受到苏轼与文同的影响。

苏轼不仅画墨竹光大一派,还开创了画朱竹一派。苏轼在任杭州通判时,有天坐在公堂,一时兴起,随手拿起毛笔蘸着朱砂,画了一幅朱竹。生机勃勃的竹子火红热烈,十分另类。有人疑惑:"世间只有绿竹,哪来的朱竹?"他便反问:"我们也用黑墨画竹,世间哪有墨竹?"由于他的首创,后来文人画中自成朱竹一脉。苏轼朱竹的影响,一直延续到现代。在乾隆、金农、吴昌硕以及后来的朱屺瞻、启功、程十发等的笔下,朱竹熠熠生辉。

苏轼画竹的技法,也是独"竹"一帜。他反对"节节而为之,叶叶而累之"的画法,作画时"从地一直起至顶"。北宋书画家米芾曾对他说这有违常理,他回答道:"竹生时何尝逐节生?"米芾竟无言以对。他用别人常态的思维,贯之以自己的理念,非"胸有成竹"者焉能为此!

竹石不分家,苏轼善画竹,也擅长画石。苏轼把自己的作品与文同的作品做比较后指出:"吾竹虽不及,而石过之。"如今,苏轼留存于世的《潇湘竹石图》《枯木竹石图》,已经成为中华民族宝贵的文化遗产,具有永不磨灭的魅力。

咏竹、画竹、用竹,一言以蔽之:一日不可无此君。竹不仅融入了苏轼的现实生活,还观照了苏轼的精神境界。苏轼何以爱竹若此?"萧然风雪意,可折不可辱。"也正是因为苏轼有达观的气概,率真若竹,不畏霜雪,挺拔若竹,翩翩君子,坦荡若竹,才会有见竹犹人之感。

附苏轼咏竹:

于潜僧绿筠轩

宋·苏轼

可使食无肉,不可居无竹。

无肉令人瘦,无竹令人俗。

人瘦尚可肥,士俗不可医。

旁人笑此言,似高还似痴。

若对此君仍大嚼,世间那有扬州鹤。

送文与可出守陵州

宋·苏轼

壁上墨君不解语,见之尚可消百忧。

而况我友似君者,素节凛凛欺霜秋。

清诗健笔何足数,逍遥齐物追庄周。

夺官遣去不自沉,晓梳脱发谁能收。
江边乱山赤如赭,陵阳正在千山头。
君知远别怀抱恶,时遣墨君消我愁。

竹

宋·苏轼

今日南风来,吹乱庭前竹。
低昂中音会,甲刃纷相触。
萧然风雪意,可折不可辱。
风霁竹已回,猗猗散青玉。
故山今何有,秋雨荒篱菊。
此君知健否,归扫南轩绿。

思考与练习

1. 分析上述苏轼咏竹的诗词,深刻理解其含义。
2. 查阅更多与竹相关的诗词书画并进行赏析,理解竹的象征意义。
3. 认真观察周围的事物,体会竹子的用途有哪些,体会竹子与人类的关系。也试着搜集了解其他国家使用竹子的情况,简单做汇报。

第二节 青神竹编

一、青神

青神历史悠久,是第一代蜀王蚕丛故里,被誉为"南方丝绸之路""岷江古航道小峨眉""苏轼第二故乡""中国椪柑之乡""中国竹编艺术之乡"。

(一)名字由来

晋代常璩《华阳国志·蜀志》载:"周失纲纪,蜀先称王。有蜀侯蚕丛,其目纵,始称王。"周幽王为了博取美人一笑,烽火戏诸侯,诸侯被捉弄后,愤愤不平,蚕丛率先在蜀中称王,时间在公元前700年左右,距今2700年左右。蚕丛着青衣,教民种桑养蚕,民尊之为神。

《路史·前纪四·蜀山氏》载:"其妻曰妃,俱葬之。"宋罗苹注:"(南朝齐武帝)永明二年,萧鉴刺益,治园江南,凿石冢,有椁无棺……有篆云:蚕丛氏之墓。鉴责功曹何仡坟之,内无所犯,于上立神,衣青衣,即今成都青衣神也。"蚕丛使蜀地经济勃兴,创建了蜀国,死后蜀人感其德,祀蚕丛为青衣神(蚕神),将其出生地命名为青神县,其主要活动区域亦在青衣命名即青衣江。

后县人还在城北修建了青衣土主祠,每年正月二十一日土主会,县人要着青衣到土主祠,敬香祭祀青衣神蚕丛氏。农村妇女还要打扫家里灰尘,作饲蚕吉兆。

唐《元和郡县图志》载:"青神祠,即青衣神,在今嘉州界。""青神故城,在县南二十三里。""西魏恭帝遥于此置青衣县。"由此可知,在唐以前,青神县已有青衣神庙,青神县因青衣神而初名青衣县,后改名青神县沿用至今。清《四川通志》载:"青衣庙在(青神)县治北,祀蚕丛氏衣青衣教民蚕事。"所指为青衣县故治,在今瑞峰镇(刘家场),与乐山接境。清蔡方炳《广舆记·四川·眉州》载:"(四川眉州青神)青衣神庙。青神,昔蚕丛氏服青衣,教民蚕事,立庙祀之。"明《蜀中名胜记》载:"青神者,以蚕丛衣青,而教民农事,人皆神之,是也。"这进一步说明了青神县的得名确与蚕丛氏有关。此外,在青神县南境,流经中岩、瑞峰的一段岷江又称青衣江。明代翰林院修撰青神人余勋劭所撰《青神县志》载:"青衣水,在中岩下,一名平羌水。"苏轼有《寄蔡子华》诗云:"想见青衣江畔路,白鱼紫笋不论钱。"其《庆源宣义王丈以累举得官为洪雅主簿雅州户掾》诗又云:"慈姥岩前自唤渡,青衣江上人争扶。"《一统志》亦载:"县东五里(青神县城原在刘家场),有慈姥岩,下临青衣江。大江流经青神下亦名青衣者。"显然,青衣江之名,是青神县一带崇拜青衣神的孑遗。

青神不仅县名、水域名因青衣神蚕丛氏而得名,青神的乡镇名也因蚕丛氏而得名。清代《青神县志》载:"雍正六年复县,次年清丈田亩,州牧马世愃奏改青神为祥麟、瑞芝、三峰、蚕丛四个乡镇。"民国时,县人周子云撰《青神备征录》亦载:"蚕丛乡、青神乡名,今县城东北、附城、复兴、青龙等乡旧域也。"

传说蚕丛死后葬在瓦屋山东岩,与他的家乡青神县遥遥相望。山上有川主庙、王爷庙、大樟槽、七樟山。在蚕丛时代,青衣江流域居住的主要是羌人,除了养蚕、渔猎外,最重要的一项活动是祭祀。在祭祀青衣神的活动中,在高高的坝子中搭台酬神唱戏,娱神而自娱,形成规模空前的"青羌之祀",流传至今的"三月三""五月台会"等均是此种古蜀遗风,而瓦屋山则留下了"圣德""薄山""遣福""万安"等庞大的祭祀蚕丛的建筑群。

(二)历史沿革

青神建制,始于南北朝时期的西魏废帝二年(公元553年),初立为郡,继而置县。迄今(2022年)共有1469年的历史了。

中华人民共和国建国初期,青神隶属于川西行政区眉山专区,1953年划归乐山专区管辖。乐山专区1968年改称乐山地区,1985年改称乐山市。

1997年8月,原乐山市所属眉山、彭山、仁寿、丹棱、洪雅、青神等6县成立了眉山地区(地委行署所在地东坡区),青神县划归眉山地区管辖。2000年12月,撤销眉山地区成立眉山市,青神县隶属眉山市管辖至今。

2000年,青神县辖4个镇、14个乡,根据第五次全国人口普查数据,全县总人口198 997人。2004年,青神县辖7个镇、11个乡。

2010年,青神县和眉山地区变更区号,过去的0833改为028,号码前加3,由原来的7位数号码变为8位。2010年第六次全国人口普查,青神县常住总人口167 559人。

2017年,全县辖1个街道办、4个镇、2个乡,年末户籍总户数总计7.08万户,户籍总人口19.41万人,常住人口16.81万人。

(三)地理位置

青神县隶属四川省眉山市,位于川西平原西南边缘,属川西平原与川西丘陵接壤的过渡带。北以鸿化山口为前门,南以平羌三峡作后户,东倚龙泉山脉,西抵金牛河岸。东经103°41′至103°59′,北纬29°42′30″至29°55′33″。气候属亚热带湿润气候范畴,主要气候特点是:气候温和、雨量充沛、四季分明、冬迟春早、无霜期长,非常适合竹子的生长。青神距离成都100千米、距离双流国际机场80千米、距离成昆铁路眉山站28千米,融入了"成都半小时经济圈"。

(四)交通情况

青神境内有一条成乐高速、一条成绵乐城际铁路、一条岷江,水陆交通便捷。成乐高速北起成都,途经青神,南止乐山,全长86.834千米。成绵乐城际铁路北起绵阳(江油),途经青神,南止乐山(峨眉),全长323.19千米,从青神至成都只需24分钟,在真正意义上进入"成都半小时经济圈"。眉青快速通道全长15.13千米,其中青神段长9.56千米,为青神加快发展、跨越发展注入新的动力。

(五)文化旅游

青神中岩寺、德云寺、汉墓群以"古"扬名;平羌三峡、仙姑湖以"秀"著称;神海以"幽"迷人;中国竹艺城以"特"叫绝。

开辟于东晋、建于唐、兴于宋的古中岩位于城南9千米处的岷江东岸,为著名佛教圣地,青峰冥壑、流泉响石,号称"川南第一山"。

由中岩沿岷江下行10千米,有两岸峰峦叠翠、风光旖旎的平羌三峡(古名熊耳峡)。唐开元十二年(公元724年),诗人李白"仗剑去国,辞亲远游"时,曾就此吟下了"峨眉山月半轮秋,影入平羌江水流"的千古绝唱。峡内产稀有鱼种——江团。

县城西南3千米处是国家AAAA级旅游风景区中国竹艺城,内设7个展厅、四大竹编系列,展示古今中外2000多件竹编工艺品,是国际竹编培训基地。在景区内可品竹味、听竹乐、观竹景、赏竹艺。

距县城东7千米处有仙姑湖,该湖坝高52.8米,湖区水面长5千米。乘机动船浏览,一路青山绿水、沟壑回环,峰峦叠翠、湖光山色,风景秀丽,令人陶醉。湖内有著名的"长生沟",由于水质好,气候环境优佳,长寿老人较多,引来不少游人前往探索长寿秘诀。

县城东15千米处有水上迷宫青峡湖(又名神海),湖水面积为2200多万平方米,纵长15千米,有37个湖区、950多条沟汊,呈现出水色山峰绿入云的别致与优美。

二、青神竹编的起源与发展

(一)青神竹编概况

作为四川竹资源分布重点地区,眉山全市竹林面积达108万亩(15亩=10 000平方米),拥有三大门类3000多种竹产品;竹笋可食用,竹根可加工成竹工艺品,竹材可加工成家具、竹地板、竹炭、竹纤维纺织品等产品,成片的竹林可发展生态旅游……

眉山青神竹编与丝绸、蜀绣并称"蜀中三宝",是国家地理标志保护产品,2008年被列入国家级非物质文化遗产保护名录。青神还获得了"国际竹艺城""国际竹藤组织培训基地""中国竹编艺术之乡"等称号;竹编工艺列入了中国国家级非物质文化遗产保护名录;"青神竹编"列为中国地理标志保护产品。2018年5月21日,青神竹编入选第一批国家传统工艺振兴目录。竹产业已成为眉山的传统优势产业和四川省五大特色产业之一。

(二)青神竹编历史

眉山青神竹编历史悠久。早在5000多年前,先民们便开始编制竹器用于生活,用竹编簸箕养蚕。现在,心灵手巧的眉山人不仅广栽绿竹美化家园,还把竹子精心打磨成种种环保实用的生活用具,甚至赋予竹子中国文化的灵魂,将它们编织成风雅神奇的绝佳精美艺术品。

青神竹编,源远流长,起于何时,尚无定论。据考证,在战国时期李冰父子治水时期,青神县先民即在岷江两岸以竹编篓网石筑堤保坎,以竹编篓蓄水冲筒车提水灌溉,"筒车河"由此得名。

据现有文字记载,唐宋时代即有生产、生活型竹编用具。《清明上河图》中的虹桥即是由青神籍人士陈希良(宋朝侍郎)设计的。苏东坡时,竹编制品已有方形、圆形、椭圆形等多种形式。这一时期,禁军已在使用圆形竹斗笠。

明代竹编便开始向工艺型改进,出现了几何形式古装饰粗线图案的日用工艺品,宫廷的官帽由民间艺人用竹丝编成,如明代朱檀的竹编王冠。竹编艺术在明代已达到极高的艺术水平,竹编制品成为显赫的皇权、高官们的专用品。

到了清代中期,竹编工艺已经达到了一定的水平,现在沈阳故宫博物院尚陈列有由青神袁氏艺人编织的"寿"字宫扇即为佐证。

抗日战争时期,青神观金乡的斗笠、罗湾乡的凉席、天庙乡的吨笼围垫(盛粮物),不仅在邻州府县享有盛誉和广阔销路,而且在斗笠、扇面上出现了编织的"驱逐倭寇""还我河山"等抗战文字。20世纪50年代,"军斗笠"和扇面上出现了和平鸽和蝴蝶图案。

1949年10月1日,天安门上挂的大红灯笼,就是用青神的单竹做的。青神的竹编见证了中华人民共和国的成立。

20世纪60年代后期,人们把毛泽东头像编入扇面,并有北街徐氏等人把《毛主席去安源》的线条画像引入单条,从而引发了平石竹编的一系列革新尝试。

20世纪70年代末,青神县农土公司接受外贸任务,出面牵头组织生产外贸产品,如竹编飞碟、圆箩、花篮、提篮等大批日常用的低值日用品。由于需求量大、供不应求,因此,除了收购零散编户的竹编制品外,农土公司同二轻局合作开始组织竹编集体作坊和一定规模的竹编工厂。

20世纪70年代末,在改革开放的大潮下,涌现出了胡自海、吴德全、殷超、陈云华、李建华、罗华灿等一大批具有较高文化艺术素养、立志革新竹编传统工艺的艺人。他们集中技术和智慧,刻意求精,为竹编适应市场需求开拓了新的前景,把竹编艺术推向了实用兼欣赏乃至上品位的纯欣赏型的艺术层次,从而使青神竹编工艺在继承的基础上取得突破性进展和成功。在立体竹编方面,他们着重于精、细、雅、美、型、光洁和古色古香,富有民族风味,同时植入火绘(烫画),使其成为美观雅致的艺术上品。平面竹编类的突破更大,他们把古往今来的名胜风物、名家手迹、名人书画等移植为竹编中堂、挂屏、横幅、楹联以及扇席之上,从而使竹编工艺跻身于艺术殿堂,使中外为之瞩目。

从此,青神竹编步入一条康庄大道。竹编工艺师们坚定步伐,沿着这条大道迈进,一发不可止,高精档竹编作品争相问世,青神竹编以新、奇、绝、精、雅奉献社会。

继1984年青神大型竹编《乐山大佛》跨进联合国大厦后,殷超的精编竹扇系列,《中国四大美人图》《百寿图》,联中竹编厂的《八仙图》《仙佛图册》《折叠帽》,陈云华和中岩竹编厂的《中国百帝图》《九龙屏》《百子屏》和大型精编长卷《清明上河图》等薄如蝉翼、光洁如绸、精美绝编的珍品源源问世,频频获奖,世人叹为观止。

青神竹编就这样在竹文化的影响下,经历了传统家用、民间手工作业、工厂化生产、产业化经营的过程,经历了自给自足、一村(户)一品、县域优势特色产品、全市拳头产品、第一批国家级非物质文化遗产文化扩展项目名录传统美术竹编产品直至"中国特产"的过程。

青神竹编艺术品近30年来获得多项国际国内金银奖项和多项国家专利。当前公司+作坊+农户的青神竹编产业结构已经形成,并且还在蓬勃发展中,方兴未艾,遍地开花,格局是,南有"竹博园",北有"状元苑",城市里分布罗列有"竹福竹艺""美湖竹艺""竹宝斋""年轮竹艺""陈氏竹艺""旷氏竹艺"等平面编品团队的窗口门市,以及南门外街成排的立体竹藤编品。

三、竹编的分类及等级

用竹子做成竹篾和竹丝编制而成的竹制品称为竹编。竹编是一门科学、一门艺术,是一个庞大的家族。根据工艺、性能、用途不同,竹编主要分为平面竹编、立体竹编、有胎竹编、竹编家具和仿真竹编五大类。每一类又分为初级、中级、高级、精品和收藏品五个级别,每一个级别都有几百个品种,它们组成了一个庞大的竹编体系,构成了一个个庞大的竹编产业链。竹编产业因地制宜地发展,成为乡村振兴的一道亮丽的风景线。

(一)竹编的分类

1. 平面竹编

用薄篾层编织出平面图形的竹编叫平面竹编,例如我们常见的竹编扇、竹编晒席、竹编凉席、竹编名人书画等。

2. 立体竹编

用横截面为矩形的竹丝编制成立体造型的竹编叫立体竹编,例如我们常见的竹编笼、竹编篮、竹编筐、竹编盆、竹编盒、竹编仿生动物、竹编包装等。

3. 有胎竹编

用竹丝在成型的胎上编成的竹编叫有胎竹编。较常见的有胎竹编有瓷胎竹编、银胎竹编和玻璃胎竹编。

4. 竹编家具

用竹编和竹子做成的家具叫竹编家具,例如竹编床、竹编桌、竹编椅、竹编沙发、竹编柜等。

5. 仿真竹编

用竹篾编制成的酷似自然界中的花、鸟、虫、鱼的竹编叫仿真竹编。仿真竹编有各种花类、各种动物类。

此外,还有一种竹编叫混合型竹编。它是平面竹编和立体竹编的综合体,虽自成体系,但仍可归属于立体竹编类。例如夹背,内层是平面竹编,外层是立体竹编,衬口、拴口、戗篾是典型的立体竹编处理方法。它的特点是:柔中带刚,粗中有细,上背贴身,结实耐用;能装面粉而不漏,能装石块而不变形。夹背因深受人们的喜爱而世代流传,至今仍是山区人民背运货物的重要工具。

(二)竹编与竹编艺术

在中国竹编艺术之乡——青神县,竹编业的发展源远流长,世代相传,有着深厚的群众基础。在这块土地上,竹编至今已有几千年的历史。青神竹编同人类社会的进步一道发展,经历了一个漫长的发展时代。如今,青神竹编是国家级非物质文化遗产代表性项目,四川省青神县云华竹旅有限公司是青神竹编生产性保护示范基地,陈云华大师是国家级非物质文化遗产代表性项目代表性传承人。

从原始的竹篱笆到春秋战国时期的竹篓、竹水车,从简单的竹筐到竹席、竹扇、竹篮,每一次进步都凝聚着青神人智慧的裂变,创新意识是青神人世代相传的精髓。竹编进入人类社会的各个领域后,需求量和生产量都非常大,用竹编就要学竹编。一般的竹编制品一学就会,人人会做,世代相传。生产较难的竹编制品的民间艺人往往常年甚至终身从事一个品种的生产,人们把这种专业艺人叫篾匠。例如:王篾匠编了一辈子的夹背;刘篾匠打的晒簟晒面粉都不漏。专一的生产,使该产品越做越精。好的技术生产出好的产品,好的产品经久耐用而拓展了好的市场,好的市场带来了好的收益。于是,王篾匠想招徒弟,看到好竹编带来好收益的邻里也想学竹编发财,这就形成了最早的师带徒的传艺关系。一个师傅带五六个或十多个徒弟就形成了一个作坊,这就是最早的竹编制品加工厂。

竹编就在这种环境中得到发展,逐步成为竹编艺术。竹编按不同的门类不断地推陈出新,艺术效果越来越好。同样价值的原料,用不同的艺术水准编织成不同的产品,它们的价值差异很大,带来的是完全不同的经济价值。这种高附加值的产生,就是科技与生产力密切结合的结果,传播科技的场所就是竹编艺术的科研单位和培训机构。

250 g 的竹子,价格约为 0.50 元,做成不同的产品(比如扇子),价格(市场价)提高很多。

立体竹编、平面竹编、瓷胎竹编、竹编家具等,都同上面的例子一样(从实用品到艺术品)有相同的发展经历,在几千年的不断创新发展中走上了实用与艺术相结合的道路。

平面竹编的发展更说明了竹编与竹编艺术品的发展关系。科技就是生产力,技术就是财富。

不同平面竹编的价格差别很大。因为从实用品到艺术品再到收藏品,生产流程和技艺的差异很大。同样大小的竹编,1 m² 的竹编人字笆价格约为 30 元,1 m² 的中档竹编价格约为 300 元,1 m² 的精品竹编价格可达 5 万元。

(三)平面竹编的档次

平面竹编是一个庞大的家族。利用平面竹编技术可以编织出各种图样的产品来美化生活。各种档次,各种样式,各种花色,各种图案(人物、山水、花鸟虫鱼、飞禽走兽、书法),都可以用平面竹编表现出来。依据平面竹编的图案来划分平面竹编可分为粗编档、中档、高档、精档四个档次。

1. 粗编档平面竹编

按每厘米宽度内只含 4 根及以下竹丝的标准编织的平面竹编为粗编档平面竹编。

2. 中档平面竹编

一般按每厘米宽度内含有 6~10 根竹丝的标准来编制中档级别的竹编艺术品。常用来表现色泽浓淡的编织技术有 6 种方法,它们分别是四星点编织法、六星点编织法、七星点编织法、十星点编织法、十二星点编织法和十三星点编织法。采用黑线和白线相交可以织出各种色阶的灰布来。同样,用不同颜色的竹篾相交编织,也可以编织出多种不同色阶的竹编来。

1990 年 7 月 17 日,联合国教科文组织专家波拿教授访问青神南城成人教育中心时,看了该校创新的平面竹编艺术品后说："这是竹编史上的奇迹,是艺术中的艺术。"很多中档平面竹编采用10丝的标准竹丝编织而成,能逼真地再现所编织对象的风姿,具有较高的艺术价值。

3. 高档平面竹编

高档竹编艺术品选用优质慈竹,以12~15丝的竹丝编织而成。

将各种生活照片用竹丝编织成生动、形象、活泼的竹编艺术品,倍受各界人士的喜爱。高档平面竹编将竹编文化艺术提高到更高的档次。

1999年,时任四川省常务副省长的敬正书调研青神南城成人教育中心兴建的中国竹艺城时,为青神竹编题词"中国一绝",对中国竹艺城展示的高档竹编艺术品给予了很高的评价。

竹编文化艺术,成了青神一张响亮的名片。

4. 精档平面竹编

精档平面竹编制品是用每厘米宽度内16~22丝的竹丝精心编织的竹编艺术品,是世界竹编艺术中的极品。一定要选最优质的慈竹,经60多道工序制成如绢似帛的竹篾,再分成飘逸的细如发丝、薄如蝉翼的竹丝,才能编织出精美的竹编艺术品。

2009年3月23日,世界知识产权创意产业司司长访问中国竹艺城,看到陈云华大师编织的竹编精品《蒙娜丽莎》后欣然题词:"陈大师:你和达·芬奇都创造了蒙娜丽莎,两个都是天才!"该司长的评价真诚且真实,这说明陈大师的竹编艺术已成为世界级瑰宝,有极高的艺术和收藏价值。

四、竹编生产模式和竹编产业

(一)竹编生产模式

1968—2018年,青神竹编已发展形成五种经营模式,为世界竹产业的发展提供了成功的发展经验。

1. 前店后厂的作坊式生产模式

这种生产模式的特点是:竹编生产投资小、见效快;不争能源,不用煤、电、气,无污染;人均占用厂房面积3 m²;工具简单,一桌(长150 cm、宽17 cm、高70 cm)、一椅(高40 cm)、一刀、一压铁而已;如果有丰富的竹资源,200人的加工厂年产值可达1000万元以上。这种模式很适合用于现代农村家庭式生产。

一般来说,农民每年有2个月种田、1个月过节(各种节假日约30天)、9个月赋闲。家里有田、有老有小、有家务缠身的农民,无法外出务工。竹编产业的发展,使他们既挣了钱,又照顾了家庭。这种模式在1988年—2008年间使青神的竹编家具产业迅猛发展。

2. 工厂化生产模式

这种生产模式的特点是:在工厂内生产,订单式销售;以统一质量、统一规格、统一标准的模式发展竹产业;在青神,以生产竹编包装和瓷胎竹编为主。

3. 社区家庭生产+网上销售模式

社区家庭生产+网上销售模式是指一个专业生产大户,带领本村和社区居民从事个性化、专业化的大生产任务。这种模式不需要厂房,只要有几个管理人员负责收购、包装、运输即可。这种模式有很大的发展潜力,很适合用于专业化生产。青神的竹编包装和竹编灯罩在这种模式下得到了长足发展。

4. 公司＋农户的生产模式

这一模式在农村地区也较为常见,在此基础上还可以扩展为学校＋公司＋农户＋旅游＋商场的长效模式。

采用这一模式,需要先通过技术培训学校培训大批的初、中、高级技术人才,然后公司把优秀学员招收进公司所办的竹编厂,组织专业人员进行新产品的开发和推广(得到订单),由专业人员培训各个基点农户的总负责人,总负责人编出合格产品(完成二级培训),再由各基点农户的总负责人培训各户,各户做出合格产品封样(完成三级培训),最后按合格产品的技术要求大批量地生产。公司把竹文化艺术与旅游紧密结合起来,生产出旅游商品,满足游客吃竹餐、观竹艺、购竹产品的要求,并办竹产品商场,形成良性循环圈,以保证公司的快速发展。

四川青神县的陈云华大师就是用这种模式,走出了一条办职业教育的成功之路。几十年来,陈云华大师共组织举办了 500 多期培训班,培训了国内外 2 万多名竹编专业技术人才。

他们中有大约百分之一的人成了竹编专业大户,有大约千分之一的人成了竹编艺术大师,甚至国家级、省级人大代表。

四川省青神县云华竹旅有限公司在 1984 年—2019 年间带领 2 万多名农民编竹编,编出了他们的小康生活。

5. 孵化园集中生产模式

孵化园集中生产模式是指通过设立产业园区,将竹编生产专业大户组织起来,进行较大规模集中生产。2012 年,青神县成立了县级竹编产业园区管委会,专业领导竹编产业的发展。过去的养殖场被组建成了竹编产业园区,有十多家青神竹编专业生产户集中在园区开展业务。

(二)竹编产业

竹编的元素渗透到人类社会的每一个角落;竹行业随着人类文明的发展又不断地开发出适应社会所需的新品种;竹产业是 21 世纪人类生活中不可缺失的朝阳产业,有着广阔的市场。

青神竹编带动了 50 000 多人从事竹产业,农民们用双手编出了摩托车、楼房和别墅,编出了小汽车,编出了"中国竹编第一村",编出了幸福的小康生活。

五、竹编工艺

竹编的编制工艺因竹编类型不同而有所不同。平面竹编是其他几类竹编类型的基础,其制作工艺可简可繁,成品档次跨度较大,但也是最易出中高档竹编艺术品的一类。也正因此,平面竹编的发展更说明了竹编与竹编艺术品发展的关系。这里简单介绍青神发展较好、最具特色的平面竹编的工艺。

(一)编织方法

在竹编的发展过程中,人们创新了多种编织方法,且有十多种编织技法沿用至今,使竹编制品从生产、生活用品跃入艺术品和收藏品的行列。

平面竹编的编织方法主要有十字形编织法、人字形编织法、三角形编织法、六角形编织法、菊花形编织法、复合型编织法、插入式编织法、重叠式编织法、混合式编织法、无限序编织法、立体形编织法、星点式编织法等。

编织时,可将不同的编织方法和不同颜色的篾层相搭配,以编织出几十种图案,创造性地编织出新的竹编制品。

(二)使用工具

竹编类型不同,所用工具也不尽相同。

砍刀:又叫弯刀、齐刀,用来砍伐竹子。因民族和民俗不同,同一种工具,同种用途,名称各不相同。

锯:用来将竹分段,有多种样式。锯竹子主要选用中齿锯条。

刮青刀和分层刀:用锋钢制成的专用工具,刀刃锋利且耐用,前者用来刮除竹青,后者用来将竹材分层。

分丝刀:在编织中用作剖篾丝的专用工具,多用手术刀代替。

染料:主要包括矿物染料和直接染料。

排针:一种将竹篾分成细竹丝的专用工具。

钩针:中高档竹编中使用的一种挑丝工具。

压铁:竹编中用来固定竹丝与图纸的平而直的铁条。

(三)工艺流程

1. 选竹

在四川青神,能用于平面竹编的竹主要有四种:慈竹、单竹、绵竹、青皮竹。较好的是慈竹和单竹,它们质地柔软、纤维细长、纵横易分,能分出如绢似纱、薄如蝉翼、细如发丝的竹丝来。另外,马甲竹也是很好的竹编原材料。

以编织中档竹编为例:选用无划伤、无色斑的一年生竹。

2. 砍竹

砍竹时选竹林中间的竹,因为这些竹子四周有同伴保护,风吹雨打也不容易擦伤竹筒表皮。选竹节长的竹为好。从竹头第一节竹筒下刀,砍伐下来后,沿着竹枝长势向上剃掉竹枝叶。如需长途运输,必须用稻草等将竹相互隔离,谨防互相摩擦导致竹筒表皮损伤。

在编织高精档竹编艺术品时,需要选择优质的竹子,因为只有极细极薄、拉力极强、韧性极高的竹篾才能完成精编细作的过程。

3. 锯竹

每节竹节环上方都有竹笋长成成竹时快速增长的节,叫伸长节,又叫生长节。生长节是竹筒与竹节环的分界线,挪过生长节锯出的才是竹筒的真实厚度。如果在生长节内下锯,锯出的竹筒就会厚许多,而且在分层进刀时也会因竹节环残存的节巴较硬而不易进刀,更分不出竹篾的真实厚度,给以后的启篾带来不便。锯竹时要挪过生长节 0.5 cm 垂直下锯,锯出真实厚度,分层才会准确。

鲜竹经 24 小时缩水后,是最好分层的时候,最好在三天内把篾层全都分出来。

4. 刮青

刮青就是把竹表面的青色胶质层刮掉,以便于染色、上漆等。

刮青的方法是:把竹筒按大约 45°斜放,用左手拇指压在锯口上,食指和中指分别将竹筒卡住,形成三角形受力点,增加竹筒的稳定性。如果把刀口向下倾斜沿竹筒表面滑下去,则不能起到刮青的作用,应将刀向上滑动沿竹筒刮起。刮青时要求用力均匀,这样才能刮出色层一致的竹筒来。

5. 削平锯口

完成刮青后,认准每节竹筒的近根端,直径略小、留下的竹青显得光滑的是头部,带毛刺的是尾部。把头部锯口削平,只有削平锯口才好分层。

削平锯口的方法是:左手握竹筒、掌心向内,右手持刀、掌心向内,刀口向外,平衡地把竹筒圆周削完。

6. 分块子

按竹筒大小,分出不同宽度的竹块,以竹筒外圆弧线基本平为准。要求每次进刀时刀口都正对圆心。

7. 分出薄篾层

首先,剥层。

编织竹编前的关键一步是分出合格的竹篾。竹子的性质是:幼软老硬,尾老头嫩;纤维细软,富有弹性;表密里粗,纵横易分;粗丝细丝,辨别清楚。

竹表层的纤维最密,里层的纤维逐渐变粗且容易发生虫蛀和霉变。只有表层才能启出薄如蝉翼的篾层来。

启出薄篾层的操作方法如下:

取一块削平锯口的竹块握在左手心中,拇指和食指捏在离削口 1 cm 的位置(露出太长容易划伤手指)。右手握刀,刀口向内,目测竹块两边在上三分之一线上平口进刀,向左手腕内压进刀后的竹篾块,有分开的感觉后用 S 形操作方法分开第一层竹篾。也可以向左腕内弯曲,分开第一层。

第二次进刀刀口的位置选定在离竹外圆 0.5~1 mm 处,得到与第一次分层厚度一致的用篾层。

把用篾层未削平锯口的一头倒过来,置于左手食指第一指节,用拇指压着距末端约 2 cm 长处向弯曲几下,使竹皮变得柔软。

用单面刀片在 2 cm 内横划第一刀,剥出第一层。要求下刀和收刀时用力均匀,刀口深,剥出的篾层厚;刀口浅,剥出的篾层薄。按编织产品的要求来控制篾层的厚度。按第一刀的方法连续划四次,分出五层薄篾层来。

注意每一层分篾左、右手的配合角度,右手食指的用力角度,以及每层分出的长度(约 2 cm)。

其次,启层。

先用双手分篾法把第 1~4 层与第 5 层分开,再用四指分篾法把第 1、2 层和第 3、4 层分开,最后把第 1 层与第 2 层、第 3 层与第 4 层分别分成薄篾层。分开时第 1 层、第 2 层,第 3 层、第 4 层分别留 0.5 cm 长连接。

接着,整理。

用一节约 10 cm 长的第一次分下的黄篾把卷曲的薄篾层拉直,单数层向上挂在工作凳上(叫分开色差层)。把颜色相同、长度接近的挂在一起。启完后用宽约 0.5 cm 的竹丝从中间穿过打结,挂在通风阴凉处吹干备用。

最后,黄篾分层。

第二次分层的黄篾用同样的方法分出 4 层,用作编边子和 6 丝以内的产品。

第一次分出的黄篾按竹筒不同的壁厚可分出4~10层,主要用于编粗竹编用。

在分篾层时可使用长150 cm、宽18~20 cm、高70 cm的工作凳,并搭配高40 cm的座椅。按照这样的高度比例长时间地工作,劳动者身体各部位都很轻松。不过,因各地区人的身高不同,座椅的高度也要因人而定。

8. 三防处理

将竹篾层放入由双氧水和水按照1∶2的比例配制的溶液中煮沸至变白(时间因色层而定),起到脱糖、脱脂、增白的效果,使各篾层更加接近同一色层。按不同的篾层、不同的厚度、双氧水的不同浓度,增减煮篾的时间。煮篾时篾必须分层拴捆,分层拴捆时要留整支竹篾两倍的空隙。这样,浸湿后的篾层膨胀后,拴捆处不会变紧,竹篾接触溶液的浓度才会均匀,色层才会一致。篾层经双氧水煮后可达到无虫蛀、不生霉、无麻斑的目的。用"竹防二号"按比例浸泡,也能完全达到三防的目的。

9. 染色

按不同的国家、不同的产品,选择不同颜色的染料。染竹篾的染料最好是矿物染料或直接染料,渗透性强,不易脱色。基本配制方法是一包10 g染料,配1000克水(比例1∶100)。先将染料用白酒溶成糊状,再倒入煮开的沸水中,充分搅匀。把第3、4层薄篾层分开,按2倍空隙的要求逐渐放入容器内,全部浸入染液中。最好用网格状木质箅子放在染锅内,以起到只把竹篾压入染液中而又不压紧,让竹篾浮悬在沸水中的作用。这样染出的效果才好。

染色的过程十分难掌握,每染一次都不会得到同样的效果,尤其是竹篾的煮染更难。每层的纤维质地不同,吸收水分的程度也就不同,得到的色篾颜色差别就非常明显。同一根竹启出的篾,在同一锅染水中同时煮染,仔细分辨至少也有10个色阶。因此,做到色层一致是保证艺术效果的关键。

三原色经不同的师傅调配,又可生成不同的色种。五彩缤纷的竹编世界,尽在染料的配制中。只有通过长期的实践积累和潜心研究,才会有得心应手的配制技巧。染色的时间因篾层、染料的浓度不同,差异也较大,一般为1~2小时。

10. 分丝

排针是一种简单实用的分丝工具。它是由陈云华大师在长期的编织实践中研制成功的。继指甲分丝法、刀尖分丝法、排刀分丝法之后,成功地采用排针分丝法已有30多年的历史。排针轻巧灵活、使用方便,深受编织者的喜爱,一直沿用到今天。

11. 编织

平面竹编的编织走过了四段历程:从仿编、心编、坐标填格编,再到看图编织。

仿编:按样品要求复制。有了样品之后,要对它的形状以及用篾宽度和厚度、起头、收尾、染色、油漆等,进行细致的分析,然后才能动手"依葫芦画瓢",编制出惟妙惟肖的复制品来。仿编对提高初学者的编织技能有很大的帮助,是学习的重要过程。对古人留下的竹编工艺品进行仿编的过程,就是学习古人的竹编技能、技巧的过程。

心编:是创新、复制的过程。对要编织的产品在心中绘成图谱,手随心动,编织出新的、合格的产品来。

坐标填格编:把创作好的图样先绘在坐标底稿上,再用篾丝按图编织。把复杂图案最早用竹编体现出来的是青神的老艺人胡志海前辈。他采用坐标编织法,编出了一批名人书画,在竹编史上做出了卓越的贡献。

看图编织:把图样作为底稿同竹丝合为一体,按图样编织的方法。这种方法灵活机动,易操作,提高了编织速度,编出的产品形象逼真,高度地体现出工艺师个人的悟性。手、脑统一协调,就会编织出优秀的产品。

看图编织法解决了大幅长卷的编织难题,例如《中国百帝图》《清明上河图》《百虎图》等精品的编织,采用其他编织方法是很难完成的。

竹编工艺是相当复杂的,也是技术性、操作性非常强的一门艺术。学习竹编艺术的过程,也是塑造人的过程。学习竹编艺术,不仅需要将美术、艺术鉴赏、技能技巧融会贯通,心脑、手协调一致,还要吃苦耐劳、持之以恒,这样才有可能成功驾驭这一艺术。

思考与练习

1. 你去过青神吗?你还知道青神其他的别称吗?试着更多了解青神的故事传说。
2. 运用网络进行竹编工艺作品的搜集,了解更多种类竹编的历史和工艺,学会鉴定等级。
3. 运用创新思维,试着用竹子做一些不一样的工艺品,并在班上举行作品展销会、拍卖会。

第三节 竹编文化的青神

一、青神竹编的传承

中华人民共和国成立以后,青神竹编工艺得到新的发展。在保留传统的生产生活用品(如晒簟、箩筐、簸箕、笕、篮、渔具、筲箕、蒸笼、灯笼等30多种)的基础上,新编织了一批工艺水平较高的工艺产品:如20世纪60年代大批生产的圆边细竹扇,扇面上编有花纹、图案,编有"毛主席万岁""共产党万岁""天下名山"等字样。"文化大革命"时期,又发展到竹编挂屏。当时新发明一种坐标填格编织法,将人物、花鸟、山水风光等图案编织在竹枕席、挂屏上,虽不很逼真,但已很相似了。当时的代表作有城厢镇徐家编的《毛主席去安源》的油画像挂屏等。这批竹编工艺品,在当时很受人们的喜爱,且远销外地。

20世纪70年代,以胡志海(已故)为代表的竹编艺人,组建了一个街道工艺厂"集美工艺厂"。他在竹扇上狠下功夫,先把字变成各种图案(如龙、凤等),再把整个扇面编成图案,进一步编织条幅、挂屏。唐代的"马"和韩愈的诗"业精于勤,荒于嬉;行成于思,毁于随。"是他的得意之作。

20世纪80年代到20世纪末,青神竹编艺术发展到鼎盛时期。竹编艺术产业化,成为地方经济的一大支柱产业,具有规模大、艺术含量高、品种多、效益好的特点,在全国独占鳌头,2000年5月被文化部(现文化和旅游部)命名为全国唯一的"中国竹编艺术之乡"。至今活跃在竹编制品研发、设计、推广、教学、培训舞台上的几位竹编大师,在技艺上既相互借鉴、取长补短,又独具特色、各领风骚,共同成就了青神竹编的辉煌与伟业。

陈云华，国家级非物质文化遗产青神竹编代表性传承人、国家级工艺美术大师。60余年专注于竹编开发、创新和传承，不仅可以将1根不到1厘米厚的竹块剥成24层薄纱，还能用200余万根竹丝完成一幅5米多长的《清明上河图》，画上的人物、动物小如黄豆。这幅竹编作品薄如蝉翼、滑如绸缎，酷似原作，在2006年卖出了106万元人民币的高价。从学手艺、谋生计到成为国际竹编大师，陈云华开创了竹丝编织书画艺术的先河。他将坐标填格编改革为看图编织，改革了排针的使用方法，还发明了"彩色竹编"特殊技术，改写了世界竹编史上竹编无彩色的历史，并获得国家发明专利，同时又创建了中国竹艺城和中国竹编艺术博物馆。中国竹艺城不仅为陈云华和陈氏团队集聚了丰厚的财富，也对青神竹编产业产销和发展旅游形成了巨大的诱惑力，对青神县荣获"中国竹编艺术之乡""中国民间文化艺术之乡"称号，同国际行藤组织的成功对接也起了至关重要的作用。尽管在竹编事业上已取得了巨大成功、享誉国内外，但是已步入古稀之年的陈云华至今仍每天还在为竹编培训、研发、产品推广、学术交流等四处奔走，亲自给学员上课，手把手做示范。

张德明，国家级非物质文化遗产青神竹编代表性传承人、青神县竹福竹编艺术创作中心创始人。"竹编原本出自民间百姓家，上升为艺术以后毕竟是曲高和寡，我想做的，就是把竹编元素带进千家万户、带向国际市场，让大家都知道青神竹编。"从小耳濡目染、对竹编情有独钟的张德明，长大后在青神职中竹编工艺美术专业任教多年。在竹编行业摸爬滚打几十年的他创造了"册式"竹编，这种竹编如同古代皇宫奏折那样，便于携带、展示和保存。

此外，张德明还将双面《百帝图》演变成单面隐形《百帝图》，该作品曾在中国西部国际博览会上获金奖。2005年，他首创的金裱竹编专利出品，解决了竹编艺术品变色、开裂、生蛀虫、不便携带、不上档次的弊端；创造的"双线交叉走丝法"广泛用于瓷器、玻璃、铜、银等茶具的装饰方面。张德明与法国某奢侈品牌合作，编织竹丝扣瓷茶具，最贵的一个竹编花瓶售价近3万元。目前，张德明创办的青神县竹福竹编艺术创作中心主要从事平面竹编、瓷胎竹编、立体竹编、混合竹编，品种有400多个。

殷超，青神大名鼎鼎的全能型竹编大师。在竹编行业，能够把自己的书法和绘画作品编进竹编产品，殷超算是第一人。早在1989年，殷超就出访欧洲十余个城市，为祝贺泰国皇后生日现场表演竹编，并受到诗琳通公主的接见。1998年春节，他参加新加坡"春到河畔迎新年"艺术展演活动，受到新加坡总理吴作栋的亲切接见。2000年，他创办了占地70亩的青神县状元竹艺精品厂。殷超说："我一直都在从事竹编的设计和创作，估计一辈子都是同竹子打交道，竹子的学问深，挖掘潜力巨大，做产品、搞旅游都可创造财富。"

青神有许多与陈云华、张德明、殷超一样具有工匠精神的大师级竹编从业者，他们以勤劳与创新，彰显了青神竹编人的智慧，铸就了青神竹编的美名。

据当前青神不完全统计，具有文化竹编技艺者以千计，如竹宝斋掌门女杰殷苓、竹艺城另一中流砥柱陈岚、精明竹品女老板陈晓玲、敢于争雄的旷祥云。此外，青神还涌现出了一批如宋美湖、徐建兵、钟利华、康明芬等身怀竹编绝技的残疾能人。

宋美湖，残疾青年，被《中国青年报》誉为"竹乡保尔"。1967年出生于青神瓮家乡，12岁时患小儿麻痹症，四肢萎缩，脚趾、手指伸不直。为了生活，他于1986年（19岁）开始学竹编。以顽强的毅力，克服重重难关，终于掌握了高超的竹编技术，善编高、精档的竹编艺术品。1991年巨型挂屏《乐山睡佛》在乐山展出，数万观众赞不绝口，宋美湖开始出名。此后，接连不断创作出多幅精档竹编作品，代表作品有《百年小平》《清明上河图》《百寿图》《熊猫》《隐形观音》《骏马图》《苏轼词》。2004年,"美湖竹编"刊上国际竹藤组织大黄页。2010年8月20日,荣幸参加中国2010年上海世博会并献艺,获得"生命阳光·天道酬勤竹编师"的报道。2011年5月,在四川省首届残疾人文化艺术节荣获优秀奖。宋美湖身残志坚,用他的智慧和艰辛编织出了美好的人生,为青神竹编和竹文化的发展做出显著贡献。现在他又在研究"多色编织"技术,继续向新的高度攀登。

徐建兵,生于1972年,在13岁的时候突遭一场病患(股骨头坏死),使他右腿落残(属四级残疾),家境贫寒被迫辍学。小小年纪的机灵的他暗想,腿残了手没残、脑没残,书读不成了就要找生活。正好当时同村人殷超竹编名声崛起,又在办培训班,于是身残志不残的徐建兵勇敢进班学习,从此进入竹编世界。他师从殷超和陈云华,取两者之长兼收并蓄,渐渐成气,于2005年创建"年轮竹艺场",从开建之初的二人发展至技术员二十几人,不固定的编织散户有20多人。其代表作有《百帝图》《清明上河图》等,各类精品源源入市畅销。

还有前仆后继的年轻人行走在竹编艺术的道路上,把青神竹编这一中国非物质文化遗产传承下去。在这竹编艺术的传承道路上,离不开当地历届领导的高度重视,以及给予的极大支持。

自改革开放以来,中共青神县委、县政府历届领导班子都十分关注竹编文化的发展动态,适时给予引导支持。县文化广播电视和旅游局、县文化馆几乎倾注全力配合指导竹编文化的建设和发展,比如在创建南城和青神县域"中国竹编艺术之乡"的活动中,县文化广播电视和旅游局和县文化馆就做了相当多的贡献。民间民俗文化活动,节假日和大型庆典文艺表演、文学文艺作品也都糅合了竹编文化元素。打竹牌、宣竹编、唱竹戏、发竹财已经成为青神特色。

2011年,新一届中共青神县委、政府领导集体认为:竹编文化能有效满足人们日益增长的精神文化需求和返璞归真、无害化生活的需要,其发展空间还很大,从而进一步做出规划,并于2012年启动,将县城南约5平方千米范围区域营造为一个集竹种植、竹景观、竹加工、竹营销、竹文化艺术展示于一体的竹产业新园区。

这个园区既是竹产业综合体,也是旅游综合体。园区重点实施五大项目。一是创建世界名竹观赏园。要把全世界适宜在青神种植的竹子都栽种起来,形成旅游资源。二是创建规模性竹工艺产品加工区,也可以说是农民竹产业孵化园。三是创建竹文化展示和竹产品营销中心。四是创建竹编高精端艺术产品研发中心。五是创建竹文化演艺中心。也就是,一要做大竹海。建好千亩名竹观赏园,建成15万亩竹基地,实施省级现代林业重点县建设项目。二要做精竹艺。加大竹系列新产品的研发投入,组建青神竹编研发中心,加大竹编艺术主题创新,不断提升竹编产业制作技术水平,拓展竹工艺产品的深度开发,促进竹包装、竹家具等竹制实用产品的开发应用。三要做美竹城。要按国家4A级旅游景区标准,规划建设竹纤维生态产业园区,重点培育竹产业循环经济。加强与关联企业联系,跟踪信息,储备资源,每年引进不少于2家竹企业入驻园区。四要培育人才。把青神竹编人才纳入市级年度人才重点培养计划,充分发挥国际竹藤组织(青神)竹艺培训基地和国际竹藤网络中心培训基地的作用,依托现有四川青神竹编艺术职业学校、成都艺术职业大学(青神校区)等培训基地,每年培训竹编产业工人3000人次。加强竹编高级质量考评、管理,加强竹编工艺专业技术人员的职称评定和技能人才的考核认定。五要进一步打响品牌。加强"青神竹编"品牌管理、保护与推广。进一步推进四川青神美联家居制品有限公司与世界500强企业瑞典宜家(IKEA)的产品配套,深入挖掘竹文化,启动中国竹编艺术博物馆创建国家三级博物馆工作。积极做好世界非物质文化遗产申报前期准备工作,力争在2013年内成功申报国家级非物质文化遗产生产性保护示范基地,完成"青神竹编"原产地证明商标申报注册和"青神竹编"专利产品申报工作,开展商标国际注册,实施商标国际保护,严格实施青神竹编区域性地方标准。加大对竹编产品的推广力度,支持企业开展各类认证,搭建电子商务平台,鼓励竹编企业开展各类市场推广活动。2012年10月,县文广新局在不增加编制的情况下,调整得力干部,新增设一个"非遗股"专门负责进一步挖掘、创新、发展、协调含竹文化的非物质文化工作。

总而言之,为加快推进青神竹编产业发展,打造以青神县为核心区域辐射带动眉山全市和周边地区的全省特色产业和产村相融示范基地,力争到2016年建成竹基地100万亩,带动相关从业人员100万人,实现年接待游客100万人次以上,竹产业总值达到100亿元,力争用五年左右把青神打造成独树一帜的"国际竹编艺术城",从而招引世人来青神"共青翠与清香,享千载生态文明"。

2011年,领导班子对青神竹编的规划引导以及后期各项工作的实施践行,大大推进了青神竹编的传承,加快了青神竹编的发展,使得如今的青神竹编享誉世界。

二、竹编大师陈云华和中国竹艺城

(一)陈云华大师

陈云华,男,生于1947年11月19日。川南农村社区学院董事长;青神县竹编协会会长;眉山市政协委员(青神县政协常委);县人大代表;竹编大师;眉山市拔尖人才;四川省工艺美术行业协会常委;国际竹藤组织青神竹手工艺培训基地、四川省工艺美术培训基地、川师大、川交职院、四川爱华学院、厄瓜多尔基多大学等大专院校客座教授。荣获世界知名人士金盾;获国际国内金、银奖18个。全国妇联、文化和旅游部、中央电视台联合授予"最佳才艺奖"。编著有竹和竹编艺术的教材8本,工艺美术作品集4本,其中6本在世界上用五种语言发行。撰写了《青神竹编》《中国竹编工艺手册》,出访了五大洲的18个国家和地区。

从1984年到1993年10年中,他以平面竹编"名人书画"为主要题材,基于苏东坡、郑板桥、徐悲鸿等名人的名画用竹丝编出惟妙惟肖的艺术品,深受各国人民的喜爱,产品销往世界20多个国家和地区,在此同时,加快了对特精档竹编的研究与培训。一批薄如蝉翼、细如发丝的竹编精品《中国百帝图》《清明上河图》《观音》《八仙图》《蒙娜丽莎》等推向市场后,他的竹编艺术精品被世人争相购买收藏。一幅《中国百帝图》在国外被美国商人以4.8万元美金购走后,另一幅不足300克重的《清明上河图》被中国台湾地区商人以70万元人民币收藏,又一幅《清明上河图》由长宁蜀南竹海博物馆重金购去作为镇馆之宝。至此,他创下了当代竹编史上的奇迹。国内外各种报纸杂志、电台电视台争相报道。

中国"竹编大师"陈云华应邀以民间艺术家的身份出访了18个国家和地区,在国际上建立了良好的贸易关系,他的竹编艺术品通过各种渠道源源不断地走向国际市场。

1993年春季,他用自有资金征地50亩,兴建了中国历史上从未有过的"中国竹艺城"。城中种竹60多种,展出竹编艺术品3000多件,汇集了从古至今的竹编艺术文化系列。中国竹艺城是一座以展示"名乡·名竹·名人·名编"为特色的旅游城,城内小桥流水,曲径通幽,亭榭楼台,竹影婆娑,鸟语花香,游人如梭,置身其间叫人心旷神怡。

从1993年至2005年,他创建了青神竹编的品牌。由文化和旅游部颁发的"中国竹编艺术之乡"的金牌,使青神竹编艺术成为独占世界竹编行业鳌头的专业品牌,成为中国民间艺术中的艺术奇葩。1997年,在第五届中国艺术节上获国家级金奖、银奖各一个。1999年,在国际竹业博览会上荣获金奖三个。2001年,在第三届中国竹文化节上,获国家级金奖三个。陈云华由国际杰出人士网络中心授予"世界杰出人士"金盾。时任文化部副部长王济夫为青神题写了"中国竹编艺术之乡"的铭牌。

2001年10月,中国竹艺城成功地举办了由国际竹藤组织组织的来自世界20多个国家共50多个外国友人参加的"国际竹编培训班"。2001年12月,国际竹藤组织指定青神县中国竹艺城为国际竹手工艺培训基地。2002年4月,应国际竹藤组织德国海南热带雨林项目组的聘请,在海南举办了180人参加的两期竹编技术培训班。2002年11月,应国际竹藤组织的邀请,到南美洲厄瓜多尔举办了20多天的竹手工艺培训。2005年1月至3月和2006年10月至12月,在非洲埃塞俄比亚进行了两期竹艺专业技术培训。2006年3月,联合国工发组织聘请他去印度尼西亚马鲁古省举办为期一个月的竹制技术培训。2006年7月,他的公司通过ISO 9001:2000和ISO 14001:2004两种体系论证。

2006年6月,荣获"眉山市杰出人才贡献奖";2006年12月,荣获"全国工艺美术优秀创作奖";2008年,发明了彩色竹编,从此世界上有了绚丽的竹编艺术;2008年12月,青神竹编被评为国家级非物质文化遗产代表性项目,陈云华被授予代表性传承人;2009年2月13日,创建的中国竹艺城被认定为国际竹藤中心培训基地;2009年11月,创办的川南农村社区学院被授予"中国优秀成人教育培训机构"称号;2012年4月,荣获"全国五一劳动奖章";2012年11月9日,他的公司荣获"中国竹业龙头企业"称号;2013年7月22日,荣获"第十一批四川省有突出贡献的优秀专家"称号;2013年10月13日,荣获中国成人教育协会颁发的"百姓学习之星"称号;2013年4月21日,荣获"全国绿化奖章";2013年12月11日,竹编精品《苦乐清凉》荣获第十一届中国民间文艺山花奖。

2016年4月,陈云华发明了竹编帽子,得到了很多游客的喜爱。当时每顶帽子的定价是50元,销量很大。还有他编的小背篓,也吸引了很多游客。

2016年10月11日至13日,第九届中国竹文化节在四川省青神县举办,很多游客到陈云华的家里观赏竹工艺品。国家林业和草原局将陈云华的竹编园区定为竹编工艺培训基地以及国际竹编中心培训基地。

2016年被评为第一届中国工艺美术行业大师;2017年获国际竹藤中心、国际竹藤组织"竹编工艺美术大师"称号;2018年1月16日,被评选为首届"四川工匠"。

作为中国竹编艺术大师、世界杰出人士,陈云华在他成立的中国竹艺城园区里培养了3万多名青神农民,一把刀具、一个凳子、一根竹子,就可以教农民赚钱。这些农民通过竹编技艺每年每户可以拿到3万元以上的收入。竹编使农民们的生活变得美好,他们能编出电视机、摩托车、楼房、别墅……在陈云华的园区里有360个正式工人以及2万多名农民工。360个正式工人里面最高的工资是一个月1万块,最低的是一个月3000块,大部分工人的工资是一个月五六千。在竹编工艺分篾上,首先将一根竹子划成8层,可以用"薄如蝉翼、细如发丝"来形容,这是第一刀。接下来是第二刀,剥出第二层,一刀一刀地划开,而陈云华第一刀就能将一根竹子划出16层。这是竹编最基本、最关键的技术,青神的农民在陈大师的教授下学会这个技术后便靠竹编过日子。

竹编是国家非物质文化遗产代表性项目,四川省青神县云华竹旅有限公司是生产性示范保护基地。从1968年至今,陈云华团队矢志不移地从事竹编的研究、创新与生产,先后带领2

万多名农民通过竹编走上了致富的道路。在竹编的传承方面,他们承办了 500 多期培训班,培育了国内外 2 万多名初、中、高级竹编传承人,积累了近 2 亿元资金并新建了占地 100 亩的中国竹艺城和中国竹编博物馆。云华竹编生产性示范保护基地已经成为 2.8 平方千米的国际竹编艺术城的核心区,并建成了"中国竹编第一村",成为竹产区人民的示范区。在示范区有 20 多家竹编专业经营大户,电商遍及国内外市场,并申请了 40 多项专利,有力地推动了青神竹编的传承与发展。

云华竹编从人们生活中的日用产品升华为工艺品,再到国宝级的艺术精品,从青神竹编博物馆到中国竹艺城,再到中国竹文化节,这些成就凝聚了"成竹之魂"的陈云华大师的生命价值,并且不断体现和提升了竹编的艺术价值和实用价值。竹编技艺历经数千年的历史,在陈云华的创新、传承与培训中发扬光大,并且作为国家级非物质文化遗产的精品项目持续在海内外享誉"青神竹编甲天下"的称号,将竹编产品销售至 20 多个国家和地区。在竹编艺术的道路上,陈云华坚持长期不懈的努力,开辟竹编史上的奇迹,为竹产业的发展起到推动作用,为竹文化的传承起到承上启下的重要的作用,成为业内当之无愧的"竹编大师"。

(二)中国竹艺城

中国竹艺城由陈云华大师自行设计、自筹经费建立,2009 年被国际竹藤组织认定为国际竹藤组织培训基地,2016 年被国家林业和草原局定为竹编工艺培训基地以及国际竹编中心培训基地。

虽然是私营企业,但从社会的角度看,中国竹艺城又具有一定的社会性与公益性。所以,中国竹艺城在修建过程中,受到县、乡、村党政领导的重视,他们帮助解决了很多具体问题,受到文化部门的大力支持和帮助,受到社会各界的大力支持,更受到当地广大群众的鼎力支持和帮助。

中国竹艺城于 1993 年 5 月 28 日破土动工修建,多年前的那 50 余亩农田,而今已变成一个朴实典雅的国家级竹艺旅游风景区,国际竹藤组织青神竹手工艺培训基地,中国竹编艺术之乡的标志。整个园区风景秀美,环境幽雅,竹艺产品赏心悦目,竹文化氛围浓厚。

仿古城门的竹艺城,"中国竹艺城"五个遒劲的金色大字,横嵌在门楣上,古朴又庄重;进门迎面是巨大的"九龙壁",造型生动,气势磅礴。九龙壁背面是"百寿图"。城内青子湖上架设了两座不同风格的拱桥,古朴、宏大。湖边铸造了一艘庞大的古代龙舟,舟上有雅座、情侣间。小竹山后还修建了一座供游人祈祷平安吉祥的观音亭。

园内种植了优质慈竹数万竿,高大挺拔葱茏,遮天蔽日,绿荫如盖;十几种形态各异的观赏竹各展丰姿。凤尾竹矮小婆婆;湘妃竹泪痕满面;琴丝竹黄蓝相间;佛肚竹肚大腰圆;青子湖畔柳树成行,垂丝飘拂;湖水碧波荡漾,桂花飘香、茶花吐艳、榕树遮阳,一派青翠秀美的园林景色,使人陶醉。各展风姿的翠竹交相辉映,曲径通幽;游人漫步其间,尘虑顿消,掩映在林间的休闲亭、榭,显得格外幽静而雅致;波光粼粼的青子湖上的竹筏中、湖边草亭里,对对情侣或呢喃低语,或谈笑风生,别有一番情趣。

青神竹艺天下奇,主要奇在竹艺城博物馆。2010 年在中国竹艺城建成了中国唯一的竹编艺术博物馆,外形为一根巨大的竹笋,总高为 11 层,48.8 米;总建筑面积 4148 平方米(底圆直径 27.8 米,底面积 60669 平方米),博物馆内共有 15 个展室,展出了从国内到国外,从古到的今的 3600 多件竹编制品和图片,琳琅满目,令人惊叹。其中,编织精细、文化艺术价值很高的《中国百帝图》、竹编巨著《清明上河图》《隐形观音》《百子花瓶》《竹编巨龙》等一批精品,先后荣获国际国内金奖,堪称中国民间艺术奇葩,享誉世界。中国竹编博物馆是青神竹编的地理标志,是中国竹编艺术之乡的载体,是国家级非物质文化遗产,是四川省非物质文化遗产青神竹编的传承基地,是平面竹编中彩色竹编艺术精品的研究、创新、培训基地,是竹编包装的研究、创新、培训基地,是青神竹编家具的研究、创新、培训基地,是青神水上竹筏的研究、创新、培训基地,是中国竹管雕塑艺术的研究、创新、培训基地,是中国瓷胎竹编的研究、创新、培训基地。

中国竹艺城现属 1994 年成立的云华竹旅有限公司,主要经营项目有:竹编艺术品生产、展览、销售、餐饮、娱乐、休闲和旅游等。产品销往全国各地,以及国外 20 多个国家和地区,企业的知名度和效益在全国同行业中,处于领先地位。

三、青神竹编文化的影响

享誉中外、震撼世界的国家级非物资文化遗产代表性项目青神竹编,吸引了各界越来越多人士与企业组织的关注,受到了各级政府领导的重视,在青神人民的不断努力下,走向了更广阔的世界。

(一)国际竹编艺术博览馆

国际竹编艺术博览馆坐落在四川省眉山市青神县竹编产业园区,由四川农业大学风景园林学院设计完成。四川青神县先后被誉为"中国竹编艺术之乡""中国特色竹乡""全国绿化模范县",被授予"国际竹藤组织培训基地""中国竹编制品出口基地""国家级非遗生产性保护基地"等称号,青神竹编列入中国国家级非物质文化遗产保护名录、原产地证明商标和中国国家地理标志保护产品。眉山青神竹编已经发展成为集艺术性、观赏性和实用性于一体的平面竹编、立体竹编、竹编套绘三大类 3000 种的庞大产品体系,形成了集平面竹编、立体竹编、瓷胎竹编、混合竹编为一体,品种齐备的业态。近年来,这些竹编产品远销世界 50 多个国家和地区,成为美化生活的环保佳品。因此,国际竹编艺术博览馆选址于此。

国际竹编艺术博览馆外观表现为经纬交织的竹编,采用竹篮子造型,寓意青神是国际竹编艺术的摇篮,而青神的竹编就编织在这竹篮里,世界的竹编精品也囊括在这竹篮中。

国际竹编艺术博览馆建成于 2016 年 10 月,建筑面积 5570 平方米,馆内分区布展,分地下一层和地上三层。地下一层主要用于展品储藏,设有电梯间、无障碍通道;地上三层是三单元、九厅、十八章的布展格局。地上一层展示主题是竹与人类生活,展示自古以来,人类使用竹器具的发展历程。地上二层展示主题是竹与青神,主要展示青神竹编的历史,青神平面竹编、立体竹编、瓷胎竹编、青神竹编工艺大师、因青神结缘的外地竹编、全国范围内竹编工艺流派、现代竹编实用产品、科普体验竹类知识和竹编技能。地上三层展示主题是竹与世界,包括投影赏析国内外著名竹诗词、名家字画、竹产业发展规划、国际竹藤组织主要活动和历届竹文化节情况、世界竹编分布情况和各大洲 40 余个国家竹编精品、专题特展区。

国际竹编艺术博览馆采用平面的图片展示和立体的实物展示以及多媒体 3D 功能体验相结合的方式进行展示。整个博览馆以竹与人类生活为设计理念,以竹艺隐与显为设计出发点,竹编是展品,装饰是衬托,有效放大了竹编的文化和艺术内涵,让大家参观后就能对青神竹编建立多层次的解读。

(二)竹编产业研究所

2017 年 5 月 26 日,四川工商学院竹编产业研究所正式成立。

该研究所由四川工商学院和青神县竹编产业协会联合组建,旨在立足眉山竹编产业,发挥大学服务地方社会、文化传承和协同创新职能,挖掘竹编文化资源,进行学术研究、产品创新开发,同时搭建研发平台、数字化平台、电商推广应用平台,为眉山竹编产业提供人才智力支持,着力把竹编文化及产品研发融入国家"一带一路"倡议中。"青神竹编甲天下",为四川工商学院校地合作找到了很好的契合点和突破口,为学校应用型人才的培养提供了机会。双方的合作是强强联合。该研究所得到了市政协的大力支持,也助力眉山竹编产业发展。

该研究所在科研、校地企横向合作项目、师生实践、深度开发"竹资源+跨境电商"的系列产品四个方面均取得了一些成绩,并与四川省青神县云华竹旅有限公司本着真诚合作、互利互赢的宗旨,经过多次合作,建立了良好的协作关系。为了促进更为深入和广泛的合作,2018年10月24日,四川工商学院外国语学院黄毅院长,与四川省青神县云华竹旅有限公司董事长陈云华大师正式签约,成功开启校企合作新篇章。

在竹编产业研究所的指导下,四川工商学院爱好中国传统文化和竹编工艺的同学们成立了四川工商学院竹编DIY创意协会,并于2018年10月24日举行了授牌仪式。该协会举办各项活动,传承和创新了青神竹编文化。

(三)竹产业及品牌

青神竹编历史悠久,经过不断创新探索和拓宽加深,已经建成了集平面竹编、立体竹编、瓷胎竹编、竹家具、竹装饰、竹包装、竹浆纸加工、竹宴等为一体的完备竹产业体系。青神县以园区建设为平台,深入推进竹产业的发展,采用"农户+合作社+公司+基地+商场+旅游"的模式发展竹编文化企业,将文化要素打造为旅游产品,实现文旅融合发展;通过技术创新、艺术创新、营销创新,实现了文化资源向产业优势的转化。竹产业已成为眉山的传统优势产业和四川省五大特色产业之一。

2017年青神县已经实现竹产业总产值22.5亿元,年均增速在36.4%以上,从业人数达3万人。作为非传统的竹产业企业,青神本地本色竹浆纸品牌"斑布"首开本色竹浆纸先河,从市场中突破重围,至2017年,销售额已跃居全国本色生活用纸第一,全国市场占有率近30%,实现年产值10亿元。

2019年,青神竹编经中国品牌建设促进会认定,品牌强度为765,品牌价值为28.74亿元,排名第78位。

2020年3月底,四川省知识产权服务促进中心主任谢商华在青神县开展调研,对青神县地标保护工作予以肯定。调研结束后,青神竹编确定参与"解码中华地标·走进四川"节目摄制。竹林湿地公园、陈云华竹编艺术馆、四川嘉熙竹木有限公司、斑布竹纸基地等都确定为拍摄场地。竹编工艺大师陈云华、四川环龙新材料有限公司负责人沈根莲、四川嘉熙竹木有限公司负责人柳劲松等都入镜为青神竹编"代言"。地理标志是各国传承与发扬民族特色产业的共同手段,也是世界广泛认同并畅通无阻的"全球通行证"。该节目颇具影响力,对宣传青神竹编地标文化,提升青神竹编品牌知名度,促进地标产业转型升级发展和区域经济发展、脱贫攻坚和乡村产业振兴具有重要意义。

(四)竹与竹工艺运用的启示

1. 竹子是中华文化之魂

纵观五千年中华文明史,中国悠久的文化与竹结下了不解之缘,苏轼曾说:"可使食无肉,不可居无竹。无肉令人瘦,无竹令人俗。"从竹简到用竹造纸,竹承载着上下五千年的中华文化,以其自强不息、朴实无华、高风亮节等内涵特点成为中华民族品格、禀赋的精神象征。

2. 竹编是永恒的朝阳产业

纵观竹编业的发展历程,根据当代人的生产、生活、文化、艺术所需,实时创新出满足当代人所需的竹编制品,竹编就会是永恒的朝阳产业。

3. 竹是竹产区人们的致富之源

竹子是大自然赐予人类的绿色、低碳、生态、环保的取之不尽的金矿,只要竹产区人们用好竹子,实现它的价值,将生态旅游、竹艺文化、竹建筑景观、竹餐饮、竹茶、竹浴、竹编体验做到极致,使其成为乡村一道道亮丽的风景线,竹子就一定会是竹产区人们的致富之源。

四、青神精神

(一) 工匠精神

全国政协委员、中国社会科学院近代史研究所中国近代思想研究中心主任郑大发指出,新时代的"工匠精神"的基本内涵,主要包括爱岗敬业的职业精神、精益求精的品质精神、协作共进的团队精神、追求卓越的创新精神这四个方面的内容。其中,爱岗敬业的职业精神是根本,精益求精的品质精神是核心,协作共进的团队精神是要义,追求卓越的创新精神是灵魂。

2017年12月8日,《人民日报》第6版刊发报道了陈云华六十年钻研竹编技艺《分丝启篾竹丝成画(工匠绝活)》,随后眉山网(记者张玉文/图)报道:人民日报报道青神竹编大师陈云华60余年专注竹编开发、创新和传承的故事。

2018年1月16日,陈云华被评选为首届"四川工匠"。

2018年4月2日,中国西藏网报道了《【中国梦·大国工匠篇】竹编巨匠陈云华:年逾古稀初心不改他将"中国风骨"传遍四海》,东方资讯进行了转载。

2018年4月3日,中国青年网报道了陈云华《【中国梦·大国工匠篇】他将一片篾条剥成24层"纱"富了全国竹编产业》。

报道中指出:陈云华在发展竹编艺术的道路上用心良苦。他说:"我这一生都谨记毛主席说过的话,要有奉献精神,为人民服务。这是支持我不断开拓创新,带领乡亲们致富的不竭动力。"陈云华在办厂的同时,为了做大做强青神竹编,从1984年起在青神县南城乡举办了首期竹编艺术培训班,开始对村民进行竹编技艺的集中培训。依托竹编培训基地,30多年间,陈云华举办国内、国际培训班500多期,已培训2万多人次。陈云华动情地对记者说:"我年事已高,对于所有愿意学习和传承竹编艺术的人,我知无不言,言无不尽。竹子'无梅之华虚心劲节沐风雨,无松之傲挺拔向上冲云霄'的气质,也是我从事青神竹编数十年来对工匠精神的最好诠释。"

一篇接一篇的报道,都共同指向了陈云华大师身上所具有的一种精神——工匠精神。然而不仅仅只有他一人,还有胡志海、张德明、殷超等千千万万个支撑起眉山青神竹编这一中国品牌的青神人,都具有这种工匠精神。也正是这种精神,使得今天的青神被世界瞩目。

(二) 小而不卑、难而不惧、奋斗不息、创新不已的精神

中共青神县委、青神县人民政府、中共青神县委宣传部、中共青神县委外宣办在《中国青神》指出青神精神是小而不卑、难而不惧、奋斗不息、创新不已。

在青神竹产业、青神竹编文化的发展过程中,所体现出来的还有小而不卑、难而不惧、奋斗不息、创新不已的精神。青神县虽然地方小、偏远,但是却不卑不亢,不惧困难,敢于拼搏奋斗,在不断创新中走向世界竹编艺术的顶峰。

在青神其他的文化中,也可以看到这种精神,比如瑞峰端午龙舟节。每年的端午赛龙舟,是瑞峰龙舟旅游文化节的重头戏。赛龙舟、抢鸭子、渔翁巡江等活动,传承着岷江渔猎文化,弘扬了勇立潮头、奋进不止的精神。

思考与练习

1. 你还知道哪些竹编大师,或者竹编非遗传承人?试着了解他们背后的故事,讲给大家听。
2. 思考总结青神竹编文化有什么特点。
3. 青神人还具有什么精神?

第十章 眉山部分非物质文化遗产

第一节 眉山传统技艺

一、丹棱唢呐

唢呐,原名苏奈尔,清初从我国西部传入,俗名撒喇子,又名哩尔喇。唢呐原为达官显贵、富家豪绅所独据,后与川剧锣鼓、胡琴合乐,逐渐进入平常百姓家,成为独具风格的民间艺术。喇叭吹奏起来,开朗豪放,刚柔相济,多用于民间的婚丧嫁娶、礼乐典祭、秧歌节会。到了20世纪90年代,开始出现大型合奏,曲式传统与现代相结合,场面壮观,气势宏大,声名远播。

丹棱民间流传着这样一首民谣:"七寸吹吹拿在手,五音六律里边有,婚丧嫁娶请了我,日子越过越红火。"民谣中说的吹吹,就是唢呐,丹棱人俗称"撒喇子""哩儿喇"。

丹棱民间唢呐源远流长,是中国民间唢呐南派支系之一,已有300多年的历史,具有浓郁的民间特色和乡土气息。淳朴的民风孕育了卓尔不群的唢呐艺术,其历史悠久,独树一帜,是民众喜闻乐见的艺术表现形式,渗透于大众生活之中,也因此展现出了长久的生命力。

丹棱民间唢呐历经100多年的传承,现存曲牌《将军令》《望娘调》《步步高》《小开门》等20余首古曲。2004年,丹棱县被文化部命名为"中国民间喇叭艺术之乡"。2007年3月,丹棱民间唢呐被四川省人民政府公布为第一批四川省非物质文化遗产保护名录。

(一)历史:丹棱唢呐是红白喜事的必备乐器

据《丹棱县志》记载,丹棱人吹唢呐源于宋代,"鼓乐手举于道路,往来人家,更阑不歇。"当时把唢呐叫作"鼓乐手"。清朝初期,唢呐还只是达官贵人、富豪乡绅摆玩的一种奢侈品,随着唢呐与川剧锣鼓、胡琴的合乐,唢呐才渐渐由"阳春白雪"而"下里巴人",进入平常百姓家,从此活跃于田间院坝,成为乡村红白喜事不可或缺的必备乐器。

民国初期,在丹棱广大农村,无论婚丧嫁娶、修房造屋、春分、端午、中秋、春节等时令节气皆请唢呐艺人吹奏唢呐,以寄托喜怒哀乐之情。据《丹棱县志》(民国三十七年)记载:"出殡之日,鸣炮鼓吹,吊灵旗幡悉具""新妇入门,鼓吹大作,鸣礼炮,男女交拜天地祖宗及其父母亲友,礼成。各来宾入座,鼓吹复作""每年立春前一日,地方官率同城文武官员,车骑仪仗鼓吹导之出东门外古关帝庙前,设春场,行迎春礼"。

"在清末民初以前,丹棱民间唢呐的艺术活动主要是以单个唢呐演奏的方式进行的,其演奏曲目和形式均处于较低层次的即兴表演阶段。清末民初以后,丹棱人李春堂、伍龙庭、李如松、雷汉中等几个主要从事川剧唢呐吹奏的乐师,为了生计或是为了手艺的传承有序,遂开始在丹棱广大的农村中招收与教授徒弟。当所授徒弟的唢呐演奏技艺稍有所成后,为了能让徒弟们的吹奏手艺能够得到锻炼以及得到更大的提高,便由师傅领头,自发成立起以唢呐为主奏乐器的鼓吹乐班子,以为丹棱广大农村地区群众的红白喜事等民俗活动演奏助兴,而成为丹棱民间唢呐艺术的创始祖师爷。"

经丹棱民间唢呐艺术的这些创始祖师爷的影响,并在他们亲历亲为的传、帮、带下,丹棱民间唢呐艺术开始引进了川剧音乐,如《将军令》《水锣音》《迎送调》等曲牌和丹棱地区的民间音乐曲调,同时,为了让班社乐队音响声势更为浩大,于是便开始在自己的班社乐队中,配以川剧锣鼓以及二胡等其他方便携带的民族乐器,并逐渐形成了较为固定、具有丹棱独有特点的吹奏班子组成形式和班社乐队的基本配备规格。①

中华人民共和国成立以后,唢呐逐渐从乡村进入城市,大凡节日庆祝、工商业开业庆典、社会事业活动、省市大型文化活动亦请唢呐吹奏手组团参加巡游表演或登台演出,成为城乡群众钟爱的一种民间文化艺术。祖传孙、父传子、夫妻、兄妹、父子、祖孙三代同台演出屡见不鲜。一个唢呐吹奏手每年利用农闲参加演出,少则收入四五千元,多则收入万余元。唢呐集文化性、艺术性、趣味性、经济性为一体,雅俗共赏,既是文化遗产,又是新兴的文化产业。

此后,唢呐有了广泛的社会基础、广阔的生存和发展空间。在1986年至1995年的十年间,丹棱唢呐出现了井喷式的黄金发展期。在以前,吹唢呐被人们戏称为"吹鼓手""吹鼓棒""哩儿喇",属下九流职业。随着越来越多年轻人的加入,唢呐技艺有了很大的提高,特别是杨场镇的杨家文、马庭美及双桥镇的陈大礼,对传统唢呐吹奏进行改进,加入了流行歌曲吹奏模式。这一改,使得原来听不懂传统曲牌的人们听得懂了。打击乐从原来的锣、鼓、铛、镲改进为时髦的架子鼓,让人们耳目一新。自此,唢呐手被人们尊称为"乐音师"。据老艺人回忆,在20世纪80年代末,丹棱唢呐发展到了极致,全县吹奏唢呐的人员一度达到了2000余人。

吹唢呐得到了人们的尊重,再加上收入的提高,许多赶时髦的年轻人纷纷拜师学艺,丹棱唢呐队伍不断壮大。在20世纪80年代末,丹棱唢呐发展到了极致,该县吹唢呐的从业人员有2000多人,占该县总人口的2%以上(仅次于农村3%的木匠行业),普及率遥遥领先于周边市县。

随着时代的发展,现代娱乐文化的不断介入,2000年后,丹棱民间唢呐的市场越来越小,唢呐演奏人数也逐步减少。从20世纪90年代中期的3000人减少到2001年的不足200人,民间唢呐濒临消失的尴尬局面。

(二)发展:大型唢呐演奏登大雅之堂

经年累月,唢呐已经融入丹棱人的血脉。在丹棱,唢呐的演奏一般分为小型唢呐班演奏和大型集体演奏两种形式。以前,无论婚丧嫁娶、修房造屋,还是春分、端午、中秋、春节等时令节气,农村都喜欢请唢呐艺人吹奏唢呐,以寄托喜怒哀乐之情。唢呐班演奏为民间传统演奏形式,主要用于民间红白喜事场合。

据了解,一个唢呐班由5~6人组成,这些班子一般由两个唢呐吹奏者和3个打击乐师傅

---

① 郑杰修.丹棱民间唢呐的发展现状研究[J].民族音乐,2015(1):43-45.

组成,用于吹奏的唢呐一般为高音、中音、低音(即长中短)3种(高低不同或调不同的唢呐,由吹奏者根据乐曲演奏所需临时选择)。2~3人以锣、鼓、镲、铛等打击乐配合,声音洪亮,称为"大吹打",用于迎客送客及迎亲路上,最能体现热闹的场景。有时以一只小唢呐吹奏,两把胡琴、一只笛子伴奏,用铛、镲、勾锣、梆子等打击乐配合,旋律悠扬,节奏轻快,音量较小,称为"小吹打",主要用于开席或婚礼仪式之中,既不影响客人情绪,又能让客人欣赏优美音乐。

每个班子在其发展的过程中又逐渐形成了自己较为固定的演奏曲目和音乐调式,并逐渐积累了多套既有丹棱地区音乐特点,又具有自己班子音乐与演奏风格的演奏曲目。至此,丹棱民间唢呐艺术在中国南派四川民间唢呐艺术体系中,逐渐形成了自己所独有的艺术特色。

如今,随着民间唢呐艺术的发展,越来越多的大型唢呐演奏逐渐登上大雅之堂。大型集体演奏主要用于县级以上大型节庆活动,人数为50~1000人,规模宏大,声震寰宇。从1986年开始,丹棱唢呐先后参加乐山龙舟会、乐山大佛节、眉山东坡文化节、成都艺术节、国际非遗节等各种大型节庆活动60多场次,不断增强丹棱唢呐的影响力,让越来越多的人了解丹棱唢呐的深厚历史文化底蕴。

唢呐演奏形式在不断进步,传统曲牌也在不断发展。清咸丰年间(1870年左右),年仅15岁的徐子凡开始学习唢呐吹奏,作道士先生的唱腔伴奏之用。由于徐子凡聪明好学,不断摸索提高唢呐的吹奏技艺,四处请教唢呐高手,不断丰富积累唢呐曲牌,到20多岁时,其掌握的民间唢呐曲牌多达100多首,人送外号"徐百牌"。随着徐子凡唢呐技艺的不断提高,前来拜师学艺的人络绎不绝,其中,杨场镇的伍龙庭、宋仁安深得徐子凡真传,成为杨场民间唢呐的第二代传承人。至此,丹棱唢呐队伍不断壮大,同时,也留下了大量的传统曲牌,代代传承至今。

现如今,丹棱民间唢呐的传统曲牌已有300多首,共分为红事曲牌和白事曲牌及祭祀曲牌两大类。红事曲牌旋律流畅,节奏明快,主要用于婚礼、开业、新居落成等场合,最能体现热闹的场景;白事曲牌用于白事的特定场合,主要为道士先生的唱腔作伴奏,时有间奏曲牌,节奏稍缓,展现人们对逝者的悼念之情……无论什么场合,丹棱唢呐都有对应之曲。[①]

(三)保护:唢呐吹奏纳入中小学音乐课

面对困境,丹棱人展开了历史性的挽救。

丹棱唢呐的传承人李小云、李春堂、李绍安,称"李氏三兄弟",从事民间音乐50余年,演奏形式多样,演奏调式多种,深受群众喜爱,特别是发掘整理出《八谱》《琵琶叶》《望娘调》《步步高》等传统曲牌52首,为传承和发展唢呐曲牌打下了基础。

改革开放后,县委、县政府非常重视这一地方特色文化的传承和发展,专门组建了丹棱县唢呐艺术发展领导机构和工作班子,建立唢呐文化网络,还在部分中小学开展唢呐演奏课,举办多种形式的培训和比赛活动,唢呐队伍迅速壮大,涌现出一批"唢呐之家"和"唢呐之乡"。同时,文化部门组织专业干部和业余民乐爱好者,深入民间,广泛采风,收集整理和研究唢呐文化,吸取巴蜀采茶戏的"灯腔""茶腔"音乐特色,在原唢呐仅限于独奏、齐奏的基础上,设计编导出曲调更加丰富优美并可供重奏和表演奏的新的艺术形式。[②]

同时,丹棱现在将唢呐吹奏纳入中小学音乐课教学,更是保护传承民间唢呐的一项创新举

---

① 王莉.丹棱唢呐聆听百年音律里的坚守与传承[N].眉山网,2019-11-21.
② 眉山市地方志办公室.志说眉山[M].成都:电子科技大学出版社,2014.

措。在丹棱,几乎每所学校都有唢呐队,队员们的技术也在日益精进,其中不乏佼佼者。①

丹棱县委、县政府的高度重视和积极扶持,社会各界人士的奔走呼吁,让这门古老的艺术又焕发生机。保护丹棱唢呐,收到了非常好的效果。到了20世纪90年代初,丹棱县会吹唢呐的人发展到3500多人,而且组建了女子唢呐队。丹棱唢呐艺术团在中国艺术文化节、中国国际风筝艺术节、乐山国际旅游大佛节、眉山东坡文化节等盛大活动开幕式上的精彩表演,不仅展现了丹棱唢呐文化的风采,而且赢得国内外嘉宾高度赞赏,国内各级主流媒体都在醒目位置作了宣传报道。

今天,丹棱唢呐艺术表演更加形式多样、丰富多彩,不仅吹奏时"加花""减字"、变调式,能合奏重奏,还加入了四川风味的高边锣、亮边锣、大钹、大云锣、木鱼、盆鼓、大鼓等配器。四川省音乐学院教授张放评价说:"丹棱唢呐表演,鼓板分明,高昂悠扬,时而饱满圆滑、和谐悦耳,时而激昂嘹亮、响遏行云,时而委婉幽怨、如泣如诉,极富感染力,不愧为中国民间艺术宝库的奇葩。"

二、仁寿抬工号子

号子本是一种伴随着劳动而歌唱的民歌,由劳动人民在生产劳动过程中创作演唱并直接与生产劳动相结合而成。西汉典籍《淮南子》有一段记载说,"今夫举大木者,前呼'邪许',后亦应之,此举重劝力之歌也"。这可以说是较早的关于劳动号子的描述。

号子广泛分布于全国各地,按不同工种,可以分为搬运、工程、农事、船渔和作坊五类,仁寿的抬工号子就属于搬运号子一类。

仁寿自598年建县至今,已有1424年历史。该县地处丘陵,没有可以通船的河流,这在生产力不发达的过去,交通运输处于天然的劣势。由于开发的滞后,这里也一直没有所谓的通衢大道。迟至民国,外面的世界才渐渐随着交通条件的改善而清晰起来。

在这片古老的土地上,诞生过许多文人志士,形成了独特而浓郁的地方文化。其中之一的抬工号子独具特色。

偏处一隅虽是天命,但勤劳的仁寿人没有屈服于命运的安排。路不通,那就肩挑背磨,尤以两人或者多人合作,用肩抬来得最有效率。于是抬工遂成了一种职业。为使抬工们上下肢、肩及全身的动作统一协调,大家唱起了号子。号子慢慢变成了激情四溢的仁寿先人用歌唱来表达喜怒哀乐的艺术形式,代代传承。

仁寿抬工号子是劳动人民在长期的生产活动中形成和产生的民间艺术,号子句式整齐,音韵协调,铿锵上口,诙谐幽默,寓意深刻,是群众集体智慧的结晶,具有较高的艺术价值。2007年3月,抬工号子被四川省列入第一批非物质文化遗产名录。

由于现代化进程的加快,公路等交通设施日益完善,汽车等交通工具日益增多,货物运输、人员来往越来越方便快捷,抬工迅速地退出了历史舞台,抬工号子面临后继乏人,濒临消失的危险。

(一)历史溯源:长期的劳动过程中创造和形成

仁寿的抬工号子何时产生?抬工队伍何时形成?无从考究,《仁寿县志》仅有些许记载。

---

① 李泓莹.丹棱唢呐:传承百年的"金色旋律"[N].眉山日报,2015-11-24.

应该说,它是在长期的劳动过程中创造和形成的。蜀道难,难于上青天。过去的仁寿,乡间小路崎岖不平,弯道多,路面窄,交通十分不便。古时候道路一般都是羊肠小道,在民国以前,连一条大路都没有。老百姓都是通过山间小道往来,运输全靠肩挑背磨,往往男抬女背,而重物靠一人无法搬移,就产生多人合作整体用力,运用力学原理,通过工具将所抬物体的重量均匀分解到每个人肩上。后来由2人发展到多人,乃至128人的队形,队伍由小到大,由弱到强,所抬之物重达2吨,并把强体力劳动与民间歌谣结合起来,以喊号子统一行动,协调步伐,这就产生抬工号子。

内容丰富,句式整齐是抬工号子的特色。劳动者常常把反映时令、农事、爱情、婚丧嫁娶等民俗风情,创造性地融会到号子之中,使其更加生动有趣。

抬工号子不仅内容广泛,唱腔也颇有特色,其唱词字数大致统一,多为七言,偶有五言,个别句子有字数变化,都用仁寿方言吟唱,基本特点是前唱后合,多加"嗨""哟"等衬字,一唱三叹,前唱后合,形成大合唱的效果。音乐性较强。同一首歌有两种唱法,"恰腔"音调舒缓,用于上坡、下坎转弯等复杂路面。"闪腔"音调急促,用于无障碍的坦途,同一种曲调可配多种歌词演唱。同歌不同曲,同曲不同歌,易于传唱继承。抬工号子严格意义上分为打石号子、开山号子、哟石号子和抬工号子。

仁寿抬工号子世代相传,腔调因地域方言而异,分为东部、南部、西北3支;按步伐赋予抬工号子不同的曲调;内容以宣扬伦理道德、民风民俗为主,也有针砭时弊、叙事抒情的,有神话、传说、史诗、叙事诗、故事、歌谣、说唱等多种形式。有通俗文雅的严肃号子,也有打趣调情的花花号子。过去姑娘出嫁,时兴4人抬花轿。途中,抬工把花花号子吼得随心所欲,既表达祝福吉祥,又把含羞的新娘调侃个够。出殡入葬,抬工们喊唱的丧歌严肃悲哀,让人掉泪。

勤劳朴实的仁寿人还把本地历史与风土人情编成抬工号子传唱,这些号子句式整齐,诙谐幽默,寓意深刻,唱腔高亢热烈,富于节奏,充分反映了劳动人民的喜怒哀乐以及对美好生活的向往。抬工一边唱,一边从事着繁重体力劳动,心情愉悦,满怀希望,劳累倍减。

抬工号子并不容易掌握。首先,对抬工的技术要求很高,抬肩、起步十分讲究,起步必须先提空脚,随路途变化以号子节奏来决定步伐快慢,空脚起步,饱脚落音。步伐又分"大闪"和"小闪",大闪由"三腔四号"起步,小闪则是随号子提腔就起步前行。不少五六十岁的老抬工,都是从十五六岁开始入行,通过五六年的磨炼,才能逐渐熟悉和掌握号子特有的步伐和唱腔,理解其中的暗语,并将唱与上下肢、肩部及全身的动作融入一体,水乳交融,经过与整个队伍长期的磨合,才能协同配合,共同涉险渡难。

(二)优秀作品:经久传唱,感知传统文化

抬工号子大多数是师傅传给徒弟,也有家族传承的。仁寿抬工号子广泛流传于民间并经收集整理的有300首左右。抬工工具主要有霸王绳、榴枢、抬杠、龙杠、打杵、肩子、汗胡子等。表演技巧主要有"莲花吐蕊""铁扇关门""青蛙晒肚""倒挂金钩"等。透过一些经久传唱的号子,我们可以感知独特而浓郁的传统文化。

"前辈古人把话讲,修建长城秦始皇,当数元老张抬匠,带出徒弟干这行。师傅传艺流世上,要学当年修城墙。"在冷兵器时代,人民对于战争的态度是复杂的,因为战场既是男儿建功立业的好机会,也是妻离子散的修罗场。在抬工号子中,我们可以体会那个硝烟弥漫的烽火年代:"四月点兵辞我婆,孙儿当兵没奈何,双脚跨上花马背,手提弯工射过河。"

随着抬工号子的传承与发展,它渐渐地由一种无意识的语词转变为具有艺术性的民歌,在近千年的时间里,抬工号子记录下了各个阶段、各个层面的社会面貌。

"一进省城定要人,秀才娘子就是奴"这是反映科举考试时,赶考秀才们的踌躇满志;

"花花轿儿四人抬,抬个美女上府来"这是渲染婚嫁的喜庆气氛,试想娇滴滴的新娘坐上轿子,是何种的风情;

"一进孝堂三献礼,八位弟兄来得齐"这讲的是人死出殡时,所讲究的抬工礼仪。

此外,抬工号子对于政事也多有反映,"总督赵尔丰专权政,要杀四川头目人,一来要杀蒲殿俊,二来要杀尹昌衡"。这段号子讲的就是清末保路运动前后,革命气氛受到残酷镇压的写照。

"作为历史悠久的劳动歌谣,抬工号子的作者就是千千万万胸无点墨的抬工,其创作凸现劳动人民的创作特色。除借用传统的比兴手法之外,多用对偶和反复,是抬工号子修辞手法的显著特点。有时为了突出某个环境、事件或细节,强调某种属性时,抬工号子会特意重复某个句子的主要词语,甚至大量地反复用助词。在这些反复的词语中,同时会出现大量单字相叠或词语复叠的现象,以此来表达事物的状态和喊唱者的情绪。同时有很多抬工号子反复用同一字作为韵尾,这却是传统文人诗忌讳的,这些都说明抬工号子创作于民间,具有强烈的野性美、原始的活性美。抬工号子和传统民歌民谣相比,其突出特点是普遍地都比较长,通常一首号子吼下来短的也有五分钟,长的可达数小时,这主要是由劳动时间的持久性决定的。现今搜集到最长的一首抬工号子为《八仙图》,有672行,4700多字,全部唱完要数小时。"①

(三)发展现状:时代赋予抬工号子新内涵

抬工号子来自远古,它是劳动人民长期从事肩挑背磨等繁重体力劳动集体创造出来的优秀民间文化。

传统的抬工号子体现了劳动人民的勤劳和勇敢,比如这首《扳弯弯》:"扳弯弯来扳弯弯,一边是坎一边是田。路面已被雨打湿,路边又被牛踩烂。观看之人心胆战,伸出舌头喊声天。主家心中在祝愿,祝愿抬匠保平安。抬匠师傅有主见,号子喊得溜溜尖。一步一步朝前蹭,慢慢走来慢慢扳。前排扳弯后排看,头杠伙尾看中间。后排扳弯前排慢,齐心协力扳过弯。扳过弯来算好汉,过了一弯又一弯。手艺高强人称赞,抬匠不怕扳弯弯。"

"扳弯弯"对于抬工来说,犹如当兵的想上战场,充满惊险艰难却又十分渴盼。在路窄弯急处,有的抬工无立足之地,就双脚悬空,把身体支撑在抬杠上,极具惊险刺激。抬工说,扳弯弯让生活新奇多彩而又对"抬"终身执着。所以,抬工就这样无怨无悔地生存下来,抬工号子也幽幽怨怨地从古喊到今,遍布城乡,千人唱来万人传。

随着时代变迁,抬工们不断赋予抬工号子新的内涵。旧社会抬工号子唱帝王将相唱《六郎带兵》等,中华人民共和国成立后,由于翻身人民当家作主,抬工们的地位有了天翻地覆的变化,由此,创作的激情喷发,抬工们纷纷用自编的新号子来歌颂党,歌颂新中国。抬工唱《穷人翻身》唱《我的家乡变了样》,近年来仁寿"南梨北枇"享誉国内外,仁寿抬工就唱《大佛与枇杷》《梨花欢歌》等。

值得一提的是,1970年10月,仁寿开始修建黑龙滩水库。6万多名抬工组成7500多个抬

---

① 徐宁.抬工号子的源流及民间文化特质——以四川省仁寿县抬工号子为个案[J].西南交通大学学报(社会科学版),2017(5):75-78.

工号子队,参加水库及配套工程建设,砌筑大坝的 28 万方条石,都是抬工们一肩一肩、一杵一杵地抬上大坝的。至今流传着这样一首修建黑龙滩水库的抬工号子:"公元 1970 年,仁寿修建黑龙滩;东南干渠绕山转,斗农毛渠到田间;引来滚滚岷江水,灌溉陵州万亩田……"

如今漫步在"高峡出平湖"的黑龙滩水库大堤,脚下踩着一方方条石,当年 6 万多人的抬工队伍,喊着震天响的抬工号子,一肩一肩、一杵一杵地抬起砌筑大坝的 28 万方条石的壮美场景不由浮现脑海。当年的抬工壮举也造就了一大批抬工骨干,一些善抬会唱、技术高超的抬工自由组合组建专业抬工队,走村串户为十里八乡的婚丧嫁娶、修房造屋服务。有的弟兄同伙,有的父传子,子传孙,成为名播乡里的抬工世家。

的确,修建黑龙滩水库培养和造就了一大批抬工和抬工队伍。水库竣工后,这些骨干抬工遍及全县,几乎每村都有 1~2 支抬工队,有的抬工队还外出揽活,参加各地建设,仁寿抬工因此走遍全国,抬工号子随之传遍华夏大地。

然而,随着交通设施日益完善,货物运输越来越方便,抬工迅速退减,只在农村丧葬仪式上闪见,拥有 3 万多首抬工号子的仁寿却仅剩抬工 800 余名,而且请抬工者更少,抬工文化面临后继无人、濒临消失的危险。

对此,仁寿县委、县政府、县文体局高度重视,把它视作珍贵的非物质文化遗产加以保护,于 1997 年组建了 32 人的抬工队,并确定虞丞、汪洋等 6 个乡镇为"抬工文化之乡",虞丞、汪洋等乡镇先后组建了自己的抬工队。

2001 年 5 月 17 日至 23 日,仁寿县举办"中国枇杷之乡仁寿县第四届枇杷节暨新世纪艺术周"文艺演出活动中,虞丞乡 128 个农民组成的抬工号子队进行了表演,抬起长 3.8 米、宽 4.8 米、重 2 吨的平台,创下人数最多的抬工队纪录。上海大世界吉尼斯总部办公室主任陆小燕,在现场为抬工号子队颁发了吉尼斯纪录证书,并率摄制组,对游街表演的抬工号子队进行跟踪采访。11 月,中央电视台、上海东方电视台、云南电视台在昆明联合举办 2001 年吉尼斯颁奖晚会,仁寿抬工号子队获得"最佳吉尼斯项目"奖。[1]

同年,64 人的虞丞抬工队抬着虞允文雕像模型参加眉山建区 3 周年群众文化巡游。2004 年 10 月 14 日,仁寿虞丞抬工号子队应邀参加中央电视台"想挑战吗"获得成功,仁寿抬工号子因此斐誉全国。

为保护和发展抬工号子特色文化,仁寿县文化体育局制定了对其保护发展的 10 年规划,其中前 5 年重保护,后 5 年重发展。目前,仁寿抬工号子已经成为该县公布的第一批非物质文化遗产代表作。

下面选录一段抬工号子:

栀子花儿白,桃子花儿红。
桃花头上戴,栀子戴在胸。
手比栀子白,花红脸更红。
白呀白如雪,红呀红彤彤。
幺姑逗人爱,情哥情意浓。
哪天成婚配,花开月月红。

---

[1] 眉山市地方志办公室.志说眉山[M].成都:电子科技大学出版社,2014.

三、青神捻条画

捻条画是一种新兴的中国传统艺术。以经特殊处理、制作后的纸页折叠成各式"捻条"代替毛笔蘸墨、蘸色所作的国画。无论画人物、山水或花鸟鱼虫,无论工笔画还是写意画,用不同的捻条或钩、或皴、或点、或染,施以干湿浓淡,表现阴阳向背,布物虚实疏密,都能使画家执捻抒怀,以形写神,形神兼备。而且用捻条作画,其画作具有零乱美、粗犷美、苍劲美和洒脱、激放、斑驳、朴拙的视觉刺激和艺术特色。

青神捻条画是绘画艺术的一大创新,是绘画领域发掘出的另一种艺术思维论述和哲理的艺术表现形式,丰富了中国传统艺术的宝库,世称"国画艺术的奇葩",具有独特的历史价值、文化价值、艺术价值和科学价值。2009 年 7 月,捻条画艺术被四川省人民政府公布为第二批四川省非物质文化遗产保护名录。吴建堂被评为非物质文化遗产捻条画传承人。[①]

(一)萌芽:打破传统,独特无双

青神捻条画萌芽于清代。1895 年左右,眉山市青神县有位画家吴永耀,精于书画,并擅长折纸艺术。一块小方纸经他之手,便成了活灵活现的小动物。吴家以书画传家,但到了吴永耀这里,已是穷困潦倒至极。欲作画但无钱购置毛笔,吴永耀便将小方纸卷成条,以代毛笔之用,这一无奈之举,也为日后的捻条画埋下了伏笔。

吴贵昌,是位书画奇才,自名道悲。1935 年,整个四川战火不断,吴道悲为躲避战乱躲到大山之上。俯瞰山脚,一股国破山河在的悲凉之感涌上心头。急于作画的他因未携带毛笔,便如其父一般,把小纸片卷成捻条,蘸墨作画,将眼下的山河映在纸上。百余幅山水画,具有独特的粗犷、苍劲且极具野性的自然之美,捻条画由此而生。

1940 年,吴道悲在成都举办了首次捻条画展。是时,旁人毁誉参半,以为这不过是种江湖小技,并非正统的作画方式。然而,徐悲鸿步入展堂,在书桌上写下"怪笔神功、独特无双"八个大字,众人皆不语。

吴道悲先生与徐悲鸿、关山月、张大千均为至交,并称"书画四杰"。三位书画大师,都对捻条画给予了极高的评价。吴道悲先生是地下党员,抗战时期,他通过画展、墙报等方式唤起民众的抗日热情。解放战争期间,他与地下党密切合作,为党的事业尽职尽力。《乞丐图》《轰炸图》,一幅幅震撼人心的画卷抒发着对旧世界的悲叹和对新中国的憧憬。

1951 年,吴道悲先生英年早逝,年仅 47 岁。他将自己所作的数百幅捻条画作传给儿子吴建堂,然而这些艺术珍品在"文革"时期均被查抄一空。吴建堂的青年时代一如其父,充满坎坷,捻条画则沉寂了近 40 年之久。

直到 1989 年,捻条画第二代传承人吴建堂重拾捻条画,才将这国画艺术里的独门绝技重新展示于世人面前。是年,在文化部举办的"全国首届名人作品展"上,销声匿迹的捻条画经传承人之手,以崭新的面貌重新展示在世人面前,并受到美术界一致好评,捻条画开始复苏了。

吴建堂虔攻于继承但不拘泥于继承,而是在艺术理论、思维、哲理及文学素养上对捻条画进行了较大的创新。他被称作"吴江团",他所画的江团鱼为当世之一绝。他创作的《三鱼图》获首届中国企业文化节书画展一等奖;《唐代女官》在日本参展并收入画册;2000 年《飞跃图》

---

① 眉山市地方志办公室.志说眉山[M].成都:电子科技大学出版社,2014.

参加第五届书画展获"美术金牌奖";同年,作品《兰石图》获第三届世界华人大会香港大型艺术展特别金奖。① 他被誉为"21世纪最具收藏价值的中国画大家""中华人民共和国成立六十周年"60年60家"第二位",并获得了"非物质文化遗产大师级传人""世界杰出华人艺术家"等称号。

1989年至1995年,捻条画传承人的作品先后被文化部送展于法国、加拿大、日本、美国等40多个国家和地区,国内外120余家重要媒体对捻条画作了200余次报道。2009年,"捻条油画"横空出世。传承人结合西方油画艺术的优点,大胆尝试的"捻条油画"处女作《山晨之歌》被新加坡收藏家以260万元购得。

如今,捻条画传承人潜心于中西画之实践和研究,持之以恒地探索,且以"功在画外"的信念去修炼,走向大自然,走向民间。捻条画以特殊画种的地位屹立于海内外,被国内外公认为"中国的独有画种""国画艺术的奇葩",被《收藏界》于2010年评价为"二十一世纪最具收藏价值的中国画"。

(二)技艺:以纸为笔"甩"出一幅国画

墨韵和灵气是中国画的艺术特色和精髓。以捻条代替毛笔蘸墨蘸色的捻条画亦是如此——用腕甩着浸墨的捻条,往徽宣上一打,滚一圈后,墨滴带着力度在纸上迅速散入纤维中,或斑驳或苍劲,自然真实。

捻条工具的制作原是用"北京道林"纸,后来改用更特殊的纸页,经两种药水浸泡后再蒸一次,折叠成条,制成可作画之"捻条"。最初,"捻条"有"圆""扁""齐""丫"等34种样式,如今已被精简成了6种。

用这种工具画国画,既烈又柔,使用自如,易抒发画家情感和表达大自然返璞归真的特性。而且,用它画出的画,具有洒脱、奔放、粗狂、离奇、凌乱、野莽和变化莫测等效果;特别是画山水画,如果太细腻了反而会失去了捻条画"粗犷美""凌乱美"的特色。制一次"条"可画8～12幅画,"捻条"的刚柔性间于西画的猪鬃油画笔与国画的羊毫笔之间,故其临阵操作兼容了中西画的表现手笔优势和效果。

选用画纸方面,吴道悲是用不浸润、薄而坚实、和宋代纸差不多的画纸,而吴建堂则改用有浸润力的生宣纸,在他看来,这样的画纸浸润效果本身又是一种传统美。

捻条画十分讲究墨的对比和变化美,而且和传统国画一样忌"艳"重"雅"。在构图和表现方法上,捻条画吸收了传统国画的优点,同时大胆吸纳了西方艺术的重立体、重空间、重光线、重色彩的精髓,用泼墨和对比法增加美的分量。

在"用笔"上,捻条画有"打笔""滚笔""揉笔""弹笔",这与国画的习惯手法是不相同的;而拖笔、擦笔、逆笔法则与国画大同小异,常以此求得刚柔、线面、浓淡、大小、冷暖、高低、粗细的对比效果。视"线"的大小和表现对象的不同,捻条画偶尔采取毛笔与捻条共同的方法,甚至有时还会动用植物干标本蘸墨蘸色在纸上"打""按""染"。

捻条作画,需要腕力。捻条画要求线条劲健,走势沉稳,用墨思水,动中求变。末尾,在纸上随意点染几笔,一气呵成的气势足以震撼人心。寥寥几笔,动态、形态、神态便跃然纸上,捻

---

① 眉山市地方志办公室.志说眉山[M].成都:电子科技大学出版社,2014.

条画充满了立体感与空间感。①

(三)吴建堂自述:捻条画艺术百年传承,历久弥新

捻条画是用一种不同于毛笔的"捻条"(用纸页折叠而制成的纸束条)蘸墨、蘸色所作的国画(乃至油画)。屈指算来,一百多年过去,除我祖父在清代研创折纸艺术外,我父吴道悲开创捻条工具于国画,他是捻条水墨画的创始人。本人继承、革新了捻条画并创立了"捻条油画",百年来均无其他人侵权,故国人常称之为"吴氏捻条画"。

1. 我们为什么钟情于捻条画

1987年家父离世三十七周年,新加坡举办了他的捻条画遗作展,1990年及2013年新加坡又举办了他的遗作拍卖展,捻条画在海内外引起了广泛关注。

我们之所以要付出几代人达一百多年的努力去创作捻条画,是基于这样的一种信念:工具在绘画中不是绝对的因素,但却是重要的因素,世界艺术都是相通的,不发展不变革就失去了生命力。近三十年来,我们猛然发现用捻条作画恰恰恢复了大自然粗犷美、零乱美、随和美的美学真谛,这慰藉了我们,使我们有了信心去努力、去耕耘。

中国画注重线条。线,在感情抒发上占中心位置,要使线条每一笔都带感情味和奇趣,并求格调新韵,就不能不考虑绘画工具的必要变革。实践证明用捻条作画也更容易体现中国画的灵气韵味。毛笔画固然有不可否认的特色和绝对的传统味以及抒发情感的优势,是中国画的根基,我们常言"国画是捻条画之母",但是世上之事又绝对没有十全十美的,我们若客观和务实一点加以观察,就可以发现毛笔画因为人工刻意去做出的"毛"的局限,弄得不好就易产生违反作者意愿的笔墨的"乖""呆""甜""腻"之弊,这恰恰是书画之大忌,限制了画家对大自然真谛美的发挥及个性的倾注。这就不能不使我们去做新的尝试,以丰富传统艺术的宝库,虽然捻画的问世不是刻意去"做"去"求宠",而是画家在战乱逃荒中丢失了毛笔,急于写生大好河山,"因祸得福",偶然发明的。但我辈亦为了丰富传统艺术就得去深究和发扬、完善它。经百年研究、改进、创新,"捻条"形成了圆扁、粗细、大小、齐丫数种(我父原是三十四种,我精简成了六种),用这种工具画国画,具有既刚又柔、使用自如,易抒发画家情感和返璞归真,表现大自然真谛美的效果,且用它画出的画具有洒脱、奔放、粗犷、离奇、零乱、野莽和变化莫测的特色。特别是画山水画,可得苍莽遒劲和自然天成之美感。但是捻条不便画细腻的工笔画,如果太细腻了反而会失去了捻条画的粗犷、零乱、洒脱、奔放味韵。用捻条作画不受时间、条件、环境的限制,不一定要有砚、毡、色。只要画家有兴致,只要有纸、有墨和水,随时随地都可以画写生画及创作画。

2. 捻条画是艺术变革思维的前提,工具、技法和理论一齐变

线条美和灵气是中国画的精髓,这是西方艺术不具有的,捻画恰恰发挥了这个优势,且十分讲究墨和色的对比美和变化美。常注重以大小、粗细、高低、冷暖、枯湿、齐丫、面线的对比体现于捻画中。美,是在对比效果中产生的。捻画和传统画一样忌"艳"重"雅"!同时大胆地用泼墨、洒染等法增加美的分量,作者特别强调"变革不能脱离传统",颇忌因单一求变而忘记了炎黄的传统血脉的常例偏弊,我们"变",不要忘记自己的血管里是流着炎黄祖先的血,不能刻意地去迎合国外的口味或因追求金钱效益而产生伤及自己的民族形象的艺术(这样的例子

---

① 王丽文.青神捻条画 国画艺术里的"奇葩"[N].眉山日报,2019-12-04.

往年是多一些的,幸好现在减少了许多)。捻条画大胆地吸纳了西方艺术的重立体、重空间、重光线、重色彩的精髓。在"用笔"上捻条画有"打笔""滚笔""揉笔""弹笔",这与国画的习惯手法是不相同的,而拖笔、擦笔、逆笔法则与国画大同小异,视"线"的大小和表现对象不同,也偶尔采用毛笔和捻条共用的方法。

总之,变革工具不是目的,追求更完美更具特色的艺术才是目的,故不拘泥于单一方法,有时我甚至在画捻条画时动用植物干标本蘸墨蘸色在纸上"打""按""染"。捻条工具的制作原是用"北京道林"纸,后来改用更特殊的纸页经两种药水浸泡后再蒸一次,折叠成条,制成可作画之"捻条"。制一次"条"可画8~12幅画,"捻条"的刚柔性间于西画的猪鬃油画笔与国画的羊毫笔之间,故其临阵操作兼容了中西画的表现手笔优势和效果。选用画纸方面,66年前,我父亲吴道悲是用不浸润的薄而坚实的和一些宋代纸差不多的画纸,及至我辈,我改用了有浸润力的生宣纸作画纸,我发现浸润效果本身又是一种传统美的优势,不能放弃。捻条画的意义还不仅仅是工具的变革,它还唤醒了人们在艺术上也不能墨守成规,应追求和忠于大自然的原汁原味的美,应去变革,去丰富和完善传统艺术。传人吴乙古(我儿子),把中华的佛学、儒学、道学思想和理念也融入捻画中了,证明捻画已变革成了理念和绘画哲理的铸体,总的目的是在继承传统的基础上求变,变工具、变理论,以至变人伦观念。让传统更有生命力,更完美,更贴近大自然和人间,不脱离艺术的真、善、美。我辈肩负着这个使命!

3. 历史上诸大师对捻条画艺术的评价

捻画能存在和发展100余年的原因,从诸专家的评价就可得知,早在1940年,徐悲鸿在我父吴道悲教授的首次捻画展开幕式上就大书了"怪笔神功,独特无双"八个大字,1993年南虹艺专创始人赵治昌教授在捻画展发刊辞上为吴道悲写道:"读万卷书,行万里路,方能至矣"!1987年,78岁的徐悲鸿的秘书(罗中立的导师)叶正昌教授就亲笔题写道:"当时在国画的表现方法上,用毛笔而外,用竹笔画者有之,用指画、舌画者有之,而吴先生首创的捻画,气势磅礴,栩栩如生,较之前者艺术性更高"。1993年,我受邀与徐悲鸿夫人廖静文见面,在徐悲鸿纪念馆作画,廖静文女士对捻画题誉为:"巧妙的艺术"。1995年,我在中央美院作画,央美教授钱绍武题誉为:"别具天趣"。1996年,四川美院白德松教授(导师)对捻画山水书赞为:"具斑驳、朴拙之视觉刺激,有大别于毛笔画之特色"。1995年,中国人民大学徐悲鸿艺术馆学院院长徐庆平博士(徐悲鸿之子)函赞捻画曰:"接函得见大作,对先生于崎岖道路自强不息、勇敢开拓之精神十分钦佩,祝艺事不断精进,江团鱼形象动态俱佳,真杰作矣!"

1997年,四川省书协主席李半犁在病中见到捻画后还振奋地打起精神被二人扶着题写了:"捻条作画,艺海扬波"八个大字的条轴,留下了绝笔,令我们感动得热泪盈眶。只要画家潜心于中西画之实践和研究,持之以恒地探索,且以"功在画外"的信念去修炼,走向大自然,走向民间,捻条画的生命力和发展无疑是无止境的,它已以特殊画种的地位屹立于海内外。

4. 捻条画发明和发展的过程

家父吴道悲在1935年因遇兵乱,被逼上了大山,"国破山河在"之感袭上心头,急于写生眼底山河,但又丢失了毛笔,于是急中生智,用荷包仅有的纸页折叠成"捻条"蘸墨蘸色写生作画,顿时发觉捻画山水获得了意想不到的奇特和变化莫测,野莽苍劲的艺术效果。抗战时,捻画被诸位大师发现并予以了较高的评价,确立了捻条水墨画的地位。父在抗战时的成都举办了四次捻条画展,一次捻条画讲座(在南艺),影响颇大,早在20世纪40年代因半个中国沦陷于战争,全国艺术人才汇集于成都,徐悲鸿、张大千和成都南虹艺专的校长赵治昌教授就盛赞捻画。

潘天寿赞"吴道悲为中国的才子画家"。抗战胜利后捻条画又流传到了国外,致使国外著书和评论,写进了艺术史册。捻条画为我中华传统艺术增添了一朵"国画艺术的奇葩"。2009 年捻条画被列为非物质文化遗产艺术名录,本人被评为非遗捻条画艺术唯一代表性传承人,这是国家对于捻条画艺术的认可和关怀。有识之士和一些群众喜欢捻条画,甚至有时激情地把捻画喊成"世界非物质文化遗产",但我们管不住各种喊法,各种激情的希望性的喊法与我们脚踏实地地做事的实情和秉性是不一样的,其实捻条画艺术的立脚、发展和获誉并不单一地属倚于非遗,它首先是传统艺术的创新和升华,是技艺和理论的突破和升华,增添了艺术的品类和美的享受,世人看重的还是这种独特的,不同于其他非遗艺术的形象和性质,跳挡的标新不是我们做的,艺术家的秉性,本身就是诚实的。

5. 捻条画立艺的基石

捻条画的发展,应当注意五个方面,一是捻条画不应单一地追求毛笔画效果,应有毛笔画不能代替的特色;二是捻条画创作必追求较高艺术水平;三是捻条画涉及的题材和创作要具有相当规模;四是捻条画要融入中华文化的理念和中西方艺术的精髓,使捻条画具有深层次的艺术内涵;五是捻条画应适应各个层次的人的审美,获得更多的人的喜爱与欣赏。

未了解捻画真谛的人也许会疑误捻画,单纯地说绘画不用毛笔就忘掉了祖宗,而忘了捻画表现出的传统素韵。世界是在探索和变革中前进的,这才是真理。或偶有人贬斥捻画的其他,这也很正常,大多的赞声中偶尔夹杂的异议声,是每项事物发展、前进的必然过程和现象,但捻画有传统根基,兼容了中西画之优势,融入了画家的长期磨炼而形成的个性和理论功底,已为海内外认可。无疑,它会以崭新的面目和无尽的生命力屹立于中华民族艺术之林,增加了一个民族艺术的花朵。捻条画既立足于非遗的传承,更立足于艺术和思维的创新。只有百花齐放才能打造出中华民族艺术的美丽春天。我们会谦虚求进,不断探索,吸取各方面的宝贵意见,正视自己的缺点和不足,以求更丰富更完善这门新韵的中华艺术,以求不辜负国人的厚爱与关怀和支持。

四、洪雅复兴耍锣鼓

"清早起来雾沉沉,误把树桩当成人。抱倒树桩亲个嘴,过后想起好笑人……"农闲时节,在眉山市洪雅县瓦屋山镇复兴村,冯光卜、毛清全等村民都会自发敲起复兴耍锣鼓,唱起瓦屋山山歌,让外来游客切身感受到原汁原味的民间艺术魅力。

洪雅复兴耍锣鼓,被列入四川省第一批非物质文化遗产名录。殊不知,这项古老的非物质文化遗产竟然诞生于 2200 年前,而且和远在长江中下游的古楚国有着很深的渊源。

(一)复兴村打造羌风楚韵

洪雅县地处四川盆地西南边缘,位于成都、乐山、雅安三角地带,东接夹江县、峨眉山市,南靠汉源县、金口河区,西临雅安雨城区、荥经县,北接雅安市名山区、丹棱县,距成都 147 千米、乐山 55 千米、眉山 50 千米、雅安 62 千米。全县现有林地 168.1 万亩,森林覆盖率达 65.7%,因山川钟秀、资源丰富,享有"绿海明珠"的美誉。

瓦屋山镇复兴村,位于瓦屋山脚下,是一个汉羌杂居的村落。2016 年,复兴村入选第四批"中国传统村落名录"。如今,被评为首批国家级生态文化村。

该村建筑主要以清代、民国川西一楼一地穿斗木结构居多,形成并列的、三合院的、连排、连片的建筑群,部分吊脚楼依山而建。群山环抱,山溪流淌,古老的木屋,星罗棋布散落其间,缕缕炊烟掩映在青山绿树间……复兴村保留了原汁原味的青羌文化,形成了"羌风楚韵"的文化氛围。在复兴村,家家户户的屋脊上都挂着"木鱼"。据传,古时青衣羌人,生活在水流两岸,曾以捕鱼为生,怀着对鱼的感恩与敬仰,修房建屋时总会在屋脊两端悬挂木制的鱼状装饰物。

至今,由于离城市较远,这里的村民过着以农耕为主、日出而作、日落而息的田园牧歌式生活。家家户户的院子里,都种着黄瓜、茄子、辣椒、豇豆等蔬菜以及五颜六色的花。不仅如此,屋内还张贴着"承前启后""忠厚传家"等祖训,希望通过这样的方式将祖先留下的东西传承下去。

目前,复兴村以"复兴传统村落为主体",正积极打造青羌楚韵文化旅游产业,以林木培育和竹笋、茶园种植为基础发展特色种植业。依托复兴广场、情歌路、雅女湖岸、农家餐饮住宿等,结合现有特色传统建筑风貌,打造羌风楚韵人文旅游文化项目,展示地方特色。

(二)复兴锣鼓的历史

时光回溯到2200多年前,秦灭楚,一批楚国贵族后裔被流放到瓦屋山下。

据宋《太平御览》中《蜀记》记载:"秦灭楚,徙楚严王之族于此,故曰严道。"清嘉庆年《洪雅县志》记载:秦始皇灭楚国后,设置严道县(严道古城即今日复兴村的大田坝),徙楚王之族居此。楚人失去了家乡,为了复出,将居住的村落取名为"复兴";河流命名为"王河",以明不忘复兴楚国之志。

流放来的楚贵族用先进的冶炼技术在王河两岸大规模开矿炼铜。由于生活艰辛,他们利用置身大铜山这一有利条件,用铜块打造铜器来敲打,以说唱其亡国离家的悲愤与怀念。这也引起了居住在此的羌人共鸣。

历史的际遇,让原本远隔千山万水的楚韵与羌风碰撞并实现融合,楚人和羌人在劳作之余自编、自演、对唱山歌,以此来表达心中的情感。他们根据山、水、动物之音编写的曲牌,逐步发展成为"民间交响乐",广泛应用于红、白喜事和各种灯戏、山歌之中,具有极高的艺术价值。同时对研究羌族文化具有重要的文化价值。

据考证,复兴耍锣鼓有600多年的历史,其打法与全国各地锣鼓打法不同,开始时都要以《帽子》开头,《帽子》要贯穿整个打击乐谱之中,即每打一个牌子结束后又以帽子开始,才能接着打出第二个牌子。

复兴耍锣鼓的击打和说唱还与川剧有着惊人的相似之处,它是以鼓、锣、钵、马罗联合打击而成的一种乐器,总指挥是鼓师,其余锣、钵、马罗手在打击时,都要看鼓师的手势点子,即用指头、鼓槌等做出反应,既能充分发挥四种打击乐器的不同声响,又能完美地将不同声响组合成各种交响音乐。

复兴耍锣鼓乐谱取材于大自然的动物和山水之音,大都与楚人、青衣羌人的生活息息相关,如花灯耍锣鼓《白鱼子上滩》,就是以鱼游泳的韵律编写而成的,鱼听到声响,尾巴就会随着节拍摇摆;《猪搭嘴》乐曲中,就有猪吃食时"咕咚、咕咚"的声音;《帽子》《对鼓子》《佛坐子》等耍锣鼓都取材于民间乐曲。复兴耍锣鼓与笛、箫、二胡等乐器配合作曲打唱,更令人震撼,让人回味无穷。

(三)代表性传承人的故事

出生于1934年的冯光卜是复兴耍锣鼓代表性传承人,1980年开始参与民间组织的复兴耍锣鼓表演活动。

改革开放初期,民间耍锣鼓活动开始活跃和盛行,冯光卜又重新拿起丢弃多年的响器开始参与各种民间乐器表演,耍锣鼓等,深受群众喜爱。在此期间,冯光卜苦练技艺,刻苦钻研创新,除研究以前师祖、师父遗留下来的各种耍锣鼓曲牌之外,冯光卜还在现存的基础上,不断创新,收集和完善锣鼓曲牌 50 多个,主要代表作有《白鱼子上滩》《佛坐子》《红秀全》《猪搭嘴》《青板》等。

复兴村耍锣鼓技艺复杂,要想学会鼓、锣、钵等多门技艺确实不易,冯光卜虽学习多年,技艺不断进步,但很多老曲牌也濒危失传。冯光卜和其他几位耍锣鼓的好友们一道,通过不断回忆整理并组织人员进行发掘抢救,积极开展耍锣鼓的传承活动,培养喜爱复兴耍锣鼓的第四代传承人。

出生于 1941 年的毛清全小时候觉得响器音乐好听,对耍锣鼓产生了好感,20 岁跟随师父学习响器,一边学习,一边参加生产劳动,虽然自己很有天赋,但由于农村事情多,学习了十年,才能独自演奏,正式成为复兴耍锣鼓的传承人。他主要擅长打(鼓、马锣),特别是在打悲调中,用唱念方法统领全队,担当领唱者,其声音高亢有力,又极具悲伤感。2005 年至今,他共参与大型文化活动中复兴耍锣鼓表演 30 余场。

 **思考与练习**

1. 结合所学,分析仁寿抬工号子有何艺术价值和文化价值?
2. 试简述捻条画的发展历程。
3. 眉山市非物质文化遗产众多,请在学习本节的基础上,课后选取一项其他技艺类非物质文化遗产进行分析,简述其发展历程、影响及现状,写一篇介绍文章(1000 字左右)。

第二节　眉山节气风俗

一、彭祖山三月三朝山会

在彭山,历来有农历三月三朝彭祖山的习俗。据了解,彭祖山原名仙女山,因为彭祖去世后,他的三女儿彭三娥在此结庐守墓,百年后羽化成仙,后人为纪念她的孝心,起名"仙女山"。据传,此风俗是由当地百姓为了祭祀彭祖三女,每逢农历三月初三上山朝拜而慢慢形成,沿袭至今。每年此时山上朝拜者众多,香客云集,由此,朝山节也成了彭祖山最为热闹、场面最隆重的盛事之一。

相传,彭祖的第三个女儿,叫三娥,聪明好学,又十分孝顺,跟随父亲在彭祖山采药炼丹,治病救人,深受百姓的尊敬和爱戴。一个偶然的机会,三娥搭救了周厉王的太子姬静,原来厉王驾崩之后,姬静的弟弟带兵作乱,篡夺了王位,使他落难于此。两人日久生情,定下山盟海誓,姬静许诺:一旦平定叛乱重登帝位,便立刻前来迎娶三娥。然而姬静一去不复返,杳无音讯。

痴情的三娥相思过度,最终忧郁而死,这时正是姬静离开三年后的三月初三。而刚平乱复国的周宣王所派的使臣,在三娥去世的第二天就到了。当把这一噩耗传回京城,从未忘情的姬静悲痛欲绝,对天长拜,传旨封三娥为仙女,把三娥修炼的山封为仙女山,并在山上修庙供奉真身塑像。

(一)历史:经历过高峰和低谷时期

彭祖山三月三朝山会是一项历史非常悠久的非遗保护项目。随着时代的更迭,经历过高峰和低谷时期。

早在夏、商、周时代,彭祖山三月三朝山会的主要内容为祭天求雨,盼求五谷丰登。据1990年发掘彭祖墓时出土的唐三彩和神像为证,朝山会在汉代至唐代注入了佛教和道教文化,以朝山祭祀、求香火为主。

从现彭祖墓出土的光绪年间的碑记上看,明清时期朝山会主要还是纪念彭祖和其三女儿彭三娥的祭祀活动。到了民国时期彭祖山朝山会在祭拜彭祖和彭三娥活动外,又增加了一个新的内容——"抢童子、送童子"(据《彭山县志》载)。

清代时,仙女山朝山节上还会举办朝山庙会,庙会会期长达10天。邻近各县行商贩也会携农具、土特产来这里交易。每年会期有"抢童子"之习。会首将木雕童儿从高崖抛下,群众蜂拥争抢。得于夜晚以鼓乐为前导,送给长期不育人家,为"送童子"。每年此时,"善男信女四方云集,从山麓至顶,人流如潮,香火之盛为县内诸神庙之冠。"群众到彭祖山朝拜、看戏、赶集、参加活动……十分热闹。

到了抗日战争后,就逐渐停办。随着新中国的成立,社会逐渐稳定,彭祖山的人气又逐渐旺盛了起来。1954年,仙女山慧光寺、璧山寺、彭祖祠被列为县级文物保护单位。1984年,在"大力发展旅游事业"的形势下,仙女山麓一些农民通过庙会吸引游人,在慧光寺原址搭起临时庙棚,竖立仙女神位,挂上红布横批向游人化缘,修复庙宇神像,朝拜群众万余人。到1985年,朝拜群众达二三万人。

1998年,由原彭山县政协主持,各界人士研究论证通过,并报原彭山县委县政府批准,仙女山正式改名为彭祖山。

2014年,四川省人民政府公布《第四批四川省非物质文化遗产保护项目》,彭祖山三月三朝山会榜上有名,被正式列入四川省级非遗保护名录。但与其他有个体传承人的非遗项目不同,彭祖山三月三朝山会没有具体单个的传承人,它属于民众、民俗集体传承。

(二)传承:源于基层,辐射周边

每个参与者都是彭祖山三月三朝山会的传承者,因为它并不单独属于哪个人,而是属于一代又一代的参与者。广大群众每年的热情参与,都为这项非遗项目增添了活力与生机,也是对它的一种传承。如今,寄托了一代又一代人美好记忆的彭祖山三月三朝山会依旧是彭山人心中一项意义非凡、场面隆重的盛事之一。

现在,随着旅游事业的兴起,为满足各方游客的需求,原彭山县政府先后对彭祖山进行修复,新建了彭祖墓、齐山双佛、采气场、养生殿、彭祖祠、寿山等20余个景点,基础设施和景点焕然一新。

如今的彭祖山三月三朝山会,是彭山本地民众及成都周边群众自发形成的朝山民俗活动,主要以朝拜彭祖及其三女儿彭三娥的祭祀活动和祈祷、保平安、祈求健康长寿为主。朝山的人们可在自然生态、空气清新、绿树成荫的山中祭祀祈祷、游玩踏青,也可观赏彭祖祠、彭祖墓、彭祖炼丹洞、玉女洞、拜碣石等历史遗迹。

朝山会源于生活习俗,源于基层,有着坚实的群众基础,活动辐射影响眉山、乐山、雅安及成都周边区县。一到彭祖山三月三朝山会,周边的人就会不约而至。

每年的彭祖山三月三朝山会有热烈的开幕式、精彩纷呈的旅游文化活动,包括丰富多彩的登山、仙女寻宝、有奖游山活动,以及彭祖山书画、摄影展及彭山各民俗灯舞表演等。这些形式多样的活动不仅丰富了朝山会的内容,还丰富了朝山会的文化内涵。据了解,文旅融合的彭祖山三月三朝山会非常受欢迎,人数最多时达到10万人次。

但这些还远远不够,为提升彭祖山三月三朝山会的品质,彭山区采取了更多的举措。1990年彭祖山景区规划开发建设,景区内景点基础设施逐步被修复,初具规模。"三月三"朝山节的香客游客可达5万~6万人,最多时可达8万~9万人。在朝山节期间,都会隆重推出万人转山会、"彭祖祭祀大典"、"祈祷之旅相聚三月三"民间文艺表演、仙山寻宝、彭祖养生功演练、彭祖山书画展、中国古代性文化展等一系列活动。

二、青神瑞峰大端午习俗

眉山地区过端午节分小端阳和大端阳。小端阳是农历五月初五日,大端阳是农历五月十五日。在我国的传统里,"大端午"的热闹程度远不及小端午,但在青神县瑞峰镇,情况恰恰相反。

据说战国时楚国的爱国诗人屈原多次劝谏楚怀王,不要受秦国的欺骗。但楚怀王只听信奸臣的话,不听屈原忠告,还把屈原流放到湖南。结果楚国被秦国灭亡。屈原忧国忧民,于五月初五那天悲愤地跳进了汨罗江以身殉国。楚国人于五月十五日得知屈原跳江身亡的消息,就到汨罗江划船打捞屈原的尸体。因怕江中鱼儿吃掉屈原尸体,便拿粽子扔进江中喂鱼。因此,小端阳是屈原跳江身死的日子,大端阳是打捞屈原的日子。千百年来,人们为了纪念屈原,便形成了端午包粽子、划龙舟的习俗。

眉山各区县过去都有在端午节举办龙舟赛活动的习俗,但后来只有青神县将这一习俗延续了下来。青神民间自发组织的端午龙舟赛起源于北宋,已沿袭了近千年。2014年,被列入四川省第四批非物质文化遗产名录。

青神瑞峰在端午这天,人们在岷江河边隆重集会,放河灯,赛龙舟,抢鸭子,满街都能买到驱邪避瘟的艾草、菖蒲等中草药,用布缝制或五彩丝线缠成的香包,让不少民众爱不释手,还能品尝古镇的美食:姜汁味王弗肘子,卤鸭子,咸鸭蛋,糯米红豆花椒老腊肉包的三角粽子,让人大饱口福。

(一)赛龙舟

龙舟文化,一直是瑞峰镇民俗中浓墨重彩的一笔。赛龙舟,争奇斗艳,飞龙竞渡;抓鸭子,千姿百态,各领风骚。这一民俗,给无数人带来了欢声笑语,也成了瑞峰镇人代代相传的家乡记忆。

瑞峰,因岷江东岸有祥瑞之草灵芝,古镇名叫瑞峰。岷江、思蒙河、鸿化堰三条水系在这里交汇,从苏轼外婆家程家嘴流入瑞峰,形成了500米宽的平稳江面。对岸是被范成大誉为"西川林泉最佳处"的中岩古寺,留下了苏轼少年求学、唤鱼联姻的美好故事。古镇街衢严整,商贾云集,物流人流齐聚。水陆交通换乘,造就了历史上的青衣古县城。

瑞峰人善水，划船打鱼。江河交汇处的晒网坝，就是历史上瑞峰渔舟子修船、织网的所在地。每年端阳节前夕，那各种动物头像装饰的龙舟，龙头的，鱼头的，鹅头的，蚱蜢头的，齐齐地在晒网坝上亮相，做漆画鱼鳞，还没有下水就先有一番造型上的比拼。

原先青神县城每年小端阳都要在城东岷江里办龙舟会，沿河的瑞峰镇、汉阳镇每年大端阳举办龙舟会。近十年，县城和汉阳没办龙舟会了，只有瑞峰镇坚持每年大端阳举办龙舟旅游节。瑞峰镇的龙舟旅游节，一般都是大端阳的头一天白天举行牛咡灯舞、各种趣味运动会，晚上举行歌舞晚会、放河灯、孔明灯等活动。

到了农历五月十五，农家俗称的"大端阳"，瑞峰镇临江一线，从思蒙河水口出来，到慈姥溪一段，江面更加开阔，东山青峰如黛，江面白帆片片，沙鸥飞翔，听得到对岸中岩寺的钟声，天晴，南面峨眉山峰近若几案。在天晴暖阳的春播芒种后，人们期盼的大端阳就到了：江两岸人头攒动，人人胸前都挂着一串串散发清香的黄桷兰。男孩子脸上、额上是雄黄酒抹出的红色符纹，瑞峰街上包粽子的商家把案板摆到了门口，到处弥漫着店家卤鸭子的香味。

青神瑞峰镇的龙舟通常由 16 个划手和 1 个舵手组成。每年龙舟赛前一个月，大家都自发组织起来进行水上训练。到了比赛当天，天上彩幡轻舞，上坝渡口数十只装扮一新的龙舟已是翘首待发，摩拳擦掌的划手们已是呐喊阵阵，鼓声咚咚。随着发令台上绿色信号枪响，那一只只龙舟如飞鸟，如苍鹰，如箭，如梭，在两岸男女的喝彩声中，那些精壮汉子，浪里白条组成的划手，挥着桡片齐声发力，龙舟飞一般划进宽阔的江心，整个岷江如沸腾的舞台，震得东岸竹林轻舞，青山摇动。当第一只龙舟从东岸拔了彩旗折返而回时，岸上齐齐的呼叫加油声形成一片，欢乐与英雄的交织，就是一年一度力量与技巧的展示，也是东方儒雅民族最具狂放性、最有酒神精神的一次爆发。①

20 世纪六七十年代，瑞峰端午龙舟节由于自然灾害等原因停办，自 1984 年恢复以来，在接续传统的基础上焕发了时代风采。在内容和表现形式上，瑞峰端午龙舟节增加了鸡公车迎娶新娘、牛灯、舞狮、耍龙、拉旱船、踩高跷、放河灯、放烟火、坝坝电影等活动项目。截至目前，瑞峰镇政府共举办端午龙舟节 29 届。在当地民间，自发组织的端午龙舟已沿袭了近千年。

2010 年，瑞峰龙舟被列入眉山市第三批非物质文化遗产代表性项目名录；2014 年，被列入第四批四川省非物质文化遗产项目。

（二）抢鸭子

瑞峰古镇，原为青神县城所在地，东有佛教圣地中岩德云寺，西有国家级文物保护单位东汉崖墓群。在青神县的中岩寺，有一个景点叫"唤鱼池"，这里原是慈姥岩下的一个深潭，古名为龙湫，是慈姥龙的窟宅。

苏轼年少贪玩，不求上进，老父苏洵有一挚友王方在素有"西川林泉最佳处"之称的中岩寺教书，遂领苏轼上山求学，苏轼至此苦读数年，才学大进，王方是青神的乡贡，是个饱学之士，而且苏轼外婆的家就在瑞峰的思蒙河口。

1051 年，苏东坡游学中岩，从学名儒王方时，因恋此潭山光水色，常自临潭观景，拍手唤鱼，并建议为潭命名。他向老师王方提出了这个想法，王方也觉得挺好，便以投笺的方式召集

---

① 邵永义.青神龙舟赛与苏轼结缘[N].华西都市报，2020-06-25.

青神的学识渊博之士,召开命名大会,但在众多的命名当中,独有苏轼投笺的"唤鱼池"堪称风雅,王方正精心琢磨之时,他的爱女王弗也命丫鬟送来了她的投笺,王方打开一看,仍写的是"唤鱼池"三字,与苏轼的命名不谋而合,韵成双璧。王方大喜,连称"妙!妙!妙!"即命苏东坡手书"唤鱼池"三大字,刻于崖壁之上,以作纪念,并将爱女许配给苏轼,真是"游学中岩文采露,投笺题名巧韵同。千古联姻结佳话,笔落苍岩耀光华"。

如今在唤鱼池边还有苏轼和王弗的塑像。

苏轼在青神中岩"唤鱼"定下亲事时,时年"二九"十八岁,王弗也正好年方"二八"十六岁,在当时恰好是成婚的最佳年龄,两家父母都愿抓住好年辰为他们完婚,经人择定婚期,就定在至和元年(即公元 1054 年)农历五月十五大端阳。所以"唤鱼池"也是东坡初恋地,青神也就有了"东坡初恋地"之别称。

苏王联姻,轰动了整个眉州城。从此,"龙湫"胜景,便添"唤鱼联姻"的千古佳话,共成"龙湫唤鱼"的名胜景观。岩间满布题刻,多出名家,为中岩文物的天然宝藏之一。

按理说,男婚女嫁,都是男方用大花轿将女方接回家拜堂才入洞房,但是苏东坡则名士风流,不拘世俗,他主动提议说:"我的学习正在关键时期,为了不影响学业,愿就近在岳丈家成亲。"苏王两家都是有文化的豁达之人,一拍即合。

王家大院在岷江西岸瑞峰镇瑞草桥边,中岩书院在岷江东岸的古佛寺内,仅一江之隔,的确很近。

成亲这天,不是新郎迎娶新娘,而是新娘迎娶新郎,王家是当地的大户族群,几乎全力以赴参加婚礼,沿江两岸粘花挂红,几十只五彩缤纷的迎亲花船,船头堆着花红彩礼,另外在主船上还陈列了三牲头肉和活鸡活鸭,以便船过江的时候祭奠江神,求吉祈安。

花船到达中岩山下,由王弗的大舅子王愿将新郎背上主船,与新娘并坐船头,几十只花船一字儿排列岷江数里,船上笙箫齐奏,唢呐欢吹,两岸锣鼓喧天,鞭炮轰鸣,好气派,好热闹,好感人。

船近江心,不知是受了惊吓,还是其他什么原因,突然鸡惊鸣,鹅惊叫,数只鸭子竟然破笼而出飞入江中要逃跑,迎亲水手一看暗叫不好,情急之下,慌忙脱下外衣,纷纷跃入水中捉拿逃鸭,一时间千掌击水,白浪滔滔,人追鸭,鸭钻水,乐趣非常,两岸观看的人群一片沸腾欢呼,一对新人也乐坏了,频频拍掌称趣,苏轼词兴大发,脱口吟道:"趣趣趣,人鸭竞技,搅起千堆玉,良辰吉日增惬意。"

岁月悠悠近千年,瑞峰民众为有苏轼这么一个好女婿而骄傲自豪,从此,瑞峰人为了纪念苏轼和家乡才女王弗的结婚之喜,每年大端午举办龙舟赛,恭迎他俩回家过节,无论是兵荒马乱,还是朝代更替,都无法改变当地民众对苏轼王弗的热爱,这一传统盛会,延续至今,让人深深感到苏轼与王弗爱的力量,青神也就理所当然的美其名曰:"苏东坡初恋的地方"。

瑞峰人就把原来五月初五日的端阳划龙舟风俗改在五月十五日举行,并在活动中增加了"抢鸭子"的内容,每年都要抛甩数百上千只鸭子让人争抢,赛龙舟:争奇斗艳,飞龙竞渡;抢鸭子,千姿百态,各领风骚,给无数人带来了欢声笑语,也成了瑞峰镇人民代代相传的家乡记忆。①

---

① 李正安.岷江地区:河中抢鸭子[N].眉山日报,2015-06-19.

三、洪雅五月台会

洪雅县是国家文化和旅游部命名的"中国民间艺术之乡"。该县共有非物质文化遗产 10 大类。多年来，全县坚持"保护为主、抢救第一、合理利用、传承发展"的工作方针，求真务实，扎实推进，使该县的非遗保护工作取得了阶段性成果。

截止至今，洪雅县已成功申报省级非遗保护项目 4 个，市级非遗保护项目 11 个，县级非遗保护项目 18 个，公布了省级代表性传承人 1 人、市级代表性传承人 29 人、县级代表性传承人 31 人，建有传习所 4 所，非遗博物馆 2 个，市级生产性保护基地 1 个，非物质文化遗产体验示范基地 1 个。并建立了洪雅非遗数据库，基本形成了省、市、县、乡四级非遗保护体系。

每年农历五月二十七，对洪雅县来说非常重要。这一天，是当地举行"五月台会"的日子。作为被四川省政府列入第二批省级"非物质文化遗产"保护名录的"洪雅五月台会"，是该县民间在每年农历五月自发组织的一年一度传统城隍庙会及"酬神赛会"，距今已有近 200 年的历史，旨在通过祈福、巡游等活动祝福国泰民安。

这是全城同庆的民俗活动，每年参与民众达 10 万人，是当地影响力、感染力、关注面最大的民俗文化盛事。

(一)历史：源于清代，延续至今

台会是把戏剧和故事里的某一特写镜头，搬到彩台上来，使之成为一组活的"雕塑群像"，成为一种"造型艺术"。它不要求演员歌唱或念白，只要求他们用形象去感动观众，去造成一种诱人的审美客体。

洪雅县台会源远流长，据《掌故大辞典》及清嘉庆《洪雅县志》和现存于洪雅民俗台会博物馆的石刻记载，756 年，唐玄宗为避安史之乱入川，所带部分难民定居在洪雅，他们带来的中原文化与当地民俗文化融合，形成了独具特色的洪雅台会。

"五月台会"又称为城隍庙会，内容非常丰富，集民间祈福祭祀、物资交易、手工艺品展销、民间艺术交流于一体。200 余年来，在洪雅城乡广为流传，影响周边各地。

洪雅属大山区农业县，且山多地少，交通不便，阴雨天气多，病虫害频发，从而诞生了以祈福为主的地域文化活动——"五月台会"。起初，这是为了纪念洪雅城隍爷的生日而举办的民间祈福活动。

据清嘉庆十八年(1813 年)刊《洪雅县志》卷三《方舆志、礼俗》篇记载："五月二十七，传城隍神诞，皆演剧，极为烦嚣"。"台会"之"台"是指抬阁或彩车，起初，是以大方桌或木床制作，用竹木及彩纸纸扎场景，施以彩绘，由十来岁的孩子装扮成戏剧中的人物，随城隍巡游，供赶会民众欣赏。

在清代和民国时期，洪雅县城及止戈、东岳、花溪、柳江、高庙、三宝等乡镇，在春节、元宵、端午、中秋，都会举办各种形式的庙会、台会和灯会活动，其中洪雅"五月台会"享誉全川。洪雅"五月台会"经过 200 多年岁月的积淀、传承和演变，形成了持续时间长、参与人数多、物资交流活跃、表演活动丰富多样的大型民俗文化活动。

早期，"五月台会"分别由洪雅县城洪川镇及县内七八个乡镇先后举办，内容大体相同，形式各具特色。20世纪三四十年代起至五十年代初,逐步演化为每年农历五月二十七在洪川和止戈两镇定点定期举办。

2004年12月,洪雅县被授予"四川省民间台会艺术之乡"称号;2008年12月,洪雅县得到"中国名间艺术之乡"的美称;2009年7月,省人民政府公布,洪雅"五月台会"(城隍庙会)列入第二批省级非物质文化遗产保护名录。至此,"五月台会"已成为洪雅县一张独具特色的民俗名片。

(二)特色:托历史故事进行展演

"五月台会"是洪雅山区农耕文明的遗存,展示了千百年这一片区域民众朴素的祈福思想,满足了民众的精神需求,是洪雅民众的精神支柱和精神家园。台会的主要内容随时代变迁,逐步完成由"敬神"向满足民间大众物质精神追求的转变,即由民间祈福祭祀活动,转化为重农祈丰、民众自娱、和睦乡邻、物质文化交流的民间文化活动。

五月台会作为一个民俗文化聚集体,其文化表现共有以下三类,分别是城隍出巡、城隍祭祀仪式和台会巡游。

五月台会上的城隍出巡仪仗庞大,一般由红色抬杆、开道令牌、勾魂链、白色哭丧棒、黑色哭丧棒、生死簿、判官笔、回避牌、肃静牌、城隍老爷轿子、黄罗伞(华盖)、城隍竹扇等组成,出巡队伍极其壮观,完全具备县城隍(司法神)出巡应有的风范。

每逢会期,会首组织8人大轿抬着城隍夫妇出巡,轿前由抑恶扬善的判官、黑白无常、鸡脚神、小鬼开道,紧随其后的是焚香打扇、顶礼膜拜的善男信女。途中会有官差清道,由8个打扮成衙役模样的人高举带有"回避""肃静"字样的牌子,后面是身穿黄色道袍的道士,手持带有道家术语的黄旗。其间会有4个吹鼓手吹曲调,按照规定敲打铜锣。最后一节是8个轿夫,拿着1m左右的红色抬杆,簇拥着城隍老爷与城隍娘娘的轿子前行。途中会路过一些桥,轿夫们都会整齐地抬脚,桥是模拟了山区跌宕起伏的道路,抬脚是暗喻古代人民出行的时候如何通过山区。届时洪雅县城万人空巷,民众都争先恐后去观看,周围丹棱、瓦屋山、止戈等地的香客、百姓都会专程赶来,与当地民众一同观看出巡队伍。[①]

中华民族向来敬重神灵,洪雅地区的人民将城隍爷视作地方的保护神,因此对城隍祭祀格外重视,除了有丰富的祭品外,还有隆重的祭祀仪式。祭祀仪式由法师净坛仪式、法师焚香请神、献礼官入场行礼等3个部分组成。其中,法师焚香请神是整个城隍祭祀最重要的环节,法师在3通鼓声后开始焚香上礼、烧松柏枝、念请神咒语,其中会夹杂着许多道家术语,带有明显的宗教色彩。咒语念完过后会上演一段师道戏。

台会巡游是汇聚各种民俗文化的巡游表演。每一次台会即是一场经典的戏剧片段。每年台会的重头戏,莫过于游街活动,这也是赶会人员关注的焦点。每场台会由4个或8个身强力壮的汉子抬着游街,所以,台会其实就是"抬会",后来才改用了汽车装置游行。

"五月台会"的台是用传统工艺纸扎,其手工艺性强,工艺流程复杂。传统台会制作选取本地盛产的竹、木及彩纸纸扎场景,运用剪纸、绘画等艺术表现形式展现立体的舞台画面,再由少

---

① 刘梦珂.文旅融合背景下庙会旅游资源开发研究[J].重庆科技学院学报(社会科学版),2020(2):101-105.

男少女装扮成戏剧中的人物,立于八仙桌、木凳尖或扇尖表演,随城隍巡游乡镇及街道。

《飞天》《三打白骨精》《劈山救母》《船舟借伞》《雅女采藤椒》《凤仪亭》《卖油郎独占花魁》《吕布戏貂蝉》《牛郎织女》《嫦娥奔月》《牡丹亭》《化蝶》等台会,以传统戏剧文化题材为主,依托历史故事进行展演,所以一场台会就是一个引人入胜的故事。每台会即是一折经典戏剧片段,在大小不等的八仙桌上,能工巧匠们用竹、纸和绸缎扎成各种事物和景物,然后选用少男、少女装扮成戏剧中的人物,高立于台上,和着乐器,和各种文武故事情节与表演,凝固其中,让人印象深刻。

例如,在《牡丹亭》这场台会里,有两个表演角色,分别是男主角柳梦梅和女主角杜丽娘。只见柳、杜二人着蓝色和粉色的戏服,柳梦梅一手拿着折扇,一手拿着柳枝,杜丽娘站着的地方不是别处,正是柳枝之处。一只手就能轻松托起一个人?那柳枝会不会断?杜丽娘会不会摔下来?带着这些疑问,观众们看得兴趣盎然。

(三)技艺:纸扎带来"惊、奇、险"的视觉盛宴

设计台会表演的时候,要考虑很多东西。内容要好,形式要好看,同时要保证安全,最关键的还要将故事融合在台会表演当中。台会的内容定了之后,就要着手准备工作。传统纸扎技艺以竹篾和棉丝纸为材料,竹篾经过抛光、塑形、火烤等多道工序加工,棉丝纸在桐油里浸过才有一定程度的韧性,并且具有防水功效。

"从前的台会,都是用大方桌,或者是平板大床,按表演的内容需要来布置装饰的,表演者大都是古装戏剧造型。形式有平台和高桩两种。先出现的是平台,每台由8名大汉轮换抬起游街。高桩是在平台的基础上发展起来的,就是在平台的中心树立一根3~4米的钢筋,顶端按需要铸弯作为芯子,将演员缠裹固定在芯子上,腰和腿用白布捆牢,再套上戏装,或者安装假手、假脚,让人看不出破绽。"[①]

高桩通过力学原理,做出了一个非常具有隐蔽性的支撑点,演员有的像站在刀尖上,有的像站在扇页上,有的像立在一支毛笔上,呈现"金鸡独立"之态,看上去没有任何外力支撑——这便是台会纸扎技艺的精髓,给人一种"惊、奇、险"的视觉感受。要达到这样的设计效果,并不是一件容易的事,需要由电工、木工、焊工和美工协作完成。

台会巡游一般在夜晚举行,在灯光技术的衬托下,越发光鲜亮丽,引人瞩目。巡游队伍声势浩大,井井有条,立于高桩的演员身着艳丽的特定角色服装,伴随着夜晚灯光的映射,更显华丽,吸引着许多游客前来观看。

(四)发展誉满巴蜀,老调谱新曲

"一年四季忙到头,观灯看会解忧愁"。中华人民共和国成立后,五月台会得到进一步发展,每次举办物资交流会,或调演民间文艺,都少不了台会展游,平台、高桩都十分精彩,而且加入了不少新的东西,把绘画、剪纸、雕塑、电动、音响、彩灯等布置在一个台上,后来改用汽车装置游行,很受观众欢迎。现在洪雅每年都要单独举行台会展游,观看者众多。

1953年5月,洪雅县人民政府为繁荣市场经济,丰富群众物质文化生活,利用5月27日

---

① 眉山市地方志办公室.志说眉山[M].成都:电子科技大学出版社,2014.

这一传统庙会，举办了为期7天的物资交流大会，把具有民间、民俗特色的"台会""灯会""龙舟会""抢鸭子"等文体活动结合进行，深受群众欢迎。

改革开放以后，传统庙会得以恢复（"文革"期间停止举办）。洪雅台会推陈出新，注入了时代气息，利用现代科技与民间艺术相结合，集绘画、剪纸、雕塑、科技、建筑、舞台、布景于一身，融形、色、声、光、动于一体，使传统民间艺术与现代文明珠联璧合，相得益彰，更具强烈的艺术魅力。

1985年，县人民政府正式命名"五月台会"，并在物资交流的基础上，增加了文化科技交流内容。从规模、内容、形式上都有新的发展，而且社会、经济效益都十分显著。

1992年，洪雅县不仅完善和发展了地面夜游的高桩台会，还创造性地向水平如镜的护城河延伸，制作了6座五光十色、别开生面的水上平台，它既优于呆若木鸡的灯展，又不同于陆上游动的台会，静中有动，动中传情，情景交融，引人入胜。

1987年，洪雅民间台会赴成都参加首届中国艺术节四川·贵州分会场开幕式巡展夜游，轰动蓉城，享誉艺坛，受到省内外乃至国内外媒体的广泛好评。全国人大常委会副委员长阿沛·阿旺晋美、文化部艺术委员会主任林默涵先生赞不绝口。这次展演不仅夺下"首届中国艺术节"头彩，还赢得了"洪雅台会、享誉蓉城"的锦旗。香港"大公报"曾以"山沟里飞出金凤凰"为题做了专门报道。此后，洪雅台会被誉为"艺苑奇葩"，多次应邀参加乐山国际龙舟节、国际大佛节和眉山东坡文化节。

2004年，在洪雅生态文化节期间，《火焰山》《招财进宝》《老子说道》《雅江仙女》《龙凤呈祥》《幸福洒满人间》等几台流光溢彩的台会，所到之处，人流如潮，欢声雷动。

2005年8月，《火焰山》《飞天》《劈山救母》《船舟借伞》四辆独具洪雅特色的"雅女台会"，参加"蜀风神韵·第三届四川旅游发展大会民族民间艺术巡演"。一路上，"白娘子"长袖飘飘、"铁扇公主"凌空起舞、"孙悟空"一个筋斗翻上了云霄……围观人群追逐欣赏，倾倒雨城百姓，受到省委领导和大会民族民间艺术展演评比团的高度赞誉，并荣获大会金奖。

随着科学技术的发展，传统台会的手工制作艺术已逐渐被高科技所代替，会纸扎台会的民间艺人也已陆续谢世，传承者如凤毛麟角。另外，古老的台会和传统戏曲一样也受到影视艺术冲击，逐渐受到冷淡，有面临"消失"的危险，亟待抢救扶持，认真保护。[①]

思考与练习

1. 分析彭祖山三月三朝山会的历史渊源。
2. 简述青神瑞峰大端阳的"抢鸭子"习俗，跟苏轼有什么联系。
3. 课后请查阅相关资料，具体阐述洪雅五月台会近些年有何新发展，是如何进行传承的。

---

① 李元江，谭晓芳.洪雅台会：一道流动的风景[DB/OL].新华网眉山分频道，2006-10-17.

第三节 眉山地方习俗

一、丹棱"说席"习俗

"上席下席,左右二席,不是邻朋,便是亲戚……""厨馆师傅手艺高,蒸煎炸炒加红烧,肘子炖得稀烂,有麻有辣味道好……"农村逢婚丧嫁娶、生辰庆典、修房置屋等,主人家往往会摆酒席,邀请亲朋好友聚聚,热闹一番。席间,主人家还会请说席老师说上一段。在丹棱县,这样的"说席"习俗已经是一项非物质文化遗产。

说席人一般都是业余的,但不是任何人都能够胜任。一位够格的说席人不一定有很高的文化程度,但在人品、知识等方面要有过人之处,而且口齿要伶俐、思维应变能力要好。说席人会帮主人家安排宴席,代主人家表达心意,把一件人多事杂、礼仪烦冗的活动组织得热热闹闹、井然有序。

主人家一般会提前选好说席人,与之共同商议红白喜事具体事项,并拟定一个初步方案。说席人大致了解宴席程序后,便在脑中构思当天合适的说辞。有的说席人会在正席开始代替主人家发表一番客气话:亲朋好友,寒舍地点偏窄,人手不足,安席不恭,设宴不正,请大家原谅,等你家做事时,慢慢填情。桌上一无美酒,二无佳肴,款待不周,粗茶淡饭,敬请吃饱。更多的说席人会在正席开始后说席,"主家为儿完婚,特地邀请你们来到寒舍,你们动了龙步,不辞辛苦,翻山越岭,送来了大礼,主家无以为报,备了薄酒,敬请慢饮……"婚宴、丧宴、房屋落成宴、寿宴、满月宴……不同的酒宴有不同的说席套路,不能乱套,总之要营造轻松愉悦的气氛,让客人来得高兴、吃得高兴、走得高兴。①

二、彭山刘氏宗亲祭祀

祭祀先祖,在中国历史上由来已久。几千年来,人们在每年的三、四月份这个"气清景明"的时节中,进行"祭之以礼"的"追远"活动,为已逝的亲人、祖先,庄重地送上自己的思念与敬意。这神圣的生命交流仪式,年年轮回、代代传承,构成了人们顽强生存和追求幸福的重要动力,是中华文明生生不息、续展开新的有机构成。祭祖民俗相沿数千年,是具有深刻意义的一个古老习俗。

据史书记载,秦汉时期,墓祭已成为不可或缺的礼俗活动。随着祖先崇拜和亲族意识越来越强固,远古时代没有纳入规范的墓祭也归入了"五礼"之中,之后朝廷的推崇也使得墓祭活动更为盛行。而此"追远"活动,它是随着国家的产生而产生,随着社会的发展而发展的。

刘氏家族历史源远流长,据《中华刘氏通鉴》(以下简称《通鉴》)记载,"刘姓子孙出自尧帝嫡宗苗裔",尧帝是中国历史上最早的"三皇五帝"之一。现今的河北省唐县即是最古老的刘地(刘邑),传说尧帝公元前2377年即出生于此。20岁时当上了中原华夏酉邦的君主。尧帝在

---

① 李幸.丹棱"说席"习俗——张巧嘴道出宴席真感情[N].四川日报,2016-02-13.

位98年,公元前2259年去世,葬于今山东省菏泽市定陶区,享年118岁,系远古时代最长寿者之一。

自有姓氏记载以来,刘姓已有四千多年的历史,在这4000余年的历史长河中,各朝历代都有刘姓的足迹。据《通鉴》记载,创立刘姓的是尧帝数百年后的尧帝十九世孙——夏朝的刘累,他是当之无愧的留(刘)氏肇姓的大始祖。传说刘累是饲养龙的能人,曾被封为王室驯龙官。此后经过夏、商、周数千年的沧桑变迁,"刘"的血缘徽记得以正式恢复与延续,始开刘姓的历史序幕。

彭山县皇陵乡(由原江渎乡和净皇乡合并组建,成立于2005年6月)泥湾村刘氏,是以客家刘氏开七公第十六世孙尚英公为揽炉祖。一个村组合成的刘家大院,有近千人。而刘家祠堂所在地是四个社的中心,住有六百多人。

世系为:1世开七公——2世广传公——3世巨涟公——4世十三郎公——5世桂公——6世财公——7世斌贝公——8世钦公——9世法志公——10世松公——11世善仕公——12世渊公——13世儒公——14世守魁公——15世汉茂公——16世远柏公——17世尚英公。

据民国(二十五年,1936年)丙子冬日新印刷工业社代印《刘氏族谱》记载:

尚英公生于康熙二十一年十一月二十九日,妻子吕氏,以打矿为业。有一天岩崩很久未归,大家以为他已死亡,哪知后来安然无恙,以为天助之,所以最重宗祠。享年46岁,生有三男:发海、发源、发楠,因旱虐民不聊生,于乾隆二年丁巳岁(公元1736年)从广东嘉应州迁居彭山……

字辈为"运英发作,世怀国正,廷献学士,大道永兴"。

始祖运柏之中子英尚所生发楠入蜀,传作辈五房,世辈十八房,怀辈八十一房,国辈一百四十九房。

到目前为止,这支刘氏最大辈分为"正"字辈,最小辈分为"士"字辈。

从族谱可知,彭山刘氏家族发源于广东。雍正年间,刘氏先祖"尚英公"(刘尚英)避灾至蜀,白手起家,遍尝艰辛,终兴业立家于彭山区武阳镇泥湾村。刘氏祖先白手起家,有着优秀的家族传统,也有着严格的家规,凡事以孝为先,尊敬老人,不能偷盗抢……现在,泥湾村还住着700多名刘氏后人,他们一直坚守着祖先留下的家规,每年清明,刘氏后人都要在族长的带领下焚香祭拜祖先。2019年,刘氏宗亲祭祀入选眉山市第七批市级非物质文化遗产代表项目。

"谨记遗训,共敦和睦,承前启后,韬光养晦……"祭祀活动,一般经鸣炮、奏乐、入场、净手、敬献祭品、敬香上烛、敬酒和焚化纸钱等仪式之后,彭山灵石刘氏家族后人,在族人头领的带领下,共同诵读祭文和焚化祭文,并先后进入祠堂作揖叩拜先祖。

清明节祭奠先祖,既是中华民族的传统文化,也是刘氏家族祭奠先祖、认祖归宗,教育子孙后代尊师重道、自强不息,齐心协力建设家园,建设祖国的有效载体。

刘家大院守望一个大家族精神传承数百年。其来历,在《刘氏宗祠记》中有详细记载:刘家大院始建于乾隆庚寅三十五年(公元1771年),由先祖"尚英公"(刘尚英)之子"发楠公"出资,历经两年建成,以宗祠为轴心,分别建有四个大宅院,十四个小宅院,今人称之为刘家大院。其中,刘家大院由大厅、南庭、北厅及院坝、池塘、龙门、水井组成。大院建筑考究,为悬山顶建筑模式,从屋脊、屋檐、墙壁等都有雕塑,并将溶木雕、石雕、瓷雕、灰塑、绘画于一炉,使整个建筑颇具特色。

1998年,当地政府将刘家大院确定为文物保护单位。十年前,由当地政府投资和族人募资,已对破烂不堪的祠堂进行了修缮保护,近年来,刘家大院通过彭山区委、区政府的资金、政策扶持和倾力规划打造,已经成为万众瞩目的乡村旅游景点,所以,在祭奠祖先之时,他还要告诫族人没有党和政府的好政策支持,就没有刘家大院的今天,每一个刘氏族人,都不能忘了本,忘了党恩,一定要秉承祖训,报效家国。[①]

思考与练习

　　1."说席人"在一场酒席中起到什么作用?
　　2.彭山刘氏家族是怎么发展起来的?
　　3.分小组进行如下讨论:你们所在的家乡有什么地方习俗,与眉山相比,有哪些特色和不同之处?

---

① 张玉,姚粼.彭山区武阳:百年刘家大院500多名刘氏后人祭祖[DB/OL].眉山全搜索,2016-04-13.

第十一章 眉山文化的走向

文化是城市的灵魂,是城市综合竞争力的重要组成部分。

三苏故里——眉山,自古以来山川秀美,物华天宝,文化灿烂。这里凝聚着特有的东坡文化、长寿文化、忠孝文化、蚕丛文化、竹编文化、大雅文化等。如何传承好如此源远流长、光辉灿烂的历史文化?如何打好这一手好牌,推动眉山经济发展?未来的眉山的文化会向哪个方向发展,会发展成什么模样?这些问题值得深入思考。

一、目标:建设"文化强市"

党的十七届六中全会和政府工作报告对我国的文化大发展大繁荣提出了新的宏伟目标。文化大发展大繁荣的文化强国目标的确立,既是时代的呼唤,也是民族复兴的需要。

近年来,随着经济持续发展,眉山文化事业繁荣兴旺。中共眉山市二届三十一次全委会议审议通过,决定实施"文化立市"战略,建设文化强市。2011年11月17日,市委出台《关于实施"文化立市"战略建设文化强市的决定》。2011年11月21日,中国共产党眉山市第三次代表大会确立了"文化立市"战略,要让文化成为眉山发展的根、奋进的魂,成为眉山核心竞争力的一部分,为眉山率先全面建成小康,实现富裕美好和谐中国梦眉山篇章插上腾飞的翅膀!市第三次党代会报告全市文体系统将按照科学发展观的要求,增强文化自信与文化自觉。眉山的"文化立市"战略突出体现在三个方面,亦即"123文化建设工程":"1"指的是创建一座中国历史文化名城,建设东坡文化核心区,不断提升东坡文化的影响力;"2"指的是推动文化事业和文化产业"两轮驱动",重点打造以"东坡文化产业园"为载体的文化旅游业、文化娱乐业等文化产业;"3"指的是抓好文化活动开展、文化艺术创作、文化品牌打造这三项工作,多出文艺精品,争创一批中国民间文化艺术之乡。

2015年4月10日,眉山市"文化立市"重点文化工程,创建"中国散文之乡"活动启动。眉山散文传统源远流长。西晋时眉山文学家李密代表作《陈情表》流传至今。"唐宋散文八大家"中,眉山苏轼、苏洵、苏辙占有三席。其中,苏轼以其卓越的成就,被誉为"千古第一文人"。清代散文名篇《为学》的作者彭端淑为眉山人。眉山2000年建区设市以来,市委、市政府高度重视文化建设,大力扶持散文创作。到2015年创建之时,已有国家、省市级作家协会和散文学会会员近300人,散文作家出版个人文学专著170余部,公开发表4000余万字,创作成果丰硕。由眉山散文作家发起的在场主义散文流派和在场主义散文奖,引起文学界的关注。这是"文化立市"战略中,其中的一小步,还有很多在本书其他部分也有体现,如"青神竹编"的发展与影响。

2016年11月22日,中国共产党眉山市第四次代表大会隆重开幕。眉山市委书记李静代表中共眉山市第三届委员会向大会作报告:"四个全面"战略布局和省委"三大发展战略",践行

"创新、协调、绿色、开放、共享"五大发展理念,坚持"工业强市、文化立市、环境兴市、依法治市"发展战略,"融入成都、同城发展,三化联动、统筹城乡"发展思路,"全域产业化、全域生态化、全域景区化"发展路径,全面建成"现代工业新城、历史文化名城、生活品质之城",努力实现"经济跨越、文化繁荣、环境一流、人民幸福"四大目标,奋力谱写决胜"两个率先",实现"五个先行",建设"天府新区增长极、大都市区新高地"的壮丽篇章。在此次报告中坚定"文化立市"的发展战略。

2016年11月24日,在《眉山市"十三五"精神文明建设和文化发展规划》报告中这样写道:

"十二五"时期,全市以培育和践行社会主义核心价值观为主线,深入实施"文化立市"战略,坚持文化立城、文化立业、文化立人,大力实施文化立市"123"工程,完成了"十二五"规划确定的主要目标任务,崇德尚法、向上向善的社会风尚逐步形成,市民素质和城乡文明程度同步提升,全市文化生产力不断发展、文化影响力不断扩大、文化民生不断改善。

(一)中国特色社会主义理论体系深入人心。学习宣传贯彻习近平总书记系列重要讲话精神持续形成热潮,市、区县集体学习习近平总书记系列重要讲话精神和学法制度建设取得实效,中心组理论学习工作被评为全省先进。国情、省情、市情等形势政策教育常态化开展,意识形态工作责任制进一步落地落实,马克思主义在意识形态领域的指导地位更加巩固。

(二)文化立城取得阶段性成效。编制完成《东坡文化布局总体规划》等11个城市规划,东坡宋城Ⅰ期工程、"两宋荣光"眉州大道项目和眉州古城墙北段维修保护工程全面完成。成功争取"4·20"灾后重建政策和资金,全面完成三苏祠建祠以来最大规模的重建修缮。东坡城市湿地公园、苏辙公园、苏洵公园、东坡竹园、彭山千亩滨江文化体育湿地公园等文化主题公园和中国泡菜博物馆、大雅堂博物馆相继建成。

(三)公共文化服务体系更加完善。全市累计投入3.68亿元,完成项目11250个,乡镇文化站、广播村村响、村和社区文化活动室、文化信息共享工程、农村公益电影放映、社区书屋、农家书屋均实现全覆盖,基本建成市、县、乡、村四级公共文化服务网络。成功申报国家公共文化服务体系示范项目1个,建成国家一级图书馆2个、中国民间文化艺术之乡2个、四川省民间文化艺术之乡6个。

(四)群众性文化活动铺天盖地开展。成功举办第四届东坡文化节、第四届中国西部书法篆刻作品展、"仰望东坡·大美眉山"书画展、"同圆中国梦·共建新眉山"系列文化活动、首届微电影大赛、首届广场舞大赛等大型文化活动50余场次。每年开展各级各类文化活动2200余场次,惠及群众300万人次,院团演出观众人数全省第三。成功申办第九届中国国际竹文化节。

(五)文艺精品创作实现新突破。出台《眉山市文艺精品创作扶持管理办法》(眉府办发〔2015〕23号)、《关于加强文艺人才队伍建设的意见》(眉委办发〔2015〕6号),扎实开展"深入生活、扎根人民"主题实践活动,推出原创情景歌舞剧《竹韵天下》等一批文艺精品。4件作品获省"五个一工程"奖,6件作品获"巴蜀文艺奖",4件作品获四川省文华奖,20件作品获四川省群星奖,获奖总数进入全省前列。成功创建中国散文之乡。

(六)文化产业快速发展。出台了《关于加快推进文化产业发展的意见》(眉府发〔2014〕25号),市和六区县均设立文化产业发展专项资金,累计完成文化产业投资210亿元,一大批文化产业项目投入建设。建立健全文化产业统计体系,增加值年均增速保持了15%,进入全省第一方阵。引进峨乐集团、云南城投等战略投资者,10个项目列入全国文化产业重点项目,建成省级文化产业示范园区(基地)3个。文化体制改革工作被评为全国先进地区。

(七)历史文化遗产充分挖掘与保护。7处文物入列全国重点文物保护单位,4处"非遗"入列省级名录。青神竹编入选国家级、省级"非遗"生产性保护示范基地,创建为国家级版权示范园区。完成市级以上文物保护单位维修13处。启动创建国家历史文化名城工作。

(八)新闻舆论引导能力显著增强。与全市重点工作同向同行,围绕中心,服务大局,深入开展主题宣传,统一思想,凝聚共识。在人民日报、新华社、中央电视台等中央主流媒体集中推出重点报道,"诉非衔接"、农村改革试验等经验在人民日报头版、央视《新闻联播》《焦点访谈》刊播,眉山经验上升为全国经验。依法依规加强互联网管理,把舆情化解在萌芽,未出现全国全省重大负面舆情,切实维护好了眉山良好对外形象。

(九)精神文明建设成绩显著。成功创建第三届四川省文明城市。文明城市、文明村镇、文明单位等群众性精神文明创建活动扎实开展;城市公共文明指数测评成绩在全省分获3次第一、1次第二、1次第三。中华经典诵读、我们的价值观、道德模范评选、志愿服务等活动深入开展,社会主义核心价值观落细落小落实。未成年人思想道德建设工作被评为全国先进。

由上可见,深入实施"文化立市"战略,坚持文化立城、文化立业、文化立人,大力实施文化立市"123"工程,完成了"十二五"规划确定的主要目标任务,"文化立市"取得了很大的成就。在此《规划》中,指出"十三五"发展目标:实现城乡文明一流、实现文化事业一流、实现文化产业一流。"三一流"其本质直指建设"文化强市"目标。

2017年3月6日,眉山市委、市政府印发了《关于深入推进文化立市战略建设文化强市的决定》(以下简称《决定》)。《决定》是继2011年11月市委《关于实施文化立市战略建设文化强市的决定》五年之后,按照市第四次党代会再追赶、再跨越、再出发的要求作出的。《决定》全面总结过去五年实施文化立市战略的实践,遵循了党中央和习近平总书记有关文化发展新理念新思想新战略和重大决策部署,遵循了文化发展的规律和眉山经济社会文化发展的阶段性任务和特征,是中央、省委关于文化建设重大决策部署的眉山化、具体化。《决定》明确了未来五年文化立市工作的总体目标、指导思想、主要任务和保障措施,是今后全市文化改革发展的纲领性文件,也是深入推进文化立市战略的进军号、动员令。《决定》明确了未来五年文化发展的一系列具体任务,任务概括即是三大任务:文化立城、文化立业、文化立人"三大工程"。

为此,眉山市2017年03月10日,举行了"深入推进文化立市战略建设文化强市工作动员大会"。

眉山市委书记李静在会上指出:要充分肯定文化立市战略取得的成绩,切实增强建设文化强市的信心决心。文化立市战略的实施,掀开了我市文化大发展大繁荣的新篇章,取得了显著的成绩,提升了眉山城市品位,提升了眉山影响力和竞争力,提升了眉山经济发展质量,提升了眉山市民文明素养。她要求,要准确把握当前形势,切实增强建设文化强市的自觉性。文化是眉山最大的特色,最具竞争力的优势。深入推进文化立市战略,建设文化强市是眉山发展的战略选择,对推动眉山跨越发展,提升文化软实力和城市竞争力具有重大而深远的意义。准确把握"五位一体"总布局,增强文化自信,需要我们加快建设文化强市。贯彻落实"文化强省"工作部署,建成全面小康,需要我们加快建设文化强市。奋力建设"天府新区增长极、大都市区新高地",需要我们加快建设文化强市。并强调,要把握工作重点,打造充满活力的文化强市。要按照中央、省委的战略部署和市委出台的《关于深入推进文化立市战略建设文化强市的决定》,坚持文化立城、文化立业、文化立人,全面推进文化立市"123"工程,努力推动眉山从文化大市向文化强市跨越。要大力推进国家历史文化名城创建,全市上下务必坚定信心、锁定目标、鼓足干劲,确保创建圆满成功。要推进文化事业和文化产业双轮驱动,大力发展公益性文化事业,加快发展文化产业,推动文化产业和文化事业深度融合,要突出文化特色,办好东坡文化节、樱花节、中国泡菜博览会等节会,办出全国影响,办成知名节会。要推进现代城市人文精神培育,大力培育和弘扬社会主义核心价值观,深化"书香眉山·全民阅读"活动,加强公民道德建设,扎实推进群众性精神文明创建。要推进文化体制机制创新。要深化文化行政管理体制改革,建立健全多元投入机制,鼓励和支持各类社会力量参与公共文化设施建设,创新文化交流机制,努力形成多层次、多领域的文化交流格局。还要求,要切实加强领导,为建设文化强市提供坚强保障。各级、各部门要充分认识深入推进文化立市战略,建设文化强市的重要性、紧迫性,强化组织保障、政策保障、人才保障,进一步加强领导、强化措施、狠抓落实,形成协力发展的生动局面。眉山市委常委、宣传部部长付庆一对推进文化立市战略作了总结部署。

2018年8月23日,眉山市文联,根据在推进建设文化强市的过程中遇到的瓶颈,进行了深入的探索。文联认为:"新时代,新思想,新担当,新作为。繁荣发展眉山文艺,必须团结全市文艺界,坚持以中央《关于繁荣和发展社会主义文艺的意见》和习近平文艺思想武装头脑、凝聚力量,紧紧围绕市委、市政府工作中心,根植东坡文化,增强创造活力,搭建'人才培养、创作展示、文化交流、联络服务'四个平台,不断深化文联改革,打造全省一流、市州领先眉山文艺方阵,为繁荣眉山文学艺术事业,建设文化强市献智出力。"

2019年4月25日,中共四川省委、四川省人民政府出台了《关于大力发展文旅经济 加快建设文化强省旅游强省的意见》,进一步给眉山市建设"文化强市"提供战略性指导意见,为眉山市的文化发展指明了方向。

二、方式:推进文旅融合

2019年4月25日,中共四川省委、四川省人民政府出台的《关于大力发展文旅经济 加快建设文化强省旅游强省的意见》(以下为节选)中指出:

一、总体要求

指导思想:以文促旅、以旅彰文,充分释放文旅经济活力,把四川文化和旅游资源优势转化为发展优势,为人民美好生活提供丰润文化滋养,为经济社会发展夯实强大产业基础,奋力推动治蜀兴川再上新台阶。

发展目标:经过5年努力,把我省建设成为社会主义核心价值观广泛践行、文化事业繁荣发展、文旅产业深度融合的文化高地和世界重要旅游目的地。

二、完善"一核五带"文旅发展布局

建设大熊猫文化、古蜀文明、天府文化等交相辉映的环成都文旅经济带。推进三星堆文化、三国文化、三苏文化、道教、佛教、石刻等文旅资源内涵共融、联动传播。

三、培育一批标志性引领性的枢纽项目

建设"十大"知名文旅精品。依托峨眉山、瓦屋山、三苏祠等打造"大峨眉"。

四、实施一批文旅融合发展重点工程

实施文化遗产保护利用工程。

实施文艺精品创作展演工程。

实施历史名人文化传承创新工程。

实施全域旅游创建工程。

实施文旅特色小镇培育工程。

实施文旅精品线路推广工程。

实施节会活动品牌培塑工程。

实施文旅交流合作工程。

五、扶持一批"文化+""旅游+"融合创新重点产业

推动文旅与农业、林业、水利、气象等融合发展。

推动文旅与科技、教育、卫生、体育等融合发展。

推动文旅与交通、工业、商贸等融合发展。

推动文旅与乡村振兴、新型城镇化、县域经济等融合发展。

在此《意见》中,明确了建设"文化强省"的方式——大力发展文旅经济,推进文旅融合。

2019年7月,由西南财经大学民生指数研发中心编制的"四川民生满意度指数报告"显示,眉山荣获"民生满意度总指数值"第一名。建设"文化强市"是眉山的选择,也是眉山当下的格局。围绕这个格局,眉山在布局谋划新一轮城市发展中有了更为宽阔的视野——文旅融合。强劲的文化发展势头奠定了当地群众幸福美满生活的内核与基底。

近年来,眉山市将发展文化旅游产业作为推进经济转型升级、高质量发展的有效载体,依托深厚的历史文化底蕴和丰富的文化资源,坚持"宜融则融,能融尽融,以文促旅,以旅彰文"和"国际化、高端化、差异化"发展思路,着力构建完善的文旅产业体系,走出了一条以产业化为路径、以项目建设为重点、以融合发展为手段的文化旅游产业高质量发展之路。

在全国推动文旅融合的浪潮中,眉山率先探路,深入挖掘以三苏文化、长寿养生文化、竹编文化为代表的文化资源,塑造眉山文旅"金字招牌";依托瓦屋山、七里坪、黑龙滩等高端稀缺旅游资源,坚持差异化发展,打"生态牌""养生牌""休闲牌",塑造生态旅游品牌形象;深入挖掘东坡泡菜、仁寿抬工号子、丹棱唢呐、洪雅复兴耍锣鼓等非物质文化遗产,塑造区域特色文化旅游品牌……在2019年4月举办的四川省文旅发展大会上,眉山市东坡区、洪雅县更是入选首批天府旅游名县候选县,洪雅县柳江古镇被评为四川省首批文化旅游特色小镇,为文旅发展注入了强劲动力。

2019年1月至6月,眉山全市游客接待量同比增长10.94%;实现旅游总收入269.44亿元,同比增长18.48%,其中,实现乡村旅游收入65.1亿元。为打开文旅经济发展的新局面,7月25日,眉山市委、市政府召开全市文化和旅游发展大会,决定围绕全省文旅发展"一核五带"总体布局,积极融入成都文旅经济发展核心区,着力打造"环成都文旅经济带新兴增长极",立足文旅资源分布特点,着力构建"一区三带四基地"发展格局,重点打造"一祠一馆、一山一水、一园一城、一镇一村"等八大文旅品牌,确保到2023年,全市旅游总收入实现翻番,突破1000亿元大关。

眉山,正成为众望所归的最适宜文旅新经济发展的城市之一。眉山天府新区是继上海迪

士尼、北京环球影城之后,全国第三个拥有国际顶尖主题乐园的地区,将全力推进天府乐高乐园和默林文旅项目集群、酒店群落、旅游小镇等配套服务项目建设,打造以天府乐高乐园为主引擎的高端休闲度假产业聚集区。同时,要以恒大童世界、黑龙滩国际生态旅游度假区项目、仁寿三岔湖景区开发等重大项目建设为抓手,形成功能互补、客源共享的环天府新区高端休闲度假产业带。将抢抓尖子山、汤坝、汉阳三大航电枢纽工程建设带来的新机遇,以中美文化产业新城、中国彭祖国际健康养老养生文化城、江口沉银博物馆及遗址公园建设项目、中法农业科技园等一江两岸重点文旅项目建设为抓手,建设文创街区、影视拍摄基地、演艺中心、五星级酒店、夜游岷江、夜游东坡等项目,串点成线、连线成片,上接黄龙溪、下连乐山大佛,形成独具魅力的岷江流域特色文旅经济带。将坚持一县一主题、一山一水一特色,推进南部片区(洪雅、丹棱、青神)文旅一体发展。全力推进瓦屋山综合开发,以高端人群、高端产品、高端设施为重点,加快瑞士施泰内尔公司规划落地,推进中瑞国际山地度假旅游示范区建设,引进国际品牌的文旅集团整体打造,将瓦屋山建成环成都文旅经济带山地度假首选地。加快七里坪、玉屏山、老峨山森林旅游资源开发,打造森林康养度假优选地。

三、核心:东坡文化

三苏文化是《关于大力发展文旅经济 加快建设文化强省旅游强省的意见》中,建设大熊猫文化、古蜀文明、天府文化等交相辉映的环成都文旅经济带中重要的一个方面,与三星堆文化、三国文化、道教、佛教、石刻等文旅资源平行且相融合的重要一环。而三苏文化作为一个整体概念,主要指苏洵、苏轼、苏辙父子三人的成就和影响,更确切地指苏门一脉与眉山士人共同创造的地域特色文化。但众多人物中,最突出、最闪耀的还是苏轼,以苏轼为研究对象的专家学者遍布海内外,为此,三苏文化中突出苏轼,把东坡文化作为核心,点亮三苏文化,是普遍共识。

习近平总书记在党的十九大报告中指出,"文化是一个国家、一个民族的灵魂。文化兴国运兴,文化强民族强。"作为大文豪苏东坡的故乡,四川省眉山市全力推进文化强市建设,集聚各方的力量,共同铸就眉山文化发展的底色。政策、人才和眉山人发展的决心,犹如阳光、土壤和空气,滋养着东坡故里生机盎然,中华优秀传统文化正在这里创造性转化、创新性发展,以东坡文化为根基的城市形象正吸引着世界的目光。

"接地气"地传承东坡文化,用现代方式传承东坡文化,把传统文化的影响力转化为现实发展的生产力。这是眉山推动中华优秀传统文化创造性转化、创新性发展的核心理念。

自眉山市委、市政府实施"文化强市"战略以来,成绩斐然。苏轼入选四川首批历史文化名人名录,话剧《苏东坡》成功申报国家艺术基金2018年度大型舞台艺术创作资助项目,并先后在国家大剧院上演和全国巡演;江口明末战场遗址被评为"2017年全国十大考古新发现",考古文物在国家博物馆展出;创建"中国散文之乡",成功举办第八届冰心散文奖颁奖活动;高质量、高水平举办第八届东坡文化节暨首届四川音乐周、第九届中国竹文化节,被联合国教科文组织授予三苏祠文化遗产保护荣誉证书。

与此同时,眉山目前正全力推进东坡文化传承"七个一"工程,把传统文化的影响力转化为现实发展的生产力。"七个一"即:做精一个博物馆,拿出"真东西",展示"真宝贝",增加"真体验",让三苏祠博物馆能吸引人、留住客;举办一个研讨会,主动推广弘扬东坡文化,广邀国学大师、苏学专家和国内外友好城市代表,办一场文化性、学术性、国际性的苏学研究会,积极传播文化、营销眉山;打造一部舞台剧,融入城市山水,讲好文化故事,为人们提供一场视觉盛宴,展现东坡文化内涵和眉山城市形象;拍摄一部电视剧,挖掘苏东坡的人生传奇和时代精神,用人们喜闻乐见的艺术形式演绎东坡、宣传眉山;筹办一所东坡文学院,大力培养苏学研究高层次人才,建设主题图书馆,系统收集"三苏"文献典籍,邀请知名作家、文学大师来眉山创作作品,努力把眉山打造成全球苏学研究高地;承办一台晚会,挖掘东坡诗词作品中的月亮情结,积极争取在眉山设立中秋晚会等晚会会场,全面展示文化东坡、美丽眉山的城市形象;打造一条精品文化旅游线路,把三苏祠、苏坟山、连鳌山、蟆颐观、三苏湖等遗迹遗址有效串联起来。

对一座城市而言,文化自信就好比是它的人生阅历与历史沉淀。拥有被向往与肯定的文化底蕴,已成为当前城市发展最突出的发展优势之一。可以说,谁抓住了城市文化的根脉与价值,谁就能在新一轮的城市竞争中崭露头角。

十九大报告强调,"没有高度的文化自信,没有文化的繁荣兴盛,就没有中华民族伟大复兴。"在文化自信的基础性地位得到各界共识的背景下,眉山市和中国苏轼研究学会携手18个苏轼遗迹遗址地城市,于2017年11月举办了首届东坡文化国际学术高峰论坛。这是眉山市挖掘、弘扬文化自信,实施四川历史名人文化传承创新工程的重要举措。

2018年9月28日至10月3日,第二届眉山东坡文化国际学术高峰论坛顺势举办,以"东坡文化与新时代的开放合作"的主题吸引了100多位海内外苏氏宗亲代表、国际国内苏学专家、18个苏东坡遗址遗迹地城市的相关专家齐聚一堂,深入研究东坡精神和东坡文化在新时代的价值,并发表了《苏东坡的创造力》《苏东坡清廉观的现代借鉴》《苏轼法律思想再探》等学术成果,从依法治国、廉政建设、科技强国等角度诠释东坡文化的时代价值和当下意义。

2019年6月18日,"东坡文化的传承与发展"专题研讨会在"东坡故里"眉山举行。来自全省各界的苏学研究专家、学者齐聚三苏纪念馆,对如何深挖东坡文化内涵、如何传承东坡文化精髓、如何做强东坡文化产业等话题进行了研讨。各位专家、学者认为,苏东坡既是文学家,也是生活家。发掘苏东坡这样一座文化精神宝库的价值,将历史人文底蕴这一四川独特的资源加以开发,打造东坡文化这个闪亮的文化IP,眉山大有可为。

创建全球苏学研究中心四川更有话语权。西南财经大学教授曹德骏认为,以苏东坡为代表的苏学,不仅是四川的优秀传统文化,更是一种永续的全球文化现象。作为苏学发源地,眉山,在苏学研究与东坡文化建设上理应有更大的话语权与引领力。中国苏轼研究学会理事张淘特提出了"连接海外苏东坡接受史,打造东坡国际研究中心"。据介绍,日本学界关于苏东坡接受的讨论开始于20世纪五六十年代,至今已成果丰硕。将海外的研究与国内研究有效接轨,苏学研究将能提升到新的高度,打开视野。以一种国际视野来看待苏东坡,寻找苏东坡散落在世界各地的文化印记。而这一点,西南财经大学教授曹德骏也进行了呼吁,"我省和眉山所收集的苏学相关文物和文献资料的数量与品种还比较少,应该大力收集与苏学相关的各时期文物、典籍、专著、手稿等,最大限度丰富馆藏,并全部上网。"

打造东坡文化IP要感性。要挖掘东坡文化最深层次的内涵,除了冷静的学术研究,还需要把文化感性化,要赋予它鲜活的生命力,可感知力。四川大学历史文化学院博士、火爆网络的现象级小说《新宋》作者阿越,坦言自己作为一个作家,承担的是文化传播者的角色,"学术的东西,都是金字塔尖上的,如何普及到大众,普及到金字塔下面更大的群体,那才是最重要的。我在写作的时候就会思考,我得把苏东坡最鲜明的一面发掘出来,传递给读者,读者才会找到共鸣感,他的文化才能得以传承。"阿越建议,眉山要传承和发展东坡文化,就必须找到一个精准的定位,"演员要卖人设,城市也需要。"

文旅深度融合把东坡文化带回家。中国苏轼研究学会副秘书长戴路对传承与发展东坡文化，则认为要"让东坡产业做大"，就要打造精品文化交流的品牌项目，让东坡文化成为中华文化全球传播的一张名片。"将东坡书法、石刻、绘画、戏剧、电影等文化产品的海外展览和演出，融入国家'一带一路'文化发展行动计划。"西南财经大学教授曹德骏提议，要深入开发文旅精品产品。①

2019年10月23日至27日，第三届眉山东坡文化国际学术高峰论坛暨四川音乐周在眉山举行。由四川省文化和旅游厅、眉山市人民政府共同主办，以"苏轼书法与绘画"为主题的第三届眉山东坡文化国际学术高峰论坛、以"穿乐"为主题的第三届四川音乐周·眉山东坡音乐节，以及四川音乐周洪雅专场音乐会等大型活动。第三届眉山东坡文化国际学术高峰论坛以"苏轼书法与绘画"为主题，开展了苏轼书法和绘画论文征集活动，共征集到170多篇论文，经评审委员会评选，入选论文50篇。同时还举办了"东坡风"书法篆刻作品的征集，征集到作品1200多件，经评审委员会评选，入选作品102件，其中优秀作品18件。

不断挖掘东坡文化内涵，眉山以东坡文化为根基为核心的优质城市形象吸引了八方来宾的关注。此次音乐周，开展了学术论坛、苏轼书风作品展和"我心中的苏东坡"人物画作品展、"东坡风"青少年优秀书法作品展等系列特色活动；邀请了国内音乐"大咖"将登台献唱，并将依托"千年宋风"和三苏文化打造真实的宋朝集市，让您穿越千年、梦回大宋，体验国风潮流、专属文创；还举办了"东坡杯"王者荣耀比赛总决赛，开辟创意集市、网红美食专区，超过30种专属文创产品将集中亮相，东坡特色美食等40款以上创意美食，让与会者尽情品味"舌尖上的眉山"；除此以外，东坡剪纸、青神竹编、丹棱唢呐、彭祖太极、钦斋泥塑等6个非遗项目将集中进行展示，一起领略眉山"大美非遗"。②

不管时代如何变迁，包容和创新一直是眉山城市发展的主题词。在这里，向制度创新要发展、向文化传承要后劲等新思路、新做法不断涌现。在坚定的文化自信引领下，眉山一定会在未来塑造让人惊艳的城市新气质。③

思考与练习

1. 眉山地方文化的总体特点是什么？
2. 小演讲：眉山地方文化你最喜欢哪一种文化？为什么？
3. 选择任意一种眉山地方文化进行创新性传承，你会怎样做？
4. 如果继续深入研究三苏文化，你会从哪些角度进行挖掘？说说你的想法。

---

① 文铭权.东坡文化如何打造？看专家学者出谋划策说东坡[EB/OL].四川在线眉山频道,2019-6-19.
② 李田,蔡晓慧.第三届眉山东坡文化国际学术高峰论坛暨四川音乐周开幕[EB/OL].四川新闻网,2019-10-24.
③ 付远书.以东坡文化为根基 四川眉山塑造惊艳城市新气质[EB/OL].中国文化报,2019-10-24.

参考文献

[1] 严文清.三苏文化与中国诗书城[M].成都:四川大学出版社,2005.
[2] 眉山地方志办公室.眉山市人物志[M].北京:方志出版社,2013.
[3] 严文清.眉山名人[M].成都:巴蜀书社,2004.
[4] 眉山市地方志办公室.志说眉山[M].成都:电子科技大学出版社,2014.
[5] 周吉华.锦绣青神 文化篇[M].北京:中国文史出版社,2014.
[6] 李岚,陈云华.中国竹编工艺——平面竹编[M].北京:中国林业出版社,2019.
[7] 陈云华,张保珍.竹之魂:陈云华和他的竹编艺术[M].北京:中国电影出版社,2016.
[8] 张树栋.中华印刷通史[M].北京:印刷工业出版社,2000.
[9] 钱存训.中国纸和印刷文化史[M].桂林:广西师范大学出版社,2004.
[10] 钱存训.中国古代书籍纸墨及印刷术[M].北京:北京图书馆出版,2002.
[11] 张秀民.中国印刷术的发明及其影响[M].上海:上海人民出版社,2009.
[12] 傅璇琮,谢灼华.中国藏书通史[M].宁波:宁波出版社,2001.
[13] 黄建国,高跃新.中国古代藏书楼研究[M].北京:中华书局,2002.
[14] 胡昭曦.四川书院史[M].成都:巴蜀书社,2000.
[15] 李彬.《陈情表》:莫为"孝""忠"遮望眼[J].语文教学通讯:高中(A),2019(11):46-48.
[16] 杨汝清.《孝经》与幸福人生[M].北京:中国纺织出版社,2017.
[17] 高路.孝道第一课[M].北京:中国国际广播出版社,2017.
[18] 黄建华.中国孝文化教育研究[M].北京:九州出版社,2017.
[19] 李银安,李明.中华孝文化传承与创新研究[M].北京:人民出版社,2017.
[20] 刘锦华.《陈情表》研究[D].福州:福建师范大学,2015.
[21] 王燕平.唐代中小问题探讨——特别以孝为中心[D].武汉:华中师范大学,2003.
[22] 田桂香.《陈情表》的文化解析[J].现代语文:上旬.文学研究,2008(10):34-35.
[23] 毕伟玉.名士与皇帝——《陈情表》忠孝外表下君臣的政治博弈[J].语文教学通讯,2020(1):55-56.
[24] 房玄龄.晋书[M].北京:中华书局,1974.
[25] 陈寿.三国志:卷四十二[M].北京:中华书局,2006.
[26] 万绳楠.陈寅恪魏晋南北朝史讲演录[M].贵州:贵州人民出版社,2001.
[27] 徐震堮.世说新语校笺:卷三十三[M].北京:中华书局,2001.
[28] 四川省文史研究馆.杜甫年谱[M].2版.成都:四川人民出版社,1981.
[29] 江西省文学艺术研究.黄庭坚研究论文集[M].南昌:江西人民出版社,1989.
[30] 杨庆存.黄庭坚与宋代文化[M].郑州:河南大学出版社,2002.
[31] 马东瑶.苏门六君子研究[M].北京:北京大学出版社,2005.
[32] 徐希平.杜甫、黄庭坚与中国大雅文化论[J].杜甫研究学刊,2012(4):38-47.
[33] 程效著.黄庭坚传[M].广州:广东人民出版社,2013.

[34] 丹棱县教育体育局.中国大雅家园[M].长春:吉林人民出版社,2014.
[35] 伍松乔.千古一梦大雅堂[M].上海:文汇出版社,2017.
[36] 王川.狂石鲁[M].南京:江苏美术出版社,2009.
[37] 石涛.苦瓜和尚话语录[M].济南:山东画报出版社,2006.
[38] 李晟,黄勇.诗心画魂[M].成都:巴蜀书社,2009.
[39] 叶坚,石丹.石鲁艺术文集[M].西安:陕西人民出版社,2003.
[40] 广东美术馆.于无画处笔生花——石鲁的时代与艺术[M].石家庄:河北出版社,2007.
[41] 张毅.石鲁传[M].西安:陕西人民美术出版社,2001.
[42] 李世南.狂歌当哭[M].郑州:河南美术出版社,1997.
[43] 石丹.中国名画家全集·石鲁[M].石家庄:河北教育出版社,2003.
[44] 北京画院.石鲁的创作与写生研究[M].南宁:广西美术出版社,2012.
[45] 吕澎.中国现代艺术史[M].上海:上海书画出版社,2019.
[46] 雷蒙·威廉斯.文化与社会的词汇[M].上海:三联书店,2005.
[47] 王元城.石鲁与冯建吴艺术风格对比[D].成都:四川美术学院,2017.
[48] 张放,郑杰修.丹棱民间唢呐艺术研究[M].北京:中国文联出版社,1991.
[49] 郭于华.仪式社会与社会变迁[M].北京:社会科学文献出版社,2000.
[50] 王文章.非物质文化遗产概论[M].北京:文化艺术出版社,2006.
[51] 刘安.淮南子[M].上海:上海古籍出版社,1989.
[52] 郑杰修.丹棱民间唢呐的发展现状研究[J].民族音乐,2015(1):43-45.
[53] 徐宁.抬工号子的源流及民间文化特质——以四川省仁寿县抬工号子为个案[J].西南交通大学学报(社会科学版),2017(5):75-78.
[54] 刘梦珂.文旅融合背景下庙会旅游资源开发研究[J].重庆科技学院学报(社会科学版),2020(2):101-105.
[55] 刘大杰.中国文学发展史(上、中、下)[M].上海:上海古籍出版社,1997.
[56] 周先慎.论苏轼的人格魅力[J].北京大学学报(哲学社会科学版),2002(2):91-98.
[57] 葛兆光.禅宗与中国文化[M].上海:上海人民出版社,1986.
[58] 林语堂.苏东坡传[M].西安:陕西师范大学出版社,2006.
[59] 唐圭璋.全宋词[M].北京:中华书局,1986.
[60] 袁行霈.中国文学史[M].北京:高等教育出版社,1999.
[61] 王国维.人间词话[M].哈尔滨:哈尔滨出版社,2006.
[62] 刘石.苏轼词[M].北京:人民文学出版社,2005.
[63] 张璋.历代词话[M].郑州:大象出版社,2002.
[64] 周振甫注.文心雕龙注释[M].北京:人民文学出版社,1981.
[65] 于非.中国古代文学作品选(上、下)[M].北京:高等教育出版社,1988.
[66] 刘乃昌.苏轼选集[M].济南:齐鲁书社,1981.
[67] 王会磊注释.唐宋八大家散文[M].武汉:长江文艺出版社,2015.
[68] 唐圭璋.唐宋词鉴赏辞典[M].上海:上海辞书出版社,1986.
[69] 王水照注.宋代散文选注[M].上海:上海古籍出版社,2010.
[70] 郭绍虞.中国历代文论选[M].上海:上海古籍出版社,1979.

[71] 胡仔.苕溪渔隐丛话[M].北京:人民文学出版社,1962.
[72] 钱钟书.宋诗选注[M].上海:生活·读书·新知三联书店,2002.
[73] 曾枣庄.曾枣庄三苏研究丛刊(十种)[M].成都:巴蜀书社,2018.
[74] 曾枣庄,舒大刚.三苏全书[M].北京:语文出版社,2001.
[75] 孔凡礼.宋代文史论丛[M].北京:学苑出版社,2006.
[76] 孔凡礼.苏轼年谱[M].北京:中华书局,1998.
[77] (宋)孙汝听.三苏年表[M].长春:吉林大学出版社,2005.
[78] 朱浩熙.彭祖[M].北京:作家出版社,1994.